麦盖提年鉴

2020

中共麦盖提县委员会
麦盖提县人民政府 主办
麦盖提县档案史志馆 编

方志出版社
Publishing House of Local Records

图书在版编目（CIP）数据

麦盖提年鉴 . 2020/ 麦盖提县档案史志馆编 . -- 北京：方志出版社，2020.10
ISBN 978-7-5144-4579-4

Ⅰ . ①麦… Ⅱ . ①麦… Ⅲ . ①麦盖提县－2020－年鉴 Ⅳ . ① Z524.54

中国版本图书馆 CIP 数据核字（2020）第 224880 号

麦盖提年鉴（2020）

编　　者：麦盖提县档案史志馆
责任编辑：程　倩
出 版 者：方志出版社
地址　北京市朝阳区潘家园东里9号（国家方志馆4层）
邮编　100021
网址　http://www.zgfzcb.cn
发　　行：方志出版社图书经销中心
电话（010）67110500
经　　销：各地新华书店
印　　刷：山东黄氏印务有限公司
开　　本：889×1194　1/16
印　　张：20.5
字　　数：394千字
版　　次：2020年10月第1版　2020年10月第1次印刷
印　　数：001～500册
ISBN 978-7-5144-4579-4　定价：220.00元

《麦盖提年鉴》编纂委员会

主　任　文福来

副主任　艾尼瓦尔·吐尔逊

郑　君（常务副主任）

委　员　吴健强　阿不都艾尼·阿不都瓦依提　艾克拜尔·麦麦提明

戴永刚　韩　飞　孙永东　文海华　王新华　柴天喜

张建忠　刘德奇　董小梅　张立雪

《麦盖提年鉴》编辑人员

主　编　刘德奇

副主编　张立雪

编　辑　张　莉　王　漪　位晓波　董小梅　帕尔哈提·依明

侯生贤　李明强

审　稿　喀什地委史志办

编辑说明

一、《麦盖提年鉴（2020）》以马克思列宁主义、毛泽东思想、邓小平理论、“三个代表”重要思想、科学发展观、习近平新时代中国特色社会主义思想为指导，坚持辩证唯物主义和历史唯物主义的立场、观点和方法，全面系统地记述麦盖提2019年政治、经济、文化和社会发展的基本情况。

二、《麦盖提年鉴（2020）》按年度全面、系统、真实地介绍麦盖提县各行各业、各部门、各单位的基本面貌和新发展、新情况，是国内国际了解、认识麦盖提的窗口，为麦盖提县社会稳定、经济发展、民族团结和构建社会主义和谐社会服务。

三、《麦盖提年鉴（2020）》设类目30个：特载、专文、大事记、概况、中共麦盖提县委员会、麦盖提县人大常委会、麦盖提县人民政府、政协麦盖提县委员会、纪检监察、对口援疆、社会团体、法治、军事、农业、工业、交通·邮政·通信、商务、城乡建设、经济监督管理、自然资源管理、应急管理、财政税收、金融、生态环境保护、科技气象、教育、文化·体育·广播电视和旅游、卫生与健康、社会与民生、乡镇场建设。

四、《麦盖提年鉴（2020）》采用分类编辑法，主题内容以条目为基本表现形式，条目标题均为黑体字加【】，分目标题均为黑体字，所载各单位（部门）领导人除男性和汉族不加注外，女性和其他民族加注说明；条目中的“民族”一词，一般指除汉族以外的其他少数民族。

五、《麦盖提年鉴（2020）》中的文字资料、图片资料、数据截至2019年底，由麦盖提县各有关单位和部门提供，各乡镇（场）数据不含非建制单位。所有资料、数据均经有关部门审核，具有权威性。书中部分数据合计数或相对数由于单位取舍不同而产生的计算误差，均未做机械调整。

重要会议

1月13日，召开中共麦盖提县委十一届五次全委（扩大）会议

1月29日，召开麦盖提县第十六届人民代表大会第四次全体会议

1月28日，政协麦盖提县第十四届委员会第四次会议开幕

重要会议

6 月 29 日，麦盖提县隆重召开庆祝中国共产党成立 98 周年暨“七一”表彰大会

7 月 15 日，麦盖提县召开党风廉政警示教育大会

10 月 29 日，麦盖提县委书记为全县副科以上领导干部上专题党课

重要会议

11月2日，县委召开四大班子领导“不忘初心，牢记使命”主题教育专题研讨会

11月14—15日，麦盖提县委常委班子和政府党组班子分别召开对照党章党规找差距专题会议

12月10日，麦盖提县召开县委常委班子“不忘初心、牢记使命”主题教育专题民主生活会

重要会议

11 月 12 日，麦盖提县法院召开“不忘初心、牢记使命”主题教育调研成果交流会

12 月 16 日，麦盖提县法院举行司法救助金发放大会

访惠聚工作

6月7日，驻村工作队干部指导村民发展庭院经济

6月29日，驻村工作队干部了解核桃长势情况

8月4日，驻村工作队干部在扶贫车间了解生产情况

国庆期间，驻村工作队帮助群众采摘棉花

10月9日，驻村工作队向“关心下一代”贫困家庭发放精准扶贫物资

11月9日，驻村工作队干部给群众送去电视机

党建工作

7月14日，县委组织部开展“党旗引领脱贫路 擂台赛上争先锋”脱贫攻坚知识竞赛

10月13日，县委党校举办基层党支部书记培训班开班仪式

12月7日，喀什地区中共十九届四中全会精神宣讲团在麦盖提县宣讲

2019年，麦盖提县按照“党建+工作”模式培养党员，建强基层党组织

法治工作

9月3日，麦盖提县消防大队官兵走进辖区内的团结社区开展消防法规宣传活动

12月4日，麦盖提县开展“宪法日”学习宣传活动

12月7日，由团县委与人民检察院联合举办“青春与法同行，法律护航青春”第一届青少年模拟法庭大赛

援疆工作

11 月 12 日，山东滨州教育代表团一行到麦盖提县开展交流共建活动

12 月 14 日，麦盖提县举行“山东援疆奖学金”优秀师生表彰大会

12 月 25 日，山东滨州市博兴县向第四中学捐赠爱心物资

国庆活动

9 月 28 日，麦盖提县营造中华人民共和国成立 70 周年节日气氛

10 月 1 日，麦盖提县各族群众在家中收看中华人民共和国成立 70 周年阅兵式

10 月 1 日，麦盖提县乡村举行“庆祝新中国成立 70 周年暨优秀村民”表彰大会

国庆节期间，外卖一姐坚守工作岗位

住房交通

麦盖提县县城面貌

截至12月底，全县修建安居富民房4.75万户

2019年，按照“前有园、中有院、后有圈”“上有果、下有菜”模式，发展庭院经济，改善生活环境

2019年，麦盖提县建设农村道路畅通工程

农村经济

4月，落地企业深圳中环油新能源有限公司组织民工采挖大芸

6月下旬，麦盖提县夏粮收购陆续展开

7月5日，麦盖提县刀郎土瓜上市

7月9日，村民们采收成熟的万寿菊

农村经济

7月26日，农民采摘枸杞

7月29日，希依提墩乡、新疆九丰禾种业有限责任公司、新疆农业科学院哈密瓜研究中心联合召开刀郎土瓜改良品种品荐会

8月6日，麦盖提县巴扎结米镇发放鸡苗1万只，拓展家禽规模养殖

9月17日，麦盖提县棉花加工企业开始收购棉花

农村经济

9月21日，麦盖提县农民开始出售核桃

10月14日，麦盖提县开始播种冬小麦

10月31日，市场监督部门对棉花收购企业开展执法检查

农村经济

11 月 14 日，麦盖提县完成小麦冬灌

11 月 19 日，麦盖提县统一收购红枣

11 月 20 日，麦盖提县灵峰农牧有限公司养殖的安格斯牛正式进入市场流通环节

2019 年，麦盖提县现代化良种繁育中心提质增效，实现持续增收

旅游发展

4 月 7 日，五一林场举办桃花节，助推旅游业发展

5 月 1 日，麦盖提县举办旅游景区、景点盛大开园仪式

5 月 22 日，“2019 中国环塔（国际）拉力赛”在麦盖提赛段举行

6 月 20 日，麦盖提县刀郎旅游美食广场盛大开业

旅游发展

8月27日，麦盖提县在北京举行“新疆·麦盖提塔克拉玛干N39° 沙漠越野推介会”

10月23日，麦盖提县在刀郎文化园传承中心召开红枣产业和文化旅游推介会

10月20日，麦盖提县N39沙漠景区游客暴满

11月30日，五一林场“桃花源”农家乐建成

2019年，刀郎画乡景区农民画家

项目推进

3月16日，麦盖提县重点项目集中开工仪式

12月8日，麦盖提县召开投资项目前期工作培训会

金融保险

5月10日，人民银行麦盖提县支行带领金融机构走访纺织企业

6月30日，麦盖提县银行业金融机构、保险机构开展“普及金融知识 守住‘钱袋子’”金融知识宣传活动

12月10日，保险公司业务员深入乡村服务群众

文化体育

2月1日，麦盖提县举办春节联欢晚会

2月19日，麦盖提县举办元宵节社火活动

文化体育

5月22日，由中国农民书画研究会举办的“美丽乡村·白桦相约”全国农民画展在吉林省桦甸市落幕

8月8日，麦盖提县举办大型广场舞比赛活动

10月23日，“中国·新疆·喀什麦盖提丝路文化胡杨节”在麦盖提县开幕

文化体育

11月5日，兵团歌舞团“送文化下基层”到麦盖提县乡村慰问演出

11月20日，各中学开展拔河比赛

11月21日，各中学开展乒乓球比赛

文化体育

12月11日，麦盖提县启动“习近平新时代中国特色社会主义思想进万家”文化下乡活动

12月14日，麦盖提县各乡镇结合“冬季攻势”，举办各类文体活动

12月22日，麦盖提县各地开展形式多样的“情暖冬日、民族团结一家亲”联谊活动

教育工作

9月9日，麦盖提县召开庆祝第35个教师节表彰大会

5月7日，职业中专开展现场教学活动

8月20日，麦盖提县央塔克乡中心小学教师阿米尼姑·卡吾力辅导学生

11月28日，支教教师在给乡村幼儿园小朋友上课

卫生与健康

5月31日，县人民医院开展“烟草和肺部健康”为主题的宣传活动

6月14日，计生指导站开展查环查孕业务

9月1日起，麦盖提县下派71名医生下乡坐诊，送医到家门口

10月21日，卫健委组织医疗机构向农民发放小药箱

社会保障

1月14日，麦盖提县举办首批劳务输出欢送仪式

11月15日，麦盖提镇各社区老人休闲场所建成

11月26日，麦盖提县召开保障农民工合法权益专题会议

12月4日，麦盖提县举行义务兵家庭优待金发放仪式

12月14日，10名退役军人代表成为首批优抚卡的拥有者

民　生

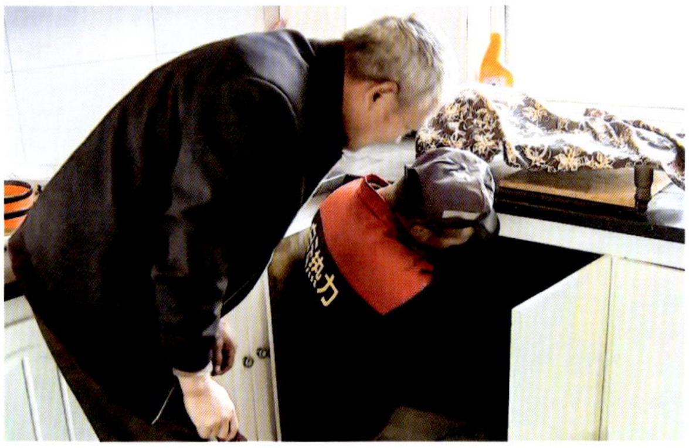

10 月 29 日，县热力公司入户检查供热设备

10 月 30 日，住建部门召开物业管理现场会

2019 年，麦盖提县美丽乡村建设

2019 年，麦盖提县启动城北污水处理厂提标扩容项目

1 月，库木库萨尔乡尤库日哈迪勒克村引进红加枣工企业

8 月 4 日，麦盖提县召开一产助力脱贫攻坚现场推进会

9 月 13 日，麦盖提县召开 2019 年第九次脱贫攻坚现场推进会

11 月 3 日，麦盖提县携手兵团第六师五家渠市商务局电子商务对麦盖提乡级电购运营站站长进行业务培训

11 月 25 日，恒大集团第三批澳大利亚纯种安格斯牛落户麦盖提县

12 月 22 日，麦盖提县疾控中心专业人员赴各乡镇开展健康脱贫

12 月底，麦盖提县按照“公司 + 基地 + 农户”经营模式投建刀郎文化特色实训基地

12 月底，麦盖提县转移就业 9537 户 1.43 万人，完成建档立卡贫困户“一户一人”就业目标

2019 年，麦盖提县良种繁育中心推进畜牧业提质增效

2019 年，麦盖提县各乡镇发挥养殖能手带头引领作用，对贫困户牛羊进行托管

防风固沙林基地建设

3 月 12 日，植树节当天，来自广东的志愿者赶赴麦盖提县百万亩防风固沙生态建设基地参加植树添绿

3 月 26 日，自治区地方志专家参加麦盖提县百万亩防风固沙生态林建设

4 月，麦盖提县防风固沙林长势良好

防风固沙林基地建设

7月31日，中山大学捐资3000万元，助力麦盖提县百万亩防风固沙林建设

11月，干部职工参加百万亩防风固沙生态林基地秋季植树活动

11月以来，麦盖提县防沙治沙生态林秋季造林完成种植沙枣20万株，梭梭1000万株。补植沙枣50万株，杨树1.2万株，梭梭2000万株

景 观

麦盖提县叶尔羌河生态文化园

麦盖提县刀郎千岛湖

麦盖提县原始胡杨林

景　观

桃花

月季花

海棠花

玫瑰花

荷花

薰衣草

特 载

专 文

大 事 记

概 况

中国共产党麦盖提县委员会

麦盖提县人民代表大会常务委员会

麦盖提县人民政府

政协麦盖提县委员会

纪检监察

对口援疆

社会团体

法 治

军 事

农 业

工　业

交通·邮政·通信

商 务

城乡建设

经济监督管理

自然资源管理

卫生与健康

社会与民生

乡镇场建设

坚定不移聚焦总目标 打赢脱贫攻坚收官战 为决胜全面建成小康社会而努力奋斗

——在中共麦盖提县委十一届五次全委（扩大）会议上的报告

（2019 年 1 月 13 日）

县委书记 文福来

一、肯定成绩，正视问题，进一步增强做好 2019 年各项工作的信心和决心

2018 年，是麦盖提极不容易、极不平凡的一年。一年来，在自治区党委和地委的坚强领导下，县委团结带领各族干部群众，坚决贯彻落实党中央治疆方略特别是社会稳定和长治久安总目标，扎实推进自治区党委工作部署，各项工作取得了新进展、新突破。

1. 社会大局和谐稳定。始终把维护稳定作为压倒一切的政治任务、重于泰山的政治责任，落实自治区党委工作总要求，目标顺利实现。

2. 脱贫攻坚成绩斐然。坚持精准扶贫、精准脱贫基本方略，围绕贫困户“两不愁三保障”、“一高于、一接近”和贫困村“五通七有”目标，聚焦“六个精准”，层层压实责任，精准实施“七个一批”“十大工程”，实现 3411 户 1.16 万人脱贫、14 个贫困村整村退出，贫困发生率下降到 0.07%，为今年脱贫摘帽奠定了坚实基础。

3. 经济平稳健康发展。全县完成生产总值 51.37 亿元、增长 6.7%；完成工业增加值 1.7 亿元、增长 2.21%；完成固定资产投资 16.9 亿元；一般公共预算收入 1.96 亿元，收入结构进一步优化。招商落地企业 29 家，解决就业 5000 人。积极化解政府存量债务，2018 年实现零举债。打好蓝天、碧水、净土保卫战，污染防治成效明显。全域旅游建设步伐加快，成功举办麦盖提红枣文化旅游节，实现旅游收入 1.25 亿元；重点领域改革稳步推进，完成改革任务 63 项。

4. 人民生活持续改善。城乡居民可支配收入分别增长 8.05%、7.96%。持续推进九项惠民工程，学前幼儿实现“应入尽入”，义务教育阶段国家通用语言教学实现全覆盖。免费健康体检覆盖城乡居民，“先诊疗、后付费”和一站式结算全面落实，社会保障水平不断提高。建设安居富民房5815套、公共租赁住房909套，改造棚户区460户，铺设供水管网510千米，实施农村电网改造252千米，新建通村油路222千米，广泛开展城乡绿化行动，稳步推进塔克拉玛干沙漠百万亩防风固沙生态林建设，农村人居环境明显改善，各族群众幸福指数大幅提升。

5. *反分裂斗争深入推进*。坚持用习近平新时代中国特色社会主义思想武装头脑，用中国特色社会主义核心价值观、中华文化占领意识形态领域阵地，用《纪要》统一思想、澄清谬误、正本清源，群众性文体活动在城乡蓬勃开展，主旋律更加响亮、正能量更加充盈。

6. *民族宗教和睦和谐*。“民族团结一家亲”和民族团结联谊活动常态开展，干部群众结对认亲、教师学生结对交友实现全覆盖，各民族交往交流交融更加密切。依法加强宗教事务管理，宗教活动管理服务全面加强。

7. *对口援疆成果丰硕*。坚持“六个聚焦”，推进援疆向民生倾斜、向基层倾斜，全方位援疆不断深化，累计到位援疆资金3.38亿元，实施项目29个，有力地促进了社会稳定、助推了脱贫攻坚。

8. *党的建设全面加强*。“两学一做”学习教育常态开展，各级党员干部“四个意识”进一步强化，践行“两个维护”更加自觉。坚持在村一级用劲，新建村办公场所27个、拆分村阵地11个，“访惠聚”驻村工作成效凸显，“两站一中心”规范运行，村党支部书记基本实现公职化，4个重点乡镇、16个软弱涣散村级党组织整顿成效明显。全面落实管党治党“两个责任”，大力整治“四风”“四气”，全年查处各类违纪案件2240件，问责处理2240人次，政治生态明显好转。

成绩来之不易，这是以习近平同志为核心的党中央亲切关怀的结果，是自治区党委和地委正确领导的结果，是山东省日照市无私援助的结果，是兵地融合发展的结果，是“访惠聚”驻村工作队辛勤工作的结果，也是全县各级党政、驻麦单位和各族干部群众共同努力奋斗的结果。在此，我代表县委向为麦盖提各项事业付出辛勤努力的各族干部群众、援疆干部、“访惠聚”驻村干部、公安民警、驻麦部队、武警官兵，表示衷心的感谢并致以崇高的敬意！

在肯定成绩的同时，我们也要清醒地看到存在的困难和问题、面临的风险和挑战，一是社会稳定的形势依然严峻复杂。二是脱贫攻坚到了最后冲刺阶段，难度系数不小。今年要实现6个深度贫困村退出、46户143人脱贫、贫困县摘帽，虽然数量不多但难度不小，一些已脱贫户仍需进一步巩固，初步统计有598户边缘户和一些一般户还需帮扶，迎接国家脱贫攻坚成效考核及第三方评估还有大量工作亟待完善，需要我们付出艰苦的努力。三是实现高质量发展还有不少的短板和弱项。从产业结构看，一产大而不强，二产小而弱，三产正在起步，产业链条短、附加值不高，产业结构不优、融合发展不够。从发展环境看，我县地处塔克拉玛干沙漠边缘，生态环境脆弱，导致人才难留、外资难引、项目难落。从资源禀赋看，县域内资源匮乏，水利、电力、道路、通信等基础设施建设成本较高，极大地制约了高质量发展。从区域位置看，我县仍处于喀什地区的口袋底，缺乏交通优势，农副产品外销运距长、运费贵。从干部作风看，一些干部“四风”“四气”特别是形式主义、官僚主义仍然存在，不担当、不作为，有的甚至吃拿卡要，作风建设仍任重而道远。

在前进的道路上，我们既要总结经验和教训，正视困难和挑战，更要把握难得的历史机遇。一是稳定形势持续向好，稳定红利逐步释放，市场主体信心增强，社会投资意愿回升，各级党政更应该增强信心，把近两年来在反恐维稳工作中行之有效的举措固化为常态化工作机制，以三年基本常态推动持续稳定，为经济发展创造良好社会环境。二是国家将继续实施积极的财政政策和稳健的货币政策，大幅增加地方政府债券规模，补齐基础设施等领域短板，加大对“三区三州”等深度贫困地区和特殊贫困群体的扶持力度，研究解决收入水平略高于建档立卡贫困户的群体缺乏政策支持等新问题，我们面临着不可多得的政策机遇。同时，中国证监会、山东省日照市、五家渠市在资金、技术、人才等方面仍将持续支援。三是国家、自治区对南疆产业发展给予特殊支持，发展劳动密集型产业、农副产品精深加工业等基础产业潜力很大；实施更大规模的减税降费，将进一步激发大众创业、万众创新的热情，促进民营经济特别是小微企业的发展；经过职业技能教育培训，我们储备了一大批懂国家通用语言、有技能、组织化程度高的产业工人，为工业提速发展奠定了基础；山东省日照市产业援疆力度加大，驻点招商形成常态，为我们承接东部地区产业转移创造了十分有利的条件。站在新的历史起点上，只要我们深入贯彻落实党中央治疆方略和自治区党委、地委的部署要求，始终高扬总目标的旗帜，聚焦总目标、专注抓落实，就一定能够夺取麦盖提全面脱贫、全面建成小康社会的新胜利！

二、认真学习贯彻习近平新时代中国特色社会主义思想和中央、自治区党委、地委重要会议精神，提高政治站位，把准前进方向

习近平新时代中国特色社会主义思想内涵丰富、博大精深，是马克思主义中国化的最新成果，是党和人民实践经验和集体智慧的结晶，是全党全国各族人民为实现中华民族伟大复兴而奋斗的行动指南。全县各级党政要把学习贯彻习近平新时代中国特色社会主义思想作为首要政治任务，摆在突出位置、纳入全局工作，经常学、反复学、深入学，学出坚定信念、学出绝对忠诚、学出使命担当。

一要深刻学习领会中央经济工作会议、农村工作会议精神特别是习近平总书记重要讲话和指示精神。中央经济工作会议，是党中央在庆祝改革开放40周年大会之后召开的一次重要会议，是在迎接中华人民共和国成立70周年新形势下召开的一次重要会议。习近平总书记发表了重要讲话，讲话高屋建瓴、总揽全局，把握大势、运筹帷幄，举旗定向、论述精辟，系统总结了2018年我国经济社会发展取得的新成就，深入分析了当前国内经济形势，深刻阐释了我国发展仍处于并将长期处于重要战略机遇期的重大判断和新的内涵，科学部署了今年我国经济发展的总体要求、政策取向和重点任务，突出强调了提高党领导经济工作的能力和水平，提出了“巩固、增强、提升、畅通”八字经济工作方针，进一步深化了我们党对做好新形势下经济工作的规律性认识，集中体现了习近平新时代中国特色社会主义经济思想，具有很强的政治性、思想性、战略性、指导性。中央农村工作会议是继中央经济工作会议之后的又一次重要会议，习近平总书记对做好新时代“三农”工作作出重要指示，强调要加强党对“三农”工作的领导，坚决把解决“三农”问题作为全党工作的重中之重，坚持农业农村优先发展，深入实施乡村振兴战略，深化农业供给侧结构性改革，补

齐农村基础设施和公共服务短板，加强农村工作队伍建设，在实现农业农村现代化征程上迈出新的步伐。习近平总书记的重要讲话和指示精神，为我们做好新时代经济工作和“三农”工作提供了行动指南和根本遵循。全县各级党政要深刻学习领会中央经济工作会议、农村工作会议特别是总书记重要讲话、指示精神，深入贯彻落实经济工作“八字”方针，坚持稳中求进总基调，贯彻新发展理念，推动高质量发展；贯彻落实农业农村优先发展总方针，坚持以供给侧结构性改革为主线，大力实施乡村振兴战略，突出抓好“三农”工作硬任务，加快实现农业农村现代化。

二要深刻学习领会自治区党委九届六次全会、自治区经济工作会议精神特别是陈全国书记重要讲话精神。2018年11月28日，自治区党委召开九届六次全体会议，陈全国书记从十一个方面全面总结了自治区党委2018年在习近平新时代中国特色社会主义思想指引下，深入贯彻落实党中央治疆方略特别是社会稳定和长治久安总目标所取得的成绩，从深入学习贯彻习近平新时代中国特色社会主义思想和党的十九大精神，聚焦总目标、贯彻新发展理念，扎实推进自治区党委工作部署等方面作出了具体安排部署。1月6日，自治区党委召开经济工作会议，明确了今年经济工作的总体要求、工作方针、预期目标和重点任务，提出了十项工作举措。陈全国书记在自治区党委九届六次全会、经济工作会议上的重要讲话始终贯穿习近平新时代中国特色社会主义思想，始终贯穿党中央治疆方略，始终贯穿习近平总书记重要批示指示精神，是树牢“四个意识”、增强“四个自信”、践行“两个维护”的具体体现，是聚焦总目标、贯彻总目标的具体体现。全县各级党政要深入学习领会自治区党委九届六次全会、经济工作会议特别是陈全国书记重要讲话精神，坚持以习近平新时代中国特色社会主义思想为指引，始终聚焦社会稳定和长治久安总目标，按照自治区党委工作部署，统筹推进稳定、脱贫、发展、改革各项工作，为实现“三年基本常态、五年全面稳定”目标、全面建成小康社会打下坚实基础。

三要深刻学习领会地委扩大会议特别是李宁平书记的重要讲话精神。1月9日，地委召开扩大会议，李宁平书记代表地委作了题为《深入学习贯彻习近平新时代中国特色社会主义思想 为实现总目标和决胜全面建成小康社会而奋斗》的报告，《报告》主题鲜明、内涵丰富、目标明确、措施具体，既有宏观的顶层设计，又有操作性极强的工作举措，充分体现了地委对习近平新时代中国特色社会主义思想的科学理解和准确把握，体现了地委对落实党中央治疆方略特别是社会稳定和长治久安总目标的不折不扣和一以贯之，为我们做好今年的工作指明了方向、明确了目标、提供了遵循。全县各级党政要深入学习领会地委扩大会议精神特别是李宁平书记重要讲话精神，在落深落细上出实招、下实功、见实效，坚决实现维护稳定和高质量发展双丰收、双胜利。

三、聚焦总目标，坚定不移维护社会大局稳定

全县各级党政、各维稳力量要始终做到思想不松懈、精力不分散、力度不减弱，常态化落实自治区党委工作要求，全面落实好各项反恐维稳措施，确保社会大局持续稳定、全面稳定、长期稳定。

（一）常态化做好群众工作。群众工作是实现总目标的重中之重，是当前最关键、最紧迫的工作。要把工作重心更多地转向群

众工作，持续推动各级干部下沉基层、走进群众，始终把群众当亲人、当朋友，认真了解群众的所思所想所盼，推动群众问题诉求依法及时就地化解，争取民心、凝聚人心。不断创新和丰富“三结合”的形式内容，通过升国旗、唱国歌和“我是中国公民”宣誓、惠民资金发放、大宣讲，增强群众的国家意识、公民意识、感恩意识、中华民族共同体意识。强化村干部和群众国家通用语言培训，融入社会主义核心价值观教育，结合实际，突出实用，激发学习动力。坚持把“倡导新风尚、树立新气象、建立新秩序”作为一项系统性、长期性的工作来抓，引导群众在思想上树牢“五个认同”、观念上破除陈规陋习、行为上注重习惯养成、生活上追求文明健康、生产上争当新型农民。认真学习借鉴“枫桥经验”，坚持预警在先、教育在先、控制在先、调解在先，突出主动化解、源头化解，依法妥善化解涉法涉诉信访问题，严防矛盾上交、问题上行、风险外溢，做到“小事不出乡、大事不出县”。

（二）常态化加强社会面防控。创新社会治安综合治理机制，压实单位内保和行业监管责任，充分依靠群众、发动群众，发挥群防群治作用。加强危安安全、公共安全、消防安全、交通安全、食品安全等排查整治，消除安全隐患，严防发生重特大公共安全事故。

（三）常态化推进扫黑除恶专项斗争。深入推进扫黑除恶专项斗争，紧盯涉黑涉恶案件和黑恶势力经济基础不放，重点在“破网”“打伞”上下功夫，让人民群众切实感受到扫黑除恶带来的新变化。

四、聚焦总目标、啃下硬骨头，坚决打赢脱贫攻坚战

习近平总书记强调，“打好脱贫攻坚战，要一鼓作气，重点解决好实现‘两不愁三保障’面临的突出问题，加大‘三区三州’等深度贫困地区和特殊贫困群体脱贫攻坚力度”。今年是麦盖提县打赢脱贫攻坚战、实现脱贫摘帽的决战之年，我们必须牢牢把握精准要义，坚持把提高脱贫质量放在首位，在精准施策上出实招，在精准推进上下实功，在精准落地上见实效，坚决打好打赢脱贫攻坚收官战。

（一）进一步聚焦目标任务。紧扣“两不愁三保障”，既不降低标准、影响质量，也不调高标准、吊高胃口，聚焦贫困村和建档立卡贫困户，统筹兼顾非贫困村、边缘户、一般户，实现所有村“五通七有”、贫困人口“五有四保障”，农村基础设施条件全面改善，基本公共服务能力和水平显著提升，可持续发展能力显著增强，确保现行标准下的农村贫困人口全部脱贫、贫困县摘帽。

（二）压紧压实脱贫攻坚责任。坚持党政同责、“一岗双责”，坚持县乡村三级书记一起抓、扶贫副书记专职抓，压实各级党政的主体责任、纪委监委的监督责任、行业部门的监管责任、乡村的落地责任、单位的包联责任、干部的帮扶责任，构建齐抓共管的大扶贫格局。全县各级党组织、广大党员干部要牢固树立“脱贫攻坚我的责任、脱贫攻坚不能没我”的意识，咬紧牙、铆足劲、干出彩。持续开展扶贫领域腐败和作风问题专项治理，充分发挥乡镇纪委和巡察办的作用，常态化对扶贫领域各项政策落实情况进行督导检查，从严查处贪污挪用、优亲厚友、虚报冒领等违法违纪行为，以作风攻坚保障脱贫攻坚。

（三）精准实施“十大工程”。抓好就业扶贫工程，加强就业岗位对接，2 月底前完成向内地转移就业 1100 人，全年疆内

疆外整建制转移6000人，巩固“一户一就业”成果，实现“一户多人就业”。抓好产业扶贫工程，发挥好林果科技服务队的作用，抓好以贫困户为主的4.37万亩特色林果业提质增效，力争亩均增收500元。加强良繁中心运营管理，推进养殖小区建设，狠抓重大动物疫情防控，全面推行牲畜“托养”分红，确保贫困户人均畜牧业收入500元。大力培育发展梭梭—大芸扶贫产业，接种大芸2万亩，助力脱贫攻坚。充分发挥冷藏保鲜库作用，实现反季节销售和全年均衡供给，促进农民稳定增收。坚持县有关部门和乡镇联动，大力招引纺织服装、电子元件加工等劳动密集型企业落地卫星工厂，4月底前实现卫星工厂100%利用，在家门口为群众提供更多的就业岗位。抓好土地清理收益再分配工程，用好七项资金，重点支持发展产业、解决就业、提升社会保障能力，扶持边缘户和一般户改造庭院、发展生产、增加收入。抓好综合社会保障工程，全面落实“两线合一”，综合运用民政、社保、援疆和四项救助资金，兜住脱贫底线，解决好因贫辍学、因病因灾致贫返贫问题。抓好安居保障工程，坚持符合政策农户应建尽建的原则，及早谋划、加快进度、保证质量，确保5943套安居富民房6月建成投用。抓好庭院经济发展工程，坚持一村一品、一乡一业，统一生产、统一销售，3月底前解决庭院发展用水问题，4月应种尽种、保证质量、产生效益。抓好易地扶贫搬迁工程，完善基础设施和公共服务设施，重点发展产业、解决就业，确保841户搬迁户稳得住、能致富。抓好基础设施建设工程，坚持缺项补项，完成巴扎结米镇、央塔克乡、尕孜库勒乡、克孜勒阿瓦提乡、库木库萨尔乡、昂格特勒克乡6个自来水厂及延伸管网改造，新建、升级改造农村电网160千米，实施村组巷道硬化80千米，完成12个新拆分村卫生室标准化建设，着力补齐基础设施短板。抓好扶志扶智工程，利用脱贫攻坚“冬季攻势”、夜校培训、“四同四送”等有利时机，加强宣传教育培训，激发内生动力，提高脱贫致富能力。改变简单的发钱发物方式，落实奖补措施，提倡多劳多得，激励贫困户依靠勤劳双手脱贫致富。抓好扶贫信息化工程，大力推进大数据平台深度应用，落实脱贫攻坚实人制管理，精准开展扶贫对象动态调整和信息采集工作，实现精准调度、精准考核、精准监督。

（四）深入推进“冬季攻势”。要抓培训，集中优势资源，细化培训方案，多形式、多方式、高标准完成全县3.5万人脱贫攻坚培训任务。要抓项目，坚持资金跟着项目走、项目跟着规划走、规划跟着脱贫需求走，坚持“三上三下”原则确定项目，力争2月底前全面开工建设，6月底前竣工投用。要抓整改，对中央第六巡视组和自治区党委第八巡视组专项巡视反馈的问题，要细化整改方案，实行台账管理，逐项销号整改，确保问题整改事事有人抓、人人有责任、件件有结果。对2018年自治区脱贫攻坚成效考核、督查巡查、专项审计反馈的问题，全面开展整改“回头看”，确保问题整改彻底、不反弹。

（五）扎实做好脱贫成效考核准备工作。严格对照贫困人口“一超过两不愁三保障”、贫困村“一降五通七有”和贫困县“三率一度一接近”的退出指标，进一步总结梳理、查找短板，完善档案资料、补齐薄弱环节，提前做好各项基础性工作，确保工作务实、过程扎实、结果真实，经得起实践和历史的检验。要学习浙江“千村示范、万村整治”和泽普县脱贫退出的典型经验，下决心在乡村环境整治、村容村貌整体改观、农户居住出行规范有序上做大文章、花大气力、见大成效，这是当务之急最紧迫的任务。中央正在研究制定边缘户扶持政策，我们要及早谋划，认真摸底调查，以人均纯收入4000元和5000元为标准，建立边缘户和一般户台账，解决那些收入水平略高于建档立卡贫困户的群体缺乏政策支持等问题，统筹推进贫困人口与非贫困人口、贫困村与非贫困村协调发展，坚决防止“悬崖效应”。

五、聚焦总目标、聚力强“三农”，推动乡村全面振兴

习近平总书记指出，“要把实施乡村振兴战略摆在优先位置，抓重点、补短板、强弱项，着力推动农业全面升级、农村全面进步、农民全面发展”。要全面实施乡村振兴三年行动计划，把乡村振兴作为抓好“三农”工作的总抓手，坚持农业农村优先发展，认真落实“产业兴旺、生态宜居、乡风文明、治理有效、生活富裕”的总要求，深化农业供给侧结构性改革，统筹推进乡村产业、人才、文化、生态、组织振兴，加快实现农业农村现代化。

（一）推进乡村产业振兴。大力发展以红枣为主、核桃为辅的特色林果业，扎实推进林果标准化建设，实施红枣密植园疏密5万亩，嫁接改造核桃低产低效园5000亩，高产园、丰产园逐步退出套种，加强日常管护和病虫害防治，促进80万亩特色林果业提质增效。做大做强以刀郎羊和“安格斯”牛为重点的现代畜牧业，建设6个存栏200头的肉牛养殖小区，提升7个安格斯肉牛养殖基地、五征集团畜牧养殖基地、宝山生态养殖基地“四良一规范”科学养殖水平，辐射带动全县，力争牲畜实现出栏31万头（只）。积极发展特色种植产业，按照“区域化布局、规模化生产、产业化经营”的发展思路，大力推广小茴香、色素辣椒、金银花、万寿菊、刀郎土瓜、枸杞等特色种植，力争特色种植面积达到6万亩以上。大力发展设施农业，新建大拱棚256座，发展露地蔬菜2.8万亩，拓宽农民增收渠道；扎实做好3万亩休耕试点工作，在保障粮食安全的前提下，集中连片推进，加大政策扶持，推动农村一二三产业融合发展。积极引导农民流转土地，坚持把产业发展与脱贫攻坚、土地整理、土地流转结合起来，引导缺少劳动力的家庭把土地等生产资料依法有序流转给龙头企业、合作社，发展适度规模经营，解决土地“碎片化”问题。加快农村电商发展，推进电子商务进农村综合示范县建设，实现县乡村电子商务全覆盖。

（二）推进乡村人才振兴。实施新型职业农民培育工程，依托农民夜校、合作社、卫星工厂、技术服务队等载体，狠抓农民国家通用语言和技能培训，培育新型职业农民，加快造就一批“土专家”“田秀才”等实用专业人才，扶持培养一批农业职业经理人、经纪人、营销人员等经营管理人才。持续抓好民营企业家和致富带头人到村任职工作，鼓励引导乡村人才创办农民合作社，辐射带动农民群众增收致富。加强“三农”干部队伍的培养、配备、管理、使用，把到农村一线锻炼作为培养干部的重要途径，落实好“墩苗育才”计划，着力打造一支懂农业、爱农村、爱农民的农村干部队伍。试点推行优秀大学生村官选聘县事业编制度，让优秀大学生村干部留得住、用得好，形成一线聚集人才的良性工作机制。做好引进人才服务保障，解决后顾之忧，确保人才引得进、留得住。

（三）推进乡村文化振兴。加强公共文

化基础设施建设，完善公共文化服务体系，管好用好乡（村）文化站（室）、文化大院、农家书屋等思想文化阵地，提高公共文化服务的覆盖面。充分利用电视、广播、报纸、网络、文艺团体等资源，为群众提供更多喜闻乐见的文化产品，更好满足群众精神文化需求。常态化落实“每月一场刀郎文艺演出、每周两次群众性刀郎文化体育活动”，广泛开展广场舞、时装秀、才艺秀等寓教于乐、健康向上的文化活动，推进戏曲进乡村、进校园，做到月月有主题、周周有活动、人人都参与，推动社会风气、社会秩序和群众精神面貌焕然一新。

（四）推进乡村生态振兴。深入开展农村人居环境整治行动，以农村垃圾、污水治理和村容村貌提升为主攻方向，不断改善农村人居环境。积极争取国家、自治区农村环境综合整治项目资金，完善农村生活垃圾收集、转运以及处理等配套设施建设，实行“户分类、村收集、乡转运、县处理”，确保生活垃圾无害化处理率不低于30%。推进农村厕所革命，稳步推进乡村水冲式公厕建设，加快推进农户卫生厕所全覆盖，力争水冲式厕所达到80%以上。建立健全畜禽养殖废弃物资源化利用长效机制，推进厕所粪污、养殖废弃物一并处理并资源化利用。全面排查农村危房安全隐患，3月底前完成危旧房屋拆除和复垦利用。广泛开展城乡绿化行动，完成退耕还林3.5万亩、退耕还草1万亩，抓好房前屋后、道路、渠道两旁绿化，见缝插绿、植绿护绿，绿化家园、美化环境。充分发挥村级保洁员作用，实现村容环境全天候保洁。将每周六确定为环境卫生日，引导农民群众养成良好的卫生习惯，清垃圾、清庭院、清林带、清渠道、清路障，打造美丽宜居乡村。

（五）推进乡村组织振兴。坚持以提升组织力为重点，围绕建设善治乡村，建立健全党委领导、政府负责、社会协同、公众参与、法治保障的现代乡村治理体制。选优配强村“两委”带头人。推动机关干部到村任职，坚决调整撤换不胜任工作的村干部。抓好村干部“三化两会一有”建设，实现村党支部书记全覆盖公职化、村干部全部党员化、工资待遇全员绩效化，所有村干部会国家通用语言、45岁以下村干部会操作计算机，达到每村2名大学生村干部的目标，打造一支政治过硬、能力过硬的村干部队伍。抓好日常教育引导。认真学习贯彻《中国共产党支部工作条例（试行）》《中国共产党农村基层组织工作条例》，规范落实“三会一课”、民主评议党员、支部主题党日等基本制度，深入开展“对党忠诚”“不忘初心 牢记使命”“两学一做”教育，引导党员干部发挥先锋模范作用。补齐工作短板。持续用力抓好薄弱乡镇综合整治、软弱涣散基层党组织整顿，压实整治责任、加强综合保障、堵塞工作漏洞，提升乡村党组织的组织力、凝聚力、战斗力，推进基层党组织全面进步、全面过硬。充分发挥“访惠聚”驻村工作队作用。坚持队员当代表、单位做后盾、一把手负总责，调优调强驻村工作力量，聚焦“1+2+5”工作任务，发挥好战斗队、生产队、宣传队的作用。要围绕稳定脱贫发力。坚持抓党建促稳定促脱贫，用好村级“一体化”、脱贫攻坚大数据两个平台，规范村级综治中心、群众工作站、扶贫工作站建设，落实早派工、晚研判等制度，把维稳、脱贫各项措施落实落细。推进党的组织全覆盖。加强中小学校、新型社区、企业、专业合作社、卫星工厂等领域党组织建设，把党的组织建在每一个社会管理细胞中间。着力提升党员队伍质量，严把发展党员政治关，加大从产业工人、青年农民和非公经济、社会组织中发展党员力度，扩大党的群众基础和在各个领域的影响力。

六、聚焦总目标、坚持总基调，推动经济高质量发展

陈全国书记在自治区党委经济工作会议上强调，“要深刻领会把握总书记关于发展战略机遇期的重大论断，紧扣重要战略机遇新内涵，抓住用好新机遇，推动经济社会发展取得新成就”。我们要紧紧围绕自治区党委“1+3+3+改革开放”工作部署，坚持稳中求进总基调，贯彻新发展理念和“巩固、增强、提升、畅通”八字方针，推动县域经济高质量发展。力争全县生产总值增长6%、一般公共财政预算收入增长3%、固定资产投资增长10%、工业增加值增长5.5%、社会消费品零售总额增长10%、外贸进出口总额增长6%、城乡居民人均可支配收入增长10%。

（一）坚决打好防范化解重大风险攻坚战。坚持宁可发展慢一点、也不违规举债的思想，时刻绷紧防范化解债务风险这根弦，切实加强对违规举债行为的监督管理。稳妥有序化解2017年7月14日之前产生的政府债务存量，确保今年完成3281万元的债务化解任务。高度重视扶贫小额贷款隐性风险，从严打击违法违规金融活动，坚决杜绝新的金融风险隐患。

（二）坚决打好污染防治攻坚战。全面贯彻习近平总书记生态文明思想，落实环境保护“一票否决”制度，严禁“三高”项目落地，持续打好蓝天、碧水、净土保卫战。坚决打好蓝天保卫战。实施打赢蓝天保卫战三年行动计划，出台大气污染综合治理行动方案，稳步实施农村“煤改电”工程，持之以恒推进塔克拉玛干沙漠百万亩防风固沙生态林建设，今春力争新造林3万亩，不断改善生态环境。坚决打好碧水保卫战。全面落实河（湖、库）长制度，强化河岸污染源监管，加强饮用水水源保护，严守水资源利用“三条红线”，坚决遏制用水浪费。加快推进县城垃圾填埋场二期扩容改造、城北污水处理厂二期提标扩容、中水回用工程建设，提升污水收集处理能力，坚决消除城市黑臭水体。坚决打好净土保卫战。全面落实土壤污染防治行动计划，强化土壤污染管控和修复，加大盐碱地治理力度，推进农业面源污染防治和废弃物资源化利用，引导农民科学施肥，增加有机肥使用比重。抓好残膜回收工作，确保残膜回收率达到80%以上。强化整改落实。深刻汲取陕西秦岭违建别墅的教训，持续抓好中央环保督察组反馈喀什的13条问题和我县对照自查的9条问题的整改落实，从严从重追究整改责任不落实、整改工作不到位、整改问题反弹的单位和个人。

（三）推动刀郎文化旅游产业融合发展。认真贯彻落实自治区旅游发展工作会议精神，加大刀郎文化传承弘扬提升力度，完成全域旅游发展规划编制。依托底蕴深厚的刀郎文化资源、独具魅力的自然风光资源和民俗风情，打造点、线、片、面结合的旅游产品体系，重点推动刀郎文化游、沙漠探险游发展，积极打造和培育乡村旅游样板示范村、特色农家乐，推动乡村旅游向纵深发展。充分发挥县文化旅游投资开发公司的作用，提升旅游投资市场化水平，吸引社会资本对刀郎画乡、刀郎乡里、刀郎湖、刀郎文化园、N39°沙漠探险基地、刀郎民俗旅游一条街等景区景点进行提升改造，鼓励大企业、大集团投资经营。培育壮大刀郎民间艺人队伍，引导更多群众通过参与文化旅游产业实现就业创业。加大对外宣传力度，办好“麦盖提红枣文化旅游节”，提升刀郎文化旅游的知名度。力争今年接待游客35万人次，旅游收入1.4亿元。

（四）加大招商引资力度。牢固树立抓招商、抓产业、抓就业就是抓稳定的思想，建立招商引资常态机制，依托城西工业园区、刀郎扶贫产业园、旭日园区，通过小分队招商、以商招商等多种形式，大力引进农副产品精深加工、电子组装加工、纺织服装等劳动密集型企业，力争全年招商引资到位资金7亿元。建立对企服务分析研判机制，及时协调解决项目推进中出现的各类问题，着力打造“亲商、扶商、利商、便商、安商、富商”的投资软环境。落实重大项目领导包联责任制，实行“一企一策”跟踪服务，重点抓好金昇集团24万锭精梳环锭纺纱项目建设，确保10月份达产。积极探索园区管理运营去“行政化”，推进管理主体与开发主体分离，组建集投融资、招商引资、产业孵化、人才引进、管理服务等功能于一体的综合性园区开发集团，以市场化手段推进园区发展。

（五）完善基础设施建设。基础设施是麦盖提县经济发展的最大短板，要积极争取中央、自治区各类专项资金，用于基础设施建设，大幅拉动有效投资，破解发展瓶颈制约。加强水利基础设施建设。实施大型灌区续建配套与节水改造工程，新建防渗渠道60千米，新增高效节水面积5.22万亩，发挥水利基础性自然资源和战略性经济资源作用。加强电力基础设施建设。新建、改造输电线路401千米，新增和更换配电变压器342台，解决82个村线路对地安全距离不够、变压器容量不足等问题，加快推进1.26万户群众煤改电配网建设。加强道路基础设施建设。新建村民小组道路210千米，实施好20万平方米小修养护及生命线防护工程和X498县道改扩建工程，抓好X560、X566、X563、X567大中修项目建设，持续改善道路状况。加强城镇基础设施建设。大力推进城镇保障性安居工程，多途径保障群众住房需求。加快旅游夜市建设，确保6月底建成投用。推进老城区街道两侧绿化带、城西区绿地和南网三角公共绿地绿化提升改造，完善棚户区外配套规划一路、二路、英买里路延伸段人行道、非机动车道和亮化设施建设，不断提升城市品位。

（六）扎实推进重点领域改革。认真学习贯彻习近平总书记在庆祝改革开放40周年大会上的重要讲话精神，坚定改革信心和决心，聚焦重点领域和关键环节，将改革进行到底，为社会稳定和高质量发展提供强大动力。扎实推进党政机构改革。加强党对机构改革的领导，做到机构改革期间队伍不散、干劲不减、工作不断、人心不乱，确保3月底前基本完成党政机构改革任务。大力推进“放管服”改革。进一步简政放权，全面实施市场准入负面清单、“证照分离”和“双随机一公开”改革，推行限时办结制、代办制，成立行政审批局，规范“一站式”服务大厅运行管理，推动企业和群众办事线上“一网通办”，线下“只进一扇门”，现场办理“最多跑一次”。大力支持民营经济发展。落实好国家、自治区、地区关于民营经济发展的各项支持政策，积极破除各类体制机制障碍，减轻企业税费负担，激励民营企业家干事创业，营造公平竞争环境，构建亲清政商关系，促进民营经济高质量发展。全面实施绩效管理。秉持“花钱必问效、无效必问责”的理念，紧紧抓住“规范透明、标准科学、约束有力”三个关键环节，以最小的投入实现最大的产出，着力提高财政资源配置效率和使用效率。

七、聚焦总目标、着力聚民心，推动社会事业全面进步

政之所兴在顺民心。习近平总书记深刻指出：“加强新疆意识形态领域反分裂斗争，最重要的工作就是抵御民族分裂主义和宗教极端思想渗透，最根本的目的就是教育引导群众、争取凝聚人心”“新疆最大的群众工作就是民族团结和宗教和谐”“发展要落实到改善民生上、惠及当地上、增进团结上”。我们要始终聚焦总目标，打好意识形态领域主动仗，加强民族团结，促进宗教和谐，保障改善民生，赢得民心、争取民心、凝聚民心，夯实社会稳定和长治久安的群众基础。

（一）坚决打好意识形态反分裂斗争主动仗。深化党史国史和“新疆四史”教育，教育引导各族干部群众牢固树立马克思主义“五观”，切实增强“五个认同”。加强思想道德建设，深化文明创建工作，扎实开展移风易俗弘扬时代新风行动，努力营造积极健康、昂扬向上的社会氛围。以“建设美丽新疆 共圆祖国梦想”和庆祝中华人民共和国成立70周年为主线，充分利用广播电视、微信平台、文艺演出队、乡村文化站（室）等资源，广泛宣传中华人民共和国成立70年来特别是党的十八大以来麦盖提县经济发展、社会稳定取得的巨大成就，唱响共产党好、社会主义好、改革开放好、伟大祖国好、民族团结好、人民军队好的时代主旋律。认真落实网络意识形态工作责任制，建强“网军”队伍，发挥好《魅力麦盖提》政府门户网站和“麦盖提零距离”微信平台的作用，加强正面舆论引导，不断增强网络宣传的亲和力、吸引力、感染力。

（二）大力巩固和增进民族团结。民族团结是维护稳定的命脉。促进民族团结，最重要的是各族干部以身作则，坚持以“民族团结一家亲”和“两个全覆盖”为载体，多说有利于民族团结的话，多办有利于民族团结的事，进一步增进与各族群众的鱼水深情。落实好党的民族政策。坚持民族区域自治制度，深入开展党的民族政策宣传和思想政治工作，坚持中华民族大家庭意识，促进各民族和睦相处、和衷共济、和谐发展。加强民族团结宣传教育。深入推进民族团结进步教育进机关、进学校、进企业、进社区、进乡村、进军营、进团场连队、进宗教活动场所，大力宣传黄英杰、李占林、阿木提·马木提等民族团结先进典型事迹，通过身边事教育身边人，让各族群众学有榜样、行有示范、赶有目标。常态化开展“民族团结一家亲”和民族团结联谊活动。落实“两个全覆盖”要求，多层次、多方式、多形式的走动互动，每月至少与结对认亲户开展一次交流活动，互学语言、加深了解，特别是要帮助结亲户解决实际困难，不断推动结亲活动往实里走、往深里走、往心里走。坚持各级各部门各单位每月至少开展一次形式多样、内容丰富、生动活泼、寓教于乐的联谊活动，促进各族干部群众在来来往往、聚聚聊聊、说说唱唱中加深友谊、增进感情。广泛开展民族团结进步创建活动。坚持民族团结从娃娃抓起、从互学语言开始、从生产生活中做起，把民族团结贯穿到学校教育、家庭教育、社会教育各个环节和各个方面。大力评选表彰民族团结先进单位和先进个人，树立人人为民族团结作贡献的良好导向。推进各个领域、各个层次、各个社会组织的民族团结创建工作，把民族团结创建覆盖到社会的各个基础单元。加强各民族交往交流交融。继续组织爱国宗教教职人员、基层干部群众、青少年及社会各界人士到内地省市参观学习，鼓励内地特别是援疆省

市广大群众到麦盖提县旅游、交流。通过政策引导、经济补助、教育资源倾斜等方式，推动建立各民族相互嵌入式的社会结构，创造各族群众共居、共学、共事、共乐的社会条件，积极推动民汉嵌入式居住，推动各族群众守望相助、深度融合。要尊重少数民族的风俗习惯，不做超越历史、超越阶段、影响民族团结的事。

（三）依法加强宗教事务管理。全面贯彻党的宗教工作基本方针，持续推进伊斯兰教中国化，坚定不移地用社会主义核心价值观和中华优秀传统文化浸润宗教。坚持宗教队伍建设常态化。加强对宗教教职人员的政治思想教育、爱国主义教育和形势政策教育，落实关心关爱机制，实现宗教教职人员养老保险、医疗保险、免费体检等保障措施全覆盖，切实让他们感受党和政府的关怀和温暖。坚持宗教场所管理常态化。大力开展“和谐清真寺”创建，扎实开展清真寺“四进”活动，加强爱国主义教育和法制教育，引导宗教教职人员和信教群众确立正信、抵制极端。用好清真寺“七进两有”“九配备”便民设施，全面落实消防、安防措施，为各族信教群众进行正常宗教活动创造便利条件。坚持宗教活动管理常态化。依法加强宗教活动管理，引导广大信教群众自觉抵制极端。大力实施“暖民心”工程，改变陈规陋习，弘扬新风正气。

（四）持续推进教育惠民。加强党对教育工作的全面领导，坚持教育优先发展，全面落实党的教育惠民政策，切实提高教育教学水平，推动教育均衡优质发展，努力办好人民满意的教育。抓好义务教育标准化和均衡发展达标工作。筹措资金 4060 万元，配齐配全功能室 314 个、微机室 28 个，修缮校舍 27.5 万平方米，确保 2019 年顺利通过自治区和国家义务教育标准化和均衡发展验收。扩大集团化办学规模，进一步促进城乡教育均衡化、优质化，着力解决“有学上”到“上好学”的问题。推进国家通用语言教育。面向全国大力招聘国家通用语言教师，保障国家通用语言教育全覆盖所需师资，实现学前至高中阶段、初高中“两后生”分层、分类别教学，确保 2020 年国家通用语言教学覆盖率达到 100%。推进县职业教育扩容提质。加快职业中专建设进度，确保 6 月底前完工投用，实现初高中未升学、未就业毕业生职业教育全覆盖。以易就业为标准，紧盯当前热门技术，优化职业技能培训课程，加强与企业对接，开展入校招聘，切实解决“毕业即失业”的突出问题。

（五）持续推进医疗惠民。以建设“健康麦盖提”为主线，以实施“全民健康”为抓手，强化保基本、强基层、建机制，实行医疗、医保、医药三医联动，着力解决好看病难、看病贵问题。持续抓好全民免费健康体检。切实发挥好体检中心作用，按年龄分段、分期、分批体检，做到全覆盖不漏检，常态化落实“三级质控”、“及时反馈”、“随访与健康教育”等机制，着力做好肺结核等传染性疾病防治工作，做到“未病先防、小病先治”，重大疾病“早发现、早诊断、早治疗”。强化基本公共卫生服务。细化、优化服务项目和内容，加大对重点人群基本公共卫生服务和健康管理保障力度，提升城乡居民基本公共卫生服务水平。推进残疾人事业发展，不断满足残疾人对美好生活的需求。严格执行计划生育法规，确保计划外生育零控制。

八、聚焦总目标、持续转作风，全面加强和改进党的建设

习近平总书记强调，“做好新疆工作关键在党”“全面从严治党永远在路上”。实现总目标，决胜全面建成小康社会，关键

在党，关键在干部。要贯彻新时代党的建设总要求，推进全面从严治党一以贯之，为保障总目标落实、脱贫攻坚顺利实施提供坚强保证。

（一）坚持党对一切工作的领导。党政军民学，东西南北中，党是领导一切的。要旗帜鲜明讲政治，坚持用习近平新时代中国特色社会主义思想武装头脑，坚定执行党的政治路线，树牢“四个意识”，坚定“四个自信”、坚决维护习近平总书记党中央核心、全党的核心地位，坚决维护党中央权威和集中统一领导，自觉在思想上政治上行动上同党中央保持高度一致。要充分发挥党总揽全局、协调各方的领导核心作用，加强对人大、政府、政协的领导，调动一切积极因素，实现思想同心、目标同向、工作同调、落实同力。充分发挥援疆干部积极性，大力支持工青妇等群团组织工作和驻麦团场发展，强化党管武装，高度重视老干部工作，凝聚起推进社会稳定和长治久安的强大合力。

（二）培养忠诚干净担当的干部队伍。要加强干部思想政治建设。坚持“把纪律严起来、把规矩立起来”的政治要求，严肃党内政治生活，引导党员干部在重大政治原则问题上特别是反分裂斗争问题上，旗帜鲜明、立场坚定、态度坚决，坚决扫除推进实现总目标征程上的一切障碍。要提升干部能力素质。充分发挥县乡党校培训主阵地作用，开展大规模干部培训，选派干部参加任职培训、岗位培训和专门业务培训；坚持周抽考、月统考、季排名，常态化抓好干部政治理论知识学习，提高各级干部的党性修养、政德修养，增强纪律意识、规矩意识，提升专业素养、专业精神。积极创造条件、搭建平台，促使干部在维稳脱贫一线磨砺摔打，在苦干实干实践中增长本领。每月举办一次“干部工作讲坛”和专题辅导培训，推广基层典型经验，形成比学赶超的浓厚氛围。要树立鲜明的用人导向。坚持好干部标准、突出政治标准、注重实绩标准，大力选拔那些政治过硬、绝对忠诚的干部，大力选拔那些敢于担当、踏实干事的干部，大力选拔那些扎根基层、默默奉献的干部，大力选拔那些面对急难险重任务、处理复杂问题、应对重大考验特别是反分裂斗争考验中敢于出手、敢打敢拼、敢于牺牲奉献的干部，对政治上有问题、工作不在状态的干部要坚决撤下来、调下去，让优秀干部有岗位、不作为干部离岗位，形成能者上、庸者下、劣者汰的选人用人导向。要建立干部信息平台，健全完善日常考核、分类考核、综合考核的干部考察考核体系，使选人用人更加科学规范。要严管厚爱并重。从严管思想、管工作、管作风、管纪律，从严落实日常监督、党内监督、群众监督、舆论监督。坚持正向激励，把好干部特别是优秀年轻干部及时大胆使用起来，让干部看到努力不会白费、本事不会埋没、组织不会亏待，让敢担当有作为的干部有干劲、有奔头。要科学运用容错纠错机制，对那些犯错误、受处分但思想认识到位、主动改正错误、工作表现突出的干部，给机会、给舞台，营造良好的干事创业环境。要认真倾听基层干部心声，落实关心关爱措施，注重干部身心健康，帮助解决实际困难，让广大干部安心安身安业。

（三）深入推进反腐败斗争。人民群众最痛恨腐败现象，腐败是我们党面临的最大威胁。2018年，我们从严从重严肃查处了一批严重违纪违法案件，清除了一批害群之马，但反腐败形势仍然严峻复杂。要牢固树立没有任何特殊性的思想，严格落实主体责任，坚持标本兼治、一刻不停歇，把不聚焦、不落实总目标作为政治腐败的首要问题来抓，坚定不移推进党风廉政建设和反腐败斗争。坚持廉政教育做在日常、抓在经常，开展好常态化廉政教育，把党章党规党纪作为必修课，把铁的纪律转化为党员干部的日常习惯和自觉遵循，使党员干部知敬畏、存戒惧、守底线。强化纪委监委干部队伍建设，自觉支持纪委履行监督责任，坚持无禁区、全覆盖、零容忍，坚持重遏制、强高压、长震慑，严格落实“一案双查”制度，充分运用“四种形态”，重点惩治政治、经济、作风相互交织的问题和群众身边的腐败问题，严肃整治领导干部利用名贵特产类资源谋取私利问题，深入开展扶贫领域腐败和作风问题专项治理，从严查处高压态势下仍然不收敛、不收手，群众反映强烈、问题反映集中的干部和乡村“小官大贪”和“微腐败”问题，努力营造良好的政治生态。

（四）持之以恒正风肃纪。深刻领会习近平总书记关于加强作风建设的重要论述和批示精神，牢记干部作风不实是最大的敌人，严格落实党委主体责任、纪委监督责任和各级领导干部“一岗双责”，以钉钉子精神打好作风建设持久战。严格落实中央八项规定及实施细则、自治区党委“十要十严禁”要求，紧盯不敬畏、不在乎、喊口号、装样子等问题，坚持不懈整治“四风”“四气”；警惕“四风”的新表现、新动向，坚决破除形式主义、官僚主义，坚决防止工作棚架、浮在面上、流于形式，坚决克服表态多落实差、调门高行动少的现象，精减文件、会议、表格，减轻基层干部负担，让基层干部把更多的精力用在抓落实上。要始终保持对作风问题的敏感，切实管出习惯、抓出成效，推动干部作风根本转变，保障各项工作落地见效。

政府工作报告

——在麦盖提县第十六届人民代表大会第四次会议上

（2019 年 1 月 29 日）

代县长　艾尼瓦尔·吐尔逊

一、2018 年工作回顾

2018 年，县人民政府在自治区党委、人民政府、地委、行署和县委的坚强领导下，团结带领全县广大干部群众，深入学习习近平新时代中国特色社会主义思想和党的十九大精神，认真学习习近平总书记系列重要讲话精神，坚决贯彻落实以习近平同志为核心的党中央治疆方略，坚决维护以习近平同志为核心的党中央权威，果断落实中央、自治区党委、地委、县委的一系列决策部署，紧紧围绕社会稳定和长治久安总目标，按照自治区党委工作要求，坚持稳中求进工作总基调，认真贯彻新发展理念，有效应对各种挑战，戮力同心、开拓奋进、务实创新，各项工作都取得了新进展、新成就、新突破，开创了社会稳定、民族团结、经济发展和人民安居乐业的新局面。

2018 年完成生产总值 51.37 亿元，增长 6.7%，其中：一产增加值 27.84 亿元、增长 5%，二产增加值 7.22 亿元（工业增加值 1.7 亿元、增长 2.21%），三产增加值 16.3 亿元、增长 6%。三次产业比重为 54：14：32。完成全社会固定资产投资 16.9 亿元。一般公共预算收入 1.96 亿元。社会消费品零 32 售总额完成 14.83 亿元、增长5%。城乡居民人均可支配收入分别达到2.5万元、9534元，分别增长7.96%、8.05%。

一年来，我们认真履行政府职责，主要做好了以下工作：

（一）维护社会大局和谐稳定。过去的一年里，县人民政府紧紧围绕社会稳定和长治久安总目标，把维护社会大局稳定作为头等工作，不折不扣将各项维稳措施落到实处；扫黑除恶专项斗争精准有力，群众安全感不断增强。高标准做好群众工作，“民族团结一家亲”活动深入推进，困难群体得到有效帮扶，党群干群关系不断深化；“三新”活动持续推进，群众思想观念不断转变。通过不懈努力和深入扎实地落实好各项维稳措施，确保了全县社会政治大局保持和谐稳定。

（二）打赢打好三大攻坚战。树牢“零举债”这个红线底线意识，严格控制项目建设，避免盲目建设，形成隐性债务，2018年实现零举债。盘活各类存量资金2.13亿元，化解2017年7月14日之后产生的隐性债务，制定分步分期化解方案，积极稳妥化解2017年7月14日之前产生的政府隐性债务。全力打好污染防治攻坚战。稳步推进塔克拉玛干沙漠百万亩防风固沙生态林建设，去冬新造林1万亩。大力开展机动车污染治理工作，推动老旧柴油车报废更新，淘汰黄标车62辆，加快推广新能源和节能环保汽车，40辆电动公交车覆盖县城和城郊乡镇主要线路。全面落实河（湖）长制，强化河岸污染源监管，切实加强7个水源地保护区管理。实施最严格水资源管理，推广高效节水灌溉1万亩，续建、新建防渗干支斗渠87.69千米，水资源利用系数提高到0.44。深入推进庭院改造、“厕所革命”、农村垃圾、污水治理和村容村貌整治，农村人居环境明显改善。全力打好脱贫攻坚战。坚持把脱贫攻坚作为重要民生工程，聚焦“两不愁、三保障”和“五通七有”目标，落实“六个精准”要求，紧紧围绕“七个一批”“三个加大力度”脱贫举措，大力实施脱贫攻坚“十大工程”，用好土地清理收益，设立脱贫攻坚“七项资金”惠及2.17万人次，扎实推进就业扶贫，完成贫困户就业9288人；利用恒大集团捐赠5亿元资金，发展“安格斯”肉牛养殖，积极推进牲畜“托养”，为贫困户固定分红提高收入，将3958人完全丧失劳动能力和无法依靠产业发展就业脱贫的贫困户纳入综合社会保障兜底。加强村级基础设施建设。投入5835.25万元铺设215.5千米管道，改善1.12万户7.61万人的安全饮水条件，投入5505万元新建110千伏线路53.8千米，改善农村供电条件，投入1.2亿元建设村民小组道路222千米，实现贫困村村组道路硬化全覆盖。组建140个家庭医生团队，贫困人口、残疾人签约率达100%。对1.41万人建档立卡贫困家庭学生实现了“精准资助”全覆盖。2018年实现14个贫困村退出，3411户1.16万人脱贫，贫困发生率下降至0.07%。

（三）产业结构进一步优化。一是坚持一产上水平。按照“稳粮、优棉、扩果、强牧、增菜”的产业结构调整思路，突出抓好麦盖提红枣和刀郎羊两大优势特色产业，确保农民持续增收。大力开展棉花高产创建活动，将棉花调减到74.6万亩，棉花单产达到115.97千克。种植小麦22.54万亩，总产8.6万吨，确保了粮食安全。加强56万亩红枣、20万亩核桃日常管理，促进特色林果业提质增效。种植枸杞、金银花等特色作物30.43万亩，拓宽了农民增收渠道。加快以“刀郎羊”、“安格斯”牛为重点的现代畜牧业发展，建设肉羊良种繁育中心1个，新建“安格斯”牛养殖小区7个，建设合作社（公司）21个，托养牲畜8602头（只）。年末牲畜存栏34.96万头（只）、牲畜出栏30.84万头（只），肉奶蛋产量分别达到8963吨、3705吨、2669吨，畜牧业总产值4.56亿元，增加值1.71亿元，农村牧业人均纯收入1272元。二是坚持二产抓重点。完善工业园区基础设施建设，提升承载能力。大力开展产业链招商和以商招商，以吸纳就业为第一目标，引进了纺织服装、电子组装等劳动密集型企业和农产品加工企业29家（含卫星工厂），吸纳就业5000余人，与江苏金晟集团成功签约24万锭精梳棉纺织项目，推进麦盖提县工业现代化进程。三是推动三产大发展。加大“刀郎之乡、红枣之都、旅游之城”三张名片的宣传推介力度，打造N39°沙漠探险基地、刀郎画乡、刀郎乡里、刀郎文化园等国家AAAA级、AAA级景区，加快推进全域旅游建设步伐。成功举办麦盖提红枣文化旅游节，进一步提升了麦盖提红枣和刀郎文化旅游品牌，2018年实现旅游收入1.25亿元。

（四）持续保障和改善民生。大力推进劳动力转移就业，布设卫星工厂107座，有序转移城乡富余劳动力5.51万人次。新建扩建幼儿园48所、中小学66所，1.94万人农村学前幼儿全部进入新园就读。狠抓国家通用语言教育，转岗安置不胜任国家通用语言教学的教师646人，面向全国招录国家通用语言教师2007名，实现学前到高中一年级国家通用语言教学全覆盖。落实教育专项补助资金1.16亿元，贫困学生资助实现全覆盖。县乡村三级医疗卫生机构标准化建设有序推进，基本实现“小病不出村、中病不出乡、大病不出县”。扎实推进全民免费健康体检，加大结核病患者筛查力度，落实“先诊疗、后付费”和一站式结算制，惠及2.73万人，缓解了群众“看病难、看病贵”和“报销难、报销慢”问题。建设安居富民房5815套，公共租赁房909套，改造棚户区460户，不断改善各族群众居住条件。城乡居民医疗保险参保率保持在98%以上，低保保障2.09万户、3.88万人，对3793名城乡困难群众实施了医疗救助，将农村低保标准从3215元/人/年提高到3472元/人/年，对有意愿的108人五保老人实现了集中供养、82名孤儿全部实现了集中收养。新建村民小组道路222千米，铺设供水管网510千米，改造农村电网252千米。扎实落实“三结合”活动，累计发放惠民补贴6.04亿元，惠及44.9万人次。深入开展各类隐患排查治理，全年未发生较大以上安全生产事故，安全生产形势总体向好。

（五）促进民族团结和宗教和谐。全面贯彻党的民族政策，深入开展“民族团结一家亲”及组合结亲、民族团结联谊活动，各民族交往交流交融更加密切。依法加强宗教事务管理，加强对清真寺和宗教教职人员、宗教活动的教育管理服务，促进宗教和睦和谐。

（六）对口援疆工作和项目建设进展顺利。积极争取中央预算内、自治区预算内项目，到位项目25项，年度总投资3.95亿元。充分发挥主体作用，用好援疆资金，推进援疆向民生倾斜、向脱贫攻坚倾斜，扎实推进援疆项目建设工作，实施29个援疆项目，到位援疆资金3.38亿元。

（七）政府自身建设进一步加强。坚持把党的领导贯穿政府工作始终，深入贯彻习近平新时代中国特色社会主义思想和十九大精神，贯彻落实习近平总书记系列重要讲话精神和以习近平同志为核心的党中央治疆方略，紧紧围绕自治区、地区深化改革决策部署，以改革释放红利，政府职能进一步转变，服务水平进一步提升。全面落实减税降费累计1059万元，停止、免征和调整3项行政事业性收费。推进行政审批制度改革，取消和承接行政审批事项55项。坚持重大事项集体研究，在合理调整政府班子成员分工的基础上，充分放手放权，让班子成员有职有权，大胆负责，尽可能调动班子成员的积极性。坚持办好“县长热线”，共受理并办结群众来电402个，群众满意率98.7%，特别是解决了长期拖欠工程款及农民工工资200余万元。扎实做好矛盾纠纷排查化解，2018年实现赴乌进京访“零控制”。认真执行县人大及其常委会的决议、决定，自觉接受县人大及其常委会的法律监督，主动接受县政协的民主监督和社会舆论监督，全年共办理议案、提案和意见建议40件，办复率达100%。在重大事项决策过程中，广泛征求各方意见，鼓励群众监督，政府工作的透明度和公众的参与度进一步提高。持续深入开展“四风四气”整治，切实解决部分干部在政治上不坚强、工作棚架等方面存在的突出问题，查处各类违纪案件2240件，问责处理2240人次。

工会、共青团、妇联、科协、残联、老龄委、社科联、红十字会等群团组织在经济社会发展中发挥了积极作用，统计、审计、机构编制、物价、应急管理、档案史志、粮食、气象、邮政、通信等工作稳步推进。

各位代表，发展成就令人欣慰，发展势头令人振奋。这些成绩的取得，是以习近平同志为核心的党中央和自治区党委、政府英明决策的结果，是地委、行署坚强领导的结果，是县委统揽全局、正确领导的结果，是县人大、政协、在座的各位人大代表、政协委员及社会各界有效监督、鼎力支持的结果，是全县各族人民团结奋斗、拼搏进取的结果，也是援疆省市无私援助的结果。在此，我谨代表县人民政府，向辛勤工作在各条战线上的广大干部群众，向各位人大代表、政协委员，向驻麦部队、武警官兵和中央、自治区驻麦单位，向在我县投资兴业的企业家和工程建设者们，向积极宣传提高我县知名度的各位记者朋友们，向所有关心、支持麦盖提县经济社会发展的同志们、朋友们，致以崇高的敬意和衷心的感谢！

在肯定成绩的同时，我们也清醒地看到，当前我县的发展水平与其他兄弟县（市）相比还有较大的差距，我们的工作与人民群众的期盼相比还有很多不尽如人意的地方：一是社会稳定的形势依然严峻复杂，境外对我恶意渲染炒作、渗透破坏活动一刻没有停止，一些党员干部总目标意识还树得不牢，仍存有侥幸心理。二是打赢脱贫攻坚收官战任务艰巨，还有大量工作需要完善。三是基础设施较为薄弱、自我发展能力不强，一产大而不强，二产小而弱，三产正在起步，实现高质量发展还有不少的短板和弱项。四是财政收支矛盾十分突出，社会经济发展财政保障能力弱。五是部分干部思想不够解放，工作落实不力，作风不实，服务效率不高，对新形势新任务新要求新常态适应还有差距，一些领域的不正之风仍不同程度存在。对这些问题，我们一定要高度重视，进一步增强忧患意识、责任意识和创新意识，切实解放思想，适应新常态，采取强有力措施加以解决。

二、2019年主要目标和任务

2019年是中华人民共和国成立70周年，是实现持续稳定的常态之年，也是麦盖提县实现脱贫摘帽的决战之年，做好各项工作至关重要，要在确保社会大局稳定的前提下，打赢脱贫攻坚战收官战，推动县域经济高质量发展。

2019 年工作总体要求是：以习近平新时代中国特色社会主义思想为指导，全面贯彻党的十九大和十九届二中、三中全会精神，贯彻落实中央经济工作会议、自治区党委九届六次全体会议、经济工作会议、地委扩大会议、县委十一届五次全委（扩大）会议精神，贯彻落实党中央治疆方略，聚焦社会稳定和长治久安总目标，全面贯彻“巩固、增强、提升、畅通”八字方针，贯彻落实自治区党委工作部署，坚持稳中求进工作总基调，打赢脱贫攻坚收官战，大力实施乡村振兴战略，推动经济高质量发展，奋力开创麦盖提稳定发展改革各项工作新局面，以优异成绩迎接中华人民共和国成立 70 周年。

经济和社会发展主要预期目标是：力争全县生产总值增长 6%；其中：一产增长 6.2%、二产增长 3.9%（工业增长 5.5%）、三产增长 7.5%。全社会固定资产投资增长 10%，一般公共财政预算收入增长 3%，社会消费品零售总额增长 10%，城乡居民人均可支配收入分别增长 10%，人口自然增长率控制在 13‰以内，城镇登记失业率控制在 4% 以内。

实现上述目标，我们将统筹兼顾，重点抓好以下工作：

（一）深入学习宣传贯彻习近平新时代中国特色社会主义思想和中央、自治区党委、地委、县委重要会议精神

深入学习宣传贯彻习近平新时代中国特色社会主义思想、习近平总书记重要讲话和指示精神，学习贯彻中央经济工作会议、农村工作会议，自治区党委九届六次全会、自治区党委经济工作会议，地委扩大会议、县委十一届五次全委（扩大）会议精神，坚持经常学、反复学、深入学，努力在学懂、弄通、做实上下功夫，坚定不移用习近平新时代中国特色社会主义思想武装头脑、指导实践、推动工作。坚持立足岗位、抓好结合，始终聚焦社会稳定和长治久安总目标，按照自治区党委“1+3+3+ 改革开放”工作部署，统筹推进稳定、脱贫、发展、改革各项工作。

（二）聚焦总目标，全力维护社会和谐稳定

始终把聚焦总目标压倒一切的政治任务、重于泰山的政治责任，做到思想不松懈、精力不分散、力度不减弱。深入推进“扫黑除恶”专项斗争，切实保障人民群众安居乐业。精心做好群众工作，帮助群众解决生产生活、脱贫解困、庭院改造、劳动力转移就业等民生问题。持续开展好“访惠聚”驻村工作，按照“队员当代表、单位做后盾、一把手负总责”的要求，围绕“一个目标、两项任务、五件实事”的工作部署，落实责任、发挥作用，巩固社会稳定根基。不断加大信访矛盾排查化解力度，变群众上访为干部下访，切实解决群众关心的热点难点问题。继续发挥“县长热线”作用，做到“热线吹哨、部门报到”，进一步延伸拓展为民办事渠道。

（三）聚焦总目标，打好意识形态领域反分裂斗争主动仗

深入开展意识形态领域反分裂斗争。加大“新疆四史”宣讲力度，教育引导各族干部群众树牢马克思主义“五观”，增强“五个认同”。发挥好《魅力麦盖提县》政府门户网站和“麦盖提零距离”微信平台的作用。

（四）聚焦总目标，推进经济高质量发展

聚焦总目标，打好精准脱贫攻坚战。坚

持问题导向，以解决突出制约问题为重点，以重大扶贫工程和到村到户到人帮扶措施为抓手，以补短板为突破口，持续实施好“十大工程”，扎实推进“七个一批”“三个加大力度”，确保脱贫措施精准落地，实现现行标准下的农村贫困人口全部脱贫、全县脱贫摘帽。充分利用冬季攻势，抓好人员培训、项目规划、问题整改，完善档案资料、补齐薄弱环节，认真学习浙江“千村示范、万村整治”和泽普县脱贫退出的典型经验，实施好农村环境整治，以人均纯收入4000元和5000元为标准，建立边缘户和一般户台账，统筹推进贫困人口和非贫困人口、贫困村和非贫困村协调发展。

聚焦总目标，打好防范化解重大风险攻坚战。加强对政府债务和风险的防控，牢固树立“宁可发展慢一点、也决不违规举债”的思想，坚决守住不发生政府债务风险的底线，加强对违规举债行为的监督管理，及时查处政府投融资活动中的违法违纪行为，确保“零举债”成为带电的高压线。坚决杜绝和防止违法违规举债，确保零增长，稳妥化解政府债务存量，努力完成今年3281万元的债务化解任务。坚持把国家审定批准的地方政府债务限额内发行地方政府债券作为举债的唯一合法途径，积极申报地方政府新增债券，为必要的项目建设提供资金保障。加强协调和服务，从严打击违法违规金融活动，坚决杜绝新的金融风险。加强财源税源建设，积极培植财源，做到依法征税、应收尽收。厉行勤俭节约，最大限度减少和压缩“三公经费”支出，把有限的财力用到刀刃上。

聚焦总目标，打好污染防治攻坚战。牢牢把握自治区党委、地委“坚持生态保护第一”的要求，坚决落实环境保护“一票否决”制度，坚决守住红线底线，加快实施生态工程，建立产业准入负面清单，严禁“三高”项目进麦盖提，坚决打好蓝天、碧水、净土、农村环境综合整治行动四场标志性战役。持续深入整改落实中央环境保护督察反馈问题，强化大气污染防控工作，加强水资源保护和土壤污染防治，全面落实好河（湖）长制，持续开展人居环境整治行动，坚决守住生态功能保障基线、环境质量安全底线、自然资源利用上线，努力建设天蓝地绿水清、宜居宜业宜人的美丽麦盖提。

聚焦总目标，稳步推进工业发展。牢固树立抓招商、抓产业、抓就业就是抓稳定的思想，采取派出小分队招商、以商招商、全民招商等多种形式，持续加大招商引资力度，依托城西工业园区、刀郎扶贫产业园、新型社区工业区，大力引进农副产品精深加工、电子组装加工、纺织服装等劳动密集型企业，力争全年招商引资到位资金7亿元。建立对企服务分析研判机制，及时协调解决项目推进中出现的各类问题，着力打造“亲商、扶商、利商、便商、安商、富商”的投资软环境。落实重大项目领导包联责任制，实行“一企一策”跟踪服务，重点抓好金昇集团24万锭精梳环锭纺纱项目建设，确保10月达产。积极探索园区管理运营去“行政化”，推进管理主体与开发主体分离，组建集投融资、招商引资、产业孵化、人才引进、管理服务等功能于一体的综合性园区开发集团，以市场化手段推进园区发展。加大“小升规”企业的培育力度，采取力所能及的帮扶措施，扶持企业达产增效，确保年底前至少1家企业升规入统。加快农村电商发展，推进电子商务进农村综合示范县建设，实现县乡村电子商务全覆盖。

聚焦总目标，稳步推进乡村振兴。大力

发展以红枣为主、核桃为辅的特色林果业，扎实推进林果标准化建设，实施红枣密植园疏密5万亩，核桃嫁接改优、低产低效园改造5000亩，高产园、丰产园逐步退出套种，加强林果清园、涂白、追肥、修剪等日常管理，强化有害生物防治，促进80万亩特色林果业提质增效。做大做强以刀郎羊和“安格斯”牛为重点的现代畜牧业，建设6个存栏200头以上的肉牛养殖小区（合作社）和8个肉羊养殖小区（合作社），重点提升7个安格斯肉牛养殖基地、五征集团畜牧养殖基地、宝山生态养殖基地和西域丰园养殖基地“四良一规范”科学养殖水平，辐射带动全县养殖户。加强畜禽疫病防控，全面落实制度化、规范化、科学化综合防控措施，坚决防止非洲猪瘟、禽流感、口蹄疫等重大动物疫情发生。力争年末牲畜存栏36.69万头（只）、出栏31万头（只）。积极发展特色种植产业，按照“区域化布局、规模化生产、产业化经营”的发展思路，大力推广小茴香、色素辣椒、金银花、万寿菊、刀郎土瓜等特色种植，力争特色种植面积达到6万亩以上。大力发展设施农业，新建大拱棚256座，发展露地蔬菜2.8万亩，拓宽农民增收渠道；扎实做好3万亩休耕试点工作，在保障粮食安全和不影响农民收入的前提下，集中连片推进，加大政策扶持，支持试点区农民转移就业，推动农村一二三产业融合发展。积极引导农民流转土地，坚持把产业发展与脱贫攻坚、土地整理、土地流转结合起来，引导缺少劳动力的家庭把土地、牲畜等生产资料依法有序流转给龙头企业、农民合作社，发展适度规模经营，解决土地“碎片化”问题。

聚焦总目标，推进文化旅游融合发展。进一步挖掘整合刀郎麦西热甫、刀郎木卡姆、刀郎农民画、刀郎文化绣、N39°沙漠探险等独特资源，着力发展民俗文化、独特旅游等产业形态。加大项目对接争取，不断完善N39°沙漠旅游、刀郎文化旅游景区建设，提升服务接待能力。以N39°沙漠旅游景区为发展龙头，带动刀郎画乡、刀郎文化园、刀郎乡里等景区发展，打造麦盖提“生态、文化、休闲”的旅游整体品牌。以旅游发布会、推介会、展销会等形式，积极开展市场营销和旅游品牌宣传推介，筹办“麦盖提红枣文化旅游节”，不断提升刀郎文化旅游知名度。围绕“吃住行游购娱”，积极培育创意观光农业、休闲采摘，扶持有发展意愿的特色农家乐，开发富有文化品位和地方特色、制作精良、物美价廉的旅游纪念品、特色食品、土特产、手工艺品等旅游商品，培育扶持一批特色手工业者和精品旅游商店，合理规划厕所、加油站、停车场建设，不断完善旅游功能设施。加快推进旅游夜市建设，确保6月底建成投用。推进老城区街道两侧绿化带、城西区绿地和南网三角公共绿地绿化提升改造，完善棚户区外配套规划一路、二路、英买里路延伸段人行道、非机动车道和亮化设施建设，不断提升城市品位。

聚焦总目标，加大基础设施建设。积极争取中央财政安排的地方政府专项债券，用改革的办法、市场化运作方式，撬动社会资本投向水利、交通、能源等基础设施领域，大幅拉动有效投资，破解发展瓶颈制约。加强水利基础设施建设。实施大型灌区续建配套与节水改造工程，新建防渗渠道60千米，新增高效节水面积5.22万亩，发挥水利基础性自然资源和战略性经济资源作用，通过渠道清淤、建设低压管道、配发水泵等措施，解决庭院经济灌溉用水。加强电力基础设施建设。新建、改造输电线路401千米，新增和更换配电变压器342台，解决82个村线路对地安全距离不够、变压器容量不足、导线截面偏小、断股等问题，加快推进1.26万户群众煤改电配网建设工程。加强道路基础设施建设。新建村民小组道路210千米，实施好20万平方米小修养护工程及生命线防护工程和县道X498线道路改扩建工程，抓好县道X560、X566、X563、X567大中修项目建设，持续改善道路状况。加强城镇基础设施建设。大力推进城镇保障性安居工程建设，多途径满足群众住房需求。

（五）聚焦总目标，推进民族团结和宗教和谐

不断巩固和发展民族团结成果。认真贯彻落实习近平总书记“民族团结是各族人民的生命线”的重要指示，全面贯彻党的民族政策。持续深入开展民族团结教育、民族团结进步创建活动和“民族团结一家亲”“组合式结亲”活动，进一步推动各族干部群众多层次、多方式、多形式走动互动，密切联系、增进感情。着力构建各民族相互嵌入式的社会结构和社区环境，使各族群众特别是广大青少年生活在一起、学习在一起、工作在一起、成长在一起，像石榴籽一样紧紧抱在一起。依法管理宗教事务。坚持我国伊斯兰教中国化方向不动摇，进一步贯彻党的宗教政策，坚持“保护合法、制止非法、遏制极端、抵御渗透、打击犯罪”的基本原则，有力推进宗教管理法治化。

（六）聚焦总目标，持续保障和改善民生

坚持以人民为中心的发展思想，既坚持尽力而为、又量力而行，持续实施惠民工程，不断增强各族群众的获得感、幸福感、安全感。

扎实做好就业创业工作。统筹抓好以贫困户家庭、高校毕业生、退伍军人、就业困难人员和“零就业家庭”等重点群体的培训就业。不断拓宽德润美食广场创业孵化基地、库木库萨尔乡刀郎农民画就业培训产业示范基地、城西工业园区创业孵化基地和五社区就业创业孵化基地的服务功能和带动作用，努力营造“零收费”创业扶持环境。积极与内地、县外疆内其他地州和兵团对接，扎实做好我县整建制转移输出工作，力争完成整建制疆内外转移就业6000人以上。切实加大对农民工工资支付等涉及群众切身利益问题的监管，切实保障群众利益。

优先发展教育事业。认真落实学前至高中阶段15年免费教育，突出抓好国家通用语言教育、学前双语教育和职业教育，努力让每个孩子都能享有公平而有质量的教育。抓好义务教育标准化和均衡发展达标工作，筹措资金配齐配全功能室314个、微机室28个，修缮校舍27.5万平方米，确保2019年顺利通过国家和自治区义务教育标准化和均衡发展验收。扩大集团化办学规模，进一步促进城乡教育均衡化、优质化，着力解决“有学上”到“上好学”的问题。推进国家通用语言教育，面向全国大力招聘国家通用语言教师，保障国家通用语言教育全覆盖所需师资，实现学前至高中阶段、初高中“两后生”分层、分类教学，确保2020年国家通用语言教学覆盖率达到100%。加快寄宿制学校建设，6月底前完成总投资2.8亿元、11.8万平方米的寄宿制学校建设，满足四年级以上学生全部住校就读。推进县职业教育扩容提质，加快职业中专建设进度，确保6月底前完工投用，实现初高中未升学、未就业毕业生职业教育全覆盖。

加快卫生健康事业发展。全面深化医药卫生体制改革，稳步推进公立医院综合改革，持续解决好“看病难、看病贵”问题，

保质保量完成全民健康免费体检工作，对15周岁以上体检对象做到胸片检查全覆盖，扎实推进传染期肺结核患者定点医院集中隔离治疗与阴性肺结核患者“主动发现＋定点服药＋营养早餐”诊疗服务模式，不断减少肺结核发病率，提升全民健康水平。强化“先诊疗后付费”、“一站式结算”制度落实，实现紧急医疗措施救治和开通绿色通道相结合，改善就诊服务流程。认真开展人口统计专项治理，从严执行计划生育“一票否决”制，确保计划外生育“零控制”，控制人口过快增长。

健全社会保障体系。进一步织密扎牢社会保障“安全网”，全面实施全民参保计划，支持帮助贫困人口、低保对象、特困人员等困难群体参加社会保险，切实减轻就医负担；对符合低保条件的城乡困难群众应保尽保，对有养老意愿的“五保”老人和孤残、困境儿童集中供养，加快推进残疾人事业发展，实现人人享有基本的社会保障。

持续推进文化惠民。持续实施东风工程、农家书屋、农村电影放映工程、广播电视户户通等文化惠民工程，开展丰富多彩的群众性文化活动，推动文化事业和文化产业健康发展。

加大安全惠民力度。强化防灾减灾救灾体系建设，高效及时应对自然灾害。实施食品药品安全战略，确保人民群众饮食用药安全。强化质量监管，确保产品质量安全。树立安全发展理念，严格落实安全生产责任制，加强交通运输、危化物品、建筑施工、电力燃气等重点行业监管，全面持续动态消除各类安全隐患，坚决遏制重特大安全事故发生。实施县城供暖管网提升改造，保障群众供暖需求。

（七）聚焦总目标，扎实推进重点领域改革

推进农村产权制度改革，落实农村土地所有权、承包权、经营权“三权分置”办法，全面开展农村土地清理和土地承包经营权确权登记颁证工作，支持农民土地经营权依法流转，让农民充分享有土地经营自主权。进一步压缩企业开办时间，减并市监、税务、刻章、社保等流程，将银行开户核准改为备案，实现企业开办时间在现有基础上压缩至8.5个工作日以内。压缩项目报建审批时间，开展工程建设项目审批制度改革，将审批时间压减至120个工作日。大力清理废除妨碍统一市场和公平竞争的各种规定和做法，保障不同所有制主体在资质许可、政府采购、科技项目、标准制定等方面的公平待遇。深化户籍制度改革，加快破除城乡区域间户籍迁移壁垒，加快农业专业人口市民化进程，确保城镇率达到28.3%以上。实行统一的市场准入负面清单制度，推动“非禁即入”普遍全面落实，建立信息公开平台，实现清单事项网上公开便捷查询。深化税制改革，推进结构性减税，推动小微企业享受减半征收所得税等优惠政策落地。持续开展减证便民行动，加大证明事项清理力度。推进线上线下融合，优化整合提升各级政务服务大厅“一站式”功能，实现“一个窗口”“一次办成”。

（八）聚焦总目标，全面加强政府自身建设

为人民服务，对人民负责，受人民监督，让人民满意，是政府工作必须始终坚守的信念。我们要进一步加强政府自身建设，全面提升依法履职能力和水平，服从服务于党的工作，在县委的坚强领导下，努力建设人民满意的政府。

坚持党的领导，践行为人民服务宗旨。坚持党的领导是做好政府工作的根本保障。要充分发挥政府系统各级党组织的领导核心作用，严格落实党内政治生活准则，严守政治纪律、政治规矩，坚持把政府的一切工作都置于党的领导之下，确保坚定正确的政治方向，确保党中央、自治区党委、地委、县委的决策部署不折不扣贯彻落实。围绕总目标，牢固树立全心全意为人民服务的宗旨，切实把以人民为中心的发展思想贯穿政府工作始终，体现在政府工作的方方面面，始终把各族人民放在心中最高位置，充分发挥好县长热线等平台作用，着力解决关乎群众切身利益和群众所思所盼的问题，更好的实现好、维护好、发展好最广大人民群众的根本利益。

坚持依法行政，着力建设法治政府。坚持落实《政府党组学法制度》，不断提高政府各部门法律知识积累和依法行政意识，严格按照法定权限、法定程序履职尽责，确保政府所有工作都在法治轨道上运行。依法接受人大及其常委会的法律监督，自觉接受人民政协的民主监督，及时办理人大代表议案、政协委员提案。主动接受社会舆论和人民群众的监督，保障群众知情权、参与权和监督权。坚持科学决策、民主决策、依法决策，落实重大问题集体决策、专家咨询、社会公示制度。

坚持“严”字当头，抓好廉洁政府建设。作风建设永远在路上，政府班子成员要带头转变作风，坚持讲实话、出实招、干实事，深入基层、深入实际，求真务实、真抓实干，在政治立场、政治方向、政治原则、政治道路上同党中央保持高度一致，坚决维护党中央的权威和集中统一领导，对党中央、自治区党委、地委、县委决策部署要抓实抓牢，迅速贯彻，坚决整治懒政怠政行为，反对统计造假、弄虚作假、虚夸漂浮、政策棚架，深入贯彻落实习近平总书记关于进一步纠正“四风”、加强作风建设重要批示精神，严格按照自治区党委“十改进、十不准”、地委“十必须、十严禁”要求，持续深入整治“四风”“四气”，坚决防止“四风”问题变异反弹；深入贯彻落实《中国共产党纪律处分条例》，用好监督执纪“四种形态”，常态化开展纪律教育和警示教育，坚决纠正各种不正之风，严肃查处各类违纪违法行为。严格落实中央“八项规定”及其实施细则，自治区党委、地委、县委“十条规定”，严格控制“三公经费”，进一步降低行政成本。深入推进“三项治理”，以零容忍的态度惩治腐败，严肃查处违纪违法案件，营造风清气正的政治生态。

"访惠聚"驻村工作

2019年，麦盖提"访惠聚"驻村工作紧紧围绕以习近平新时代中国特色社会主义思想、党的十九大精神和以习近平同志为核心的党中央治疆方略、实现社会稳定和长治久安总目标，全县163个驻村（社区）工作队、978名工作队员认真贯彻落实"1+2+5"八项工作任务，认真做好维护稳定、脱贫攻坚、群众工作、基层组织建设、"不忘初心、牢记使命"主题教育等重点工作，以钉钉子精神将各项工作措施落到实处，推动"访惠聚"驻村工作全面提升和拓展。

一、主要经验

（一）**县委高度重视**。通过召开专题常委会、驻村工作座谈会，研究推进"访惠聚"驻村工作常态化长效化措施办法，协调解决推进"访惠聚"驻村工作的重点难点问题，确保自治区党委持续深化"访惠聚"驻村工作部署要求落地生根。

（二）**政治站位高**。全县各级驻村工作队严守政治纪律和政治规矩，坚持以习近平新时代中国特色社会主义思想为指导，不打折扣的贯彻落实党中央治疆方略。

（三）**思想认识到位**。各驻村工作队把深入学习习近平总书记关于扶贫工作的重要论述作为指导坚定坚决打赢脱贫攻坚战的一大法宝。坚持把提高脱贫质量放在首位，聚焦深度贫困村，按照"七个一批"、"三个加大力度"和"十大工程"要求，紧紧围绕解决好"两不愁三保障"突出问题，在精准到户到人上下功夫。

（四）**争取民心**。各驻村工作队把做好群众工作作为争取民心，凝聚群众的出发点和落脚点，真心引导，真诚帮扶，让群众打心底感谢共产党。

（五）**筑牢战斗堡垒**。各驻村工作队时刻把党的政治建设摆在首要位置，不断加强村"两委"班子、加强自身建设、推进建章立制、强化教育学习、转变工作作风等方面着手，不断夯实基层基础，坚强战斗堡垒。

（六）**守初心、担使命、找差距、抓落实**。各驻村工作队在"不忘初心、牢记使命"主题教育中，牢牢抓住深入学习贯彻习近平新时代中国特色社会主义思想这个根本任务，围绕"守初心、担使命、找差距、抓落实"的总要求，统筹推进"学习教育、调查研究、整改落实"四项重点措施，用创新理论滋养初心，以担当实干践行使命，推动主题教育高标准高质量开展。

二、主要措施

一是统一思想。各驻村工作队始终统一思想，明确工作任务，按照“访惠聚”驻村工作要求和要点，不断加强自身管理，坚定坚决贯彻落实自治区党委、地委、县委的各项决策部署。

二是健全机制。工作队坚持把健全完善党总支工作机制、村民委员会工作机制、村级监督委员会工作机制、群众工作机制、周一“三结合”机制、社会面防控机制、宗教管理机制等当作目标并将推行情况纳入年终目标考核范围，通过健全完善机制推进各项工作规范化、常态化。

三是精准实施十大工程。土地清理再分配工程、就业扶贫工程、产业扶贫工程、庭院惠民工程、综合社会保障工程、安居保障工程、易地搬迁工程、基础设施配套工程、扶志扶智工程、信息化工程。

四是搭建平台。各驻村工作队队长、扶贫第一书记充分发挥作用，坚定不移聚焦精准发力，推进“十大工程”，在巩固提升“一户一就业”基础上，积极搭建扶贫就业平台，加强就业指导，拓宽就业渠道，提升就业质量，帮助更多贫困人口长期就业、稳定脱贫。

五是扎实开展“三结合”活动。将周一升国旗、政策宣讲、惠民补贴发放有机结合，每周编发法律法规、党的惠民政策、为农服务信息等宣讲材料，现场宣布享受惠农补贴人员名单并发放补贴资金，接受群众监督，杜绝优亲厚友，争取凝聚人心。

六是建强“两委”班子，夯实执政根基。驻村工作队把建强基层组织作为开展好“访惠聚”驻村工作的重要抓手，着力发挥第一书记作用，积极统筹各支力量，强化基层党组织建设，不断增强农村党组织的凝聚力和战斗力。

七是加强自身建设，增强队伍活力。驻村工作队以提升组织力为重点，在抓基层、打基础、补短板上下功夫，帮助基层解决存在的问题。开展“主题党日+”活动，增强党员干部服务意识，广开渠道、广纳民意，充分调动服务群众的积极性、主动性、创造性，通过搭建“真情融入、精准宣教、真心帮扶”服务平台，持续改善党群干群关系。

八是深学细照、务求实效。工作队党员带头，错时开展分段集中学习深入研讨，自觉对标对表、及时校准偏差，在学深悟透习近平新时代中国特色社会主义思想的过程中，铸牢“不忘初心、牢记使命”的精神坐标。坚持以党支部为单位，结合“两学一做”学习教育常态化制度化，依托“三会一课”、主题党日等载体，组织广大党员每周三、五集体学习，坚持读原著、学原文、悟原理，静下心来学、沉下心来思，力求不断增强学习效果，使主题教育真正做到入耳入脑入心。

九是学做结合、查改贯通。工作队、村党支部刀刃向内、找准靶子，分别确定突出问题，一一建立台账。对照初心使命，拿出破解难解的实招硬招，“真刀真枪”解决解决群众反映在稳定就业、脱贫攻坚、安全生产、惠民项目等方面的困难诉求和突出问题。

十是转变作风、即知即改。各工作队脚步“沉”问题“捞”上来。结合当前社会稳定、脱贫攻坚、群众工作和人居环境整治，工作队队员、片区长全部深入各自包联小组，带着诚意、带着责任深入听取意见诉求，着眼发现问题、研究问题、解决问题，深入摸排群众关心关注、反映强烈突出问题，切实把“守初心、担使命、找差距、抓落实”体现在为群众办实事、做好事、解难事上。

三、取得的成效

（一）全面真实掌握社情民意和群众思想动态。全年共走访群众52.98万户次，其中贫困户11.03万户次。慰问困难群众1.26万户次，涉及慰问金额544.04万元。

（二）土地清理群众得实惠。全县清理收回耕地37.13万亩，实现土地发包收入1.22亿元，按照人均收益1000元的标准，以就业奖补方式兑现给5885名贫困人口。

（三）发展生产增加收入。对无法外出就业的5994名贫困人口，通过发展生产或庭院经济奖补的方式落实人均1000元的补助。

（四）稳定就业摆脱贫困。围绕“每个有劳动力贫困户家庭至少一人稳定就业”的目标，逐户逐人摸排，加强岗前培训、多方对接就业岗位，目前已实现就业2314户3201人。

（五）庭院整治效果明显。积极引导群众按照“前有院、中有园、后有圈”的模式规划整治庭院，归整房前屋后土地8600亩，新建大拱棚4390座，种植果树果蔬1.59万户6362.5亩。

（六）公共基础设施建设全覆盖。聚焦贫困乡“五有”、贫困村“五通七有”和贫困户“两不愁三保障”，按照缺项补项的原则，以水、电、路、房、信为重点加强公共基础设施建设。不断完善教育、卫生等公共服务设施，实现44个贫困村幼儿园、卫生室、文化室全覆盖。

（七）免费教育全面落实。15年免费教育全面落实，学前“双语”教育加快推进，1.9万名适龄儿童实现应入尽入。

（八）招商引资取得实效。全县发展或引进中小微企业38个，成立农民专业合作社188个，促成农村电子商务41个，转移就业3.24万人，其中贫困人口转移就业1.29万人，帮助贫困人口40户127人脱贫。

（九）群众工作促进稳定。积极帮助解决困难诉求1455件，排查化解矛盾纠纷624件、治理安全隐患681件。

（十）宣传引导凝聚人心。举办民族团结联谊活动2857场次，140.63万人次参加。举办国旗下宣讲5513场次，受教育群众319.11万人次。

（十一）农民夜校提升素质。在全县163个村（社区）、农林场，积极争取100万元援疆资金用于夜校日常运行经费，组织全县157所夜校2.93万名农民参加不同层次的农民夜校学习培训，以学习自治区“访惠聚”办公室、自治区团委编辑出版的《教你学汉语—情景会话即学即用（1-2）》及配套教学光盘；政策法规教材；农村实用技术教材等，提高群众国家通用语言水平，增强法律意识，拓宽致富门路。发挥157个农民夜校作用，采取集中轮训、分组交流、实践操作等方式，压茬式、全方位开展实用技能培训660场次，贫困群众脱贫致富能力明显提升。用通俗易懂的语言把十九大精神、十九届二中、三中、四中全会精神、脱贫攻坚、民族团结、法律法规和惠民政策结合起来让人民群众深切感受到党和政府的关心关爱。

（十二）驻村工作巩固基层政权。驻村工作队采取“一对一”“多对一”传帮带的方式，真心关怀、真心爱护、真心实意地“量体裁衣”帮助村“两委”班子带领群众积极寻找脱贫路径、拓宽致富门路、激活内生动力、改善村容村貌，打造政治坚强、工作扎实、能力突出、作风过硬、群众信赖的“两委”班子。

驻村工作队协助培养入党积极分子2183人，发展党员652人，协助培训村级干部829人，储备村级组织干部697人，协助处理不合格党员80人，党的力量在基层一线不断壮大。

全县驻村工作队准确把握党中央精神，按照“不忘初心、牢记使命”主题教育活动安排部署，结合驻村工作实际，对准目标，积极推进，举办主题教育学习班281场次，涉及2.6万人次、开展主题教育交流研讨292场次，涉及4150人次、检视问题3213条、完成整改2409条。

脱贫攻坚工作

麦盖提县总面积1.52万平方千米，辖8个乡2个镇2个农林场，140个行政村（社区），21个社区，境内还驻有新疆生产建设兵团第三师的3个团场和南疆军区的1个农副业基地。全县总人口30万，少数民族占总人口的82%。麦盖提县是深度贫困县，有52个建档立卡贫困村，其中22个深度贫困村，建档立卡贫困人口1.38万户4.99万人。麦盖提县始终坚持以习近平新时代中国特色社会主义思想为指引，认真贯彻落实习近平总书记关于脱贫攻坚的重要论述和中央、自治区党委、地委的脱贫攻坚系列决策部署，紧紧围绕社会稳定和长治久安总目标，坚决贯彻落实“六个精准”“七个一批”“三个加大力度”和“九清”要求，紧扣“两不愁三保障”和“五通七有”，扎实推进“十大工程”和“五个全覆盖”。

一、主要措施

（一）强化党的领导。县委、县人民政府始终把脱贫攻坚作为最大的政治任务和第一民生工程来抓，成立了由党政主要领导任“双组长”的县乡村三级扶贫开发领导小组，全年先后召开12次常委会、18次常委（扩大）会、18次书记专题会议、16次政府常务会议研究部署脱贫攻坚工作，层层传导压力、压紧压实责任，形成了三级书记带头抓、具体抓，既当指挥员、又当战斗员，引领全县干部积极参与脱贫攻坚的工作格局。坚持周调度、月推进，随机抽取乡村组和农户实地检验脱贫成效，不断提升脱贫质量。坚持抓党建促脱贫，52个贫困村每个村有1名县处级领导定点包联，22个深度贫困村每村有1名县处级干部担任扶贫第一书记，选派132名国家干部担任村党支部书记。选优配强县乡村三级扶贫专干，举办各类培训班236期，不断提升攻坚能力。精准实施脱贫攻坚25个专项行动，推动政策、项目、资金向扶贫领域倾斜。加强对乡村的直接服务和巡回指导，促进政策措施、项目资金落地见效。狠抓扶贫领域腐败和作风问题专项治理，以作风攻坚推动脱贫攻坚，以精准问责倒逼责任落实。2016年以来，共查处扶贫领域违纪案件631件679人，追缴资金1034.26万元。

（二）壮大主导产业。大力发展以红枣为主的特色林果业，组建麦盖提县红枣研究院，成立140支林果技术服务队，跟踪管理、全程服务，促进提质增效；抢抓红枣期货上市契机，依托3家红枣交割库，通过“保险+期货”模式，拓宽销售渠道，保障枣农利益，推动农民增收，红枣总产25万吨，枣农人均红枣纯收入超过5000元。依托建成的1座刀郎羊良种繁育中心和44个畜牧养殖合作社，对贫困户的牛羊进行托养，提高畜牧养殖收益，促进贫困家庭稳定增收。

（三）创新社会扶贫。依托社会捐助资金，建设高标准肉牛繁育场 7 座、年生产能力 10 万吨饲料加工厂 4 座、饲草料基地 15 万亩，采购澳洲纯种“安格斯”能繁母牛 1.5 万头。采取“龙头企业 + 养殖基地 + 合作社 + 农户”的经营管理模式，引进龙头企业运营管理，每年为 140 个村分红不少于 2000 万元，通过奖补方式进行二次受益分配。下步将积极发展“安格斯”牛养殖专业合作社，带培养殖专业能手，引导更多农户通过畜牧养殖实现增收致富。

（四）推动生态扶贫。依托百万亩防风固沙生态林，吸纳 750 名贫困人口参与生态林管护，实现稳定就业，人均收入 1 万元。大力发展以 3.5 万亩肉苁蓉为重点的林下经济，1.38 万户贫困户户均分红过千元，生态红利有效释放。

（五）促进就业创业。始终把就业作为最大的民生工程来抓，建立“党委统筹、政府主抓、部门联动、社会参与、企业为主”的就业服务工作机制，组建 4 个专项小组，长年外出派驻对接岗位，积极引导贫困劳动力在一产、二产、三产稳定就业，共实现疆外有组织转移就业 2008 人，疆内转移就业 2100 人，园区就地就近就业 7599 人，服务业就业 2.5 万人。全县有劳动能力且能够就业的贫困户 9537 户，已稳定就业 1.4 万人，实现“一户多人就业”。

（六）发展庭院经济。将庭院经济发展与人居环境整治有机结合，充分利用农户庭院中的“方寸”土地，按照“三区分离”要求改造庭院 4.78 万户，种植蔬菜 1.8 万亩、葡萄 2.1 万架；建立 1 个县级果蔬购销中心、12 个蔬菜收购合作社、89 个收购点，通过保底收购、集中配送、定向直供，有效解决庭院经济产品销售难问题。深入开展“倡导新风尚、树立新气象、建立新秩序”活动，充分利用周一“三结合”、夜校培训等时机，持续深入开展宣传教育，引导各族群众自觉抵制宗教极端，崇尚现代文明生活，完成现代家具入户 3.84 万户，改厨 2.7 万户，改厕 2.99 万户，做到了看有电视、坐有沙发、睡有木床、吃饭有饭桌、学习有课桌，群众的生活质量显著提升。

（七）落实惠民政策。把依法清理收回的 34.92 万亩土地产生的 1.13 亿元收益全部用于脱贫攻坚。设立 2519 万元稳定就业补助资金，按照每人每年 1000 元标准，奖补实现“一户一人稳定就业”的贫困户，救助无劳动力的贫困户，持续奖补 2 年；设立 1156 万元产业引导资金，奖补辐射带动能力强的农民专业合作社，推进农业产业化、规模化经营；设立 1000 万元庭院整治资金，引导农户净化、绿化、美化庭院，提升生活品质；设立 509 万元教育救助资金、76.5 万元特殊群体关爱资金，有效解决因学致贫问题；设立 610 万元村级集体经济奖补资金，奖补整村实现“一户一人稳定就业”的行政村，发展壮大村级集体经济。2019 年共设立“六项资金”4870.5 万元，目前已发放 3263 万元，惠及贫困人口 4.98 万人。引导农民有序流转土地 10 万亩，7200 名农民转变为产业工人，为农业规模化、集约化、产业化发展奠定坚实基础。

（八）坚持精准高效。坚持自下而上原则，建立完善脱贫攻坚项目库。严格执行项目报备监管办法，认真调研论证报备项目，严把扶贫项目建设关口，确保扶贫项目资金精准到户到人。2014 至 2019 年，共到位扶贫资金 17.71 亿元，实施扶贫项目 224 个。认真落实项目公示公告制、国库集中支付报账制，建立健全扶贫项目管理台账，充分发挥每个乡镇 2 名专职会计的监督职责，聘请第三方加强跟踪审计，确保项目精准落地、取得实效。

（九）补齐短板弱项。坚持把以人民为中心的思想贯穿脱贫攻坚始终，不断提升各族群众的获得感、幸福感。加大教育扶贫力度，对460名义务教育阶段残疾儿童落实控辍保学政策，确保适龄学生有学上、上得起学、不辍学，阻断贫困代际传递。加大健康扶贫力度，1.78万名重大疾病、慢性病、传染病、地方病患者实现救治全覆盖，4.99万名贫困群众享受先诊疗后付费、一站式结算政策，让群众有地方看病、方便看病、看得起病。加快推进医疗保险、养老保险工作，实现适龄人口医疗保险、养老保险参保全覆盖。落实“两线合一”政策，适度救助1082名困境儿童和困境老人，实现老有所依、幼有所养。始终把住房安全作为“三保障”的重点，坚持“面积够用、安全第一”，建成安居富民房4.7万套，其中建档立卡贫困户1.38万套，实现安全住房全覆盖。狠抓易地扶贫搬迁，坚持统一规划、集中建设、一村一策，完成838户3302人的易地扶贫搬迁任务，抓好搬迁后续产业发展，引导搬迁户通过转移就业、自主开店、发展庭院经济稳定增收，确保搬得出、稳得住、能致富。坚持缺项补项，狠抓基础设施建设，累计投入7.3亿元改造供水管网978千米、架设输电线路1425千米、铺设四级公路991千米，建成村级便民服务中心128个、卫生室15个，实现行政村“五通七有”全覆盖。

（十）激发内生动力。依托周一“三结合”和周三、周六农民夜校，持续加强“去极端化”教育和国家通用语言学习。坚持集中培训和实战培训相结合，分类别、分层次、分领域抓好各族群众的农业技术、就业技能培训，激发内生动力，提升致富能力。选聘183名优秀民营企业家及致富带头人到村任职，引领带动贫困户脱贫致富。创新“表现换积分、积分换物品”扶贫模式，建设爱心美德公益超市9个，实现精准扶贫与扶志扶智深度结合。

（十一）统筹推进持续用力。始终把维护稳定作为第一政治责任，脱贫攻坚作为第一政治任务，秉持“治贫”必先“治乱”、“治乱”必须“治贫”理念，正确处理稳定与脱贫的关系，压紧压实各级党政主体责任，坚定不移把维护稳定和脱贫攻坚两项工作牢牢记在心上、抓在手上、落实在行动上，通过抓社会稳定促进脱贫攻坚，抓脱贫攻坚促进社会稳定，实现既挖“乱根”又拔“穷根子”目标。

（十二）增强后劲持续用力。坚持把发展产业作为脱贫致富的根本之策，深入实施特色产业提升工程，大力发展以“红枣为主、核桃为辅”的特色林果业，以“安格斯”肉牛、刀郎羊为重点的现代畜牧业，以刀郎文化游、沙漠探险游为重点的刀郎文化旅游业。坚持立足农业抓工业、促就业，大力发展纺织服装、电子产品组装加工、农副产品精深加工等劳动密集型产业，弥补产业发展短板。健全完善“村有脱贫产业、有合作社，贫困户有增收项目、有劳动技能”的提质增效机制，不断提高贫困群众组织化程度和产业化发展水平。加大转移就业扶持力度，通过产业带动、就地就近、县内解决、援疆促进等有效方式，努力实现家家有门路、人人有事干、月月有收入的稳定就业格局。

（十三）民生改善持续用力。坚持教育为先，推进义务教育均衡发展，完善学前教育到高等教育资助体系，让每一位贫困家庭子女都能接受公平有质量的教育。着眼既“富口袋”又“富脑袋”，开展大宣讲行动，不断激发群众致富奔小康的内生动力。

促进医疗救助与城乡居民医疗保险、大病保险有效衔接，进一步推进落实“先诊疗后付费”和“一站式结算”服务，有效防止因病致贫因病返贫。不断完善基本公共服务水平，稳步解决好水、电、路等问题，推进乡村污水处理和“厕所革命”，补齐基础设施短板。

（十四）**贫困帮扶持续用力**。深化援疆扶贫、社会扶贫和区内协作，加大与中国证监会、山东日照市和五家渠市的协作对接力度，持续推进在教育、医疗、就业、人才、资金等方面的协作帮扶。坚持“政策不变、力度不减、干劲不松”，深入推进“两个全覆盖”工程，全县257个单位和6790名干部职工，根据贫困村、贫困户实际，坚持因村施策、因人施策，确保结对帮扶工作持续有效。

（十五）**转变作风持续用力**。着力建强农村党支部，发展壮大党员队伍，真正把基层党组织建设成带领群众脱贫致富的坚强战斗堡垒。坚持“大党建”统领“大扶贫”，紧紧围绕脱贫攻坚巩固提升计划，绘好“作战图”，当好“突击队”，强化定点帮扶、对口支援、结对帮扶，做到不断线、不松劲。坚持不懈抓好各级各类反馈问题整改，以问题整改促进作风转变、促进巩固提升。深入开展扶贫领域和作风问题专项治理，从严查处不作为、慢作为、乱作为等问题和向扶贫资金财物“动心思”“伸黑手”等腐败行为，以纪律攻坚保障脱贫攻坚。

麦盖提县坚持以习近平新时代中国特色社会主义思想为指导，深入学习贯彻十九届四中全会精神，以此次成效考核为契机，以决战决胜的信心、决心、恒心，坚定坚决打好打赢脱贫攻坚这场硬仗，全力实现高标准脱贫摘帽，向上级党委和各族群众交上一份满意的答卷。

二、取得的成效

（一）**贫困人口脱贫**。2014年至2018年，全县共退出46个贫困村（其中深度贫困村16个），脱贫1.38万户4.97万人。2019年9月，县扶贫开发领导小组抽调294名干部，组成10个验收核查组，对照贫困户脱贫、贫困村退出、贫困县摘帽标准和程序，全面进行自查自验。通过核查，实现6个贫困村退出、40户127名贫困人口脱贫，1.38万户4.99万名建档立卡贫困人口达到“一超过、两不愁、三保障”脱贫标准；所有行政村实现“五通七有”全覆盖；全县综合贫困发生率下降至3%以下，群众认可度达到100%，全县基本公共服务主要领域指标接近全国平均水平。各项指标均达到脱贫摘帽标准。

（二）**农村发展环境明显改善**。把脱贫攻坚与乡村振兴战略、美丽乡村建设有机结合，坚持县域整体规划布局，狠抓乡村环境综合整治，改善了村容村貌，促进了民生改善，增强了广大群众的获得感和幸福感。

（三）**群众精神面貌焕然一新**。通过常态化开展“三结合”“三新”及夜校宣讲等活动，引导各族群众确立正信正行，各族群众的生活习惯明显改善，精神面貌焕然一新。

（四）**群众致富信心大大增强**。把脱贫攻坚与激发内生动力有机结合，通过宣传党的惠民政策，突出科技示范引领，解决就业岗位、提供创业条件、优化致富路径、树立致富典型等，引导群众变“要我干”为“我要干”，激发了各族群众依靠勤劳双手创造美好生活的内生动力。

（五）**交流交往交融全面深化**。把脱贫攻坚与民族团结有机结合，通过加强国家通用语言教育，开展干部结对帮扶、“民族团结一家亲”等活动，促进了各族群众之间相互了解、相互尊重、相互包容、相互欣赏、相互学习、相互帮助，增强了“五个认同”，凝聚起了各族群众建设美好家园的强大合力。

（六）党的执政根基更加牢固。把脱贫攻坚与全面从严治党有机结合，通过常态化落实包户住户、“四同四送”，各级党员领导干部身体力行、化解心结、消除隐患、解决问题，打通了最后一公里、走进了最远一家人，锻造出一支政治坚定、作风过硬的干部队伍，密切了党群干群关系，争取了民心、凝聚了人心。

“不忘初心、牢记使命”主题教育

“不忘初心、牢记使命”主题教育开展以来，麦盖提县委认真贯彻落实中央、自治区、地区有关部署，按照“不划阶段、不分环节”的要求，严格将“学习教育、调查研究、检视问题、整改落实”贯穿始终，切实做到抓思想认识到位、抓检视问题到位、抓整改落实到位、抓组织领导到位，保证了主题教育扎实有序开展。

一、主要做法

在开展主题教育过程中，县委全面扛起主体责任，在抓好县委领导班子自身教育的同时，推动全县主题教育按时序稳步开展。

（一）紧跟上级精神，坚持步调一致，做到确保标准、务求实效。结合自身实际，加强顶层设计，迅速研究制定贯彻落实措施，确保主题教育高起点谋划、高标准推进、高质量落实。一是把准方向。第一时间召开专题会议，传达学习中央、自治区、地区“不忘初心、牢记使命”主题教育工作会议精神，牢牢把握“守初心、担使命、找差距、抓落实”总要求和“理论学习有收获、思想政治受洗礼、干事创业敢担当、为民服务解难题、清正廉洁作表率”五个具体目标，确保主题教育沿着正确方向开展。二是以上率下。县委主要负责人主动扛起第一责任人责任，先后主持召开专题会议7次，对主题教育进行安排部署、总体谋划，并带头领学促学、深入检视问题、开展调查研究、狠抓整改落实；班子成员认真履行“一岗双责”，坚持学在先、走在前，以实际行动放出样子、作好示范；各乡镇、县直各单位、学校、企业等严格参照实施，形成了上下联动抓教育的良好局面。三是挂图作战。结合实际精心制定《“不忘初心、牢记使命”主题教育实施意见》和《“不忘初心、牢记使命”主题教育工作计划》，明确时间表、路线图和任务书，细化任务，硬化措施，做到挂图作战、按表推进、环环相扣、无缝衔接。

（二）紧扣主题主线，坚持学深学透，做到融会贯通、学以致用。把学习贯彻习近平新时代中国特色社会主义思想作为主线，推动学习教育往深里走、往心里走、往实里走。一是精研细读深学。县四大班子领导及县处级领导干部带头示范，深入学习习近平总书记在“不忘初心、牢记使命”主题教育工作会议，在内蒙古、甘肃、北京香山、河南、上海等地视察并指导开展“不忘初心、牢记使命”主题教育时的重要讲话，认真学习《习近平新时代中国特色社会主义思想学习纲要》《习近平关于“不忘初心、牢记使命”重要论述选编》、党章党规和党史、新中国史、三本白皮书、十九届四中全会精神，学习习近平总书记关于新疆工作的重要指示批示精神等内容，通过组织县委中心组集体学习、班子成员个人自学、举办读书班、开展专题研讨等方式，使党员干部静下心读原著、学原文、悟原理，谈认识体会、找差距不足、提改进措施。主题教育期间，县领导先后组织集体学习13次，开展学习研讨4次，专题研讨4次。637个基层党支部按照每周集中学习半天的要求，依托“三会一课”、主题党日等开展集中学习6196场次。二是丰富载体促学。依托本地教育资源，通过重温入党誓词、观看爱国主义影片、优秀共产党员先进事迹短片、警示教育片，参观反恐维稳展、县生态林建设展示馆等形式，深入开展革命传统教育、形势政策教育、先进典型教育和警示教育，切实增强学习教育的针对性、实效性和感染力。依托县乡党校对637名党支部书记进行为期3天的脱产培训；围绕三本白皮书内容，对全县各级各类党员干部开展轮训1037人次。三是强化指导督学。县委主要负责人和班子成员严格督学，采取个别访谈、座谈交流、现场提问、随机抽查等方式，“一对一”“面对面”谈话了解学习情况，及时发现问题，防止跑偏走向。严格落实集中学习考勤制度，对因出差、值班等原因在集中学习阶段缺课的21名县级以上领导干部开展2次集中补学；依托以考促学机制，累计组织开展主题教育测试78场次、知识竞赛2场次，有力推动了学习走深走实。

（三）紧贴工作实际，坚持深入调研，做到求真务实、更接地气。把解决问题、推动工作作为调查研究的出发点和落脚点，通过深入调研摸清情况、厘清问题，提出对策措施。一是精选课题。坚持把调查研究贯穿于主题教育全过程，围绕自治区党委确定的12个方面重点调研问题，到困难较多、情况复杂、矛盾尖锐的地方特别是到重点村（社区）、重点户、重点人等层面面对面察实情、访民情、听真情，发现问题、解剖麻雀、以点带面，研究提出解决问题的硬招、实招。全县副科级以上领导干部精心研究制定调研方案，36名县领导每人确定调研课题不少于1个，扎实开展调查研究。二是摸清实情。严格落实“每周下基层不少于1天”的要求，全县科级以上领导干部先后800余次到工作难度大、群众反映强烈、带有普遍性问题的地方听民意、查实情、定措施，累计开展调研858次，面对面接触群众1.49万人次，形成调研报告576篇。三是转化成果。10月25日，县委召开调研成果交流会，针对调研中发现的普遍性问题，拿出有效对策措施，推动调研成果转化。全县54个党委（党组）参照召开调研成果交流会，发现梳理各类问题1212条，目前已整改完毕。四是讲好专题党课。在深入调研的基础上，在深入学习理论和开展调研基础上，全县副科级以上领导干部聚焦学习贯彻习近平新时代中国特色社会主义思想讲专题党课，党课主要讲认识体会收获，讲运用习近平新时代中国特色社会主义思想指导实践、推动工作存在的差距和改进工作的思路措施，讲贯彻落实新时代党的治疆方略、特别是社会稳定和长治久安总目标中存在的问题不足和努力方向，全县讲专题党课1416场次，其中县处级以上领导干部34场次，聆听党课干部群众达2.7万余人次。

（四）紧抓检视问题，坚持深挖细查，做到刀刃向内、自我革命。以正视问题的自觉和刀刃向内的勇气，找准差距不足，深刻剖析根源，为整改落实提供精准靶向。一是拓宽渠道广泛征求意见。坚持开门搞教育，采取个别访谈、召开座谈会、设立意见箱、发放征求意见表、新媒体留言等多种方式，共征集服务对象、基层党员群众意见建议1328条。二是开展实践活动。集中开展“党旗映天山”系列主题党日活动，举办民族团结联谊活动750次，开展走访慰问4000余次，组织党员开展志愿服务1.2万人次，为群众办实事好事6000多件。三是严格对照党章党规找差距。在深入学习党章和《准则》《条例》“18个是否”、对照新时代党的治疆方略“6个是否”基础上，按照习近平总书记关于“四个对照”、“四个找一找”的要求，县处级领导干部共查摆问题516个，逐一提出整改措施。

（五）紧推整改整治，坚持真抓真改，做到即知即改、立行立改。坚持把整治成效作为衡量主题教育成效的主要标志，把“改”字贯穿主题教育全过程。一是抓好“8+2”专项整治。聚焦“8+2”重点整治任务，制定12个专项整治实施方案，确定170条整改任务，细化整改措施，明确整改时间表、路线图和责任人，目前已整改168条，正在整改2条。二是办好“1+3+3”实事好事。主题教育期间，梳理确定实事好事53件，目前已落实完毕。三是对照认领情况。全县认领自治区、地区上下联动问题92项，目前已整改完毕。各乡镇（场）、县直各单位认领“8+2”专项整治任务2194条，已整改2193条，1条正在整改；认领“1+3+3”实事好事992件，目前已全部落实完毕。四是强化监督指导。坚持条块结合抓整改，上下联动抓协同，11个牵头单位纵向抓，54个党委（党组）横向抓，健全了职责明确的责任链条。召开6次专项整治推进会，抓重点、破难点、攻堵点，细化实化问题整治清单，倒排整改工期，严把整治进度，专项整治工作取得明显成效。五是开好专题民主生活会。充分运用主题教育成果，紧扣学习贯彻习近平新时代中国特色社会主义思想这一主线，县四大班子带头召开专题民主生活会，发扬自我革命精神，针对检视反思的问题，联系整改落实情况，班子从思想、政治、作风、能力、廉政5个方面检视剖析，班子成员从政治、思想、宗旨、担当、作风5个方面检视剖析，以钉钉子的精神抓好整改，推动党员领导干部牢记初心使命，重整行装再出发。

二、取得的成效

通过召开主题教育评估座谈会、个别访谈、问卷调查、电话抽查等方式开展评估，全县各界党员干部群众反映，主题教育成效明显，特点突出，对主题教育各项工作给予肯定，主要表现为以下几个方面。

（一）聚焦理论学习有收获，进一步提高党员干部理论素养。这次主题教育，把学习贯彻习近平新时代中国特色社会主义思想作为主线，通过强读强记、常学常新，党员干部对党的创新理论有了更深的理解和领悟。大家普遍反映，通过学习教育，进一步认清了差距、明确了方向、找到了路径，推动学习成果转化为具体实践的自觉性、主动性进一步增强。一是学风更实了。县四大班子领导及县处级以上领导干部带头示范，通过集中学习、个人自学，谈体会、查问题、明措施，全县副科级以上领导干部严格参照县处级以上领导开展学习交流、研讨，基层党支部依托“三会一课”、主题党日等开展集中学习，全县掀起学习热潮。二是学纪更严了。将党员领导干部学习贯彻习近平新时代中国特色社会主义思想纳入干部监督内容，通过严明纪律，全县党员干部学习自觉性不断增强。三是学习方式更灵活了。通过举办读书班、理论中心组集中学习、支部书记脱产培训等方式，原原本本读原著，学原文，悟原理，让学习内容更加系统化；有的基层党组织充分运用远程教育、“学习强国”、共产党员网等网络学习平台，不断丰富学习内容；有的通过上门送学、发放口袋书、印发应知应会等方式，让老弱病残党员学习突破了场地限制；有的组织党员干部参观反腐倡廉教育展、民族团结教育基地，通过谈感受讲体会，加强忠诚教育和党性锻炼；有的通过组织观看优秀共产党员先进事迹、大力选树优秀离退休干部、留疆战士等身边榜样，用身边事教育身边人，营造了学先进、争先进、赶先进的浓厚氛围，增强了学习效果。

（二）聚焦思想政治受洗礼，进一步坚定党员干部理想信念。这次主题教育，通过深入学习习近平总书记重要讲话和重要指示批示精神，党员干部对贯穿其中的坚定信仰信念、鲜明人民立场、强烈历史担当等有了更为深入的理解和把握。大家普遍表示，通过主题教育的开展，进一步树牢“四个意识”，坚定“四个自信”，做到“两个维护”，更加自觉地在思想上政治上行动上同以习近平同志为核心的党中央保持高度一致。一是在坚定理想信念上受洗礼。采取聆听革命故事、观看爱国教育影片等多种方式，教育引导广大党员干部争做理想信念的坚定信仰者、政治忠诚的践行者；通过组织学习三本白皮书、党史、新中国史、参观宣教馆等多种方式，进一步突出政治性、仪式感，增强严肃性、感染力，教育引导党员干部特别是领导干部保持战略定力、增强政治敏锐性，切实增强了抓好贯彻落实的政治自觉、思想自觉和行动自觉。二是在锤炼忠诚品质上受洗礼。通过观看警示教育片、参观警示教育基地，对照中央、自治区和地区查处的典型案例，参加对照党章党规找差距专题会议，各级党员干部查找自身存在的问题和不足，提出整改措施，明确努力方向。三是在树牢为民宗旨上受洗礼。全县副科级以上领导干部参照县四大班子领导，深入基层调查研究，对群众最急最盼的事情有了更全面的了解；各党委（党组）班子成员结合学习和调研成果广泛讲专题党课，进一步夯实思想理论根基，提高各级党员干部认识水平和工作能力。

（三）聚焦干事创业敢担当，进一步激发党员干部履责热情。这次主题教育，党员干部坚持在学深悟透中汲取担当“原动力”，在调查研究中找准担当主攻方向，在对标习近平新时代中国特色社会主义思想中反思担当差距，在整改落实中体现担当责任，有力推动问题一个一个解决。大家普遍表示，要进一步锤炼政治品格，提高担当本领，以担当践行初心使命，真正把干事创业的热情转化为攻坚克难的实际行动。一是敢于在实现总目标中担当。全县各级党员干部群众时刻聚焦社会稳定和长治久安总目标，牢固树立没有与稳定无关的地方、无关的部门、无关的人的理念，确保了主题教育期间麦盖提县社会大局稳定。二是勇于在脱贫攻坚战中担当。严格落实县乡村三级书记一起抓、党政一把手遍访贫困户制度，县四大班子领导率先垂范，抓好包联乡镇的脱贫攻坚工作，做到亲自抓、带头抓，既当指挥员、又当战斗员。各级党政机关和广大党员干部以决胜脱贫攻坚为己任，常态化组织开展大下基层活动，有力地充实了基层抓脱贫攻坚等重点工作的人员力量，形成了帮扶工作合力。三是主动在群众工作中担当。进一步提升群众的思想自觉，拉近同群众的距离，加深和群众的感情。

（四）聚焦为民服务解难题，进一步强化党员干部宗旨意识。这次主题教育，聚焦

“1+3+3”实事好事，一大批困扰人民群众的操心事、烦心事、揪心事得到有效解决。大家普遍反映，看到主题教育能够真刀真枪解决问题，自己受到很大触动，今后工作中将把群众观点、群众路线深深植根于思想中、落实到行动上，着力解决群众最关心最现实的利益问题，不断增强人民群众对党的信任和信心。一是联系服务群众的机制更加健全。制定了《坚持以人民为中心的发展思想，深入细致做好群众工作形成常态实施办法》，为扎实做好全县各级干部结亲包户住户群众工作奠定了良好基础。二是群众关心的热点问题得到迅速解决。县水利局、供排水公司等单位聚焦群众反映的饮水安全问题，切实下力气、出实招，有效解决农村用水问题；县交警大队对十字路口交通信号灯进行摸排、改建，县域交通秩序更加规范。县住建局成立供热管理专班，解决县城部门区域供暖存在的问题，确保了如期供热。三是群众反映的民生问题得到普遍解决。为落实城乡居民免费健康体检，县人民医院严格标准，确保了全民体检工作按规定落实到位；实行“集中服药＋营养早餐”的管理模式，加强肺结核患者服务管理；推动建立托老托幼所，集中解决困境儿童、孤儿、老人集中抚养问题。为扩大农村贫困人口就业率，县人社局持续开展贫困人口劳动技能和实用技术培训，全县农村富余劳动力转移就业完成地区目标任务的128.2%。

（五）聚焦清正廉洁作表率，进一步增强党员干部斗争精神。这次主题教育，聚焦“8+2”专项整治内容，教育党员干部严守底线、不越红线，汲取教训、警钟长鸣。大家普遍认为，要保持政治本色，知敬畏、存戒惧、守底线，坚持公正用权、依法用权、为民用权、廉洁用权，努力营造风清气正的政治生态。一是干部作风好转。主题教育期间，查处违反中央八项规定精神问题，清理各单位部门违规发放津贴补贴，清查56个县直单位和11个乡镇场办公用房面积3.19万平方米，超标面积191.51平方米，已经全部腾退完毕；精准运用“四种形态”，查处违反中央八项规定典型问题案件17件24人，下发典型案例通报2期7件7人。针对漠视侵害群众利益的问题，对全县18个重点整治责任部门开展民生领域专项活动情况进行监督检查；严肃查处了一批乡扶贫领域伸黑手以及在扶贫领域形式主义官僚主义的问题，起到正风肃纪的作用。二是基层减负成效显著。出台整治形式主义、官僚主义专项整治方案，精文减会，规范考核，9月以来，县委下发文件同比减少90.91%；召开会议同比减少50%；年度考核、检查计划同比减少90%，清理QQ群、微信群140个；开设两个基层减负观测点，实时掌握减负落实情况。三是软弱涣散党组织整顿到位。对140个村21个社区逐个过筛子，确定了7个软弱涣散村，制定整顿措施19条，更换支部书记1人，调整村干部9人。

“安格斯”肉牛落户麦盖提

2018年2月5日，中国证监会在深圳证券交易所召开座谈会，确定以发展“安格斯”肉牛产业作为切入点，带动麦盖提县农业产业结构调整，实现绿色循环发展，促进农民增收致富。在全国人大常委会副委员长艾力更·依明巴海和中国证监会的支持推动下，恒大集团无偿为麦盖提县捐款5亿元，推动麦盖提县“安格斯”肉牛养殖产业发展，助力脱贫攻坚。经麦盖提县和恒大集团、天山农牧业发展有限公司三方商定，成立新疆刀郎阳光农牧科技股份有限公司（以下简称刀郎公司），注册资本5.5亿元。其中：恒大集团出资5亿元，全部捐赠给麦盖提县140个贫困村，140个贫困村的村委会作为股东，合计占股90.91%；天山农牧业发展有限公司出资5000万元，占股9.09%。由恒大集团负责7座“安格斯”牛繁育基地及配套设施建设，总用地3704亩（均在沙漠和荒漠区域）。

2019年，麦盖提县坚持整体规划、分步实施，按照由龙头企业负责运营，建设规模化养殖场——培养养殖专业能手，稳定饲草料供应，发展养殖专业合作社——产业基础及产业链完善后，发展农户个人养殖的步骤稳妥推进“安格斯”肉牛养殖产业发展。运营模式上采取“龙头企业+养殖基地+村委会+贫困户”的运营模式，由天山农牧业发展有限公司作为龙头企业负责全程技术指导，提供收购牛犊、配种、换种、防疫、育肥、屠宰、分割及终端销售服务，形成市场化的全产业链。7座繁育基地全部建成，4座投用，养殖“安格斯”能繁母牛7000头。繁育基地建成后确权给麦盖提140个村委会，由村委会代表全体村民以恒大捐赠的实物资产出资入股。截至年底，已带动周边100余名群众就业，其中：建档立卡贫困户32人。

“安格斯”肉牛产业发展需要饲草料种植保障，由麦盖提县昆仑土地扶贫开发有限公司有偿提供5万亩土地给刀郎公司作为饲草料种植用地，按照正播小麦加复播青贮玉米饲料的模式测算，亩均纯收入可达1000元以上。计划到2020年再新增饲草料基地10万亩，为“安格斯”肉牛产业健康发展提供稳定的饲草料保障。

“安格斯”肉牛产业具有良好的经济效益，为农民群众提供了一条增收致富的“金路子”。“安格斯”肉牛产业项目采取固定分红模式，向村委会股东分红2000万元。从2020年起，将根据实际盈利情况按照股份进行分红，每年保底分红不少于2000万元，收益分红资金直接到村，贫困群众直接受益。繁育基地建设、“安格斯”肉牛饲养防疫、饲草种植等后续产业为农民群众提供了大量的就业岗位，人员优先选用本地的贫困户和群众。

“安格斯”肉牛产业发展提升了麦盖提县肉牛标准化、规模化、集约化养殖水平，逐渐形成育肥、屠宰、加工、销售的全产业链，进而促进麦盖提县种植业、养殖业结构调整，种植业将围绕养殖业的饲草料需求调整种植结构，养殖业将逐渐形成小规模养殖合作社养殖模式，衍生出以托养、育肥、饲草料销售的合作社经济组织，实现“公司繁育销售、合作社育肥、养殖农户受益”的良性循环。计划5～10年内，麦盖提县将建成新疆乃至全国最大的“安格斯”肉牛养殖基地，安格斯肉牛存栏将达到10万头以上。

麦盖提县百万亩防风固沙生态林建设

麦盖提县地处塔克拉玛干沙漠西南边缘，是全国嵌入沙漠的县之一，沙漠面积占全县总面积的90%，年均降水量56.5毫米，蒸发量2001.8毫米，沙尘天气达到80

余天，恶劣的生态环境严重制约了县域经济持续健康发展。

为深入贯彻落实中共十八大、十九大关于加强生态文明建设的战略部署，贯彻落实习近平总书记“人与自然和谐共生”“绿水青山就是金山银山”“良好生态环境是最普惠的民生福祉”的生态文明思想，打造宜人、宜居、宜业、宜游的发展环境，助推经济发展和脱贫攻坚。2012年秋季，麦盖提县在塔克拉玛干沙漠边缘启动实施了百万亩防风固沙生态林建设工程。工程规划总面积100万亩，其中：近期规划面积30万亩，中期规划30万亩，远期规划40万亩，力争用最短的时间在塔克拉玛干沙漠边缘构筑一道绿色屏障，再造一片生态绿洲。

在组织保障上，麦盖提县专门成立由县委主要领导任总指挥的生态林基地建设指挥部，选派1名县级领导、8名科级干部和23名一般干部长年驻守沙漠开展工作。在资金投入上，积极探索“政府主导、企业参与、项目支持、科技保障”的造林管护多元投入、多方参与的生态建设新模式，先后引进深圳中环油、新疆瑞泽农业等企业参与沙漠造林，积极对上争取“三北”防护林、防沙治沙、退耕还林等项目资金并整合捆绑投入生态林建设，共修建林区道路255千米，建设35千伏变电所1座并增容至63千伏，架设10千伏输电线路250千米，保障工程有序推进。在种植布局上，本着“因地制宜、适地适树”和生态经济兼顾的原则，科学布局新疆杨、文冠果、红柳、胡杨、沙棘、沙枣、梭梭等生态经济树种，探索各类苗木的生长习性以及在沙漠种植的可行性，大胆试验示范，成功一种，推广一种。在用水保障上，采取打井抽取地下水，铺设滴灌带等措施解决用水问题，共开凿机井357眼，铺设滴灌带30万亩，将林区合理划分为1505个灌区，精心制定轮灌计划，保障苗木用水需求，并通过滴灌系统改良土壤，有效防范林区盐渍化生理病害。在日常管护上，聘用80户152名贫困群众组建管护服务队，坚持“飞防＋人防”相结合，加强病虫害防治，确保苗木健康生长。

2012年以来，麦盖提县各族干部群众每年在亘古沙漠上战天斗地植树造林，累计定植新疆杨、胡杨、沙枣、红柳、文冠果、梭梭等生态和经济林木30万亩1.64亿株，总成活率达到95%以上，原来的茫茫沙海变成一望无际的绿洲，风沙侵蚀得到有效遏制，县域生态环境明显改善。据气象部门统计，沙尘天气由2010年的106天减少到40天，年降雨量由2010年的53.6毫米增加到109.6毫米。2019年新造林4万亩，累计造林34万亩。

绿水青山就是金山银山。随着生态林面积的不断扩大，生态红利也日渐显现，经济效益、脱贫效益随之而来，全县有152名贫困群众通过参与生态林管护实现就业，人均增收近3万元。依托17万亩梭梭林，种植肉苁蓉1.5万亩，按照户均1亩的标准，将肉苁蓉产业收益分配给1.13万户建档立卡贫困户，到2019年底，贫困群众人均年受益近千元。形成了沙漠治理、沙产业开发、农民脱贫致富的多赢格局。

防风固沙、植树造林只有进行时，没有完成时。麦盖提县将坚持“一届接着一届干、一张蓝图绘到底”，矢志不移地推进这一惠及子孙后代的德政工程、民生工程，为30万刀郎人创造一个天蓝、地绿、水净的美好幸福家园。

大事记

1 月

2 日，县委召开第一次县委理论中心组学习暨第一次县委常委扩大会议，会议传达学习中央农村工作会议精神、中央经济工作会议精神、习近平总书记 2019 年新年贺词和在《告台湾同胞书》发表 40 周年纪念会上的讲话精神。会议听取冬季大宣讲工作开展情况以及各包联县领导所包联乡镇开展脱贫攻坚“冬季攻势”、自治区党委第八巡视组脱贫攻坚专项巡视反馈意见整改情况汇报，并对近期重点工作进行安排部署。

7 日上午，县委召开第二次县委常委扩大会议，学习地委书记李宁平在中共喀什地委扩大会议上的报告《深入学习贯彻习近平新时代中国特色社会主义思想为实现总目标和决胜全面建成小康社会而奋斗》（征求意见稿），听取与会领导意见建议，并对起草县委十一届五次全委（扩大）会议报告提出要求；通报相关干部处分决定；听取今年拟实施的各类项目推进情况。

13 日，县委召开中共麦盖提县委十一届五次全委（扩大）会议，县委书记文福来作了题为《坚定不移聚焦总目标 打赢脱贫攻坚收官战 为决胜全面建成小康社会而努力奋斗》的报告。会议的主要任务是坚持以习近平新时代中国特色社会主义思想为指导，深入贯彻落实中共十九大、十九届二中、三中全会精神和习近平总书记关于新疆工作的系列重要讲话、指示批示精神，贯彻落实党中央治疆方略特别是社会稳定和长治久安总目标，贯彻落实中央经济工作会议、农村工作会议和自治区党委九届六次全体会议、经济工作会议以及地委扩大会议精神，总结 2018 年工作，部署 2019 年任务，动员全县各族干部群众聚焦总目标、专注抓落实，确保社会大局和谐稳定，打赢脱贫攻坚收官战，为决胜全面建成小康社会而努力奋斗，以优异成绩向中华人民共和国成立 70 周年献礼。

18 日，县委召开第三次县委常委扩大会议暨第二次县委理论中心组学习，会议传达学习《中国共产党第十九届中央纪律检查委员会第三次全体会议公报》《中共中央 国务院 关于坚持农业农村优先发展做好“三农”工作的若干意见》《中共中央办公厅 国务院办公厅 转发〈中央农办、农业农村部、国家发展改革委关于深入学习浙江“千村示范、万村整治”工程经验扎实推进农村人居环境整治工作的报告〉的通知》

《胡春华同志在“三区三州”脱贫攻坚座谈会上的讲话》《中央第六巡视组反馈情况讲话》、《自治区党委办公厅印发〈关于建立各民族相互嵌入式的社会结构和社区环境的意见〉的通知》《自治区党委关于推进“访民情惠民生聚民心”驻村工作常态化长效化制度化的意见》、《自治区党委 自治区人民政府 关于大力促进民营经济健康发展的若干意见》；对稳定、脱贫攻坚、群众工作进行安排部署。

23 日，县委召开第三次县委理论中心组学习会，会议传达学习《关于贯彻落实习近平总书记重要讲话精神严肃整治领导干部利用名贵特产类特殊资源谋取私利问题的通知》《习近平关于全面从严治党论述摘编》《自治区党委办公厅关于召开县处级以上党员领导干部专题民主生活会的通知》《地区纪委机关 地委组织部 关于认真开好 2018 年度县以上党和国家机关党员领导干部民主生活会和专题民主生活会的通知》《习近平总书记视察广东的重要讲话精神》《习近平总书记视察上海的重要讲话精神》《中央全面深化改革委员会第五次会议精神》和《习近平总书记在纪念刘少奇同志诞辰 120 周年座谈会上的讲话》。

28—29 日，政协麦盖提县第十四届委员会第四次会议在会议中心召开。会议听取并审议批准了政协主席艾克拜尔·麦麦提明代表政协麦盖提县第十四届委员会常务委员会所作的工作报告、政协副主席曹兴东代表政协麦盖提县第十四届委员会常务委员会提案工作情况的报告，政协委员列席麦盖提县第十六届人民代表大会第四次会议，听取并讨论政府工作报告及其他有关报告。会议对政府工作报告和其他报告表示赞同。各族各界政协委员向大会提交提案 86 件。

29—31 日，麦盖提县第十六届人民代表大会第四次会议在县会议中心召开。会议听取和审议政府工作报告，县人大常委会、人民法院、人民检察院工作报告；审查《2018 年县国民经济和社会发展计划执行情况与 2019 年县国民经济和社会发展计划草案的报告》，批准 2019 年县国民经济和社会发展计划；审查《2018 年县地方财政预算执行情况和 2019 年县地方财政预算草案的报告》，批准 2019 年县地方财政预算，会议对以上各项报告作出决议。会议依法选举艾尼瓦尔·吐尔逊为麦盖提县人民政府县长；选举产生第十六届人民代表大会常务委员会委员 3 人；选举文海华为麦盖提县监察委员会主任。

30 日下午，县委召开第三次县委常委会议，审议通过县扶贫办提交的《关于成立麦盖提县脱贫攻坚各级各类反馈问题整改领导小组的通知》《麦盖提县贯彻落实自治区党委关于专项巡视反馈问题的整改方案（征求意见稿）》《麦盖提县 2019 年脱贫攻坚项目计划表》、县委编办提交的《麦盖提县机构改革方案（报审稿）》《麦盖提县副科级事业单位降级情况》和县委组织部提交的《部分科级领导岗位拟调整补缺建议方案》；听取扶贫领域腐败和作风问题专项治理工作汇报。

2 月

1 日，麦盖提县召开中央第六巡视组巡视反馈问题整改动员大会。会议的主要任务是，深入贯彻落实习近平总书记关于脱贫攻坚专项巡视、扶贫开发、新疆工作的重要讲话和指示批示精神，贯彻落实党中央治疆方略特别是社会稳定和长治久安总目标，贯彻落实中央第六巡视组对新疆维吾尔自治区开展脱贫攻坚巡视情况反馈会议精神，贯彻落实自治区脱贫攻坚“冬季攻势”动员部署会议和地区贯彻落实中央脱贫攻坚专项巡视反馈意见整改动员会议精神，对抓好中央第六巡视组专项巡视反馈问题的整改工作进行全面动员部署，为打好打赢脱贫攻坚战奠定坚实的基础。

2 日，麦盖提县召开内招生、留疆战士、北疆挂职任职干部、选调生、内调干部、天池计划、大学生村官、西部计划志愿者、选聘返乡大学生村干部等干部人才迎新春座谈会，县委、人大、政府、政协和组织、人社部门主要领导出席座谈会。

10 日上午，县委召开第四次县委理论中心组学习会，学习《全国扫黑办第一次、第二次主任会议精神》《郭声琨在全国扫黑除恶专项斗争电视电话会议上的讲话》《自治区党委办公厅 自治区人民政府办公厅印发〈关于地县机构改革的总体意见〉的通知》《习近平总书记在全国组织工作会议上的讲话》《习近平谈治国理政》（第二卷）之《守纪律，讲规矩》《关于建立自治区扶贫办主任与扶贫村第一书记和“访惠聚”驻村工作队工作联系“直通车”的通知》。

16 日，麦盖提县召开脱贫攻坚誓师大会，部分县领导、各乡（镇）党委书记、25 个专项行动组牵头单位负责人分别向县委递交 2019 年脱贫攻坚责任书和中央第六巡视组反馈问题整改责任书。

17 日，麦盖提县召开义务教育标准化建设和均衡发展工作动员会，主要任务是深入贯彻落实习近平新时代中国特色社会主义思想和中共十九大精神，贯彻落实国家、自治区和地区关于推进义务教育标准化建设和均衡发展工作的要求，以社会稳定和长治久安总目标为统领，对全县义务教育标准化建设和均衡发展工作进行再动员、再部署，确保麦盖提县打赢义务教育标准化建设和均衡发展攻坚战，顺利通过地区、自治区、国家评估验收。县委书记文福来做重要讲话。会上，库尔玛乡、克孜勒阿瓦提乡、第二中学、央塔克乡进行表态。与成员单位代表签订义务教育标准化建设和均衡发展责任书，对下一步工作进行具体安排。县四大班子领导，县直各单位和学校负责人等在主会场参加会议。各乡镇场党政主要负责人，各乡学区、乡中心小学、教学点负责人等在乡镇分会场参加会议。

21 日，麦盖提县召开推进全面从严治党加强党风廉政建设和反腐败斗争工作会议，会议主要任务是深入学习贯彻习近平新时代中国特色社会主义思想和中共十九大精神，学习贯彻十九届中央纪委三次全会精神特别是习近平总书记的重要讲话精神，学习贯彻自治区党委九届六次全会、自治区纪委九届四次全会、地委扩大会议、地区推进全面从严治党加强党风廉政建设和反腐败斗争工作会议精神，聚焦社会稳定和长治久安总目标，回顾总结 2018 年工作，研究部署 2019 年任务，坚定不移地推动全面从严治党向纵深发展、向基层延伸，为实现总目标、决战脱贫摘帽提供坚强保障。

22 日上午，县委召开第五次县委常委会议，对中央第六巡视组反馈意见整改工作进行再研究再部署，集中学习《中央第六巡视组对自治区开展脱贫攻坚专项巡视反馈意见的主要精神》《新疆维吾尔自治区贯彻落实中央第六巡视组开展脱贫攻坚专项巡视反馈意见整改方案框架内容》《陈全国在自治区贯彻落实中央第六巡视组开展脱贫攻坚专项巡视反馈意见整改工作动员大会上的讲话》《李鹏新在自治区 35 个贫困县（市）委书记脱贫攻坚读书班暨中央巡视整改工作座谈会上的讲话提纲》；审议县扶贫办提交的《麦盖提县贯彻落实中央第六巡视组开展脱贫攻坚专项巡视反馈意见整改方案》《成立重点项目工作专班》《2019 年扶贫项目建设责任分解方案》；决定成立麦盖提县脱贫攻坚各级各类反馈问题整改工作领导小组办公室。

同日下午，县委组织第五次县委理论中心组（脱贫攻坚专题）学习，组织学习《习近平扶贫论述摘编》和《习近平总书记关于扶贫工作重要讲话和重要指示批示汇编》。

25 日，麦盖提县举办 2019 年第二批 1000 人有组织转移援疆省市就业欢送仪式，自治区党委脱贫攻坚帮助指导组领导一行、自治区人社厅、地区人社局、麦盖提县四大班子领导、相关单位主要领导及脱贫攻坚“冬季攻势”学员、群众代表、务工人员家属代表等 2500 余人参加送行仪式。

28 日上午，县委召开第六次县委常委会议，审议通过《麦盖提县贯彻落实中央第六巡视组开展脱贫攻坚专项巡视反馈意见整改方案》，听取扶贫领域腐败和作风问题专项治理工作汇报。

同日，麦盖提县召开机构改革动员会议，主要任务是坚持以习近平新时代中国特色社会主义思想为指导，深入贯彻落实中共十九大和十九届二中、三中全会精神，贯彻落实习近平总书记关于深化党和国家机构改革的重要论述，贯彻落实党中央治疆方略特别是社会稳定和长治久安总目标，贯彻自治区党委九届五次、六次全体会议和自治区、地区机构改革动员大会精神，精心组织实施麦盖提县机构改革工作，为实现麦盖提社会稳定和长治久安、决胜全面建成小康社会提供体制机制保障。

3 月

4 日，麦盖提县召开扶贫领域警示教育大会，会议的主要任务是深入贯彻落实习近平总书记关于整治扶贫领域作风问题的重要指示批示精神，贯彻落实自治区党委关于推进扶贫领域腐败和作风问题专项整治的部署要求，贯彻落实 2 月 25 日在和田召开的全区扶贫领域警示教育大会精神，动员全县各级党政特别是领导干部，以高度的政治自觉、思想自觉、行动自觉，加强扶贫领域腐败和作风问题专项整治，为打好打赢脱贫攻坚战提供有力保障。

9 日，县委组织第六次理论中心组（脱贫攻坚专题）学习，会议传达学习《习近平扶贫论述摘编》《习近平总书记关于扶贫工作重要讲话和重要指示批示汇编》、自治区党委关于转发中央巡视工作领导小组《印发〈中央第六巡视组关于对新疆维吾尔自治区开展脱贫攻坚专项巡视的反馈意见〉的通知》的通知、《陈全国、王鸿津同志在中央第六巡视组对新疆维吾尔自治区开展脱贫攻坚专项巡视情况反馈会议上的讲话》《陈全国同志在自治区贯彻落实中央第六巡视组开展脱贫攻坚专项巡视反馈意见整改工作动员大会上的讲话》《自治区党委 自治区人民政府关于印发〈新疆维吾尔自治区贯彻落实中央第六巡视组开展脱贫攻坚专项巡视反馈意见整改方案〉的通知》《关于印发〈新疆维吾尔自治区财政专项扶贫资金管理办法〉的通知》。

10 日，自治区人民政府副主席吉尔拉·衣沙木丁一行到麦盖提县指导调研贯彻总书记关于脱贫攻坚重要论述及党中央系列决策部署的落实情况。

18 日，麦盖提县举行利泰丝路纺织有

限公司纺纱项目奠基仪式，喀什地委委员、行署常务副专员武洪斌，自治区工信厅党组成员、副厅长彭季，江苏金昇集团总裁张月平，江苏金昇集团党委副书记潘建芳及自治区、喀什地区相关部门主要负责人、县四大班子主要负责人等出席仪式。

28日，中央纪委、国家监委驻中国证监会纪检监察组组长、证监会党委委员王会民一行到麦盖提县指导调研脱贫攻坚工作。

29日下午，县委召开第十次常委会议，会议听取县扶贫办扶贫项目推进情况汇报；安排部署“安格斯”肉牛产业发展、红枣指定交割库建设工作；听取县纪委监委扶贫领域腐败和作风问题专项治理工作汇报。

30日，麦盖提县助力脱贫攻坚固投项目用工集中签约仪式在县旭日园区隆重举行，县委、县人大、相关项目的实施单位的主要领导和施工企业负责人、县就业办全体干部职工以及工人代表300余人出席签约仪式。

31日下午，县委召开第七次县委理论中心组学习暨第九次县委常委扩大会议，传达学习习近平总书记在2019年全国“两会”期间重要讲话、在中央政治局第十一次集体学习时的讲话、在中央政治局第十二次集体学习时的讲话精神、《杨鑫在全区扶贫领域警示教育大会上的讲话》《自治区党委办公厅关于何强严重违纪违法案及其教训警示的通报》《关于延水兰严重违纪违法案及其教训警示的通报》《中共新疆维吾尔自治区委员会办公厅关于哈密市伊吾县重大泄密案件调查处理及警示教训的情况通报》《麦盖提县群众工作调研情况汇报》；会议对稳定、群众工作、民族工作、扫黑除恶、安全生产、脱贫攻坚等工作进行安排部署。

4月

11日，自治区党委副书记、政府主席雪克来提·扎克尔一行到麦盖提县新疆五征绿色农业发展有限公司、库木库萨尔乡“安格斯”肉牛养殖基地、塔克拉玛干沙漠百万亩防风固沙生态林基地指导调研工作。

13日上午，县委组织第八次理论中心组学习，专题学习扫黑除恶专项斗争相关内容。

13日下午，县委组织第九次理论中心组学习，学习脱贫攻坚专题、《中国共产党巡视工作条例》《习近平总书记关于推动巡视工作向纵深发展重要论述摘录》《中共中央办公厅关于印发〈中央巡视工作规划（2018—2022年）〉的通知》《地区扶贫工作专报》。

18—23日，地区大调研组到麦盖提县调研群众工作、脱贫攻坚、宣传教育、社会面防控等工作。

21日，县委组织第十次理论中心组学习，学习《习近平总书记关于开展扫黑除恶专项斗争的重要指示批示》《习近平总书记近期有关脱贫攻坚重要论述》《赵克志同志在全国公安机关视频会议上的讲话》《关于解决形式主义突出问题为基层减负的通知》、自治区党委办公厅印发《关于解决形式主义突出问题为基层减负的20条措施》。

22日，中央扫黑除恶专项斗争督导组到麦盖提县指导调研工作。

24日，县委召开第十二次常委会议，听取中央第六巡视组脱贫攻坚专项巡视反馈问题整改、各类扶贫项目实施进度及当前扶贫重点工作开展情况汇报，并就问题整改和项目推进进行安排部署。

同日，中国期货业协会领导一行到麦盖

提县调研脱贫攻坚工作。

27日上午，县委组织第十一次县委理论中心组（脱贫攻坚专题）学习，组织学习习近平总书记在重庆考察并主持召开解决“两不愁、三保障”突出问题座谈会（新闻通稿）和在深度贫困地区脱贫攻坚座谈会上的重要讲话精神、《习近平扶贫论述摘编之二》《喀什地区扶贫工作专报》（第二期）、《全国“十三五”以工代赈工作方案》《自治区党委组织部 自治区扶贫开发领导小组办公室关于印发〈自治区贫困县市党政领导班子和党政正职脱贫攻坚工作年度考核办法〉》。

5 月

1日，麦盖提县召开文化旅游工作推进会暨旅游景区开园仪式，县四大领导班子领导、自治区和地区驻村工作队队长、各乡镇场主要领导、县直各单位主要领导及全县各族干部群众参加开园仪式和系列活动。

4日下午，县委召开第十三次常委会议，审议通过县委组织部提交的《麦盖提县部分科级领导岗位拟调整补缺建议方案》《麦盖提县2018年度绩效考核建议方案》《麦盖提县2018年度科级干部考核结果建议方案》；听取县纪委监委《关于派驻（派出）机构改革工作方案》《麦盖提县开展扶贫领域腐败和作风问题专项治理工作汇报》；审议通过县纪委监委提交的《关于给予刘清河等人的处分的请示》；就脱贫攻坚工作进行安排部署；传达学习了喀什地委《关于对照负面清单开展作风建设专项整治切实做好基层减负工作的通知》。

5日，中央新疆工作调研组一行赴麦盖提县调研指导工作。

20日，县委召开县扶贫开发领导小组会议暨第十二次理论中心组（脱贫攻坚专题）学习，组织学习《麦盖提县脱贫攻坚工作调查情况反馈意见》《关于乌什县亚曼苏乡博孜村脱贫攻坚基本情况摸底的调查报告》《关于对巴楚县委在脱贫攻坚学风方面存在形式主义问题的通报》《自治区贯彻落实习近平总书记在解决“两不愁三保障”突出问题座谈会上重要讲话精神扎实推进脱贫攻坚工作电视电话会议的讲话》《关于2018年地州市党委和政府（行署）、贫困县市党委和政府扶贫开发工作成效考核情况的通报》《自治区党委办公厅 自治区人民政府办公厅 印发〈新疆维吾尔自治区关于2018年国家脱贫攻坚成效考核反馈问题的整改方案〉的通知》《自治区扶贫开发领导小组关于明确“脱贫不脱政策”原则的通知》《自治区党委办公厅关于中央第六巡视组对新疆维吾尔自治区党委脱贫攻坚专项巡视反馈意见整改落实进展情况的通报》；就落实“基层减负年”各项要求、做好基层减负和环塔（国际）拉力赛服务保障工作进行安排部署。

21日，在第六小学召开用好先学本义识字法，提升麦盖提县国家通用语言教学质量观摩学习会。县委书记文福来、组织部部长郑君和教育局、全县各学校的书记校长共计150余人参加。与会人员参观第六小学师生用好先学本义识字开展情况。在总结会上，县委书记文福来作重要讲话。

21—22日，自治区工信厅领导一行赴麦盖提县开展脱贫攻坚、“访惠聚”驻村工作调研慰问工作、参加“一联双促”活动和“结亲周”活动。

22—26日，2019中国环塔（国际）汽车摩托车拉力赛在麦盖提举行，本届赛事汽车组有48支车队101辆赛车参赛，摩托车组10支车队26辆摩托车参赛，车手与领航员共228人。活动期间，麦盖提县文旅局在各景区景点成功举行篝火晚会演出、刀郎麦西莱甫、“打鞭子”舞蹈表演等活动，旅游人数6万余人次。

23日上午，县委组织第十三次理论中心组学习，学习《习近平扶贫论述摘编》《习近平总书记在中央政治局第十四次集体学习时的讲话》《5月13日中共中央政治局会议新闻通稿》。

25日上午，县委召开第十四次常委会议，专题研究部署脱贫攻坚工作。会议审议通过县扶贫办提交的《麦盖提县贯彻落实中央脱贫攻坚专项巡视指出突出问题和共性问题整改方案》《一般户庭院经济与整治项目资金使用方案》。

6月

6日，自治区扶贫办领导一行到麦盖提县调研指导脱贫攻坚工作。

8日，县委召开第十四次县委常委扩大会议暨第十四次理论中心组学习，组织学习《中共中央关于在全党开展“不忘初心、牢记使命”主题教育的意见》《中共新疆维吾尔自治区关于在全区开展“不忘初心、牢记使命”主题教育的意见》《陈全国在自治区开展“不忘初心、牢记使命”主题教育工作会议上的讲话》《习近平在解决“两不愁，三保障”突出问题座谈会上的讲话》《中共中央组织部关于进一步做好保持贫困地区党政正职稳定工作的通知》、地委组织部《关于转发〈关于明确深度贫困乡镇党政正职调整任免审批程序的通知〉的通知》《关于规范县市委任免干部报批工作的意见的通知》《关于保持基层扶贫干部队伍稳定的通知》《陈全国、李鹏新在自治区教育大会上的讲话》《全国市县巡察工作推进会主要精神传达提纲》；听取县住建局《关于县城文化路、英巴扎路、人民路临街建筑外立面提升改造方案》《关于公租房分配管理工作情况汇报》和《关于未完工项目（德润世纪广场、翡翠花园）的情况汇报》；审议通过县住建局提交的《百汇名门徽派建筑小区开发申请》《同心花园小区开发申请》《喀什疆南保安服务有限责任公司的建房申请》《麦盖提县再就业市场（夜市）运营管理建议方案》《2019年棚户区改造推进工作意见建议》《县城污水处理设施建设建议》；会议听取近期脱贫攻坚工作汇报。

9日上午，县委召开第十六次常委会议，专题研究地区脱贫攻坚现场推进会选点、县扶贫开发领导小组领导班子补缺人选。

15日，中山大学领导一行到麦盖提县调研百万亩防风固沙生态林，并与麦盖提县签约中山大学援建麦盖提县防风固沙生态林建设项目。

17日开始，县委主要领导分别带队深入各乡镇开展稳定和脱贫攻坚重点工作“回头看”。

20日，麦盖提县刀郎美食广场隆重开业，为当地各族群众和游客提供集特色小吃、购物、娱乐为一体的多功能夜市。

同日，县委召开第十八次常委会议，听取麦盖提县2019年土地增减挂节余指标收益资金使用项目申报工作的专题报告和2020年专项债券项目库拟定筛选情况汇报，研究脱贫攻坚项目申报工作。

26日，麦盖提县组织开展第二批“人大代表看家乡”视察活动。县、乡人大150余名代表参观第九幼儿园的办园条件、师资队伍、幼儿在园的学习生活情况。

29日，县委召开庆祝中国共产党成立98周年暨“七一”表彰大会。县四大班子领导、检法两院主要领导，县直各单位（部门）主要领导，受表彰的先进基层党组织代表、优秀共产党员在主会场参加；乡镇党政班子成员、村第一书记及村党组织书记在各乡镇分会场参加。县委常委、组织部长郑君宣读《中共麦盖提县委员会关于表彰先进基层党组织、优秀党务工作者和优秀共产党员的决定》，对全县15个先进基层党组织、8名优秀党务工作者和77名优秀共产党员予以表彰并颁发奖牌和荣誉证书，勉励全县各级党组织和党员不忘初心、牢记使命，真抓实干、担当作为。

7月

6日开始，自治区贫困县脱贫攻坚重点工作帮助指导第三片区第七指导组到麦盖提县指导脱贫攻坚工作。

10日，县委召开脱贫攻坚帮助指导工作动员会，县四大班子领导、县直各单位主要领导在主会场参加会议，各乡（镇）党政一把手，村（社区）第一书记、驻村工作队队长、村党支部书记在分会场参加会议。

13日上午，县委召开第二十二次常委会议，专题研究脱贫攻坚工作。

15日，县委召开党风廉政警示教育大会。县委四大班子领导、县直各单位副科级以上干部在主会场参加会议，各乡镇副科级以上干部及村（社区）第一书记、驻村工作队队长、村党支部书记在分会场参加会议。

31日，中山大学党委书记陈春声、校长罗俊一行到麦盖提县调研考察百万亩防风固沙生态林建设情况，就相关事宜进行对接。

8月

3日，日照市委副书记、市长李永红率领日照市党政代表团到麦盖提县考察调研援建项目实施情况。

同日，自治区人民政府副主席吉尔拉·衣沙木丁一行到麦盖提县自来水厂、污水处理厂、巴扎结米镇蔬菜供销中心调研。

8日，兵团第六师五家渠市师市领导一行到麦盖提县考察调研，对接对口帮扶有关事宜。

17日上午，县委组织第十五次理论中心组学习，学习《新疆的若干历史问题》《新疆的职业技能教育培训工作》白皮书、《印发〈关于贯彻习近平总书记重要批示精神深入落实中央八项规定精神的工作意见〉的通知》。

同日下午，县委组织第十六次县委理论中心组（脱贫攻坚专题）学习，学习《陈全国同志在中共新疆维吾尔自治区第九届委员会第七次全体会议上的报告和讲话》《中央办公厅 国务院办公厅印发〈关于支持深度贫困地区脱贫攻坚的实施意见〉的通知》《李宁平书记在中共喀什地委扩大会上的讲话》《关于进一步加强扶贫小额信贷管理的意见》《喀什地区财政扶贫资金管理办法（试行）的通知》。

21日，中科院、工程院李德仁院士一行到麦盖提县调研指导。

24日，地委书记李宁平一行到库木库萨尔乡托万塔瓦尔克斯克村、克孜勒阿瓦提乡其格勒克阔坦村、新疆枣都现代农业股份有限公司调研。

25日上午，县委召开第二十八次县委常委会议，专题研究脱贫攻坚工作，学习《李宁平同志在疏勒县脱贫攻坚推进会上的讲话》，通报8月24日地委书记李宁平在麦盖提县调研脱贫攻坚工作情况，听取县纪委监委《关于对各乡镇、村（社区）落实中央第六巡视组脱贫攻坚专项巡视反馈问题整改情况监督检查的专报》，审议通过县纪委监委提交的《麦盖提县对照自治区党委第一巡视组巡视喀什地区反馈问题整改方案》。

30日，自治区党委副书记、教育工委书记李鹏新一行到麦盖提镇民生社区、城南工业园区枣都红枣交割库，库木库萨尔乡养牛场、胡木丹买里村等地调研。

9月

3日，自治区党委副书记、政府主席雪克来提·扎克尔一行到库木库萨尔乡托万塔瓦尔克斯克村、尕孜库勒乡麦迪尼帕合特勒克村调研。

9日，麦盖提县召开庆祝第35个教师节表彰大会，会议以视频方式召开，县设主会场，乡镇设分会场。县四大班子领导，各单位、部门主要负责人，教育局领导班子成员及各股室负责人，县直各中小学校、幼儿园书记、校（园）长，县直受表彰的教师在主会场参加会议，乡镇党政班子成员、乡村学校书记、校（园）长、受表彰的教师在分会场参加了会议。县委、县人民政府领导为受表彰人员颁奖。此次大会表彰优秀教育工作者、优秀教师210人。

同日，自治区人民政府副主席张春林一行到麦盖提县调研，县四大班子陪同。

7—8日，地区脱贫攻坚现场观摩会在麦盖提县召开，地委、行署主要领导，各县市相关领导、相关部门负责人参加会议。

16—17日，中央纪委、国家监委驻中国证监会纪检监察组组长、证监会党委委员王会民一行到百万亩防风固沙林基地、库木库萨尔乡牛场、尕孜库勒乡塔拉买里村、希依提墩乡月塘村连心桥幼儿园、惠民新村、枣都现代农业股份有限公司调研。

18—19日，县级领导在四大班子领导会议室开展“不忘初心、牢记使命”主题教育学习。

19日，国务院原副总理吴桂贤一行到麦盖提县调研塔克拉玛干沙漠百万亩防风固沙生态林基地、刀郎农民画产业发展情况，并举行教育扶贫爱心捐赠仪式。

25日下午，县委召开第三十二次县委常委会议，就2019年农村安居工程补助（涉农整合）结余资金拟安排脱贫攻坚项目进行专题讨论研究。

29日，自治区工信厅党组书记、副厅长胡开江一行到麦盖提县库木库萨尔乡夏普鲁克村、尤库日塔瓦尔克斯克村、库木库萨尔村、库木博斯坦村调研。

10月

3日，自治区政协副主席程振山一行到麦盖提县维稳指挥部、嘉林华府警务站、新荣商城警务站、库木库萨尔乡库木库萨尔村、生态林基地调研。

4日晚，县委组织召开第十七次县委理论中心组学习暨第十八次县委常委扩大会议，组织学习《中国共产党章程》《关于新形势下党内政治生活的若干准则》《中国共产党廉洁自律准则》《中国共产党纪律处分条例》《中国共产党党内监督条例》《中国共产党问责条例》《中国共产党巡视工作条例》《杨晓超在十九届中央第四轮巡视工作动员部署会上的讲话（节选）》《自治区巡视巡察工作会议暨九届自治区党委第八轮巡视动员部署会》精神、《关于开展对黄赌毒和黑恶势力、宗教恶势力、宗教极端势力听之任之、失职失责甚至包庇纵容、充当保护伞专项整治的实施方案》《关于进一步深化昌吉州扫黑除恶重点培育工作的指导意见》；安排部署稳定、安全生产、脱贫攻坚、秋季农业生产、主题教育、招商引资等工作。

6 日晚，县委组织召开第十八次县委理论中心组（脱贫攻坚专题）学习暨第二十次县委常委扩大会议，组织学习《中共新疆维吾尔自治区委员会 关于深入学习贯彻习近平总书记重要讲话精神聚焦解决“两不愁三保障”突出问题坚决打赢脱贫攻坚战的实施意见》(《国务院扶贫办关于做好 2019 年度扶贫对象动态管理工作的通知》《刘永富在全国扶贫办主任视频会议上的讲话》《欧青平关于 2019 年扶贫对象动态管理工作有关部署的讲话》《曹志文在 2019 年全区扶贫对象动态管理和扶贫退出动员部署暨培训会议上的发言》；对扶贫对象动态调整工作进行安排部署。

9 日，麦盖提县以视频会议形式召开自治区党委第一巡视组专项巡视“回头看”工作动员会议，自治区党委第一巡视组组长李虹出席会议并讲话，麦盖提县委书记文福来主持会议，就做好专项巡视“回头看”工作作表态发言。

13 日下午，县委组织第十九次县委理论中心组学习，专题学习《新疆的若干历史问题》《新疆的反恐、去极端化斗争与人权保障》《新疆的职业技能教育培训工作》三本白皮书。

16 日，兵团第六师五家渠市师市党委副书记、师长、市长王胜平一行到麦盖提县第九幼儿园，“安格斯”肉牛第六、第七繁育基地，央塔克乡玉奇于孜莫村调研，并在麦盖提县迎宾馆二楼会议室召开对口支援座谈会、举行捐赠仪式。

16—18 日，中国证监会扶贫专项巡视组到麦盖提县调研指导工作。

18 日上午，县委书记文福来在县委常委会议室主持召开第三十六次县委常委会议，就当前脱贫攻坚重点工作进行专题研究。

23 日，新疆喀什（麦盖提）丝路文化胡杨节在县叶尔羌河生态文化园开幕。深圳市文化广电旅游体育局副局长杨永群、新疆林科院经济林研究所所长史颜江、喀什地区文化广播电视和旅游局局长阿不都加帕米·米吉提、申银万国期货有限公司首席风险官万娴子，县四大班子领导、检法两院主要领导以及来自全国各地的红枣专家、企业家、媒体人出席仪式。

同日，麦盖提县在生态文化园传承中心召开红枣产业和文化旅游推介会。

27 日，自治区人大常委会党组副书记、副主任李学军一行到麦盖提县调研指导工作。

11 月

3 日上午，县委在党政视频会议室组织第 20 次理论中心组学习，学习《十九届中央委员会第四次全体会议公报》《习近平总书记在十九届中央政治局第十七次集体学习时的重要讲话》《自治区党委常委（扩大）会议传达学习党的十九届四中全会精神（新闻稿）》《地区扫黑办关于认真学习贯彻落实全国扫黑除恶专项斗争第二次推进会和自治区党委扩大会议、自治区扫黑除恶专项斗争领导小组第八次会议精神的通知》。

5—8 日，兵团歌舞剧团“送文化·下基层”在麦盖提县、乡巡回演出，给各族群众送上文化大餐。

7 日上午，县委组织第二十一次理论中心组学习，组织观看警示教育片，学习《中国共产党问责条例》《坚决反对形式主义、官僚主义——毛泽东同志等老一辈革命家的部分论述》《习近平总书记 11 月 2 日—3 日在上海市考察时的重要讲话（新闻稿）》。

11 日下午，县委组织第二十二次理论中心组学习，组织学习《自治区党委转发〈中共中央办公厅关于做好党的十九届四中全会精神学习宣传工作的通知〉的通知》《喀教组转发〈关于认真学习贯彻中国共产党第十九届中央委员会第四次全体会议精神的通知〉的通知》《中国共产党第十九届中央委员会第四次全体会议公报》《中共中央关于坚持和完善中国特色社会主义制度 推进国家治理体系和治理能力现代化若干重大问题的决定》《关于〈中共中央关于坚持和完善中国特色社会主义制度 推进国家治理体系和治理能力现代化若干重大问题的决定〉的说明》《关于深入学习宣传贯彻〈中国共产党问责条例〉的通知》《中国共产党问责条例》《中国共产党农村工作条例》《中华人民共和国成立 70 周年庆祝活动总结报告》《中共中央 国务院 中央军委关于加强新时代退役军人工作的意见》《中共中央 国务院关于新时代推进西部大开发形成新格局的指导意见》《中共中央 国务院关于印发〈改革和完善基本养老保险制度总体方案〉的通知》《中共新疆维吾尔自治区委员会关于加强和改进机关党的建设的实施意见》《李宁平同志在地区旅游工作会议上的讲话》。

11 日晚，县委组织第二十三次理论中心组（脱贫攻坚专题）学习，组织学习《习近平扶贫论述摘编》《地区扶贫工作专报（摘录）》《自治区 2019 年脱贫攻坚成效考核操作规程》。

21 日，中山大学党委书记陈春声、校长罗俊一行到麦盖提县中山大学防风固沙生态林、央塔克乡玉奇于孜莫村调研，并举行中山大学防风固沙生态林揭幕仪式。

25 日上午，县委召开第四十次县委常委会议，专题研究《麦盖提县脱贫攻坚“冬季攻势”实施方案》。

12 月

2 日，自治区党委书记陈全国一行到麦盖提县调研，县委、县人民政府主要领导陪同。

4 日上午，县委召开第四十二次常委会议，就做好脱贫攻坚各级各类反馈问题整改和 2020 年脱贫攻坚项目编报工作进行安排部署。会议听取县整改办《麦盖提县关于对各级各类反馈问题整改情况报告》和县扶贫办《麦盖提县 2020 年脱贫攻坚项目计划》。

6 日，召开自治区党委第一巡视组对麦盖提县委脱贫攻坚专项巡视“回头看”情况反馈会议。自治区党委巡视工作领导小组成员、自治区纪委副书记、监委副主任努热木·斯玛依汗出席会议，对抓好巡视整改工作提出具体要求；自治区党委第一巡视组组长李虹向麦盖提县委反馈巡视意见；喀什地区人大工委副主任、麦盖提县委书记文福来主持会议，就做好巡视整改工作作表态发言。

同日晚，县委召开第四十三次常委会议，会议集中学习《印发〈自治区党委第一巡视组关于脱贫攻坚专项巡视“回头看”

麦盖提县的反馈意见〉的通知》，就做好相关整改工作进行安排部署。

7日，国家政协民族和宗教委员会办公室、中国证监会办公厅、海通证券股份有限公司有关负责人及全国政协委员、中央广播电视总台央视新闻主播海霞等一行，赴麦盖提县第七幼儿园开展“海通·爱朗读”普通话推广、扶贫公益图书及音频学具捐赠活动。

10日晚，县委召开第四十二次常委会议，就巡视整改“回头看”“冬季攻势”全员大培训等工作进行安排部署。

15日晚，县委组织第二十四次理论中心组学习，学习《系列驳斥美国涉疆法案文章及国务院新闻办新闻发布会文字实录》《刘开勤在脱贫攻坚大排查和“冬季攻势”座谈培训会上的讲话提纲》。

概 况

麦盖提概貌

【位置 面积】 麦盖提县位于新疆维吾尔自治区西南部，喀什地区东部，塔里木盆地西部，叶尔羌河中下游，全境地处北纬38° 25′ ~ 39° 22′，东经77° 28′ ~ 79° 05′ 之间。土地总面积1.52万平方千米，其中塔克拉玛干沙漠约占1.4万平方米。

麦盖提县东南与和田地区皮山县接壤，西临莎车县，南接叶城县，北与巴楚县为邻，全境东西长160千米，南北宽136千米，距自治区首府乌鲁木齐市约1410千米，距喀什市约170千米，县内驻有新疆生产建设兵团第三师四十五团、四十六团、前进水库管理处、南疆军区农副业基地。

【沿革 区划】 麦盖提县境自汉代以来，就是中国领土不可分割的一部分。西汉初年，麦盖提县境为莎车国辖地。元朔三年（前126年），张骞通西域之后，莎车国做为“丝绸之路”中段南道要冲重镇开始与汉朝建立往来关系。元康元年（前65年），莎车国归附汉朝。神爵二年（前60年），西汉设西域都护府作为管理西域的军政机构，县境归其统辖，当地官吏皆佩带汉朝印绶。东汉建武五年（29年），因莎车王康抗击匈奴有功，光武帝册封康为莎车建功怀德王、西域大都尉。其后莎车王归降匈奴。章和元年（87年），班超率兵攻破依附匈奴的莎车国，麦盖提县境复归汉朝管辖。延光二年（123年），东汉改西域都护府为西域长史府，继续行使管理西域的职权，麦盖提境县归西域长史府管辖。

唐贞观二十二年（648年）与显庆三年（658年），两度设置疏勒都督府，麦盖提县境归其管辖。贞元六年（790年）前后，唐朝失去对西域的控制，县境先受吐蕃控制，后为回鹘汗国辖地。开成五年（840年）后，回鹘大批西迁，其中有一部分至麦盖提境域定居。

北宋咸平四年（1001年），喀喇汗王朝建立，县境归其统辖。北宋庆历元年（1041年），喀喇汗王朝分裂为东、西两部，县境为东喀喇汗国属地。喀喇汗王朝与宋朝保持着朝贡关系，多次派使臣向宋朝朝贡。宋代著名历史文献《突厥语大词典》将当时中国分为上秦、中秦、下秦三部分，上秦为北宋，中秦是辽朝，下秦为喀什噶尔一带，三位一体为完整的秦。《突厥语大词典》词条里将回鹘人称为塔特、桃花石，直译为中国回鹘人。在喀喇汗王朝钱币上，常有桃花石布格拉汗、秦之王以及秦与东方之王等称呼，标示是中国的一部分。

南宋嘉定十一年（1218 年），成吉思汗派兵占领天山南麓，县境受蒙古汗国统治。宝庆元年（1225 年）成吉思汗将其占领的土地分封给诸子，县境归察合台汗国管辖。

明正德九年（1514 年），县境归地方政权叶尔羌汗国管辖。

清乾隆二十四年（1759 年），清政府平定大小和卓叛乱之后，设置叶尔羌办事大臣，麦盖提归分理巴尔楚六品阿奇木伯克管辖。清同治九年（1870 年），阿古伯侵占叶尔羌，麦盖提被其占领。清光绪三年（1877 年），清军收复新疆，麦盖提回归清政府管理。清光绪二十八年（1902 年），设玛喇巴什直隶厅为巴楚州，麦盖提为巴楚州八大庄之一。

民国 17 年（1928 年），建立麦盖提县，全县划为 6 个乡，实行乡约制（当地人称乡约为伯克），隶属喀什噶尔道。6 个乡分别为：提依里克乡（今恰木古鲁克村、昂格特勒克乡、希依提墩乡），设乡约 1 人；央塔克乡（今央塔克乡部分村庄）设乡约 1 人；吾依布袋乡（今央塔克乡部分村庄、吐曼塔勒乡和库尔玛乡的各一部分村庄）设乡约 1 人；哈拉吾依乡（今央塔克乡部分村庄，巴扎结米乡和库木库萨尔乡各一部分村庄）设乡约 1 人；洪湖沙乡（今库木库萨尔乡和尕孜库勒乡的各一部分村庄）设乡约 1 人；上下阿瓦提乡（今巴楚县境内的阿瓦提乡，国民政府于民国 36 年将其划归巴楚县管辖）设乡约 1 人。

民国 27 年（1938 年）国民政府废乡约制，实行区村制。区设区公所，村设村长。全县设 3 个区，31 个村，1 个街公所。分别为：第一区（阿孜坤区）辖 14 个村；第二区（央塔克区）辖 11 个村；第三区（吐满堂区）辖 11 村；街公所称麦盖提巴扎街公所，直属县政府管辖，设主任 1 人，副主任若干人。

民国 32 年（1944 年），民国政府成立莎车第十行政长公署（1945 年改称莎车行政督察专员公署），麦盖提县归其管辖。

民国 35 年（1946 年）民国政府废区村制，实行保甲制。全县设 3 个乡，35 个保，一个街公所。分别为：建新乡（今克孜勒阿瓦提乡原属莎车县黑孜奇村，1945 年 1 月 5 日，民国政府将其划归麦盖提县管辖），辖 14 保。第一保：波斯坎庄；第二保：久里克其庄；第三保：铁米力克庄；第四保：塔瓦克司克庄；第五保：保夏甫鲁克庄；第六保：恰麻坤庄；第七保：阿孜坤庄；第八保：哈太力克庄；第九保：汗坤庄；第十保：洪湖沙庄；第十一保：哈达里克庄；第十二保：库木什买力庄；第十三保：拉依当庄；第十四保：阿瓦克孜勒提庄。文明乡（今央塔克乡），辖九保。第一保：恰木古鲁克庄；第二保：包孜亚红丹庄；第三保：血依提墩庄；第四保：吾塘哈里夏力、哈帕克、阿斯提 3 个小庄；第五保：向夹得力克庄；第六保：霍加阿瓦提庄；第七保：包鲁哈庄；第八保：央塔克庄；第九保：阿提哈什、亚坤两个小庄。振新乡（今吐曼塔勒乡），辖 12 保。第一保：阿哈白力庄；第二保：哈拉吾依庄；第三保：阿合提干阿日郎哈希带郎哈 3 个小庄；第四保：阿日湖塘庄；第五保：吾依布袋庄；第六保：吐格墩庄；第七保：吐满堂庄；第八保：拉力玛庄；第九保：沙其哈克庄；第十保：什依其力克、希依帕塔 2 个小庄；第十一保：白尔格孜庄；第十二保：恰斯庄。巴扎街公所，直属县政府。

民国 37 年（1948 年），全县设 1 镇 2 乡。太和镇辖 24 保，231 甲，4913 户，1.81 万人。建新乡辖 20 保，128 甲，4433 户，1.73

万人。振兴乡辖17保，120甲，1.73万人。

1949年9月25日新疆和平解放后，设麦盖提县军事管制委员会，属莎车军区军事管制委员会管辖。

1950年3月，麦盖提县人民政府成立，全县划为1、2、3区，共32个乡。1950年冬，全县划为5个区，24个乡，1个街公所。第一区：辖乌尔达库勒乡；阔什尔肯乡；昂克特勒克乡；恰木古鲁克乡；巴扎结米乡；托万克色克乡；贝勒克乡；吾克乡；英艾买力乡；巴扎乡；巴扎人民街公所。第二区：辖黑孜阿瓦台乡；拉依当乡；库木什乡；洪湖沙乡；帕哈达乡；阿孜坤乡；汗坤乡。第三区：辖央塔克乡；吾依布袋乡；阿合提干乡；吐格墩乡；吐曼塔勒乡；白力克孜乡；血依墩乡。

1951年，麦盖提县人民政府将全县改划为5个区31个乡，1个巴扎人民街公所。

1953年，麦盖提县人民政府又将全县改划为76个区34个乡，1个区辖乡级镇人民委员会。七个区为：第一区（城关区）辖7个乡，1个镇人民委员会，32个自然村；第二区（昂克特勒克区）辖4个乡，16个自然村；第三区（央塔克区）辖5个乡，22个自然村；第四区（ 吐曼塔勒区）辖5个乡，22个自然村；第五区（阿孜坤区）辖4个乡，23个自然村；第六区（克孜勒阿瓦提区）辖5个乡，16个自然村；第七区（库木库萨尔区）辖3个乡，8个自然村。

1955年11月，第七区被撤销，该区8个自然村分别划归一区、五区各4个。

1956年6月，莎车行政督察专员公署撤销，麦盖提县归属喀什地区行署管辖。

1958年9月，全县以区为单位成立人民公社。一区为火箭人民公社；二区为东风人民公社；三区为红旗人民公社；四区为红光人民公社；五区为卫星人民公社；六区为战斗人民公社。通常按顺序称一、二、三、四、五、六公社。镇人民委员会改为城镇管理区，归属火箭公社管辖。

1962年，火箭公社划出一、二、三、五4个生产大队，卫星公社划出四、六、八、十一4个生产大队归并建立向阳公社，按顺序称七公社。

1966年，火箭公社城镇管理区改建为城镇人民公社，届时全县共有8个人民公社。

1978年，各人民公社均以地名及当地群众习惯称呼，按顺序定名为巴扎结米公社、英阿瓦提公社、央塔克公社、吐曼塔勒公社、尕孜库勒公社、克孜勒阿瓦提公社、库木库萨尔公社，城镇人民公社改称为麦盖提镇。

1984年11月，实行政社分开，全县各人民公社均改为乡，经自治区人民政府批准，英阿瓦提公社辖区叶尔羌河东岸七、八、九、十四个大队划出，成立昂格特勒克乡。叶尔羌河西安成立英阿瓦提乡，其余6个公社均按其原公社名称改称乡，生产大队改称为村，村设村民委员会。此时麦盖提县为8乡1镇，即：巴扎结米乡、英阿瓦提乡、央塔克乡、吐曼塔勒乡、尕孜库勒乡、克孜勒阿瓦提乡、库木库萨尔乡、昂格特勒克乡、麦盖提镇。

1988年，经自治区人民政府批准，麦盖提县英阿瓦提乡改为希依提墩乡，将吐曼塔勒乡划分为吐曼塔勒乡和库尔玛乡2个乡。此时全县共9乡1镇，6个居民委员会，137个村民委员会，209个自然村，520个村民小组。

1991年，全县共9个乡1个镇3个农林场，7个居民委员会，131个村民委员会，511个村民小组。

2010年，全县共9个乡2个镇3个农

林场，129 个村，7 个社区。

2019 年，全县辖 8 个乡 2 个镇 2 个农林场，140 个村，21 个社区。

【人口 民族】 2019 年底，麦盖提县总人口 23.69 万人，其中城镇人口 7.05 万人，乡村人口 16.64 万人。

麦盖提县自古以来就有多个民族聚居。至 2019 年底，境内有 16 个民族成分，主要有汉族、维吾尔族、回族、蒙古族等民族。2019 年末，麦盖提县少数民族人口 21.96 万人，汉族人口 1.73 万人。

【语言文字】 麦盖提县主要使用国家通用语言文字汉语汉文和维吾尔语言文字。

汉语言文字是国家通用的语言文字。汉族使用规范汉字。

维吾尔族使用维吾尔语和维吾尔文。维吾尔语言文字为新疆通用的语言文字。

【地理环境】 麦盖提县位于天山南麓，属叶尔羌河中游冲积平原，主要的地貌组合为沙漠、山地、平原，境内海拔最高点 1207 米，最低点 146 米，在靠近沙漠边缘一带，地势起伏不平，荒地、沙丘交错，芦苇草滩、盐碱滩、碱水坑成群。沿叶尔羌河两岸为平原区，土层深厚，平坦肥沃，是本县农牧业区；东北部沿叶尔羌河下游一带为原始胡杨森林区；东部为沙漠区，沙丘广布，多呈垄状。

麦盖提县属温带大陆性干旱气候，四季分明，年温差大，光照充足，无霜期长，降水偏少，蒸发量大，光热资源丰富。年平均日照时数 2836.5 小时，年平均气温 11.9℃，年平均气压值 883.2hpa，年平均降雨量 56.5 毫米，年平均蒸发量 2001.8 毫米。主要自然灾害有大风、沙尘暴、冰雹、暴雨、洪涝、霜冻、低温、高温、干旱等。

流经县境内河流主要有叶尔羌河和提孜那甫河，其中叶尔羌河全长 1165 千米，境内流长 180 千米，河床平均宽 1000 米左右，夏秋两季水源充沛，可提供农业灌溉面积近 50 余万亩；提孜那甫河全长 335 千米，境内流长 56 千米，可提供农业灌溉面积 30 余万亩。

【自然资源】

土地资源 麦盖提县土地总面积 1.52 万平方千米，其中塔克拉玛干沙漠约占 1.4 万平方米，绿洲占 0.12 万平方千米，土地资源比较丰富，沿叶尔羌河两岸为平原区，东北部沿叶尔羌河下游一带为原始胡杨林区，东部为塔克拉玛干沙漠区。截至 2019 年底，全县农区耕地面积 102.92 万亩，人均耕地 6.12 亩。

林木资源 麦盖提地处塔克拉玛干沙漠西南边缘，林业生态环境脆弱，天然林以胡杨、沙棘、红柳为主，人工林以新疆杨为主。截至 2019 年底，全县林地面积 544.77 万亩，其中天然荒漠林 374.6 万亩，人工林 170.17 万亩。

水资源 麦盖提县境内水资源较为丰富，叶尔羌河、提孜那甫河流经麦盖提，成为麦盖提县农业灌溉的主要水源。

叶尔羌河也称玉河，发源于昆仑山北麓，河水由降雪、冰川、冰湖和降雨形成，上游由克勒青河和塔什库尔干河两大支流组成，全长 1165 千米，属塔里木河水系，是塔里木河正流，河流干流走向由东南向西北转向北流，于卡群水文站出山口后转向北，流经塔什库尔干县、叶城县、泽普县、莎车县、麦盖提县、巴楚县至阿克苏地区阿瓦提县肖夹克附近与阿克苏河及和田河汇合，流入塔里木河。叶尔羌河从莎车县荒地镇东南流入麦盖提县境内，从县境内胡杨林场出境，境内流长180千米，河床平均宽1000米左右，根据《叶尔羌河流域规划报告》，在保证率P=75%时，径流量为55.84亿立方米，在保证率P=50%时，径流量为64.6亿立方米。此河系麦盖提县农业灌溉主要水系，历年平均引水量3.95亿立方米。

提孜那甫河发源于昆仑山北坡，科克阿特达坂西南叶城县西何休乡境内，河流呈南北向，流经叶城县、泽普县、莎车县至麦盖提县罕库勒渠首，全长335千米，流入麦盖提县境内56千米，其末端消失在农区内。河水主要以山区融雪补给为主，同时，部分由降水补给，多年平均径流量8.1亿立方米。夏季一般来水较早，枯水期河水断流，洪枯水量相差悬殊。根据多年来的水文资料分析计算，在保证率为P=75%时，径流量为6.97亿立方米，在保证率P=50%时，径流量为7.6亿立方米。最大与最小比值为2.03，年变化系数Cv值为0.17，年际变化不大。麦盖提县农业灌溉历年平均引水量2.87亿立方米。

麦盖提县由于位处平原绿洲中部，无山前侧向补给水。大气降水极少，对地下水的补给可以忽略不计。因此，地下水资源基本由县境内的河流补给、渠系渗漏补给、田间渗漏水补给、水库渗漏补给以及过境渠道渗漏补给等组成，根据《叶尔羌河流域平原区地下水资源评价报告》，麦盖提县灌区内地下水补给量为5.2亿立方米/年，开采系数为0.45，年可开采量为2.34亿立方米/年。根据水文地质普查，麦盖提县地下水矿化度较高，灌区外围矿化度为5-10克/升，只有叶河附近，老灌区部分地段，地下水矿化度在1-3克/升，可用于灌溉。

动植物资源 麦盖提县除了拥有优良的刀郎羊、安格斯牛外，还有猪、鸡、鸭、鹅、鸽子等家畜家禽，野生动种类繁多，其中白鹤、叶尔羌河鼓鳔鳅（狗头鱼）属国家一级保护动物，草原斑猫、鹅喉羚、塔里木兔、灰鹤、会腹鸥、小鸥、大雁、翠鸟、鹃鸠、白腹黑啄木鸟、纵纹腹小鸮、猎隼、燕隼、灰嘴隼属国家二级保护动物，野鸭属国家三级保护动物。截至2019年底，麦盖提县家畜存栏66.05万只（头），其中羊58.27万只，牛6.89万头，猪8900头；家禽养殖176.76万羽（只），其中鸽子79.74万羽，鸡75.54万只，鸭3.51万只，鹅1.97万只。

麦盖提县境内植被类型分为荒漠植物、草甸植物、沼泽植物、沙生植物、田间植物。已查明的野生植物有大芸、罗布麻、枸杞甘草、梭梭、柽柳（俗称红柳）、白刺、骆驼刺、麻黄、芦苇、胖姑娘草、马齿苋、稗子草、苦豆子、苦苦草、车前草、铃铛刺、蒲草、三棱草、水葱、鸭舌草、沙蓬、旋花草、灰藜、蒲公英、蒺藜、曼蛇罗、菟丝子、薄荷、龙葵等。

矿产资源 麦盖提县属于矿产资源贫乏的县，已探明地下矿藏为砖瓦用黏土矿。

旅游资源 麦盖提县具有悠久的历史文化，是中国西部的一块文化宝地，是“刀郎文化”的发祥地和“维吾尔乐舞之母”阿曼尼沙罕的故乡，是国内外知名的原生态文化区，其中库木库萨尔乡1996年被文化部授予“中国民间艺术之乡”称号；2004年9月，麦盖提县被中国特产之乡推荐暨宣传活动组织委员会命名为“中国刀郎羊之乡”。2005年4月，麦盖提县被中国特产之乡推荐暨宣传活动组织委员会命名为“中国刀郎木卡姆之乡”“中国刀郎麦西莱甫之乡”“中国刀郎农民画之乡”。以“刀郎木卡姆”“刀郎麦西莱甫”和“刀郎农民画”为代表的

"刀郎文化"，作为中华优秀文化的一朵奇葩，不仅在国内影响深远，还屡次走出国门，走向世界舞台，享誉中外。

麦盖提县是世界沙漠旅游资源最丰富的地方之一，神秘莫测的塔克拉玛干大沙漠连绵起伏、浩瀚无垠，千百年来一直都是国内外探险家挑战的圣地。胡杨风光美丽妖娆，连片原始胡杨林一望无际，颇为壮观，有"生而千年不死、死而千年不倒、倒而千年不朽、朽而千年不散"的传说。面积2万余亩、有"地球绿肺"美誉的东河滩湿地，植被茂密、万物丛生，一片原始生态景象，充满无限的生机。碧波荡漾的吉仁勒玛水库中布满无数大大小小的岛屿，春夏秋冬四季四景，美不胜收。另外，还有叶尔羌河中游大桥夕阳风光、民族风情浓郁的大巴扎等都令人流连忘返。

麦盖提旅游资源拥有5个主类、19个亚类、36个基本类，分别占相应类型的87.5%、58.1%、23.2%。

麦盖提县五级、四级旅游资源分析表

表1

级别	旅游资源	说明
五 级	麦盖提刀郎文化	世界与国家非物质文化遗产项目
	塔克拉玛干沙漠	中国第一大沙漠、世界第二大流动性沙漠
	农民画之乡	名扬海外
四 级	吉仁勒玛水库	沙漠边缘滨水生态环境
	塔克拉玛干沙漠	中英联合探险队出发点遗址
	原始胡杨林	集沙漠、胡杨、湿地、河流于一体
	罕库勒水库	沙漠边缘湿地生态环境
	前进水库	县域内离沙漠最近的水域
	叶尔羌河	塔里木河的支流

经济社会发展

【经济运行情况】 2019年，麦盖提县委、县人民政府坚决落实自治区党委、自治区人民政府各项工作安排部署，坚持稳中求进工作总基调，从实际出发，主动适应经济发展新常态，有效应对各种风险挑战，全县主要经济指标在合理区间稳定增长，经济运行中的有利因素和积极变化逐渐增多，生态环境不断改善，民生保障持续增强，经济运行总体平稳。

【国民经济持续稳定增长】 2019年，麦盖提县全年实现生产总值（GDP）5.83亿元，比上年增长6.1%（可比价，下同）。其中，第一产业增加值28.78亿元，增长5.8%；第二产业增加值5.23亿元，增长1.6%；第三产业增加值24.26亿元，增长7.6%。第一产业增加值占生产总值的比重为49%，第二产业增加值占生产总值比重为9%，第三产业增加值占生产总值比重为42%。人均生产总值2.45万元，比上年增加1205元。

农林牧渔业总产值50.03亿元，同比增长5.84%。其中，农业产值40.42亿元，同比增长 3.32%；林业产值 2.4 亿元，同比增长 6.80%；牧业产值 5.83 亿元，同比增长 26.60%；渔业产值 603.75 万元，同比增长 4.73%；农林牧渔服务业产值 1.31 亿元，同比增长 8.45%。农林牧渔业增加值 29.36 亿元，同比增长 4.30%。其中，农业增加值 24.18 亿元，同比增长 2.52%；林业增加值 1.42 亿元，同比增长 6.62%；牧业增加值 3.16 亿元，同比增长 18.79%；渔业增加值 285 万元，同比增长 3.72%；农林牧渔服务业增加值 5778 万元，同比增长 6.05%。

全年实现工业增加值 1.98 亿元，同比增长 0.9%。年末有规模以上工业企业 7 家，增加值 2521 万元，同比下降 64.28%；有规模以下工业企业 124 家，实现增加值 1.46 亿元，同比增长 52.35%；园区工业企业增加值 1.07 亿元，与上年同比下降 14.19%。

【投资 贸易】 2019 年，麦盖提县全年完成全社会固定资产投资总额 19.2 亿元，同比增长 14%。从产业投向看，第一产业完成投资 5.48 亿元，同比增长 217.8%；第二产业完成投资 4.10 亿元，增长 10.6%；第三产业完成投资 9.61 亿元，下降 15.7%。

按国民经济行业划分，农、林、牧、渔业完成 5.48 亿元，同比增长 217.8%；制造业完成 1.76 亿元，同比下降 26.4%；批发零售业完成 0 万元，同比下降 100%；交通运输、仓储和邮政业完成 1.42 亿元，同比增长 87.2%；住宿和餐饮业完成 1000 万元，同比增长 100%；房地产业完成 3.55 亿元，同比增长 24.2%；租赁和商务服务业完成 0 万元，同比下降 100%；水利、环境和公共设施管理业完成 1.12 亿元，同比增长 17.9%；居民服务、修理和其他服务业完成 0 万元，同比下降 100%；教育业完成 2.92 亿元，同比下降 24.8%；卫生和社会工作完成 1607 万元，同比下降 46.2%；文化体育和娱乐业完成 1000 万元，同比增长 100%；公共管理、社会保障和社会组织完成 2480 万元，同比下降 76.4%。

2019 年，麦盖提县有限额以上批发和零售业企业 3 家，限额以上住宿企业 1 家。2019 年，全县社会消费品零售总额完成 5.93 亿元。其中，城镇 3.55 亿元，（删除一个逗号），乡村 2.38 亿元。餐饮收入 2.72 亿元，商品零售 3.22 亿元。

【招商引资】 2019 年，麦盖提县招商引资履约项目 30 个，招商引资到位资金 5.5 亿元。其中，新执行项目 30 个，到位资金 5.5 亿元。

【财政 金融】 2019 年，麦盖提县地方财政收入完成 2.49 亿元，较上年增收 2296 万元，增长 10.86%。其中，一般公共预算收入完成 2.06 亿元，较上年增收 1056 万元，增长 5.4%；基金预算收入完成 4163 万元，较上年增收 1153 万元，增长 38.31%。

一般公共预算收入完成 2.06 亿元，其中税收收入完成 1.12 亿元，较上年增收 1560 万元，增长 15.57%；非税收入完成 9411 万元，较上年减收 404 万元，下降 4.12%。

2019 年，地方财政支出完成 39.41 亿元，较上年增支 3.88 亿元，增长 10.91%。其中，公共财政预算支出完成 38.61 亿元，较上年增支 3.56 亿元，增长 10.15%；政府性基金支出完成 7988 万元，较上年增支 3213 万元，增长 67.29%。

公共财政预算支出完成 38.61 亿元，较上年增支 3.56 亿元，增长 10.15%。其中，一般公共服务支出 2.95 亿元，较上年同期减支 1726 万元，下降 5.52%；国防支出 8

万元，较上年同期减支2万元，下降20%；公共安全支出3.49亿元，较上年同期减支1.75亿元，下降33.46%；教育支出8.54亿元，较上年同期增支8375万元，增长10.88%；文化体育与传媒支出3712万元，较上年同期增支1640万元，增长79.15%；社会保障和就业支出3.47亿元，较上年同期增支1453万元，增长4.38%；医疗卫生与计划生育支出2.8亿元，较上年同期增支3919万元，增长16.28%；节能环保支出8107万元，较上年同期增支301万元，增长3.86%；城乡社区事务支出4590万元，较上年同期增支2730万元，增长146.77%；农林水事务支出7.69亿元，较上年同期增支6684万元，增长9.52%；交通运输业支出9861万元，较上年同期减支809万元，下降7.58%；资源勘探信息等事务支出2952万元，较上年同期减支1368万元，下降31.67%；商业服务业等事务支出1217万元，较上年同期增支255万元，增长26.51%；国土资源气象事务支出672万元，较上年同期减支164万元，下降19.62%；住房保障支出5.44亿元，较上年同期增支2.76亿元，增长102.78%；粮油物质管理事务支出844万元，较上年增支794万元，增长1588%；其他支出6762万元，较上年同期增支1368万元，增长25.36%；债务付息支出2650万元，较上年同期增支1178万元，增长80.03%；债务发行费支出21万元，较上年同期减支5万元，下降19.2%。

各项存款余额72.76亿元，净减1.71亿元，同比下降22.99%。其中，住户存款余额37.69亿元，非金融企业存款余额10.35亿元，广义政府存款余额24.72亿元。

各项贷款余额43.38亿元，净增9.3亿元，同比增长27.29%。其中，短期贷款余额20.16亿元，中长期贷款余额1.08亿元，票据融资余额12.44亿元。

【人民收入】 2019年，麦盖提县农牧民人均纯收入1.3万元，净增751元，同比增长6.13%。农村居民人均可支配收入1.05万元，增长10%；城镇居民人均可支配收入2.73万元，同比增长9.6%。

中国共产党麦盖提县委员会

【机构负责人名录】

书　记：文福来

副书记：艾尼瓦尔·吐尔逊（县长，维吾尔族）

解富强（3 月离任）

丁　辉（援疆干部）

吴健强

戴永刚（政法委书记，1 月任职）

任　路（5 月任职，深交所挂职干部）

常　委：依不拉音·吐尔逊（宣传部部长，维吾尔族，3 月离任）

胡　健

卜红博（援疆干部）

吐尔洪·依明（统战部部长，维吾尔族）

刘复生（纪委书记、监委主任，1 月离任）

顾　宁（政法委书记，1 月离任）

朝克图（昂格特勒克乡党委书记，蒙古族）

韩　飞（常务副县长）

郑　君（组织部部长，1 月任职）

孙永东（宣传部部长，3 月任职）

文海华（纪委书记、监委主任，1 月任职）

县委办主任：王新华

机构改革

【组建县委审计委员会】 2019 年，根据喀什地委、地区行署批准的《麦盖提县机构改革方案》和县委办公室、政府办公室印发的《关于〈麦盖提县机构改革方案〉的实施意见》精神，组建县委审计委员会，作为县委议事协调机构。县委审计委员会办公室设在县审计局。

【改建县委全面依法治县委员会】 2019 年，县依法治县领导小组改为县委全面依法治县委员会，作为县委议事协调机构。县委全面依法治县委员会办公室设在县司法局。

【改建县委全面深化改革委员会】 2019 年，县委全面深化改革领导小组改为县委全面深化改革委员会，作为县委议事协调机构。县委全面深化改革委员会办公室设在县委办公室。

【改建县委网络安全和信息化委员会】 2019年，县委网络安全和信息化领导小组改为县委网络安全和信息化委员会，作为县委议事协调机构。县委网络安全和信息化委员会办公室为县委网络安全和信息化委员会的办事机构，作为县委工作机关，对外加挂县互联网信息办公室牌子。

【改建县委财经委员会】 2019年，县财经领导小组改为县委财经委员会，作为县委议事协调机构。县委财经委员会办公室设在县委办公室。

【组建外事工作委员会】 2019年，县委组建外事工作委员会，作为县委议事协调机构。县委外事工作委员会办公室设在县人民政府办公室。

【改建县委国家安全委员会】 2019年，县委国家安全协调小组改为县委国家安全委员会，作为县委议事协调机构。县委国家安全委员会办公室设在县委办公室。

【组建教育工作领导小组】 2019年，县委组建教育工作领导小组，作为县委议事协调机构。县委教育工作领导小组办公室设在县教育局。

【组建“一带一路”建设领导小组】 2019年，县委组建推进实施“一带一路”建设领导小组，作为县委议事协调机构。县推进实施“一带一路”建设领导小组办公室设在县发展和改革委员会。

【组建群众工作领导小组】 2019年，县委组建群众工作领导小组，作为县委议事协调机构。县委群众工作领导小组办公室设在县委统一战线工作部。

【设立网络安全和信息化工作委员会】 2019年，县委设立网络安全和信息化工作委员会，作为县委派出机关，设在县委网络安全和信息化委员会办公室。

【组建直属机关工作委员会】 2019年，县委组建直属机关工作委员会，作为县委工作机关，县委组织部不再挂县委直属机关工作委员会牌子。

重要会议

【中共麦盖提县委十一届五次全委（扩大）会议】 1月13日，中共麦盖提县委在县委12楼党政视频会议室召开十一届五次全委（扩大）会议，县委书记文福来作题为《坚定不移聚焦总目标打赢脱贫攻坚收官战为决胜全面建成小康社会而努力奋斗》的报告。会议的主要任务是坚持以习近平新时代中国特色社会主义思想为指导，深入贯彻落实中共十九大、十九届二中、三中全会精神和习近平总书记关于新疆工作的系列重要讲话、指示批示精神，贯彻落实党中央治疆方略特别是社会稳定和长治久安总目标，贯彻落实中央经济工作会议、农村工作会议和自治区党委九届六次全体会议、经济工作会议以及地委扩大会议精神，总结2018年工作，部署2019年任务，动员全县各族干部群众聚焦总目标、专注抓落实，确保社会大局和谐稳定，打赢脱贫攻坚收官战，为决胜全面建成小康社会而努力奋斗，以优异成绩向中华人民共和国成立70周年献礼。

【县委常委（扩大）会议（部分）】 2月28日上午，县委书记文福来在县委常委会议室主持召开第六次县委常委会议，审议通过《麦盖提县贯彻落实中央第六巡视组开展脱贫攻坚专项巡视反馈意见整改方案》，听取扶贫领域腐败和作风问题专项治理工作汇报。

4月3日，县委书记文福来在县四大班子会议室主持召开第十次县委常委扩大会议，听取县水利局关于恰斯水库安全隐患整改情况汇报，就恰斯水库安全隐患整治工作进行安排部署；通报中山大学与麦盖提县合作造林事宜；审议通过《2019年麦盖提县城市空白绿化项目实施意见建议》和《2019年棚户区改造实施意见建议》；听取县文化体育广播电视和旅游局关于《麦盖提县塔克拉玛干沙漠旅游景区项目建设情况》的汇报，就N39°沙漠旅游景区改扩建事宜进行研究部署；研究部署“安格斯”肉牛产业发展、红枣指定交割库建设、地委大调研、山东省省长来麦调研等事宜。

6月17日，县委书记文福来在希依提墩乡党委会议室主持召开第十七次县委常委会议，专题讨论研究县委统战部提交的《关于国家民族团结进步模范集体和模范个人的推荐方案》，决定推荐库尔玛乡红光村为国家民族团结进步模范集体，杨仕军、张步银2人为国家民族团结进步模范个人。

6月30日，县委书记文福来在县委常委会议室主持召开第二十次县委常委会议，听取上半年全面从严治党、加强党风廉政建设和反腐败斗争工作情况汇报，安排部署下半年工作。

9月25日，县委书记文福来在县委常委会议室主持召开第三十二次县委常委会议，就2019年农村安居工程补助（涉农整合）结余资金拟安排脱贫攻坚项目进行专题讨论研究。

11月14日，县委书记文福来在县四大班子会议室主持召开第二十四次县委常委扩大会议，专题研究深圳市科亮电子有限公司在县旭日园区投资建设智能终端产业链配套制造项目相关事宜。

【县委重要决定、意见、通知（部分）】

3月5日，麦盖提县委下发《麦盖提县2019年脱贫摘帽实施方案》。

6月29日，麦盖提县委下发《关于表彰先进基层党组织、优秀党务工作者、优秀共产党员的决定》。

11月17日，麦盖提县委下发《麦盖提县关于落实党建工作责任制五项机制的意见（试行）》。

12月31日，麦盖提县委下发《关于表彰刘绍见等104名优秀援疆干部人才的决定》。

组织工作

【机构改革】 2019年3月机构改革确定，由县委组织部统一管理县委机构编制委员会办公室。优化完善县委机构编制委员会领导体制，作为县委议事协调机构，县委机构编制委员会办公室为县委机构编制委员会的办事机构，承担县委机构编制委员会日常工作，作为县委工作机关，归口县委组织部管理。

将县人力资源和社会保障局的公务员管理职责划入县委组织部，对外加挂公务员局的牌子，由县委组织部统一管理公务员工作。

将县委老干部局职责划入县委组织部，加挂县委老干部局的牌子。

不再设立县委基层组织建设领导小组办公室、县新兴组织工作委员会、县人才管理办公室，有关职责交由县委组织部承担。

【干部调整】2019年，县委组织部聚焦主责主业，从选人用人，机构改革，选优配强扶贫工作力量，后备干部队伍建设方面，抓好干部队伍建设。注重在扶贫领域、“访惠聚”驻村工作、驻村管寺、村（社区）第一书记等岗位中选拔使用干部，全年共调整乡科级干部9批次275名干部（不含10名县处级干部）。

【年轻干部培养使用】2019年，组织部选派132名优秀机关干部、内招生、留疆战士等担任村党支部书记，安排38名新分配的内招生、留疆战士、选调生到村担任村主任助理或党支部副书记。

【后备干部队伍建设】2019年，组织部结合年度考核推荐工作，不断拓宽选拔备用渠道，特别是把参与“访惠聚”工作、维护稳定、脱贫攻坚等工作中表现优秀的干部，吸收到后备干部队伍中。截至年底，全县后备干部890人。

【扶贫工作力量配备】2019年，组织部从全县选配优秀干部充实到县扶贫办和整改办工作，充实扶贫开发办公室领导班子力量，组织部、政府办、发改和财政等部门主要领导兼任扶贫开发办公室副主任，配强乡村两级扶贫工作人员，选派领导干部担任22个深度贫困村扶贫第一书记，持续保持乡镇党政正职和扶贫领导干部队伍相对稳定，确保扶贫工作有人抓、有人管。全年，配备县级扶贫干部40人，抽调扶贫问题整改办12人，抽调乡镇125人，抽调村（社区）850人。

【教育培训】2019年，组织部发挥党校的阵地作用，在县级党校举办各类培训班26期、培训3582人次；各乡镇党校举办农民党员、基层干部各类培训班、讲座41期（次），培训人员2700人次。各行业部门组织举办业务能力提升班85期，培训5976人次；其中：中共十九大精神及党中央治疆方略理论培训班27期3503人次，行业领域专题业务培训125期8755人次，双语培训2期200人次。

【党员队伍管理】2019年，组织部推进“两学一做”学习教育常态化制度化，高标准做好发展党员工作，全年发展党员830人。结合“不忘初心、牢记使命”主题教育，组织开展党员组织关系集中排查、党员档案丢失认定、“党员活动日”、“党旗映天山”主题党日等系列活动，累计转接党员组织关系887次，审核党员档案丢失认定材料900份，推送“党员活动日”学习要点53期、主题党日活动主题4个。从党费中划拨16万元，为基层订购《党员学习记录本》1.2万本、“三会一课”等组织生活记录本4000本、《党章电视辅导教材》120套，为全县每一名党员发放党徽，引导党员主动佩戴党徽，亮明身份，积极发挥模范带头作用并接受监督。

【离退休党员干部学习教育】2019年，组织部组织落实离退休干部及各离退休党支部书记每周五政治学习制度，采取讨论会、座谈会、观看视频等多种形式，组织老干部有重点、有针对性地进行学习，把学习

2月1日，组织部在老干部局召开离退休干部“迎新年、庆新春”座谈会

习近平新时代中国特色社会主义思想和中共十九大精神作为首要政治任务，全年组织学习49次，参加1674人次。针对离退休老干部有威望、感染能力强的特点，组织老干部宣讲队开展宣讲664场次，覆盖3万人次。

【编办工作】 2019年3月，县委机构编制委员会办公室全面完成党政机关机构改革，将原有40个党政机构（其中：党委14个，政府工作部门26个）设置为35个，其中：党委11个（纪检监察机关1个，工作机关10个），政府工作部门24个。建立健全和优化县委对重大工作的领导体制机制，调整组建10个议事协调机构。全县党政部门领导职数119个（不含公安局、检察院、法院），其中：县委工作机关领导职数47个，政府工作部门领导职数72个。按照自治区党委、地委的安排，按时完成除公安局外的34个单位“三定”规定印发工作。清查登记经费716.53万元、固定资产6397万元、债权债务5530万元；完成4个单位办公用房1918.48平方米的调配；档案整理2.2万件；挂牌单位9个。

3月，编办督促各单位完成统一社会信用代码的新赋码及更换工作，截至10月31日，为28个单位换发统一社会信用代码证书，其中：新赋码机关13个，法人变更机关15个。

6月，编办全面开展全县事业单位改革，12月全面完成。其中：撤销科级事业单位12个，撤销股级单位26个，新设立科级单位17个，新设立股级单位20个，更名或调整科级单位隶属关系36个，更名股级单位32个，调整其他机构编制41个。

编办为全县纪检监察派驻组划拨行政编制55名，其中：政法委纪检监察组10名政法编制采用记账式管理，人员由纪委监委管理，人员编制、工资保留在原单位，配合县纪检监察部门科学合理的设置派驻机构，明确纪委监委与派驻机构的关系，确保监察体制改革工作强力推进。

编办加强机构编制实名制库日常维护和更新，做好招录人员的入编登记、调整变动人员信息，确保实名制库的真实性，准确性。截至年底，全县有行政编制1012人，实有953人；政法专项编制528人，实有570人；机关工勤编制136人，实有121人；全额事业编制4647人，实有5322人；差额事业编制265人，实有235人；自收自支事业编制193人，实有人数148人。

编办组织全县事业单位开展2018年度事业单位法人年度报告公示工作。全年全县登记事业单位140个，其中：新设事业单位16个、变更登记事业单位19个、注销事业单位0个、法人证书补领0个。全县应参与年检工作事业单位140个，实际参加事业单位140个，年检率100%。全县参与事业单位公示136个，未公示涉密事业单位4个行，公示率达97%。

编办对本轮机构改革后相关部门权责清单进行了全面梳理，本次参与梳理权责清单部门27个，共梳理出行政职权2225项，其中：行政许可 238 项，行政处罚 1518 项，行政强制 97 项，行政征收 7 项，行政给付 33 项，行政裁决 4 项，行政确认 56 项，行政检查 101 项，行政奖励 54 项，其他行政权力 117 项。

【基层组织建设】 2019 年，县委先后召开 6 次常委会研究基层党建工作，对照自治区党委关于抓实农村基层组织建设的“十个全面”部署要求，制定抓党建工作责任制五项机制，细化责任清单，推动定期分析研判、召开党建推进会、基层党组织书记“双述双评”、党建问责等制度落实。扎实开展薄弱乡镇和重点村专项整治，及时解决党建工作突出问题，全面巩固农村基层组织领导地位。成立村党总支 114 个，成立“访惠聚”驻村工作队党支部 104 个，将 581 名驻村工作队员党组织关系全部转接至所在村党支部。

【基层基础建设】 2019 年，组织部招录 127 名优秀返乡大学生充实到村“两委”班子；撤换调整 119 名不合格村干部；建立村级储备干部库 737 人，村党组织的战斗堡垒作用不断增强。选优配强 1027 名县乡村扶贫干部；选派 987 名干部驻村、205 名干部管寺，驻村工作国家干部平均达到 11 人；将 581 名党员驻村工作队员组织关系全部转接至所在村党支部，进一步为抓党建促脱贫提供支撑。新发展农村党员 535 人，优化农民党员队伍结构。

集中整顿个别软弱涣散村党支部，增强基层组织号召力、凝聚力。解决一些村党组织“三会一课”走过场，党内组织生活不正常问题 14 个。

组织部规范村级组织“星级化”创建；规范村民民主自治制度；规范村党组织书记

4 月，组织部在五一林场桃花源举行第四届“相约刀郎，缘来是你”青年干部联谊活动

备案管理和村干部县级联审制度；落实村党组织书记任前县乡联合考察、县级联审、组织部部务会研究、乡党委组织选举或任命 4 项程序，对标对表村干部县级联审负面清单 11 种不合格情形，坚决清理不合格村干部。

【村级阵地建设】 2019 年，组织部保障村级正常运行，拨付村级组织运转经费 470 万元，按大村 15 万元、中村 10 万元、小村 5 万元拨付为民办实事经费。争取扶贫整合资金 374 万元，为 22 个贫困村村民服务中心安装变压器。自筹 168 万元对 17 个老旧阵地进行维修，完成 12 个拆分村阵地附属设施建设，新建 4 个村民服务中心，重新配套卫生室 18 个。截至年底，包括拆分村在内的全县所有村办公场所、村民服务中心实现全覆盖。争取国家专项资金 100 万元，用于深度贫困村发展壮大村级集体经济，全县 52 个贫困村集体收入最高为 78.6 万元，最低 7.3 万元。

【新兴组织党建】 2019 年，根据构建城镇社区“大党建”工作机制要求，研究制定《麦盖提县关于全面加强城市基层党建工作的意见》，构建县、镇、社区、网格四级联动体系，推进城镇社区党建、单位党建、行业党建互联互动。按照100户居民配备1名干部的标准，2.5万户居民配备城镇、社区工作者363人，拨付社区工作经费195万元、党建工作经费30万元，培训社区干部186人。加强社区党建与物业联建，建立物业行业党组织，对全县8家物业公司和5家房产开发企业进行监管，推行“一站式”服务和“最多跑一次”改革。推动学校和新兴组织党建有效覆盖，采取单独组建、联合组建、派员组建、行业组建等方式，推动学校、新兴组织等党的组织全覆盖，督促指导建立学校（幼儿园）党支部112个、国有企业党支部7个、非公企业党支部41个、社会组织党支部8个。

【党建宣传】 2019年，组织部编发《麦盖提县党建专刊》4期；在新华网发展论坛、强国论坛发表文章137篇；向上级部门报送组工信息、图片信息427篇，其中：《人民日报》采用2条，《中国组织人事报》采用5条，新疆组工信息采用1条，《党员之友》5篇，地区组工信息采用9条，《喀什党建》采用5条。

组织部电教中心每天通过网络平台推送学习任务，全县站点完成自治区党员干部现代远程教育集中学习计划任务月均达到100%。摄制完成“七一”展播片2部（汉语和维吾尔语版本），摄制“不忘初心、牢记使命”系列精品党课1部，“奋斗”和“融情”系列微视频各1部，“新时代的追梦人”系列微视频和公益宣传片各1部，内招生微宣传片1部，民营企业家和致富带头人宣传片1部，上报麦盖提电视台视频党建新闻5条。

【慰问党员】 2019年，组织部在春节、“七一”、“十一”等重大节日前夕，专门制定方案安排部署走访慰问活动，县委、县人民政府主要领导带头深入村（社区），看望慰问离退休老干部、老党员、先模党员、因公牺牲党员家属、夫妻双方驻村党员代表和贫困党员等累计401人，发放慰问金26万元。全县637个基层党组织积极响应县委号召，开展送温暖、解民忧活动。

【关心关爱政策落实】 2019年，组织部全面落实自治区关于调整机关事业单位工作人员高定工资档次，补发1—5月晋升工资。10月，落实新调整乡镇工作补贴政策，推进公务员职务与职级并行。解决基层干部配偶就业、子女就学等问题，全年，解决37名两地分居干部家属的工作问题。对被问责处分期满的干部进行梳理，区分不同情况正确对待。全年，重新启用符合使用条件的问责干部6人。

【离退休干部及遗属慰问】 2019年，组织部持续做好重要节日走访离退休干部及遗属慰问工作，送去党和政府的关怀温暖。全年，累计发放慰问金6.4万元；帮扶特殊困难离退休干部26人，发放帮扶资金5.3万元。为离退休老干部赠送《习近平关于“不忘初心、牢记使命”论述摘编》《习近平新时代中国特色社会主义学习纲要》《习近平关于全面从严治党论述摘编》等书籍，推动老干部思想常新，与时俱进。

【群众工作】 2019年，组织部制定《坚持以人民为中心的发展思想，深入细致做好群众工作形成常态实施办法》，落实自治区党委相关要求，解决群众困难诉求。全年共收集群众反映问题及困难诉求1.2万条，已解决1.19万条，未解决49条，解决率

99.08%。各级干部为农户征订2019年党报4700份。全年开展宣传教育累计1.4万场次，宣传教育覆盖干部群众累计435万人次。各级干部累计捐款195万元，捐物13.7万件，为群众办好事实事11.6万件。开展全县妇女因离婚造成家庭困难问题专题调研工作，采取“六个一批一个巩固”措施，解决因离婚造成家庭困难问题178起。形成群众工作专报12期，开展调研6次，形成调研报告6篇。

宣传工作

【机构改革】 2019年3月机构改革确定，由县委宣传部统一管理新闻出版、电影和精神文明建设工作。将县文化体育广播影视局［县新闻出版局（县版权局）］的新闻出版管理职责、电影管理职责、县精神文明建设指导委员会办公室的职责划入县委宣传部，保留县新闻出版局（县版权局）、县精神文明建设指导委员会办公室的牌子，对外加挂县人民政府新闻办公室牌子，不再保留单设县精神文明建设指导委员会办公室。

按照优化协同高效原则，推进县委和政府直属事业单位改革，将县广播电视台由部门管理机构调整为县人民政府直属事业单位，归口县委宣传部领导。

【宣传教育】 2019年，县委宣传部组织开展宣讲1.39万场次，受教群众381.9万人次。组织县宣讲团优秀宣讲员14人，通过集中宣讲、走到田间地头宣讲、入户走访宣讲等方式分组深入各乡镇（场）、村（社区）进行大宣讲，做到月月有主题，天天有宣讲。全年，县宣讲团巡回宣讲770场次，

3月12日，来自广东中山大学百余名志愿者在百万亩防风固沙基地开展“树木拥有绿色 地球才有脉搏”植树活动

教育引导群众35.9万人。协调组织地区在全县开展宣讲5场，教育引导群众4360人次；利用“村村通”大喇叭，每天分三个时间段进行播放式宣讲，做到灌输式宣讲全覆盖。落实地区下发的周一“三结合”相关通知要求，全年，开展国旗下宣讲6650场次，教育引导各族群众358.4万人次。开展其他宣讲2.1万场次，教育引导群众778万人次。

【外宣工作】 2019年，宣传部邀请中央、自治区主流媒体围绕民族团结、脱贫攻坚、美丽乡村建设、刀郎文化、环境改善等主题开展采访报道活动。其中:《人民日报（海外版）》对刀郎文化进行专版报道；《新疆日报》头版重要位置对红光村民族团结的典型事迹进行报道；《喀什日报》4个专版对中华人民共和国成立70周年麦盖提县乡村变化进行专题报道；在4月桃花节，5月全县文化旅游工作推进会暨旅游景区开园仪式、2019中国环塔（国际）环塔拉力赛麦盖提赛区活动，10月下旬丝路文化胡杨节等活动中，邀请疆内外媒体进行持续深入的宣传报道。10月，配合新疆日报脱贫攻坚蹲点调研组完成8篇脱贫攻坚主题宣传报

道。据统计，2019 年，全县各单位及通讯号共在《人民日报》、人民网、新华网、《新疆日报》、天山网、《喀什日报》、中国喀什网等发表各类信息 650 条，在人民网、新华网等央级媒体发表 25 篇。

【媒体宣传】 2019 年，宣传部围绕中华人民共和国成立 70 周年、脱贫攻坚、“访惠聚”驻村工作、第二批“不忘初心、牢记使命”主题教育、扫黑除恶、安全生产等重大主题进行宣传报道。累计编发新闻 252 期、856 条，其中：地区台采用稿件 144 篇；新疆电视台采用稿件 59 篇；中央台采用稿件 3 篇。每周开办《脱贫攻坚在行动》《脱贫攻坚乡村行》《脱贫攻坚先锋》等专题专栏，每周开办三期，全年开办 144 期。《麦盖提县零距离》围绕美人、美景、美食、美事、美文等内容，收集整理民生项目、民族团结、驻村工作、“不忘初心、牢记使命”、节庆日、返乡学生专栏、麦盖提是个好地方等方面内容开设专栏，共推送文章 561 条，用户关注量 3.64 万人。9 月 1 日，麦盖提县融媒体中心官方账号在抖音、新浪微博、火山视频、快手等热门 APP 上同步上线，对社会关注热点进行小视频制作、发布。在教师节、国庆节、丝路胡杨节等群众关注的时间节点上，进行重点策划发布。全年，官方抖音账号发布短视频 17 条，播放总量 9.6 万 +，点赞总数 1600+，总评论 88 条。

【精神文明创建】 2019 年，全县 15 个单位被自治区文明委评为自治区文明单位：麦盖提县委办公室、麦盖提县人民政府办公室、麦盖提县税务局、国网新疆电力公司麦盖提县供电公司、中国电信股份有限公司喀什麦盖提分公司、麦盖提县人民检察院、麦盖提县人民法院、麦盖提县气象局、麦盖提县财政局、麦盖提县审计局、喀什公路管理局麦盖提分局、麦盖提县委政法委、麦盖提县纪委监委、麦盖提县水利局、麦盖提县卫健委。23 个村被自治区文明委评为自治区文明村：麦盖提县巴扎结米镇贝勒克其村、麦盖提县巴扎结米镇巴格万村、麦盖提县巴扎结米镇库台克勒克村、麦盖提县希依提墩乡英也尔村、麦盖提县希依提墩乡月塘村、麦盖提县央塔克乡阿恰墩村、麦盖提县央塔克乡克亚克勒克乌依村、麦盖提县吐曼塔勒乡温乌塔克村、麦盖提县吐曼塔勒乡巴格热克村、麦盖提县尕孜库勒乡也克先拜巴扎村、麦盖提县尕孜库勒乡塔拉买里村、麦盖提县尕孜库勒乡麦迪尼帕合特勒克村、麦盖提县尕孜库勒乡罕库勒村、麦盖提县克孜勒阿瓦提乡亚塔库木村、麦盖提县克孜勒阿瓦提乡阔什吾斯塘村、麦盖提县克孜勒阿瓦提乡巴格沃依拉村、麦盖提县克孜勒阿瓦提乡古麻托卡依村、麦盖提县库木库萨尔乡胡木旦买里村、麦盖提县库木库萨尔乡吐孜鲁克喀什村、麦盖提县库木库萨尔乡库木库萨尔村、麦盖提县库尔玛乡恰斯村、麦盖提县库尔玛乡铁热木买里斯村、麦盖提县库尔玛乡塔木墩村。

全县 36 个单位被地区文明委评为地区级文明单位：麦盖提县消防救援大队、麦盖提县交通运输局、麦盖提县住房和城乡建设局、日照市对口支援麦盖提县工作指挥部、麦盖提县农村经济经营管理局、麦盖提县劳动就业保险管理局、麦盖提县生态环境局、新疆广播电影电视局 91617 台、新疆五征绿色农业发展有限公司、麦盖提县文化体育广播电视和旅游局、麦盖提县人民医院、麦盖提县库木库萨尔乡卫生院、中国农业发展银行麦盖提县支行、中国邮政集团公司新疆维吾尔自治区麦盖提县分公司、中国联合网络通信有限公司麦盖提县分公司、中国共产主义青年团麦盖提县委员会、麦盖提县妇女联合会、麦盖提路政管理局、麦盖提县发展和改革委员会、麦盖提县农牧机械局、中共麦盖提县委员会组织部、中共麦盖提县委员会宣传部、麦盖提县委统一战线工作部、麦盖提县人大常委会办公室、政协麦盖提县委员会办公室、麦盖提县应急管理局、麦盖提县农村信用合作联社、中国人民银行麦盖提县支行、麦盖提县广播电视台、中国移动通信集团新疆有限公司麦盖提县分公司、麦盖提县工业园区管理委员会办公室、中共麦盖提县委员会党校、麦盖提县民政局、麦盖提县统计局、麦盖提县麦盖提镇古再尔社区、麦盖提县麦盖提镇英巴扎社区。2个乡镇被地区文明委评为地区级文明乡镇：麦盖提县巴扎结米镇、麦盖提县希依提墩乡。63个村被地区文明委评为地区级文明村：麦盖提县巴扎结米镇尤勒滚鲁克村、麦盖提县巴扎结米镇古勒巴格村、麦盖提县巴扎结米镇吾尔曼村、麦盖提县巴扎结米镇波斯喀木村、麦盖提县巴扎结米镇博孜村、麦盖提县巴扎结米镇苏帕墩村、麦盖提县希依提墩乡英吾斯塘村、麦盖提县希依提墩乡英买里村、麦盖提县希依提墩乡英阿瓦提村、麦盖提县希依提墩乡英格孜艾日克村、麦盖提县希依提墩乡尤库日喀帕克阿斯提村、麦盖提县希依提墩乡艾力克坎土曼村、麦盖提县央塔克乡奥依布格达依村、麦盖提县央塔克乡阿克艾额孜村、麦盖提县央塔克乡央塔克村、麦盖提县央塔克乡结然墩村、麦盖提县央塔克乡明光村、麦盖提县央塔克乡尤库日阿克提坎村、麦盖提县央塔克乡乌尊买里村、麦盖提县央塔克乡托万阿克提坎村、麦盖提县央塔克乡开蒙村、麦盖提县央塔克乡哈曼阔依地村、麦盖提县央塔克乡科克提坎村、麦盖提县央塔克乡阔克阔勒村、麦盖提县央塔克乡一农场村、麦盖提县央塔克乡二农场村、麦盖提县吐曼塔勒乡库如克鲁克村、麦盖提县吐曼塔勒乡吐曼塔勒村、麦盖提县吐曼塔勒乡皮力特库木希勒克村、麦盖提县吐曼塔勒乡敏乃克村、麦盖提县吐曼塔勒乡开外孜力克村、麦盖提县吐曼塔勒乡奇热木旦勒克村、麦盖提县吐曼塔勒乡托盖墩村、麦盖提县吐曼塔勒乡英阿瓦提村、麦盖提县吐曼塔勒乡阿其克塔勒克村、麦盖提县尕孜库勒乡英巴扎村、麦盖提县尕孜库勒乡喀玛库勒村、麦盖提县尕孜库勒乡吐普硝村、麦盖提县尕孜库勒乡亚恰克迪村、麦盖提县尕孜库勒乡拉依勒克帕合特勒克村、麦盖提县尕孜库勒乡博孜库木村、麦盖提县尕孜库勒乡巴格阿瓦提村、麦盖提县克孜勒阿瓦提乡英巴扎村、麦盖提县克孜勒阿瓦提乡奥依巴格村、麦盖提县克孜勒阿瓦提乡拉依当村、麦盖提县克孜勒阿瓦提乡色日克库勒村、麦盖提县克孜勒阿瓦提乡喀拉墩村、麦盖提县克孜勒阿瓦提乡乌库什墩村、麦盖提县克孜勒阿瓦提乡塔勒克村、麦盖提县克孜勒阿瓦提乡塔塔尔吾斯塘村、麦盖提县克孜勒阿瓦提乡阿特库都克村、麦盖提县克孜勒阿瓦提乡团结村、麦盖提县克孜勒阿瓦提乡古再勒阿瓦提村、麦盖提县克孜勒阿瓦提乡古再勒巴格村、麦盖提县库木库萨尔乡托万塔瓦尔克斯克村、麦盖提县库木库萨尔乡尤库日哈迪勒克村、麦盖提县昂格特勒克乡阿克布鲁买村、麦盖提县昂格特勒克乡昂格特勒克村、麦盖提县昂格特勒克乡喀什博依村、麦盖提县昂格特勒克乡托万昂格特勒克村、麦盖提县库尔玛乡萨其喀克村、麦盖提县库尔玛乡博斯坦村、麦盖提县库尔玛乡比尔艾格孜村。

全县5所学校被自治区文明委评为自治区级文明校园：麦盖提县第三中学、麦盖提县第一小学、麦盖提县第三小学、麦盖提县第一幼儿园、麦盖提县第二幼儿园。8所学校被地区文明委评为地区级文明校园：麦盖提县职业中等专业学校、麦盖提县第三中学、麦盖提县第一小学、麦盖提县第二小学、麦盖提县第三小学、麦盖提县第一幼儿园、麦盖提县第二幼儿园、麦盖提县第三幼儿园。

组织县宣讲团在全县范围内开展“摒弃‘等靠要’懒惰思想”主题宣讲，突出“新风尚、新气象、新秩序”，累计开展宣讲158场，参与8.38万人次。组织麦盖提零距离、电视台、微信平台等新闻媒体，宣传移风易俗，“美丽庭院”建设重大意义及好典型、好经验、好做法、“厕所革命”等，倡导文明新风。

【未成年人思想道德建设】 2019年，宣传部抓好“我们的节日”品牌，结合清明节、“六一”儿童节等节日，开展“民族团结”主题教育。开展“童心向党”歌咏活动、网上祭英烈活动，引导未成年人确立爱国、诚信、孝敬、勤俭等道德规范。以文明校园创建为契机，大力弘扬社会主义核心价值观，持续加强思想政治教育。深入推进习近平新时代中国特色社会主义思想进课堂、进头脑，推进教师队伍建设，实施师德作风建设，推动德智体美劳“五育”并举。以庆祝新中国成立70周年为契机，开展“我和我的祖国”主题教育活动，提升师生文明素养和校园文明程度。

【扫黄打非】 2019年，宣传部联合文旅局、市场监督、教育等部门开展“护苗、净网、清源、秋风”行动，在春季开学前后、“六一”儿童节前后、秋季开学前后组织开展中小学校园周边出版物市场整治，重点清查书店、报刊摊点及文具店、打字复印店、电子产品维修店等场所，大力查缴含有妨害未成年人身心健康内容的“口袋本”图书、卡通漫画游戏卡片及淫秽色情视频等有害出版物及信息，彻底清理无证销售出版物甚至销售非法出版物的店面和游商。截至年底，查出贩卖盗版光碟1起，没收盗版音像制品385张；发现三非信息28条。全县140个行政村，21个社区文化室，做到“四上墙”，宣传专栏张贴海报、悬挂横幅，确保宣传有阵地。其中：央塔克乡跃进村被评为自治区2019年“扫黄打非”进基层站点先进村。

【学习强国】 2019年1月，宣传部举办全县“学习强国”学习平台管理员培训班，参加集中培训骨干36人。全县22个党委，4个党工委，32个党总支，637个党支部共4900名党员干部加入系统开展网络学习、手机学习。向供稿平台提供稿件40篇，采用6篇。

【网信工作】 2019年，宣传部发挥全县各级网络宣传员的作用，及时查获非法信息、网络宣传图片1632张（条），反映县乡村社会热焦点类情况539条，建议问题类情况91条，推送正能量信息2386篇，处理网络不良信息48起。

【电影放映】 2019年，认真落实“一村一月一场电影”的公益放映目标任务，为全县22个深度贫困村放映电影10部、264场次，观看人数达6.26万人次。在新中国成立70周年之际，精心挑选《英雄儿女》《周恩来

11 月 19 日，自治区社科联走进麦盖提，开展“我和我的祖国”基层行科普宣传活动

回延安》《建党伟业》《建国大业》《空天猎》《李保国》《远去的牧歌》《大路朝天》《最后一公里》《十八洞村》等一批优秀国产影片作为庆祝新中国成立 70 周年的献礼影片公益放映。全年，累计放映各类电影 1577 场次，观看人数达 39.6 万人次。

【书协工作】 2019 年，县书画家协会重视对中青年书画爱好者的引导培养，善于发现中青年对书法的兴趣爱好，已和 6 名青年建立联系，劝导他们多练基本功、多临帖，持之以恒，提高自身素质。抓好县第五小学小学生书法班的教学，备课，从横、竖、偏旁、部首基本功开始做起，已有明显的进步，全班 32 名维吾尔族学生，通过一年学习，在执笔方法上、字的结构上都有新的起色。央塔克乡中心小学为解决书法老师的师资问题，聘请县书法协会刘心甫、田树强为校外书法辅导员，不定期进行书法讲课和辅导。加强与自治区、地区书协的沟通交流，参加书法讲座，自治区书协副主席李志顺多次到麦盖提县交流，并对县第一小学、第二小学、第五小学学员进行培训，深入浅出，实地献艺。

9 月，麦盖提县书画家协会在第五小学举办书法培训

2019 年，县书画家协会积极组织、承办、参与书画展。与河南商会联合承办“我为祖国点赞”“七一”书画展，展出作品 60 多幅。与自治区文联住村工作队在巴扎结米镇恰木古鲁克村举办“乡村墨韵”书画展，有 32 名书画爱好者展出作品 80 多幅，并现场举行笔会，山东书协、自治区书协和地区书协的道友们也挥笔进行书艺交流。积极投稿参加地委宣传部、文联举办的中华人民共和国成立 70 周年书画展，有 3 人的作品参展。刘心甫的作品入展了自治区“祖国万岁”喜迎中华人民共和国成立 70 周年书法展和兵团第二届临书临印展。

统战工作

【机构改革】 2019 年 3 月机构改革确定，由县委统一战线工作部统一管理民族宗教工作，将县民族宗教事务委员会更名为县民族宗教事务局，相关职责划入县委统一战线工作部，对外加挂县民族宗教事务局牌子。

将县人民政府办公室的侨务工作相关职责划入县委统一战线工作部，对外加挂县人民政府侨务办公室牌子，由县委统一战线工作统一管理侨务工作。

统战部设科室3个：行政办公室、民族宗教科、经济统战科，编制为11人，其中：领导职数2个，实有工作人员31人（其中：行政编23人、参公编6人、事业编2人）。

【宗教管理责任落实】 2019年，县委统战部坚持党管宗教的原则，建立健全县、乡、村三级宗教工作网络和乡村两级责任制，形成党委统一领导，党政齐抓共管，统战部门组织协调，相关部门分工负责的工作格局；始终将中国特色社会主义宗教理论、习近平总书记关于宗教工作的重要讲话和重要批示指示精神，党中央、国务院关于宗教工作的系列重要文件精神及《中华人民共和国宪法》、“四个条例、一个办法”等法律法规内容纳入县委中心理论组、各级党委（党组）、村（社区）党组织学习计划，切实抓好学习、宣传和贯彻工作，进一步提升广大党员干部掌握和运用宗教工作政策、法规的水平和依法管理宗教事务的能力；采取工作例会、视频调度、实地调研和观摩交流等方式，加大对成员单位、乡镇场、管委会和村（社区）落实党的宗教政策的综合协调和指导服务，压实工作责任，推动宗教领域各项工作的深入开展。

【驻村管寺】 2019年，驻村管寺干部累计入户走访15.5万户，45.6万人次，办好事实事583件，解决困难问题365件，开展各类宣讲活动1890场次，覆盖群众52.5万人次。举办统战系统干部和驻村管寺干部专题培训班2期138人次；选派驻村管寺主任参加自治区培训班6人次；选派驻村管寺干部参加地区国家通用语言培训班6人次；选派统战民宗系统干部参加地区业务能力提升培训班17人次；选派统战民宗系统干部参加自治区级培训5人次；选派统战民宗系统干部参加中央统战部举办的培训班2人次。提拔2名驻村管寺干部到重要岗位任职。

【宗教教职人员管理】 2019年，统战部实现常规培训和集中学习培训全覆盖，常态化。全年选派宗教教职人员参加中央培训班1人次、自治区级培训班16人次、地区级培训班2人次，组织宗教教职人员赴其他省市参观28人次。选送参加自治区伊斯兰教经文学校三年制大专班2人次、喀什分院一年制中专班13人次，推荐社会学生参加自治区经文学校本科班学习4人。规范宗教教职人员聘用解聘程序，坚持开展和谐清真寺、先进爱国宗教教职人员创建评选表彰活动和平安清真寺复查复验活动，全年召开宗教领域“三新”、勤劳致富、少数民族发展资金项目现场观摩会4次，引导宗教教职人员发挥示范带头作用，争当“六个模范”。

【宗教教职人员关爱】 2019年，统战部对宗教教职人员实行“四险一保”和免费体检全覆盖。宣传勤劳致富宗教教职人员典型16人，扶持建档立卡贫困宗教教职人员43人（在职27人，退职16人）。

【民族团结宣传教育】 2019年，统战部依托村第一书记、驻村工作队、驻村管寺干部、南疆学前双语支教干部、各级宣讲团（队）、“草根宣讲员”等力量，采取点对点、面对面、一对一的方式，对红光村、黄英杰、李占林等典型事迹进行挖掘、整理，采取广播、电视、门户网站、零距离等媒体进行广泛宣传，切实用身边事教育身边人。组织干部收集筛选出具有代表性的民族团结照片384张、视频21个、刀郎农民画54幅、刺绣1幅、实物照片16张，制作展板巡回展出，充分展示民族团结工作成果。

【民族团结进步创建】 2019年，统战部制定《麦盖提县民族团结进步创建“八进”活动示范点建设实施方案》，启动民族团结进步模范单位创建和民族团结“好居民”“好家庭”“好邻居”“好楼栋”“好单元”等细胞工程评选活动和民族团结好居民、好学生、好员工、好邻居等典型选树活动。对县刀郎展览馆、红光村民族团结展示馆进行改造、升级和完善，推进县级民族团结宣教馆建设。

【民族团结联谊】 2019年，统战部制定民族团结联谊活动推进计划，明确每月一主题，确保机关企事业单位每月、学校每周组织开展1次民族团结联谊活动。发挥山东日照援疆指挥部的结对共建作用，开展“鲁新青少年融情手拉手”活动和优秀干部、民族团结进步模范和优秀企业家赴援疆省市开展联谊活动。

【伊斯兰教协会换届】 2019年4月25日，统战部组织召开伊斯兰教协会第四届换届大会，参加伊斯兰教协会代表及县乡干部代表110人，换届选举产生新一届伊斯兰教协会常委10人（其中宗教教职人员9人，国家干部1人）。年底按照驻村管寺管委会和村党支部推荐、乡镇党委考察、公安部门政审、县委统战部审查、县宗教领导小组研究决定的程序，聘用宗教教职人员2人。

【法律法规政策宣传】 2019年，统战部利用周一升国旗等时机广泛宣传党的民族宗教政策、《宗教事务条例》等法律法规，讲好讲透新疆“四史”。全年，开展国旗下宣讲5378场次，教育引导群众291.9万人次，开展宣传教育活动900场次。

【“四项活动”开展】 2019年，统战部督促调整充实村（社区）红白理事会161个，累计开展“四项活动”4100起，发放关爱慰问金和服务费110.5万元。

【归侨、侨眷服务】 2019年，统战部落实侨务政策，加强对归侨、侨眷的宣传教育，做好归侨、侨眷服务工作。全县共有归侨1人、侨眷104人，分布在麦盖提镇、巴扎结米镇、央塔克乡、尕孜库勒乡4个乡镇。在中华人民共和国成立70周年之际，对全县老归侨、优秀侨眷代表、贫困侨眷5名人员进行走访慰问，每户发放慰问金1000元。

【企业服务】 2019年，统战部对全县党外知识分子、党外代表人士、新的社会阶层人士和非公经济人士代表进行梳理摸排，建立台账，选派3名新的社会阶层人士代表参加地区集中培训班。联合工商联动员社会力量开展“千企帮千村”工作，全年，动员协调166家企业对口帮扶全县22个深度贫困村，累计安置就业1217人，主动帮扶贫困户179户，各类捐资捐物折合人民币50.05万元。28家农副产品加工企业，购销各类农副产品110吨。

【少数民族项目资金管理】 2019年，统战部争取少数民族发展项目1个，资金795万元，主要用于8个乡（镇）乡村道路硬化。举办乡镇分管领导和项目管理干部的专题培训班1期，确保少数民族发展项目资金真实、准确、科学和资金安全。

办公室工作

【机构改革】 2019年，组建县委机要保密局。将县委机要局（县密码管理局）、县委保密委员会办公室（县国家保密局）的职责整合，组建县委机要保密局，作为县委工作机关，保留县国家保密局、县密码管理局牌子，在县委办公室的统一领导下开展工作。不再保留县委机要局、县委保密委员会办公室。

【督办工作】 2019年，麦盖提县委办公室狠抓地委督查事项、县委重要部署、领导批示件的督办工作，全年完成督办件93件，做到事事有回音、件件有着落，推动自治区党委、地委的决策部署在麦盖提县落地生根、见到实效。

【办文办会】 2019年，县委办严格按照文稿起草、审核、印发流程，起草重大会议、重要活动县委领导讲话文稿95篇，整理会议纪要140份，起草印发“红头”文件220份。落实“安全保密、畅通及时”要求，全过程、全方位做好会议的组织保障工作，严禁手机等电子产品带入会场，保障各类会议顺利召开。

8—10月，实施包联村村容村貌整治等基础设施建设

【信息报送】 2019年，县委办不断探索信息的采编方式，强化信息的深度挖掘，确保了信息质量数量，为领导决策提供全方位、多角度的信息服务。累计报送信息200条、政研参考8期，向自治区党委直报信息180期。

【后勤保障】 2019年，县委办加强车辆、电话、资金管理，做到精打细算，减少浪费，从严加强机关管理，确保机关公务的正常运行。筹备上级领导调研、重大项目开工等重大活动，制定详细方案，精心组织，周密安排，各项活动环环相扣，紧密衔接，完成各类接待任务，协助办好中国环塔（国际）麦盖提赛段拉力赛、新疆喀什（麦盖提县）丝路文化胡杨节。

【保密机要工作】 2019年，县委办进一步健全完善保密工作制度，广泛开展保密宣传教育，切实增强全县干部保密意识；严格保密人员政审、涉密人员岗位教育和离岗后脱密管理，规范开展定密工作，完善涉密文件收发及传阅制度，强化涉密文件管理，杜绝涉密文件丢失。严格按照标准推进保密室建设，全县达标保密室达74个。加强涉密网络和涉密信息设备管理，开展专项保密工作大检查6次，发现各类问题387条，通报37个单位153人次，消除失泄密风险隐患。

【档案史志】 2019年3月机构改革确定，由县委办公室统一管理档案行政工作。将麦盖提县档案局（档案史志馆）的行政职能划入县委办公室，对外加挂县档案局牌子，保留县档案史志馆，作为县委办公室所属事业单位。核定全额拨款事业编制7人，领导职数3个（1正2副），机构规格为正科级。职能职责为贯彻执行党和国家及自治区有关档案、史志工作的方针、政策和法规；研究制订本县档案、史志事业统筹规划、综合管理；负责集中统一管理本县党政机关的重要档案资料，保守党和国家机密，维护档案的完整，确保档案资料的安全；负责全县党政群机关档案资料的接收、征集、整理、保管、利用和研究工作，推进档案管理的科学化、现代化；组织人员对全县的史志资料进行征集、整理，及时编纂、出版有关史志书刊工作，系统地记载麦盖提县自然和社会各方面的历史和现状，积累和保存地方文献、资料和数据，为麦盖提县社会主义现代化建设提供历史借鉴和科学依据；负责为全县各单位、各部门提供相关档案、史志资料的查询、咨询服务。

2019年，麦盖提县成立由县委常委、组织部部长任组长的领导小组，抽调5名干部、聘用1名退休干部成立编纂专班，集中精力开展《麦盖提县志（1991—2010）》《麦盖提年鉴（2017—2020）》的编纂工作。7月底完成《麦盖提县年鉴（2017—2019）》送审稿；11月底完成《麦盖提县志（1991—2010）》送审稿。争取援疆资金150万元，解决年鉴、县志出版费用。

2019年，档案史志馆接收39个涉改单位和县总工会、妇联、图书馆等单位档案7.07万件4.8万卷；为社会各界人士提供档案服务34人次，查阅各类案卷37卷次。截至2019年底，馆藏档案96个全宗、11.88万卷（件）档案，其中：清代档案2件；民国档案1219卷1.19万件；文书档案6.35万卷9.41万件；实物档案印章149枚、牌匾1个、文史资料4114册。

按照《麦盖提县机构改革方案》修订完善《麦盖提县关于深化党政机构改革中档案处置移交工作方案》，对县直39个涉改单位档案管理人员进行业务指导，强化档案业务培训。根据县涉改办印发的《关于做好麦盖提县深化党政机构改革有关档案工作的实施细则的通知》要求，邀请地区档案专家授课，培训230人次。开展县直39个涉改单位和部门档案指导工作，在县农业农村局、统战部、自然资源局开展机构改革的文书档案、专业档案、科技档案、专门档案整理推进及培训会。

以“新中国的记忆”为主题，开展形式多样的“6·9”国际档案日系列宣传活动。通过党政内网、“麦盖提零距离”平台向各单位、社会各界下发刊发县委常委、组织部长代表县委撰写的致广大档案工作者的一封信，提高社会各界人士对档案事业的关心和支持。电子显示屏滚动播放2019年第十二个“6·9”国际档案日宣传标语；利用周一升国旗开展档案法知识宣传联谊活动，巴扎结米社区参与有奖问答活动群众300人，进一步提高社会各界对档案知识的了解。利用“激情刀郎天天乐”活动契机，开展档案法制宣传活动，悬挂横幅1条，发放《中华人民共和国档案法》宣传手册310份，围绕档案法律法规、档案知识及档案利用等开展现场咨询服务活动。

根据国家档案局下发《关于填报2019年度全国档案事业统计调查表的通知》，全县共计上报档案室情况89个，室存纸质档案11万卷9万件。

扶贫工作

【工作推进】 2019年，麦盖提县先后召开脱贫攻坚专题常委会16次，常委扩大会议8次，县委书记专题会议7次，扶贫开发领导小组会议18次，现场推进会13次，安排部署脱贫攻坚工作，强力推进脱贫攻坚各项工作。

【监督执纪】 2019年，麦盖提县深入推进扶贫领域腐败和作风问题专项治理，紧盯“关键少数”，由“事后问责”向“事前预防”转变，加强扶贫项目实施、扶贫资金使用的监管，准确把握运用“四种形态”，坚决查处贪污挪用、截留私分、虚报冒领以及扶贫领域中形式主义、官僚主义、失职失责等作风问题，以作风攻坚推动脱贫攻坚，以精准问责倒逼责任落实。加大典型案例通报曝光力度，做到以案为鉴、以案正纪。

【问题整改】 2019年，麦盖提县成立县委书记、县长任组长的各级各类反馈问题整改领导小组，抽调16名干部充实到整改领导小组办公室，加强对问题整改工作的统筹谋划，制定印发《麦盖提县贯彻落实中央第六巡视组开展脱贫攻坚专项巡视反馈意见整改方案》《麦盖提县贯彻落实中央脱贫攻坚专项巡视指出突出问题和共性问题整改方案》《2018年国家脱贫攻坚成效考核反馈问题整改方案》等6个整改方案，分解任务、压实责任，细化措施、明确时限，确保整改工作落实，截至年底，各级各类反馈的291条问题已全部整改完毕。

2019年，乡村新建的“爱心超市”

【补齐短板】 2019年，麦盖提县落实“两线合一”政策，适度救助1082名困境儿童和困境老人；落实安全住房全覆盖，全年建设农村安居富民房5611套，其中：2019年脱贫的建档立卡贫困户2套；铺设供水管道80千米，新建扬水站37个，解决52个村庭院经济供水问题；为6个乡镇新建4套安全饮水设施并建设输配水管网340千米及相关配套设施；新建四级公路211千米，改善8个乡镇群众出行；为8个乡（镇）22个村新架变压器及电线，解决基层阵地用电问题；改善贫困户房屋内老旧弱化电线1339户；为阻断贫困代际传递，新建13所寄宿制学校，对喀什籍符合条件的356名疆外普通高校贫困大学生进行补助。

【资金安排】 2019年，麦盖提县到位各类扶贫资金5.88亿元，安排项目38个，其中：产业扶贫项目21个，安排资金1.13亿元；就业扶贫项目3个，安排资金7121万元；住房安全保障项目5个，安排资金2320万元；易地扶贫搬迁项目1个，安排资金4850万元；基础设施建设及配套项目5个，安排资金2.51亿元；综合社会保障兜底项目2个，安排资金7964万元；其他项目1个，安排资金149万元。设立“六项资金”4870.5万元，发放3263万元，惠及贫困人口4.98万人。

【产业增收】 2019年，麦盖提县在4个乡（镇）实施特色种植、9个乡（镇）实施3.68万亩林果业提质增效项目，增加贫困户种植业收入；合理规划2万亩梭梭—肉苁蓉基地建设；新建6个肉牛（羊）养殖托养合作社、3个保鲜库、5个扶贫车间，带动贫困户就业增收。

【转移就业】 2019年，麦盖提县组建4个专项小组，外出派驻对接岗位，引导贫困劳动力在一产、二产、三产稳定就业，全年实现疆外有组织转移就业2008人，疆内

2月，在扶贫办协调下，希依提墩乡村民在麦盖提工业园区日照港企业就业

转移就业2100人，园区就地就近就业7599人，服务业就业2.49万人。全县有劳动能力且能够就业的贫困户9537户，已稳定就业1.43万人。

【土地流转】 2019年，麦盖提县引导农民有序流转土地10万亩，7200名农民转变为产业工人，为农业规模化、集约化、产业化发展奠定坚实基础。

【成效】 2019年，麦盖提县扶贫办在县委、县人民政府的正确领导下，充分发挥扶贫办职能作用，与全县各族干部、群众一道，全力攻坚，实现6个贫困村退出，40户127名贫困人口脱贫，贫困发生率由2018年的0.07%下降至2019年的0.05%，完成年度脱贫攻坚工作任务。

县委直属机关工委工作

【机构改革】 2019年3月机构改革，确定组建县委直属机关工作委员会，作为县委工作机关，县委组织部不再挂县委直属机关工作委员会牌子。截至年末，县委直属机关工委下辖基层党委1个、党总支10个、党支部98个（其中临时党支部6个）、党员1124人。

【组织建设】 2019年6月，县委直属机关工作委员会开展县直单位基层党组织换届选举工作，严格按照党章和条例规定程序，合理设置基层党组织，坚持习近平总书记“二十字好干部标准”和民族地区干部“三个特别”政治标准，把综合素质强、群众基础好、熟悉党务业务工作、经验丰富的优秀干部选配到基层党组织班子，撤销党组织23个（党总支9个、党支部14个），新建基层党组织7个（党支部2个、临时党支部6个）。

县直机关工委指导26个党（总）支部健全并落实“三会一课”、民主生活会制度、组织生活会制度以及党务公开等制度；督促整改2个县直单位“三会一课”不规范等突出问题。按照“七有三经常”基层党建创建要求，指导15个党支部开展学习教育活动、民主议事活动、服务群众活动，有效推进支部活动规范化、制度化、常态化。参加15个党委（党组）专题民主生活会，在建强基层组织、强化党员教育等方面提出指导意见56条，提升基层党支部的凝聚力、

战斗力和向心力。

【党的建设】2019年，县直机关工委始终坚持抓党建促脱贫，与县委组织部组建3个工作专班，指导10个乡镇、140个村、21个社区、35个县直部门全面做好脱贫攻坚工作，为高质量脱贫摘帽奠定基础。持续开展以考促学，每周抽考脱贫攻坚、扫黑除恶等知识，累计抽考单位124个、干部职工2841人，紧盯单位45个，干部限期整改215人，推动党员干部深入学习。

【党员队伍建设】2019年，县直机关工委围绕脱贫攻坚工作开展“七一”表彰推荐活动，其中：2个党（总）支部、2名党务工作者、28名共产党员受到县委表彰。

2019年，县直机关工委深入28个县直部门考察入党积极分子65人，按照5个阶段，25个步骤在脱贫攻坚等重点工作表现突出的积极分子中发展党员26人，审批预备党员转正41人。及时转接党员组织关系412人（转出356人、转入56人）。全年收缴党费21.51万元。

党校工作

【教研工作】2019年，县委党校围绕党性教育和基本政策理论知识，每周一、三组织教职工集中学习不少于2小时，投入资金2.03万元购买报纸杂志及学习光碟，先后外派教师赴上级党校学习培训3人次，为教师更新知识储备提供保障。

党校修改完善《县委党校教学科研制度》，对教师教科研工作进行量化压实。全年，全校教师撰写调研报告7篇，人均撰写新专题讲稿5篇；参加地委党校理论研讨会撰写专题论文15篇，其中：获地委党校理论研讨会三等奖2篇，入围1篇，被国家级报纸杂志刊登3篇。

【培训宣传】2019年，县委党校围绕县委脱贫攻坚、民族团结、基层组织建设、“访惠聚”、国家通用语言强化、“不忘初心、牢记使命”主题教育等重点工作，充分发挥党校培训宣传主阵地、主渠道作用，采取校内集中轮训、专题培训，校外委托培训、

12月5日，县委党校举办冬季攻势大培训村治保主任培训班

外出宣讲等形式，广泛开展党员干部大培训及宣传教育群众工作。全年，累计举办各类培训班31期，培训党员干部3350人次，其中：10天以上的主体培训班11个班次688人次；短训班19个班次2662人次。外派教师深入乡（镇）、村（社区）、县直单位、学校开展政策理论、法治法规宣讲8场次，受教育党员干部及群众6800人次。

麦盖提县人民代表大会常务委员会

【机构负责人名录】

主　任：阿不都艾尼·阿不都瓦依提（维吾尔族）

副主任：阿布都克力木·艾山（维吾尔族）

柳虎平

郭月华（女，12 月离任）

综　述

【代表工作】 2019 年，县人大常委会组织人大代表培训 2 次，培训代表 1100 人次。通过组织人大代表赴泽普县参观学习、视察脱贫攻坚重点项目、召开人大代表发挥作用现场推进会等形式，提高代表做好脱贫攻坚工作的能力和水平。组织 570 名各级人大代表开展“人大代表看家乡变化”视察活动，观摩点位 110 个，动员各级人大代表在人居环境整治、庭院经济发展、产业中发挥示范带动作用。常委会邀请人大代表参加对“一府一委两院”和政府组成部门的测评评议；常委会组成人员认真落实联系代表制度，25 名委员定期深入各代表小组，与基层人大代表共同开展各项活动，带动各级人大代表依法履职。常委会及时向县人民政府反馈交办意见，定期听取和审议县人民政府关于代表议案建议办理情况的报告。十六届人大四次会议以来，督促政府及有关部门办理代表议案 2 件、建议和批评意见 24 件，向自治区十三届人大三次会议征集上报议案 4 件。

【监督工作】 2019 年，县人大常委会围绕全县社会稳定大局和人民群众普遍关心的经济发展及民生热难点问题，综合运用执法检查、视察调研、专题询问和听取审议专项工作报告等方式，重点开展对《中华人民共和国治安管理处罚法》《中华人民共和国传染病防治法》《中华人民共和国人民陪审员法》等法律法规实施情况的执法检查，促进法律法规的有效实施。

人大常委会组织人大代表、人民群众对县人民政府 23 个执法部门、县监察委员会执法情况和县人民法院、人民检察院司法工作情况开展“执法满意度”测评，推动“一府一委两院”依法行政、公正司法。全年听取和审议“一府一委两院”工作报告 12 项。

【专题调研】 7 月 20—22 日，县人大常委会组织部分常委会委员、人大代表成立调研组，先后赴库尔玛乡、吐曼塔勒乡、昂格特勒克乡及3个深度贫困村，对《新疆维吾尔自治区农村扶贫开发条例》贯彻实施情况开展实地调研，向县人民政府及有关部门提出要依法推进扶贫开发，强化庭院产业发展，提升后续帮扶效果的意见建议。

9月12—13日，县人大常委会组织部分常委会委员、人大代表成立调研组，先后赴民政局、麦盖提镇、尕孜库勒乡、央塔克乡及4个村、1个社区，对城乡低保政策落实情况进行实地调研，向县人民政府及有关部门提出要实现动态管理下应保尽保的意见建议。

【人事任免】 2019年，县人大常委会结合机构改革依法任免国家机关工作人员52名，任命人民陪审员80名。

【指导乡镇人大工作】 2019年，县人大常委会加强和改进乡（镇）人大主席团工作，重点就乡（镇）人代会召开、工作计划制定落实、代表补选、组织代表开展活动等方面工作进行指导。落实乡（镇）人大主席列席常委会议制度，有序安排乡（镇）人大主席参与视察、执法检查和调研活动。8月，喀什地区人大工委在麦盖提县举办喀什地区乡（镇）人大主席第二期培训班，重点对《全国人大常委会党组关于加强县乡人大工作和建设的若干意见》《中华人民共和国宪法》《中华人民共和国地方各级人民代表大会和地方各级人民政府组织法》《新疆维吾尔自治区乡镇人大工作条例》等法律法规及人大业务知识进行培训，提升了乡（镇）人大主席业务能力。

重要会议

【县十六届人大四次会议】 1月29—31日，麦盖提县十六届人大四次会议在县会议中心召开。会议听取和审议政府工作报告、县

3月27日，召开麦盖提县十六届人大常委会第二十三次会议

人大常委会、人民法院、人民检察院工作报告；审查《2018年县国民经济和社会发展计划执行情况与2019年县国民经济和社会发展计划草案的报告》，批准2019年县国民经济和社会发展计划；审查《2018年县地方财政预算执行情况和2019年县地方财政预算草案的报告》，批准2019年县地方财政预算，会议对以上各项报告作出决议。会议依法选举艾尼瓦尔·吐尔逊为麦盖提县人民政府县长；选举产生第十六届人民代表大会常务委员会委员3人；选举文海华为麦盖提县监察委员会主任。

【人大常委会会议】 1月28日，麦盖提县第十六届人大常委会第二十二次会议召开，县人大常委会主任、副主任及委员共25人出席会议；会议审议通过关于接受个别代表辞去麦盖提县十六届人大代表职务的决定、县人大常委会代表资格审查委员会关于个别人大代表的代表资格审查报告；通过有关人事任免案。

3月17日，麦盖提县第十六届人大常委会第二十三次会议召开，县人大常委会

主任、副主任及委员共 24 人出席会议；会议审议通过有关人事任免案；会议向县人民政府及政府办公室交办县十六届人民代表大会第四次会议代表所提的议案及意见、建议。

5 月 30 日，麦盖提县第十六届人大常委会第二十四次会议召开，县人大常委会主任、副主任及委员共 24 人出席会议；会议听取审议了县人民政府关于 2019 年第一批新增地方政府债务限额的议案、关于 2019 年地方政府新增债券的议案、关于申请 2019 年地方政府再融资债券的议案、关于 2019 年地方财政预算调整情况的报告，关于 2018 年度麦盖提县国有资产综合报告，审议通过相关决议；听取审议县人民政府关于贯彻执行《中华人民共和国大气污染防治法》情况的报告、关于脱贫攻坚“四个一”工程和“五个全覆盖”措施落实情况的专题报告，县人大常委会执法检查组关于检查《中华人民共和国治安管理处罚法》贯彻实施情况的报告；通过有关人事任免案。

8 月 17 日，麦盖提县第十六届人大常委会第二十五次会议召开，县人大常委会主任、副主任及委员共 23 人出席会议；会议听取审议县人大常委会调研组关于调研《新疆维吾尔自治区农村扶贫开发条例》贯彻实施情况的报告，县人民政府关于 2019 年新增地方政府专项债务限额的议案、关于 2019 年地方政府新增专项债券项目的议案、关于推进城市基础设施建设提升公共服务水平情况的报告、关于县十六届人民代表大会第四次会议代表议案建议办理情况的报告；通过有关人事任命案。

10 月 14 日，麦盖提县第十六届人大常委会第二十六次会议召开，县人大常委会主任、副主任及委员共 25 人出席会议；会议听取审议县人大常委会调研组关于调研城乡低保政策落实情况的报告，县人民政府关于 2019 年扶贫资金预算调整方案的议案、关于 2018 年县地方财政决算的报告、关于 2018 年县级财政预算执行和其他财政收支情况的审计工作报告、关于 2018 年度部门决算的报告，关于 2018 年社会保险基金决算的报告、关于 2019 年上半年县国民经济和社会发展计划执行情况的报告、关于 2019 年上半年县地方财政预算执行情况的报告；听取审议县人大常委会财经工委关于 2018 年县地方财政决算的审查报告，审议通过关于 2018 年县地方财政决算的决议及相关议案、报告的决议；通过有关人事任命案。

6 月 18 日，县人大常委会组织县乡两级人大代表开展“人大代表看家乡变化”视察活动

麦盖提县人民政府

【机构负责人名录】

县　长：艾尼瓦尔·吐尔逊（维吾尔族，2 月任职）

常务副县长：韩　飞

副县长：开萨尔·马木提（维吾尔族）

叶丛香（女）

乐　钊

政府党组成员：杨　彬

政府办主任：柴天喜（3 月任职）

机构改革

【外事办公室设立】 2019 年 3 月，根据《麦盖提县机构改革方案》，县人民政府办公室加挂县人民政府外事办公室牌子。

【撤销县委信访局】 2019 年 3 月，将县委信访局的职责划入县人民政府办公室，加挂县信访局牌子，不再保留县委信访局。

重要会议

【县人民政府常务会议】 2019 年 2 月 2 日，县人民政府召开麦盖提县第十六届人民政府第三十七次常务会议，会议主要研究讨论昆仑土地扶贫开发有限责任公司提交的《关于签订麦盖提县清退土地中国有土地承包合同的报告》，会议原则同意由县国土部门与县扶贫开发有限责任公司签订全县清退土地中的国有土地承包合同，土地承包合同期限应以 5 年为周期，每 5 年签订一次。会议要求，县国土部门要对合同进行严格审核把关，按照土地经营有关规章制度，明确违约责任；对土地经营全过程加强监督管控，坚决杜绝出现违反土地经营相关规定的行为。县畜牧兽医局提交的《关于向刀郎阳光农牧科技股份有限公司交接纯种安格斯育成母牛的请示》，会议要求，发展安格斯肉牛养殖是一项惠民工程，对全县脱贫攻坚具有十分重要的意义，分管县领导、畜牧兽医局要切实加强责任担当，要站在打好打赢脱贫攻坚收官战的高度开展工作，主动作为，积极与恒大集团对接沟通，建议恒大集团在采购、运输等过程中要严格把关，做好防护措施，尽最大力度减少各类不必要的损失，发挥恒大集团捐助资金的最大效益。县教育局提交的《关于成立麦盖提县第九幼儿园的请示》，会议同意成立麦盖提县第九幼儿园，并及时做好幼儿园成立相关手续。副县长及相关部门负责人出席会议。

2 月 28 日，县人民政府召开麦盖提县第十六届人民政府第三十八次常务会议，对《麦盖提县贯彻落实中央第六巡视组开展脱贫攻坚专项巡视反馈意见整改方案》进行学习讨论；讨论研究恒大集团捐资购买第二批 3714 头安格斯肉牛相关事宜。副县长出席会议。

3 月 9 日，县人民政府召开麦盖提县第十六届人民政府第三十九次常务会议，会议主要研究讨论脱贫攻坚相关事项，听取新疆刀郎阳光农牧科技股份有限公司提交的《关于对麦盖提县肉牛产业相关基础设施进行配套、完善的请示》和《关于对麦盖提县肉牛产业化扶贫项目相关资产移交、入账的请示》。会议认为，发展安格斯肉牛养殖是一项惠民工程，对全县脱贫攻坚具有十分重要的意义，县人民政府将大力支持。但新疆刀郎阳光农牧科技股份有限公司提出的 6 个项目存在着规划不够完善、资金预算不准确、资金筹措方式不明确等问题，需要新疆刀郎阳光农牧科技股份有限公司会同县有关部门对项目进行充分论证，完善规划，积极与县发改委、畜牧部门对接沟通，梳理符合项目的途径，争取立项，申报上级资金。为加大对项目支持推进力度，县人民政府决定近期将组织县发改、畜牧、财政等相关部门以及有关乡镇、恒大扶贫公司、新疆刀郎阳光农牧科技股份有限公司等召开专题会议，听取相关单位、乡镇意见，认真研究麦盖提县肉牛产业化扶贫项目及相关资产移交等事项，推进相关工作顺利进行。会议讨论研究县住建局提交的《麦盖提县公共租赁住房管理办法》，会议指出，公共租赁住房是面向城镇低保及中等偏下收入住房困难家庭、新就业无房职工、进城落户农牧民、外来务工人员、灵活就业人员及其他有住房困难的家庭出租的政策性住房，是党和政府出台的改善民生、凝聚民心的惠民生工程，对解决困难家庭的住房问题具有积极作用，各乡镇、有关单位一定要高度重视，进一步提高政治站位，切实将该项民生工程、民心工作做好做实。会议同意县住建局提交的《麦盖提县公共租赁住房管理办法》。副县长及相关部门负责人出席会议。

3 月 20 日，县人民政府召开麦盖提县第十六届人民政府第四十次常务会议，会议对全县乡村生产车间、易地扶贫搬迁项目相关工作进行专题研究部署。会议对全县 54 个乡村生产车间运行投用情况和全县易地扶贫存在的突出问题进行通报。副县长及相关部门负责人出席会议。

4 月 3 日，县人民政府召开麦盖提县第十六届人民政府第四十一次常务会议，会议对当前脱贫攻坚工作进行研究部署。会议要求，要充分认识抓好问题整改工作极端重要性，各单位要在前期问题整改的基础上，全面开展问题整改“回头看”，紧密结合自身实际，坚持问题导向、紧盯薄弱环节、紧扣重点要素、狠抓整改落实，严禁出现照搬照抄。县扶贫办、整改办要按照“整改一个、验收一个、销号一个、备案一个”的整改要求，逐乡逐村做好指导督促，确保每条问题落实落细，彻底得到整改。要抓好“一户一人”稳定就业。各乡（镇）要对本乡（镇）就业人员情况进行全面详细摸排，特别是要对贫困户逐户逐人“过筛子”，积极对接就业岗位，精准掌握就业动态，落实就业奖补资金政策，保证有劳动能力的贫困户 100% 就业。4 月底前乡村生产车间要全部运行，发挥就业托底作用，保证每个乡村生产车间不少于 30 人就业，其中贫困户人口不低于 50%，多渠道保障群众就业增收。副县长及相关部门负责人出席会议。

5 月 30 日，县人民政府召开麦盖提县第十六届人民政府第四十四次常务会议，会议对脱贫攻坚工作及政府有关部门提交的重大事项进行讨论研究。会议对麦盖提县贯彻落实中央第六巡视组反馈问题整改情况进行通报。会议讨论研究县财政局提交的《关于 2019 年地方财政预算调整的请示》，会议决定，同意对县财政收支预算进行相应调整，同时县财政局要严格按照《预算法》等有关法律规定及上级相关要求，将调整后的《麦盖提县人民政府关于 2019 年地方财政预算调整的报告》报县人大常委会审议批准后执行。会议讨论研究了县财政局提交的《关于报送麦盖提县 2018 年度国有资产综合报告的请示》，会议决定，原则同意《麦盖提县 2018 年度国有资产综合报告》(以下简称《报告》)，因《报告》中部分数据系首次填报，近期要召集各相关部门就《报告》中数据进行再次核实，务必在确保数据真实可靠的基础上提请县人大常委会审议通过并报送地区，及时向全县人民交出国有资产“明白账”“放心账”。副县长出席会议。

7 月 3 日，县人民政府召开麦盖提县第十六届人民政府第四十七次常务会议，会议修改完善 2019 年第三批脱贫攻坚项目计划。会议要求，住房和城乡建设局、水利局要压实行业部门责任，紧盯项目施工、验收全过程，保障施工质量和工程速度；县财政局要加快扶贫资金拨付速度，防止资金滞留。副县长乐钊牵头负责抓好第三批脱贫攻坚项目建设有关工作，切实让扶贫项目发挥效益。会议研究通过关于调整充实麦盖提县退耕还林还草工程建设领导小组的请示，会议决定，同意对县退耕还林还草工程建设领导小组进行调整充实，调整后的领导小组由艾尼瓦尔·吐尔逊任组长，吴健强、韩飞、孙永东、乐钊、林新江任副组长，各相关单位主要负责人为成员，领导小组下设办公室，办公室设在县自然资源局，吴健强兼任办公室主任，孙永东和乐钊兼任办公室副主任。副县长与有关工作人员出席会议。

8 月 17 日，县人民政府召开麦盖提县第十六届人民政府第五十次常务会议。会议研究讨论县教育局提交的《关于麦盖提县学校设立、更名的请示》。会议指出，根据国务院办公厅《关于全面加强乡村小规模学校和乡镇寄宿制学校建设指南意见》和新疆维吾尔自治区义务教育学校办学基本标准及义务教育学校标准化建设、均衡发展总体布局，按照教学人数 150 人以下设置教学点、150 人以上设立小学的要求，将对全县学校进行新设立、性质变更及更名，切实推进全县教学规范化发展，提升教学水平。会议同意，新设立 1 所中学、3 所小学，1 所中学性质变更，3 所中心小学、35 所教学点更名。副县长及相关部门负责人出席会议。

10 月 6 日，县人民政府召开麦盖提县第十六届人民政府第五十三次常务会议。会议讨论研究县财政局提交的《关于 2018 年社会保险基金决算的报告》，会议认为，县财政局提交的《关于 2018 年社会保险基金决算的报告》符合全县实际，同意提交县人民代表大会或常务委员会审议，并委托县财政局代表县人民政府向大会作报告。会议讨论研究了县财政局提交的《2019 年上半年县地方财政预算执行情况的报告》，会议认为，县财政局提交的《关于 2019 年上半年县地方财政预算执行情况的报告》符合全县实际，同意提交县人民代表大会常务委员会审议，并委托县财政局代表县人民政府向人大常委会作报告。会议讨论研究县财政局提交的《关于2019年扶贫资金预算调整的请示》，会议指出，如期打赢打好脱贫攻坚战是政治任务、政治责任，扶贫资金使用是否精准关系全县脱贫攻坚成效，关系全县各族群众切身利益。会议认为，县财政局提交的《2019年扶贫资金预算调整方案》符合《中华人民共和国预算法》等有关文件要求，有利于提高资金使用精准度和效益，符合当前全县脱贫攻坚需要，同意提请县人民代表大会常务委员会审议。会议讨论研究县审计局提交的《麦盖提县2018年度本级财政预算执行情况和其他财政收支情况审计结果报告》，会议认为，县审计局提交的《麦盖提县2018年度本级财政预算执行情况和其他财政收支情况审计结果报告》符合全县实际，同意提交县人民代表大会常务委员会审议，并委托县审计局代表县人民政府向人大常委会作报告。会议讨论研究县审计局提交的《关于麦盖提县2018年度县级财政预算执行情况和其他财政收支的审计工作报告（草拟稿）》，会议认为，县审计局提交的《关于麦盖提县2018年度县级财政预算执行情况和其他财政收支的审计工作报告》符合全县实际，同意提交县人民代表大会常务委员会审议，并委托县审计局代表县人民政府向人大常委会作报告。会议讨论研究了县发改委提交的《麦盖提县2019年上半年国民经济和社会发展计划执行情况的报告》，会议认为，县发改委提交的《麦盖提县2019年上半年国民经济和社会发展计划执行情况的报告》符合全县实际，同意提交县人民代表大会常务委员会审议，并委托县发改委代表县人民政府向人大常委会作报告。副县长及相关部门负责人出席会议。

【县人民政府党组会议】 1月17日，召开第十六届政府党组第三十九次会议，就脱贫攻坚有关内容进行专题学习。会议组织学习《习近平总书记在庆祝改革开放40周年大会上的讲话》《习近平扶贫论述摘编》之二《坚持党的领导，强化组织保证》。会议强调，打赢脱贫攻坚战，必须深学笃用习近平总书记关于扶贫工作重要论述，做到真学真懂真用，学深悟透坐实；必须提高政治站位，压实政治责任。要强化政治担当，坚决扛起打赢脱贫攻坚战的政治责任，咬定目标、真抓实干，落实责任、转变作风，切实抓好各类问题的整改落实；必须力求精准，容不得半点马虎。就是要做到精准滴灌，对症下药、靶向治疗，容不得一点“花架子”、容不下半点“水分”；必须将扶贫工作与扶志扶智相结合。着力改变帮扶方式，既注重在物质、资金上帮助“输血”，更注重帮助其增强自身“造血”功能，切实增强贫困群众脱贫致富的能力。会议要求，当前全县已进入脱贫攻坚的关键节点，县人民政府党组同志要结合各自分管工作，切实增强打赢脱贫攻坚战的紧迫感、责任感、使命感，坚定坚决贯彻落实党中央各项决策部署，坚定不移做好脱贫攻坚工作；要不忘初心、不辱使命，尽心尽责、勇于担当，真正扑下身子深入乡村，解决群众迫切需要的实际困难诉求，尽力而为、量力而行，用心用情把党交给的光荣任务全面完成好；要精准扶贫、精准脱贫，坚持扶持对象精准、项目安排精准、资金使用精准、措施到户精准、因村派人精准、脱贫成效精准，解决好扶持谁、谁来扶、怎么扶、如何退的问题；要树立长期作战意识，“气可鼓而不可泄”，坚决防止出现“疲劳症”和厌战情绪，严禁出现减减压力、歇歇脚的想法，要以良好的精神面貌、昂扬的斗志干出实效、干出水平，为实现麦盖提县如期脱贫摘帽做出自己新的更大贡献，以优异成绩迎接中华人民共和国成立 70 周年。

2 月 27 日，召开第十六届政府党组第四十三次会议，就脱贫攻坚有关内容进行专题学习。会议组织学习《习近平总书记视察新疆、视察喀什时的重要讲话精神摘要》《习近平扶贫论述摘编》之六《坚持从严要求，促进真抓实干》。会议要求，县人民政府党组成员，要紧密结合实际，深入贯彻落实习近平总书记重要讲话精神，始终坚持把工作的着力点放在社会稳定和长治久安上，保持必胜信念，增强战略定力；要坚决把思想和行动统一到习近平总书记关于脱贫攻坚的重要讲话精神上来，统一到党中央脱贫攻坚决策部署上来，坚持从严要求，促进真抓实干并长期抓好落实；全面加强整改，做好中央第六巡视组对自治区开展脱贫攻坚专项巡视反馈意见整改工作，注重整改实效，对发现的问题举一反三、标本兼治；要让扶贫干部懂整改、会整改、能整改，确保整改工作做到系统全面、不留死角，杜绝就整改抓整改，防止边改边犯、屡改屡犯的现象发生。会议强调，落实好习近平总书记关于扶贫资金使用的重要指示，结合全县实际，提高资金使用效益，形成“多个渠道引水、一个池子蓄水、一个龙头放水”的扶贫投入格局；要围绕脱贫攻坚有关要求和工作目标，统筹整合使用，形成合力，必须围绕贫困村退出、“五通七有”、“七个一批”贫困户脱贫来安排，把资金使用和建档立卡结果相衔接，与脱贫成效相挂钩。行业主管部门要对使用扶贫资金的项目进行排查，摸清情况、分析原因、制定方案、解决问题，确保扶贫资金不滞留、不闲置，确保全县脱贫攻坚目标任务如期完成。

3 月 10 日，召开第十六届政府党组第四十四次会议，就脱贫攻坚有关内容进行专题学习。会议组织学习《习近平扶贫论述摘编》之七《坚持群众主体，激发内生动力》《习近平总书记在深度贫困地区脱贫攻坚座谈会上的讲话》《习近平总书记在打好精准脱贫攻坚战上的讲话》。会议要求，县人民政府党组人员要深入学习习近平总书记关于扶贫工作的重要论述，不断提升脱贫攻坚工作的责任感、使命感，习近平总书记的重要论述是打赢脱贫攻坚战的根本指引、总体框架、核心要求、基本方略、力量之源。在工作开展过程中，要端正思想和态度，树立正确的政绩观、价值观，要将提高脱贫质量放在突出位置，将激发贫困人口内生动力、增强发展能力作为根本举措，凝聚起脱贫攻坚的强大力量，以对党、对人民、对历史高度负责的态度，用心用情用力推进脱贫攻坚。要组织动员贫困群众主动发展生产、就业致富，利用好周一“三结合”等契机，大力宣传多劳多得的思想，不能以简单发钱发物敷衍了事。通过精神鼓励等形式，促进广大群众比学赶超，提升脱贫致富的信心和决心。会议强调，要按照以习近平总书记为核心的党中央要求，坚持问题导向，认真分析原因，积极寻找解决途径。2019 年是麦盖提县取得脱贫攻坚全面胜利的决胜之年，是全地区与全国人民一道同步实现全面建成小康社会的关键之年。要履行好脱贫攻坚的主体责任，切实抓好中央第六巡视组反馈问题的整改工作，这是践行“两个维护”的重要抓手，是落实社会稳定和长治久安总目标的必然要求，是打赢脱贫攻坚战的迫切需要，是干部作风转变的具体体现。要树牢“四个意识”，坚决扛起整改工作政治责任，以高度的政治自觉、思想自觉，进一步细化整改方案，明确整改时限，以“钉钉子”精神一项一项抓整改、一条一条补短项，切实把整改工作做扎实、做到位、做标准。政府党组成员要精心谋划、统筹安排，亲自部署、上下联动，带头改、带队改、带领改，切实将巡视反馈问题不折不扣整改到位、整改彻底。会议要求，县人民政府党组同志要进一步提高政治站位，抓好脱贫攻坚这一主责主业，同时加强对习近平总书记关于扶贫工作重要论述的学习，深刻领会总书记的为民情怀，坚定打好打赢脱贫攻坚战的必胜信念。要强化使命担当，树立打赢脱贫攻坚战政治责任，在县委的坚强领导下，以更明确的思路、更精准的举措，将政府各项工作落实落细，为党中央、自治区党委、地委、县委和全县各族人民交上一份满意、合格的答卷。

4月9日，组织第十六届政府党组第四十八次理论中心学习，就脱贫攻坚相关内容进行专题学习并对脱贫攻坚工作进行了安排部署。会议组织学习《中共中央 国务院关于打赢脱贫攻坚战的决定》《陈全国在中央企业暨19援疆省市国有企业产业援疆助力脱贫攻坚工作推进会上的讲话》。会议要求，在理论武装上持续用力。把学习习近平总书记关于扶贫工作重要论述与学习新时代党中央治疆方略结合起来，着力学懂弄通做实，确保各项政策措施落地生根、开花结果。在攻坚深度上持续用力。聚焦深度贫困村，采取更加精细、有力的举措，分类实施、真抓实干，确保贫困人口如期脱贫。在落实精准上持续用力。坚持现行标准不动摇，落实“六个精准”，推进“七个一批”、“三个加大力度”，做到真脱贫、脱真贫。在补齐短板上持续用力。统筹做好项目落地、资金使用、推进实施等工作，逐一对账销号，确保不留死角。在激发内生动力上持续用力。坚持智志双扶，加强政策解读、典型示范和感恩教育，发挥群众主体作用，引导形成勤劳致富、脱贫光荣的价值取向和政策导向，确保脱贫成果可持续。会议强调，全县要充分认识到援疆工作的重要性，持续加强与山东日照市的紧密联系，贯彻新发展理念，坚持稳中求进工作总基调，深化供给侧结构性改革，切实用好产业援疆优势，坚定不移推动经济高质量发展。充分发挥市场在资源配置中的决定性作用，全面深化“放管服”改革，加快转变政府职能，千方百计为援疆企业提供优质服务，进一步推进产业援疆，助力脱贫攻坚。

5月8日，组织第五十一次政府党组理论中心学习，就脱贫攻坚相关内容进行专题学习。会议组织学习《中共中央 国务院关于打赢脱贫攻坚战三年行动的指导意见》《关于支持深度贫困地区脱贫攻坚的实施意见》。会议要求，要深刻认识全县脱贫攻坚的形势任务，始终保持战略定力，深刻认识准确把握脱贫攻坚进入决战决胜期的特征，始终把攻克深度贫困作为重中之重，在发展产业、促进就业、改善民生等方面落实各项扶贫惠民政策上持续发力。要深刻认识准确把握精准扶贫精准脱贫的核心要义，下足“绣花”功夫，切实提升群众获得感、幸福感。要做到压实责任、改进作风、狠抓落实，以有力的作为、更扎实的工作，坚决打好打赢脱贫攻坚收官战。要立足麦盖提县2019年脱贫摘帽实际，坚持把提高脱贫质量放在首位，建立健全的脱贫攻坚责任体系、政策体系、监督体系、考核体系，一手抓剩余贫困人口的减贫、一手抓已脱贫人口的巩固提升，推进各项政策措施一项一项落地见效的同时，创新方法手段，把一切工作落实到为贫困群众解决“两不愁、三保障”问题上，有效防止返贫和产生新的贫困人口，使麦盖提县2019年如期脱贫摘帽这场硬仗中的硬仗赢在“关键时期”、赢得全面彻底、赢得振奋人心。坚持转变作风不懈怠，把全面从严治党要求贯穿脱贫攻坚全过程，深化扶贫领域腐败和作风问题专项整治，把党中央各项扶贫决策部署落到实处。

6月7日，召开第十六届政府党组第五十四次会议，就脱贫攻坚相关内容进行专题学习《自治区扶贫开发领导小组关于明确“脱贫不脱政策”原则的通知》《自治区城乡建设用地增减挂钩结余指标跨省域实施调剂实施办法》。会议要求，县直各单位要积极引导贫困户依靠勤劳脱贫致富，多渠道增加家庭收入，不断改善居住环境、提升生活质量及水平。在“脱贫不脱政策”实施过程中，向贫困户宣讲“脱贫不脱政策”的同时，积极引导贫困户转变思想、更新观念，真正摆脱“等靠要”的依赖心理，树立主体意识，激发内生动力，实现依靠勤劳脱贫致富。将脱贫攻坚与乡村振兴战略有效衔接，提升广大农民群众获得感、幸福感。坚决打赢脱贫攻坚战和实施乡村振兴战略是确保中国如期实现全面建成小康社会奋斗目标的重要战略支撑。脱贫攻坚是乡村振兴的前提和基础，乡村振兴是脱贫攻坚的延续与发展，是巩固脱贫成果、提升脱贫质量的有效手段。既要实现精准脱贫的目标，也要防止“刚脱贫就返贫”现象的发生。在消灭绝对贫困的同时，通过政策下乡、产业下乡、服务下乡等多种举措让更多村民从稳定中获得红利，促进农民增收致富。要加大监督管理，落实监管责任，健全监管制度，构建制度有效落实的长效机制。由自然资源部门对拆旧复垦安置项目、建新项目以及备案信息的真实性、合法性负责。要合理安排调剂节余指标，尽量不占或少占优质耕地，保护生态环境和历史文化风貌，因地制宜开展拆旧复垦安置。

7月8日，召开第十六届政府党组第五十七次会议，会议组织学习《习近平参加甘肃代表团审议时的重要讲话（新闻通稿）》《中共新疆维吾尔自治区委员会关于对中央第六巡视组指出新疆扶贫领域干部作风问题进行立行立改的意见》。

会议指出，中共十八大以来，党中央从全面建成小康社会全局出发，将扶贫开发工作摆在治国理政的突出位置，全面打响脱贫攻坚战。中共十九大之后，党中央把打好脱贫攻坚战作为全面建成小康社会的三大攻坚战之一。这些年来，脱贫攻坚力度之大、规模之广、影响之深前所未有，取得了决定性进展。现在距离2020年完成脱贫攻坚目标任务只有两年时间，距离全县脱贫摘帽不足6个月，正是最吃劲的时候，越到这样的紧要关头，越要坚定必胜的信心，越要有一鼓作气的决心，尽锐出战、迎难而上，真抓实干、精准施策，确保脱贫攻坚任务如期完成。会议强调，要深入学习贯彻习近平总书记参加甘肃代表团审议时的重要讲话精神，响应总书记指出脱贫攻坚“不获全胜、决不收兵”的号召，坚定信心不动摇、咬定目标不放松、整治问题不手软、落实责任不松劲、转变作风不懈怠，保质保量完成脱贫攻坚任务，为麦盖提县如期打赢脱贫攻坚战作出应有贡献。会议要求，要站在增强“四个意识”，坚定“四个自信”，做到“两个维护”的高度，充分认识习近平总书记重要讲话的重大意义，切实把思想和行动统一到讲话精神上来，着力增强贯彻落实的思想自觉、政治自觉和行动自觉，在学懂弄通做实上下功夫，要始终坚持精准方略，把握正确方向、层层传导压力，以昂扬的斗志、饱满的热情、旺盛的干劲，一鼓作气打赢脱贫攻坚战，确保脱贫成果经得起历史、实践和人民的检验。会议指出，中央第六巡视组根据党中央统一部署，2018年10月17日至11月29日，对新疆维吾尔自治区开展脱贫攻坚专项巡视，并于2019年1月16日正式向自治区党委反馈巡视情况。巡视组坚持以习近平新时代中国特色社会主义思想为指导，深入贯彻中共十九大精神，牢固树立“四个意识”，坚定“四个自信”，把“两个维护”作为根本任务，贯彻中央巡视方针，牢牢把握脱贫攻坚专项巡视的再监督工作定位，聚焦脱贫攻坚政治责任深入开展监督检查，督促各级党组织和领导干部强化政治责任担当，推动解决脱贫攻坚过程中存在的突出问题，为如期实现脱贫攻坚目标提供坚强政治保障。会议强调，要提高政治站位，坚决把思想和行动统一到习近平总书记关于巡视工作和脱贫攻坚的重要指示精神上来，坚持把巡视反馈意见整改作为践行“两个维护”的重要途径，作为坚决贯彻以习近平同志为核心的党中央重大决策部署的具体体现，作为督促落实脱贫攻坚政治责任、确保如期完成脱贫攻坚目标任务的重大举措，坚决抓好整改落实、推进脱贫攻坚。会议要求，一要坚持把扶贫领域问题整改落实作为重大政治任务，作为推进全面从严治党、精准脱贫攻坚的重要抓手，以整改的实际成效推动脱贫攻坚工作全面提升。对中央脱贫攻坚专项巡视反馈的4个方面14类65个具体问题，按照“一个问题、一套班子、一名责任人”的要求，细化整改方案，实行台账管理，逐项销号整改，确保问题整改事事有人抓、人人有责任、件件有结果。对中央专项巡视反馈的扶贫领域干部作风问题，深入开展“回头看”，全面自查整改进展、整改效果、群众满意度。全面落实整改工作公示制度，针对薄弱环节、问题易发多发领域，加强制度建设，巩固整改成果，坚决防止问题反弹、回潮。二要加强作风建设，保障脱贫攻坚。坚持把作风建设贯穿到脱贫攻坚全过程，扎实开展扶贫领域腐败和作风问题专项治理，坚持抓小抓早抓苗头，下大力气解决形式主义、官僚主义，解决政治站位不够高、责任落实不到位、工作措施不精准、工作作风不扎实等突出问题。加大宣传警示教育，加大巡察监督力度，强化监督执纪问责，严肃查处扶贫领域违纪违规违法问题，严肃查处扶贫领域不作为、慢作为、乱作为的问题，以作风攻坚促进脱贫攻坚。

8月15日，召开第十六届政府党组第六十二次会议，会议组织学习《习近平总书记在解决“两不愁，三保障”突出问题座谈会上的讲话》会议要求，强化政治担当，牢记职责使命。推进脱贫攻坚、解决工作中的问题首要的是“从政治上认识和解决”，要提高政治站位，牢固树立“四个意识”、坚定“四个自信”、坚决做到“两个维护”，要从政治高度审视脱贫攻坚，进一步强化政治担当，发扬斗争精神，增强斗争本领，为脱贫攻坚提供坚强政治保障。坚持对症下药，真正扶到点上、扶到根上。要将“精准”二字贯穿脱贫攻坚全过程，增强工作针对性、实效性，做到点面结合、内外结合、远近结合，及时解决存在的突出问题，直达“靶心”。做到从严从实，确保如期高质量打赢脱贫攻坚战。要本着实事求是的原则，扎实做好脱贫攻坚工作，确保真实脱贫、稳定脱贫、高质量脱贫。

9月8日，召开第十六届政府党组第

六十四次会议，会议组织学习国务院扶贫办《关于印发贫困县退出专项评估检查实施办法（试行）的通知》、中共中央办公厅 国务院办公厅印发《关于建立贫困退出机制的意见》、自治区党委办公厅 自治区人民政府办公厅《关于印发自治区脱贫攻坚主要政策措施分工方案》，会议要求，各级各部门务必按照考核指标，仔细查找问题，全力补齐短板，确保脱贫攻坚工作取得实效。聚焦目标标准，紧扣“两不愁三保障”，既不脱离实际、拔高标准、吊高胃口，也不居于现状、降低标准、影响成色。坚持精准施策，把提高脱贫质量放在首位，扎实推进“七个一批”、“三个加大力度”，着力解决好住房安全和饮水安全。抓好巡视整改。对照中央第六巡视组指出的问题，压实责任、细化措施、举一反三、标本兼治，确保各类问题整改到位。巩固脱贫成果。坚持把防止返贫放在重要位置，一手抓剩余贫困人口的减贫、一手抓已脱贫人口的巩固提升，坚持扶贫与扶志扶智相结合，切实增强贫困群众脱贫内生动力和能力。会议强调，贫困退出要坚持实事求是、分级负责、规范操作、正向激励等原则，贫困退出工作涉及面广、政策性强，要在实施过程中逐步完善。要做好跟踪研判，及时发现和解决贫困退出实施过程中的苗头性、倾向性问题。会议要求，广泛宣传解读文件精神，特别是基层干部群众要全面准确理解文件精神，把握政策，掌握标准，严格程序，保证质量。要严格执行退出标准和程序，坚决杜绝“数字脱贫”、“假脱贫”，确保退出结果经得起检验。会议要求，各部门要认真落实《麦盖提县脱贫摘帽实施方案》《贫困退出责任分解方案》要求，认清自身责任，充分发挥职能优势，主动履职、强化协同配合，合力当好脱贫攻坚的“助推器”，确保脱贫政策兑现落实、脱贫工作健康发展、贫困群众真正脱贫。

10 月 16 日，召开第十六届政府党组第六十八次会议，专题学习国务院扶贫办、中央组织部等 13 个部委联合下发的《关于开展扶贫扶志行动的意见》，会议要求，根据全县实际，做好扶贫与扶志扶智相结合要重点狠抓三个方面工作。既要重做功、也要重唱功。积极营造脱贫摘帽的浓厚氛围，切实发挥典型宣传对脱贫工作的引领作用，上级有要求、摘帽有需求、攻坚有典型，进一步加大、强化扶贫，坚持“两手抓、两促进”。既要抓扶贫，也要抓扶志。不断激发贫困群众脱贫致富的治本之策，对于打赢脱贫攻坚战具有关键性作用。要通过教育性引导、典型激励、文化滋养、乡风文明，切实激发贫困群众内生动力。既要把方向，也要把导向。要做到加强领导，增强组织力；加强沟通，增强协同力；加强考核，增强重视力。

11 月 21 日，召开政府党组第七十一次会议，会议组织学习《自治区党委副书记、教育工委书记李鹏新同志在全区扶贫系统干部培训班上的讲话》，会议要求，县人民政府党组同志要保持战略定力、狠抓工作落实，坚决攻克脱贫堡垒，高质量打赢脱贫攻坚战。坚持“缺什么就补什么”，利用好脱贫攻坚大排查，全面巩固我县已取得的成果。结合全县实际，扎实推进“七个一批”、做到“三个加大力度”，切实提升脱贫质量和成效。要始终坚持摘帽不摘责任、摘帽不摘政策、摘帽不摘帮扶、摘帽不摘监管，完善制度、查漏补缺，防止返贫和产生新的贫困人口。抓好各自分管行业部门、包联乡镇各项工作，抓好全面排查摸底，全员跟进项目建设，问题整改。

12 月 8 日，召开第十六届人民政府党组第七十三次会议，专题学习《习近平谈治国理政—加大力度推进深度贫困地区脱贫攻坚》，会议要求，县人民政府党组同志要充分发挥好示范带动作用，及时、扎实指导分管单位的脱贫攻坚工作。要彻底解决“等靠要”思想，进一步调动贫困群众的生产生活积极性，激发脱贫致富的内在活力，切实提高自我发展能力。要持续增强脱贫攻坚的紧迫感，稳扎稳打，确保脱贫成效真正获得群众认可、经得起实践和历史检验，以决战决胜的精神状态、求真务实的工作作风，全力完成以习近平同志为核心的党中央交给的重大政治任务，不辜负党中央、自治区党委、地委、县委和全县各族人民的期望重托。

重要文件

【县人民政府下发的文件（部分）】

2 月 12 日，印发《关于麦盖提县城北污水处理厂氨氮超标排放的说明》。

3 月 1 日，印发《关于申请对麦盖提县义务教育学校标准化建设进行评估验收的请示》。

3 月 1 日，印发《关于申请对麦盖提县义务教育均衡发展进行初评验收的请示》。

3 月 25 日，印发《关于申报 2019 年耕地休耕制度试点的请示》。

4 月 15 日，印发《关于麦盖提县农业农村工作存在问题整改进展情况的报告》。

4 月 20 日，印发《关于启动麦盖提县重大动物疫病防控一级响应的通知》。

5 月 9 日，印发《关于核减麦盖提县 2019 年农村安居工程建房任务的请示》。

5 月 22 日，印发《关于协调解决麦盖提县定点采购砂石料的报告》。

5 月 24 日，印发《关于呈报〈麦盖提县对自治区人民政府教育督导检查组县域义务教育均衡发展过程性督导检查反馈问题的整改方案〉的报告》。

5 月 24 日，印发《关于呈报〈麦盖提县对自治区义务教育标准化建设和县域义务教育均衡发展过程性督导反馈意见整改落实情况汇报〉的报告》。

6 月 19 日，印发《关于申请将城西排水工程中央预算内资金调整至城南提升泵站——城北污水处理厂排水管道工程的报告》。

8 月 15 日，印发《关于调整麦盖提县人民政府领导班子、党组成员分工的通知》。

8 月 31 日，印发《关于电动公交车采购有关情况的报告》。

10 月 19 日，印发《关于麦盖提县实施城镇规划 2019 年度第三批次建设用地占用耕地指标的请示》。

10 月 19 日，印发《关于麦盖提县实施城镇规划 2019 年度第四批次建设用地占用耕地指标的请示》。

10 月 30 日，印发《关于麦盖提县实施城镇规划 2019 年度第一批次建设用地占用耕地指标的请示》。

12 月 3 日，印发《申请实施高效节水灌溉项目的报告》。

12 月 3 日，印发《关于申请在塔克拉玛干沙漠百万亩防风固沙生态林建设 110 千伏生态园变电站的报告》。

12 月 3 日，印发《关于申请麦盖提县 2020 年防风固沙生态林道路建设项目资金的报告》。

12 月 15 日，印发《关于麦盖提县 2019 年度第一批次农村三项建设用地占用耕地的请示》。

12月15日，印发《关于麦盖提县2019年度第二批次农村三项建设用地占用耕地的请示》。

12月15日，印发《关于麦盖提县2019年度第一批次农村富民安居建设用地占用耕地的请示》。

【县人民政府办公室下发的文件（部分）】

1月17日，印发《麦盖提县2019年结核病防治工作核心指标达标实施方案》的通知。

1月20日，印发《麦盖提县深化医药卫生体制改革重点工作任务分工》的通知。

1月20日，印发《麦盖提县深化“放管服”改革转变政府职能重点工作分工方案》的通知。

1月21日，印发《麦盖提县城乡居民基本养老保险制度实施方案》的通知。

2月21日，印发《麦盖提县义务教育标准化建设及均衡发展工作推进方案》。

2月21日，印发《麦盖提县2019年“煤改电”工程建设实施方案》的通知。

3月4日，印发《麦盖提县公共租赁住房管理办法》的通知。

3月26日，印发《麦盖提县违法生育“两个彻查”专项行动实施方案》的通知。

3月31日，印发《麦盖提县2019年义务教育阶段控辍保学工作实施方案》的通知。

4月12日，印发《麦盖提县森林草原防火应急预案》。

4月13日，印发《关于修改〈麦盖提县重大气象灾害应急预案〉的通知》。

4月28日，印发《麦盖提县关于开展惠民惠农补贴资金“一卡通”专项治理工作实施方案》。

8月7日，印发《麦盖提县全面开展工程建设项目审批制度改革实施方案》的通知。

8月21日，印发《关于修订印发〈麦盖提县国有土地上房屋征收与补偿安置指导意见〉的通知》。

8月21日，印发《麦盖提县2019年棚户区改造实施方案》的通知。

10月14日，印发《麦盖提县中小学校长、教师交流轮岗工作的实施方案》的通知。

11月7日，印发《麦盖提县公务用车专项整治工作方案》的通知。

办文办会

【公文办理】 2019年，麦盖提县人民政府办公室严格履行收发文处理程序，严把文字、政策关，切实提高文稿的思想性、指导性、时效性和操作性。严把公文审签、制发环节，强化送阅、催办、反馈等措施，确保公文的高效、快捷、安全、规范运行。全年组织起草领导讲话材料、汇报材料、总结材料190份91万字；撰写脱贫攻坚、党建、精神文明建设、稳定工作等材料达100份60万字。落实基层减负，印发政发、政函、政办、政阅等文件263份，重点精简类文件减少53%；收发处理文电1.1万份，处理率达100%。

【会务服务】 2019年，政府办坚持会议“四不开一合并”原则，精简会议数量、提高会议质量，全年发出会议通知160次，布置会场130次，相比2018年减少60.5%。同时，做好会务服务工作，切实把好会前准备（会议通知、会场布置、材料准备）、会中服务、会后落实的每个环节。确保各类会议、活动的顺利召开，各项工作得到及时落实。

政务服务

【放管服改革】 2019年，政府办围绕自治区、地区深化“放管服”改革、优化营商环境决策部署，精简审批环节，规范办事流程，缩短办理时限，提升政府效能；推进服务大厅标准化建设和“互联网+”模式，改扩建行政服务大厅如期投用，实现应入尽入，28个审批职能部门全部搭建政务服务在线一体化平台，认领网上办理事项508项，可办率达100%。

【议案办理】 2019年，政府办认真执行县人大及其常委会的决议、决定，自觉接受县人大及其常委会的法律监督、县政协的民主监督和社会舆论监督，全年办理议案、提案和意见建议72件，办复率达100%。

【行政服务大厅建设】 2019年，政府办推进服务大厅标准化建设和“互联网+”模式，新改建服务大厅1300平方米，职能部门应入尽入，清理行政审批事项，明确收费事项和标准，窗口张贴公示一次性告知书、办事指南、办事流程，设立举报电话和信箱，规范服务，实现“一窗受理、集中办理”要求，畅通举报渠道；帮助28个审批职能部门搭建政务服务在线一体化平台。

【后勤管理】 2019年，政府办开展公务用车专项整治工作，制定印发《麦盖提县公务用车专项整治工作方案》，摸排全县公职人员数量和公务用车数量，对全县74个单位的公务用车编制进行了核定，完成县四大班子领导公务用车调换工作，越野车辆实行派车制，完成车辆标识化粘贴工作，接受群众监督；强化环境卫生管理。对办公楼区域的喷泉水泵、景观灯亮化、LED电子显示屏，周转房区域路灯以及综合办公楼区域各楼层损坏的设备设施进行及时维修，及时更换损坏、老化的水、电、暖设施，避免出现水浪费、电路不通、暖气不畅等现象；坚持政府机关值班制度，完善防范措施、应急预案，开展各类应急演练12次，确保政令畅通、信息畅通，对突发事件能够做到及时有效处置。

信访工作

【县长热线】 2019年，麦盖提县坚持办好“县长热线”，受理并办结群众来电126个，群众满意率99%。解决长期拖欠工程款及农民工工资159.35万元。

【信访办理】 2019年，麦盖提县坚持重点信访接待与日常信访接待相结合的原则，加大对辖区内信访案件及有上访倾向人员的排查梳理，严格落实领导接访、包案化解、源头管控等措施，加快信访案件转办速度，加大信访事件催办力度，力争把问题解决在萌芽状态，全年累计接待来访群众388件817人次，其中：365件742人次已办结，23件75人次正在核实处理。

项目采购与招投标

【项目采购】 2019年，全县累计项目采购146次，采购总预算2.37亿元，实际采购总金额2.2亿元，节约资金1745.29万元，节约率 7.36%。其中：公开招标 54 次，实际采购金额 1.52 亿元；询价采购 68 次，实际采购金额 3125.52 万元；竞争性谈判 5 次，实际采购金额 1126.96 元；竞争性磋商 5 次，实际采购金额 609.3 万元；单一来源 14 次，实际采购金额 1877.37 万元。

全年，在采购中心挂网扶贫项目 70 个，涉及资金 1.23 亿元。清查 2011—2019 年采购中心银行账户投标保证金、履约保证金 2217.21 万元，对符合清退要求的投标保证金、履约保证金，采购中心主动联系相关投标人进行清退，截至年底，共清退资金 1140.45 万元。

【招投标】 2019 年，招标办审核发布招标公告 148 个，审核备案招标项目档案 88 个。完成公开招标 66 项，建设工程领域完成招标项目总控制价为 5.53 亿元，总中标价为 5.34 亿元；节约资金 1837.02 万元。

政协麦盖提县委员会

【机构负责人名录】

主　席：艾克拜尔·麦麦提明（维吾尔族）

副主席：曹兴东

艾尔肯·吾守（维吾尔族）

林新江

专职常委：玉苏甫·买合苏提（维吾尔族）

综　述

【提案办理工作】 2019年，政协麦盖提县委员会坚持把提案办理作为民主监督重要形式，采取情况通报、专项调研视察和办理工作“回头看”等方式，加大提案督办力度，增强提案办理实效。县政协第十四届四次会议以来，共征集提案86件，由提案委员会进行分类梳理审查，并对解决农村饮水安全问题、加强村“两委”班子成员培训、提升村干部工作能力、解决乡村垃圾处理问题等46件提案进行立案并提交县人民政府进行办理，提案办复率100%，委员、群众满意和基本满意率98%，推动人民群众关心的热点、难点问题得到有效解决。发挥驻县自治区政协委员的作用，向自治区政协十二届三次会议提交提案9件。

【调研视察】 2019年，政协组织政协委员就“乡村振兴战略之环境卫生治理和‘三新’活动推进情况”进行实地调研，采取实地察看、座谈交流、听取汇报、征求意见建议、收集群众困难诉求等方式，累计走访视察8个乡2个镇24个村（社区）158户农户（其中：贫困户84户、低保户74户）、3个村的妇女靓丽工程、3个卫星工厂、4个就业基地、1个移民项目点、1个幼儿托管中心和1个小区物业公司，形成有参考价值意义的书面调研报告；总结各乡镇好的经验做法5条，查找问题11条，收集困难诉求4条，提出意见建议10条。

【民主监督工作】 2019年，政协运用专题民主监督、调研、视察、提案、社情民意、意见征求会等形式，开展民主监督活动。截至年底，累计推荐10名行风评议员，监督评议范围涉及30个单位，行风评议员累计提出意见和建议46条。对群众普遍关心的问题进行监督，为“保障千家万户舌尖上的安全”，配合县人民检察院开展专项监督工作，针对发现麦盖提镇巴扎结米社区、库木库萨尔乡铁米热克村和巴扎结米镇等4

个豆芽加工店在豆芽生产过程中添加低度农药的问题，及时配合县人民检察院督促县市场监督管理局和农业农村局进行整改落实。

【政协委员培训】 2019 年，政协全年举办专题政协委员理论学习培训班 2 期，学习传达中共十九届三中、四中全会精神、中央政协工作会议暨习近平总书记在人民政协成立 70 周年大会上的重要讲话及习近平总书记在解决“两不愁三保障”突出问题座谈会上的讲话及脱贫攻坚、政协业务知识培训等。

重要会议

【政协麦盖提县第十四届委员会第四次会议】 2019 年 1 月 28—29 日，政协麦盖提县第十四届委员会第四次会议在会议中心召开，会议听取并审议批准政协主席艾克拜尔·麦麦提明代表政协麦盖提县第十四届委员会常务委员会所作的工作报告、政协副主席曹兴东代表政协麦盖提县第十四届委员会常务委员会作提案工作情况的报告，列席麦盖提县第十六届人民代表大会第四次会议，听取并讨论政府工作报告及其他有关报告。会议对政府工作报告和其他报告表示赞同。各族各界政协委员向大会提交提案 86 件。

1 月 28 日，政协麦盖提县第十四届委员会第四次会议召开

【政协常委会议】 2019 年 2 月 24 日，麦盖提县政协召开政协常委（扩大）会议，政协常委、部分政协委员出席。政协主席艾克拜尔·麦麦提明传达学习地区政协工作会议精神；政协副主席曹兴东传达自治区党委关于加强新时代人民政协党的建设工作的实施意见；会上通报驻麦自治区政协委员 2018 年度履职情况。

纪检监察

综　述

【机构改革】 2019 年 3 月机构改革确定，组建县监察委员会，落实党中央关于深化监察体制改革的部署和自治区党委工作要求，将县监察局的职责，县检察院查处贪污贿赂、失职渎职以及预防职务犯罪等反腐败相关职责等整合，组建县监察委员会，同县纪律检查委员会合署办公，履行纪检、监察两项职责，实行一套工作机构、两个机关名称，不再保留县监察局。

2019 年，县纪委监委坚持加强监察法和监督执纪工作规则的学习，深入贯彻落实“三为主一报告”要求，在案件查办、班子提名、日常考核以地区纪委监委指示批示为主要依据，日常重要工作采取专报形式及时呈报至地区纪委监委。与地区纪委监委、县委编办协调沟通，主动争取县纪委监委班子成员编制，班子成员数由 6 人增至 9 人。按照自治区纪委《关于加快推进地州市、县市区纪委监委派驻（派出）机构改革的通知》要求，合理调整优化派驻（派出）机构，按照系统及工作类别设立 6 个派驻纪检监察组和 1 个派出纪检监察工委，编制 65 人，已划转到位编制 55 人；通过考察、遴选选调干部 23 人，实现对 34 个县直党和国家机关 2767 名监督对象监督全覆盖。

【落实“两个责任”】 2019 年，县委压实主体责任，对党风廉政建设和反腐败工作研究部署，对重大问题、重大案件过问、督办，签批县纪委监委呈报的调研、专报等 106 份；半年召开一次全面从严治党加强党风廉政建设和反腐败工作会议，听取班子成员贯彻落实党风廉政建设和反腐败工作“一岗双责”工作汇报；督促县委班子成员认真贯彻落实自治区《党委（党组）运用监督执纪“第一种形态”实施办法》，班子成员就分管领域管党治党、巡视整改和脱贫攻坚等履职不力人员运用“第一种形态”处置 63 人次，全县各级党委运用“第一种形态”开展处置 409 人次；县纪委监委全年撰写政治生态分析报告 2 篇，对全县政治生态形势和全面从严治党形势开展分析，为县委决策提供准确依据。

全年，纪委监委参与指导各级民主生活会 72 人次；严把“廉政复函”关，全年复函 186 份 469 人，完善廉政档案 589 份，动态分析领导干部廉政情况，开展集体廉政谈话和廉政测试 6 次；投入 47 万元，完成信访接待窗口和检举举报平台建设；在窗口部门设置举报电话和举报信箱，聘请党风政风监督员 42 人、特约监察员 12 人、监察信息员 345 人，监督范围覆盖全体党员干部及村民小组长。

【党风廉政建设教育】 2019 年，纪委监委围绕守初心、担使命，坚决做到“两个维护”主题，开展第 21 个党风廉政建设月活动，强化《中国共产党纪律处分条例》《中国共产党章程》等党内法规的学习宣传贯彻，全县各级党组织专题学习讨论 43 场次，单位主要领导带头讲党课 24 场次；开展领导干部配偶家庭助廉座谈会 4 次，发放家庭助廉倡议书 233 份。

全年，纪委监委组织开展“升国旗、唱国歌”“重温入党誓词、弘扬革命精神”、学习张富清、焦裕禄等先进事迹主题党日活动，举办“守初心、担使命，坚决做到两个维护”和“时代新人说—我和祖国共成长”演讲比赛 4 场次，开展“党纪法规”知识测试 3 场，知识竞赛 1 场，营造学纪明纪、遵纪守纪、遵法学法、守法用法的学习氛围。

全年，纪委监委组织全县党员干部观看《任性的代价》《硕鼠》《在贪欲中迷失》等警示教育片。首次摄制麦盖提县警示教育片 2 部，在案发地开展警示教育，并组织全县党员干部观看，教育广大党员干部知敬畏、存戒惧、守底线；在全县教育系统开展警示教育大会，在案发地市场监督管理局开展同环境警示教育暨市场监督领域专项治理动员大会；梳理违反八项规定精神等方面的典型案例 12 起并形成警示教育通报。

【纪委监委队伍自身建设】 2019 年，纪委监委认真学习领会《中国共产党纪律检查机关监督执纪工作规则》和关于当前纪检监察工作 20 个方面问题的深度阐述，以自治区纪委“学法纪强本领提质量”大培训和地区“机关大讲堂”培训为契机，开展本级大培训 6 期，邀请地区纪委业务部门领导、县委党校、扶贫、民政等部门领导授课 12 场次；选派 1 人赴自治区、地区参加以案代训和以干代训；完善年度乡（镇）纪检监察干部业务培训计划，对乡（镇）纪检监察干部开展全员轮训 9 轮 49 人次。完善自我监督，严格执行监督执纪工作规则、监督执法工作规定，聘请特约监察员 12 人，加强监督，把执纪执法权力关进制度笼子；对执纪违纪、执法违法者“零容忍”，对失职失责的严肃问责。全年，核查处置纪检监察干部问题线索 5 条，给予谈话提醒 1 人，予以了结 3 人，给予党内警告处分 1 人。

2019 年，纪委监委在乡村两级共建立监测点 20 个，加强对会议、检查、调研工作的监督，清理面向基层的 QQ 群、微信群 84 个，对“微信安排工作”等问题进行彻底整改。

正风肃纪

【自查自纠】 2019 年，纪委监委督促全县党员干部按照《喀什地区严肃整治领导干部利用名贵特产类特殊资源谋取私利问题的工作措施》《关于深入开展领导干部利用和田玉谋取私利问题专项整治工作的实施方案》要求进行自查自纠，纪委监委对各单位党员干部自查情况抽查 42 人次。

【“四风四气”问题查处】 2019 年，纪委监委紧盯元旦、春节等期间对全县大型宾馆、超市、酒店、KTV 等场所暗访 86 次，对公车私用问题抽查 3 次。对“请吃家宴”“下农家乐”及借“四同四送”之名到农户家

9月11日，县纪委监委召开麦盖提县纪委监委派出机构大会

大吃大喝的隐形变异新动向新表现问题深入排查。严格落实婚丧喜庆事宜报备跟踪，对报备的2起喜庆事宜进行暗访。全年共查处“四风”“四气”问题105件105人，下发典型案例通报4期24人。

【专项整治】 2019年，纪委监委聚焦群众痛点难点，围绕教育医疗、环境保护、食品药品安全等民生领域突出问题深化专项整治，深入9个乡1个镇、16个村（社区）、县直单位对群众关心的利益问题漠然处之，空头承诺等漠视侵害群众利益问题进行专题调研，呈报漠视侵害群众利益问题专项整治工作调研报告1篇，进一步压实行业部门监管责任，解决群众医保金被侵占等实际问题58条，全年查处群众身边腐败和作风问题96件，处理96人。

2019年，纪委监委开展违建大棚房、违建别墅清查整治和人防系统腐败问题专项整治，组织农业、自然资源、人社等部门对摸排拆除超标准违规“大棚房”80座，对2名责任人进行谈话提醒。

2019年，纪委监委对地区自然资源管理局推送的109个图斑开展实地核查，对刀郎人家文化庄园项目疑似违规建筑的有关问题线索深挖彻查，对在该问题线索中负有相关责任的4名责任人予以立案审查调查；督促县自然资源管理局开展林草系统专项整治。

2019年，纪委监委就贪污挪用惠农资金和向管理服务对象借款、截留挪用农户贴息贷款等用于网络赌博违纪违法案，在全县开展党员干部参与网络赌博专项整治，通过自查发现问题7条。

2019年，纪委监委紧紧围绕总目标、三大攻坚战等决策部署开展监督。全年查处违反政治纪律和反分裂斗争纪律案件47件47人。

【扶贫领域专项治理】 2019年，纪委监委抓好各级反馈问题的整改和监督检查，主动认领并完成中央第六巡视组反馈问题15条、中央专项巡视反馈问题23条、2018年成效考核反馈问题4条、自治区党委巡视反馈问题8条进行整改，当好表率。牵头抓好自治区党委第一巡视组巡视喀什地委反馈49条问题对照整改工作，已完成销号47条。

2019年，纪委监委先后5次抽调人员对全县认领的各级各类问题285条整改情况进行监督检查，发现并督促整改问题4124条，下发整改通知书289份。先后2次对落实各级各类反馈问题整改重视程度不够、整改进度缓慢的22名乡（镇）、单位主要领导、分管领导进行集体约谈。

2019年，每月组织成员单位和25个专项行动组牵头部门召开联席会议，听取扶贫项目资金及项目进展情况汇报，收集问题线索41条，通过大数据平台发现扶贫领域问题26个，对开展工作不力的9个乡（镇）下发督办通知书。全年，6次对35个扶贫项目5.1亿元资金进行监督检查，查处扶贫领域问题线索127件、135人，其中：给予党纪政务处分31件31人；组织处理96件104人，追缴资金70.54万元。对已查结的 247 件扶贫领域案件进行了“回头看”，其中：3 件处理偏轻的予以加重纠正。对各级反馈的 140 条扶贫领域问题线索进行回炉，回炉率达 55%。组织 17 人工作专班赴贫困人口、享受项目最多的巴扎结米镇库台克勒克村开展解剖麻雀式调研。组织 27 人分赴 9 个乡（镇）110 个村对扶贫小额资金使用情况进行抽查；实名公开曝光扶贫领域案件 10 期 45 人。

2019 年，纪委监委组织县乡两级召开“同职级、同环境”教育警示大会 58 场次，受教育党员干部群众 3.2 万人次。

【案件办理】 2019 年，纪委监委对县本级及乡镇“走读式”谈话工作进行安全检查 26 次，开展办案安全演练 12 次，“走读式”谈话 463 人次，实现“零风险”、“零事故”。试点打造办案协作区建设，将 8 个乡 2 个镇划分为 3 个协作区，在日常监督、案件办理中进行协作配合及交叉办理，解决监督难和力量弱问题。完善信访接待机制，全年接受信访举报 136 件次，其中：本级接受 108 件，上级转办 28 件；已办结 116 件，处理 45 人，其中：党纪政务 3 人，诫勉、提醒谈话等第一种形态处置 42 人。

2019 年，纪委监委推进示范点建设，选取央塔克乡、尕孜库勒乡、克孜勒阿瓦提乡和第三纪检监察组为示范点，整体推进警示教育室建设、廉政档案、规范运行等工作；先后召开常委会 2 次，对正在查办的 175 条问题线索进行重新研究，做到不能立案的坚决不予立案，可立可不立的不予立案；对市场监督管理局马某案结合其态度“变量”，依规依纪实行“四转三”。全年收到并处置问题线索 787 条、处理 728 人。按照处置方式分类：初核 386 件、函询 192 件、了结 167 件、暂存 1 件；按照“四种形态”分类：第一种形态 591 人次，占“四种形态”处理总人次的 81.18%；第二种形态 36 人次，占 4.94%；第三种形态 16 人次，占 2.2%；第四种形态 85 人次，占 11.68%。

7 月 19 日，纪委监委在刀郎社区举办“守初心、担使命，坚决做到‘两个维护’”演讲比赛

2019 年，纪委监委开展以案促改，针对程某案件摄制《赌掉的人生》警示教育片，组织全县各级党组织围绕案件开展自查自纠，发现希依提墩乡依某利用职务便利侵占 70.4 万元用于网络赌博。组织 10 个专班 30 人赴全县 38 个单位、10 个乡（镇）161 个村（社区）就各类资金管理发放情况开展检查，发现并纠正问题 15 个。针对重要岗位监管、资金使用管理提出制度建设、监管机制方面预防建议 3 条。宣传《自治区纪委监委鼓励主动交代问题和投案自首暂行办法》，艾某等 6 人主动投案自首。

【政治巡察】 2019 年，纪委监委加强巡察队伍建设，落实行政编 15 个，调整巡察办主任，任命巡察专员 5 人，通过地区遴选工作人员 1 人，面向其他省市设置遴选岗位 2 个，充实巡察干部队伍。推进第五轮巡察，完成对 6 个县直单位、42 个行政村（社区）巡察工作，占巡察总量 20.4%，巡察总覆盖率 76.79%，发现问题 514 个，立行立改问题 300 条，线索 89 条。做好巡察整改，采取下发整改通知、电话督促、开展“回头看”等方式对被巡察单位整改工作进行督促。截至年底，共下发书面督促通知46份。向县委呈报专报4篇，向县纪委监委移交问题突出、性质恶劣线索4条，立案审查调查3人，给予党纪政务处分3人，清退卫生系统私自收取的10.6万元分娩押金和应发未发的分娩补助资金156.6万元。

对口援疆

综　述

【援疆资金】 2019年，麦盖提县共投入援疆资金3.58亿元，实施援建项目27个，援疆资金用于县及县以下基层项目占比96.3%。其中：投入援疆资金3.18亿元，实施水电路、教育健康、就业培训等民生项目23个；投入援疆资金4675.2万元，实施非民生项目4个。

【重点项目】 2019年，麦盖提县再就业市场建设、安居富民工程、庭院经济、乡村污水处理和垃圾填埋扩容等援疆重点项目均已投入使用。

分类实施

【民生援疆】 2019年，援疆指挥部协调日照市各区县结对帮扶麦盖提县10个贫困村，提供帮扶资金1000万元，启动实施文化、亮化、厨房、惠民市场、厕所和供暖改造等项目80个，重点支持建设村级扶贫创业孵化园，新带动500名群众创业就业，使结对村村容村貌、群众生活和产业发展基础都得到极大改善。

【教育援疆】 2019年，麦盖提县协助援疆指挥部重点深化业务、学校、教师“三级托管”组团式教育援疆，聚力办好日照援疆教育发展中心，同步推进基础设施提升、教师专业发展、课堂教学改革“三大工程”，扎实推进国家通用语言教学全覆盖，打造日照教育援疆品牌，助力麦盖提县教育教学质量稳步提高，各学段教学成绩连年攀升；支持麦盖提县加快学校标准化建设工程，援疆资金优先向改善教育基础设施倾斜，投资3200万元援建麦盖提县第四中学（麦盖提县日照中学）并投用；投资240万元，继续对实验中学、第一中学、第二中学、第二小学、央塔克乡鲁疆爱心小学等

1月1日，援疆教师与第三中学学生一起共庆元旦

组团援疆学校进行升级改造；投入100万元加强校园文化建设，坚持将齐鲁文化与新疆文化有机融合，立足“一校一品”，打造中华民族传统文化示范校，为各学校购买、捐赠国学读本各类图书100万册。

【人才援疆】 2019年，援疆指挥部推动援疆医疗卫生人才轮换选派工作，全年选派进疆工作医生8人，短期交流医生10人，选派4名妇幼业务骨干到山东开展短期培训学习；突出医疗传帮带，开办“援疆医疗专家大讲堂”，先后带教40名青年医生，讲座授课30次，接诊病人3000人次，实施手术300例，抢救危重病人50人；在麦盖提人民医院启动援疆“关节健康关爱行动”，牵头建成创伤中心、心理门诊；加强结核病防控，援疆医生牵头举办麦盖提县防治结核病、艾滋病培训，在全县推广“集中服药+营养早餐”工程，有效提高病患治愈率；重点支持麦盖提县（日照）妇幼保健院发展提升，使儿科保健业务、孕妇学校开课、儿童洗浴中心运营、男女婚检、入学体检、“两癌”筛查等步入常规化，业务量逐步提升，月均检查诊疗达1000人次；做好山东援疆“光明行”活动，救助19名白内障患者；加大旅游基础设施建设投入，投入援疆资金1200万元启动N39°越野探险基地游客接待中心和画乡景区提升项目；协办桃花节、环塔拉力赛、丝路文化胡杨节等节庆活动；扎实推进“引客入麦”工作，设立200万元专项“引客入麦”补贴资金，在北京、喀什等地举行旅游推介会，成功组织“山东人游喀什”旅游包机10架1150人次、旅游专列1列900人次，推动旅游人数和旅游收入大幅度增长，全县实现旅游接待人数52万人次，收入2.6亿元。开展爱国宗教人士其他省市行、鲁疆青少年“手拉手”等交流活动20批，参与2100人次。

9月13日，102名山东大学生到麦盖提县实习支教

12月2日，在麦盖提县2019年度“山东援疆奖学金”优秀师生表彰大会上向优秀教师、学生颁发奖金

县总工会

【帮扶济困】 2019年，麦盖提县总工会认真开展贫困职工建档立卡及脱困解困工作，坚持每季度遍访在档困难职工1次，借助工会帮扶管理系统，通过走访摸底实现纸质档案、电子档案、职工实际情况相一致。加大对困难职工的帮扶力度，为29名在档困难职工，发放第三、四季度中央专项帮扶资金，其中：27人每人2736元；2人每人5136元，合计8.41万元。全县返困困难职工164户，每户发放帮扶资金5136元，合计84.23万元。新增困难职工13户，每户发放帮扶资金5136元，合计6.68万元。全年开展大病救助4户，每户救助6000元，合计2.4万元。

县总工会在重要节日前后及节日期间开展慰问活动。古尔邦节前夕，按2400元/户标准为41户困难职工发放帮扶资金9.84万元；按100元/人标准慰问绿化、环卫工人280人，共2.8万元；慰问全国劳模1人，发放慰问金2000元；按1000元/人标准慰问自治区劳模11人，共1.1万元；慰问治安卡点4个，购买洗衣机、空调等价值1.31万元。国庆节前夕，由县领导带队，分3组对农民工代表及其他生活困难人员20人进行慰问，慰问已建档困难农民工7人，每人发放慰问金1000元；慰问脱贫攻坚先进个人1人，发放慰问金500元；慰问致富带头人6人，每人发放慰问金500元；慰问民族团结先进个人1人，发放慰问金500元；慰问不在档农民工5人，每人发放慰问金500元。慰问金额合计1.35万元。国庆期间，慰问困难职工28人，每人发放慰问金600元，计1.68万元。慰问一线职工42户，每户发放慰问金400元，计1.68万元。

【文体活动】 2019年，县总工会为文化广场老年健身舞队购置音响设备，使老年人的活动更加丰富多彩。充分发挥县级工会文化活动室休闲娱乐作用，做到全天候开放，为各族群众免费提供乒乓球、台球、棋牌娱乐。2月19日，在县文化广场举办元宵节社火、灯展，各乡（镇）、县直各单位制作彩车14辆、大灯92盏、小灯302盏，共展出3天，吸引各族群众近3万人次观看。5月12日，总工会与工业园区工会联合举办共庆母亲节联欢会，150人员工参加活动。6月，开展“安康杯”安全生产系列活动，制作板报、宣传单、横幅，宣传日上街进行宣传。12 月 4 日，开展《中华人民共和国宪法》《中华人民共和国工会法》宣传活动，印发宣传单 1000 份。

【基层工会组织建设】 2019 年，县总工会加强工会组织自身建设，重点抓好县总工会第八次代表大会筹备、发展会员单位和基层工会改选工作。计划召开麦盖提县总工会第八次代表大会，从 1 月开始着手筹备，推选工会代表 135 人，其中：工会积极分子 81 人，一线先进职工 15 人；女性代表 38 人；少数民族代表 45 人；农民工 5 人。由于机构改革和其他方面原因，县总工会换届大会未能召开。按照喀什地区工会文件要求，深入市场监督管理、运管局、快递中心等相关单位，取得注册数据，了解“八大群体”入会条件，调查确认 2 家保安公司、振兴公司、兴达公司等 4 家非公企业符合入会条件，建立了工会组织，13 家快递公司、家政公司、网约送餐公司、房地产中介等群体暂不符合入会条件，暂不建立工会组织。以推动《工会基层组织选举工作条例》和《基层工会会员代表大会条例》为契机，落实基层工会组织建设，对 28 家机构改革合并、撤销单位进行了重新命名挂牌。86 个基层工会完成改选换届，37 个基层工会未完成改选换届。组织召开“中国梦·劳动美、改革开放好心连心”座谈会，邀请企事业、机关工会干部 40 人参加。

【选树先进】 2019 年，县总工会开展喀什地区“工人先锋号”推荐评选工作，全县工会系统共有 10 个单位上报资料，经地区工会评委会评选：国家税务总局麦盖提县税务局第一税务所、人民医院检验科、新疆中企宏邦节水（集团）股份有限公司研发部 3 个部门为评为地区“工人先锋号”。根据《关于做好 2019 年喀什地区劳动模范和先进工作者评选表彰工作的通知》要求，成立麦盖提县劳动模范和先进工作者推荐评选表彰工作委员会。推选 11 人为麦盖提县推荐地区劳动模范和先进工作者候选人，经县委常委会会议研究决定，推荐地区劳动模范 5 人。推荐地区先进工作者 1 人。“五一”节前夕，总工会组织先进人物 9 人赴杭州、乌鲁木齐市疗养。整理历年来劳模、先进工作者 190 人的档案，录入系统 159 人共 326 件。对 12 名劳模身体状况、工资状况了解调查，进行统计备案上报。

共青团

【团组织建设】 2019 年，共青团麦盖提县委员会共有基层组织 439 个，其中团委 16 个，团工委 1 个，团总支 16 个，团支部 337 个，毕业生团组织 69 个，乡镇街道团委 10 个。全年新发展团员 950 人，团员 8010 人，覆盖全县中学中职、乡镇村（社区）。其中：男性 364 人，占比 38.4%；女性 584 人，占比 61.6%。加强全县基层团干部培训，共培训 12 场次，192 人次参加培训。

【思想引领】 2019 年，共青团麦盖提县委员会常态化开展 8 项青少年思想引领工作，取得一定成效。组织返乡大学生宣讲，在全县 10 个乡镇开展“青年建功新时代”主题宣讲 20 场次，参与群众 3760 人次。开展主题团日活动，各级团组织（不包括学生团员）在 10 个乡镇分会场参加自治区团委在南疆五地州统一开展的视频主题团日活动共 12 场次，参加活动 2580 人次。开展学校共青团主题团课，全县中学中职开展共青团主题团课 59 场次，参与学生 2.13

万人次，开展庆祝中华人民共和国成立70周年活动131场次，参与学生1.58万人次。参加“青年大学习”网络团课，各级团组织参加共青团中央定期发布的“青年大学习”网络团课共7季56期，参与网络团课共6379人次。开展爱心生日会共13场次，共为290名寄宿困难学生庆祝生日，活动参与1600余人。山东共青团向麦盖提县吐曼塔勒乡中心小学分校区捐赠爱心图书桌椅价值12万元；山东共青团与山东省青年联合会给麦盖提县10名建档立卡贫困户学生捐赠助学金1万元；第六师五家渠市团委与研究生支教团赴麦盖提县，进行为期3天的“青春心向党建功新时代”专题教育宣讲，主题包括重温中共十九大、民族团结一家亲、中国传统文化以及禁毒防艾等4个方面，宣讲活动分别在麦盖提县实验中学、第三中学、第一中学、第六小学以及职业中专等5所学校开展；第六师五家渠市团委对口援助捐赠爱心图书2.5万元。开展青少年融情教育，6月，开展红领巾手拉手“民族团结一家亲”周末营活动，参加小学生共100人；7月，5名小学生参加自治区“民族团结一家亲”红领巾手拉手系列夏令营；2名中小学生参加自治区援疆融情夏令营，28人参加鲁疆“手拉手”夏令营，100人参加喀什地区组织的“鲁新青少年融情一家亲”夏令营活动，90人参加日照援疆指挥部与麦盖提团委联合组织的“鲁疆青少年融情手拉手”夏令营。加强青少年法制宣传，开展法制宣讲1次，参与400余人。开展青少年模拟法庭大赛1场，共5支学校队伍70名学生参赛，300余名师生观赛。团委联合组织部开展青年干部联谊活动3次，参加青年干部700余人次。

【助学项目实施】 2019年，团委实施“自治区团委教育扶贫专项党费学生资助项目”，资助高中、中职困难学生50人，每人发放助学金1000元，共计5万元。开展“中国茅台·国之栋梁——2019希望工程圆梦行动大型公益活动”，资助准大学生6人，每人发放助学金5000元，计3万元。开展中国农业银行“金穗圆梦”深度贫困地区大学生助学活动，资助学生3人，每人发放助学金5000元，共计1.5万元。开展新疆青少年发展基金会“向阳花”脱贫攻坚助医行动，资助学生4人，根据学生家庭医疗情况报销医疗费用1.48万元。

【志愿服务】 2019年，团委常态化开展志愿服务项目3项，覆盖2394名青年志愿者，助力脱贫攻坚。开展“美丽庭院”志愿服务，县团委开展培训12场次，各乡镇团委开展培训69场次，组建服务队141支，服务队2290人，参与助力脱贫攻坚、美丽庭院建设、“三新”大宣讲、终结肺结核行动等宣讲活动共750场次。实施西部计划志愿者项目，大学生西部计划麦盖提项目办有大学生西部计划志愿者共50人，分配到各单位助力脱贫攻坚，参与西部建设，其中：续约志愿者共13人，抽调地区（包括续约志愿者）7人，实际在麦志愿者43名。

11月27日，西部计划志愿者赴五一林场开展房屋整修助农活动

开展“红领巾小课堂”志愿服务，暑假期间设18个开课点，18名返乡大学生志愿者授课，受益学生723人。寒假期间设36个开课点，36名返乡大学生志愿者授课，受益学生1502人。

【青年就业创业】 2019年，团委开展农村青年致富带头人培训1场次，参加培训人数300余人，在9个乡镇挖掘农村青年致富带头人77人，涵盖农业、养殖业、美容、汽修、电商等领域。

【少先队建设】 2019年，麦盖提县共有公立小学64所，已建队学校共64所，建队率100%，已配备大队辅导员学校64所，配备率100%；公立初中4所，已建队学校4所，建队率100%，已配备大队辅导员学校4所，配备率100%。开设少先队活动课的小学56所，开设率87.5%；开设少先队活动课的初中学校3所，开设率75%。已开设少先队队室的小学55所，建设率85.9%；初中2所，建设率50%。建立小学少工委16所，建立率25%；初中1所，建立率25%。全县共有辅导员956人，总辅导员8人，其中大队辅导员67人，中队辅导877人。全县少先队员有2.86万人，其中男生1.48万人，女生1.38万人。加强少先队辅导员培训，中小学大中辅导员参加县级及以上培训人数215人。开展少先队辅导员专业技能大赛，推荐1人参加地区团委举办的少先队辅导员专业技能大赛，获得地区优秀奖，县团委举办的少先队辅导员专业技能大赛，评选出一等奖3人、二等奖6人、三等奖8人。积极推荐“双十佳”表彰人选，推荐至地区的“十佳优秀少先队员”2人，获得地区团委表彰1人；推荐“十佳少先队辅导员”2人，获得地区团委表彰1人。

妇　联

【妇代会换届】 2019年4月24日，麦盖提县第九次妇女代表大会胜利召开，来自全县各行各业的妇女代表、特邀代表、列席代表200余人参加会议。会议听取和审议县妇女联合会第八次执行委员会工作报告，审议通过《关于麦盖提县妇女联合会第八次执行委员会报告的决议》。选举产生麦盖提县妇女联合会第九届执行委员会委员19人。在妇联第九届执行委员会第一次会议上，选举产生主席1人、副主席2人、兼职副主席6人。

【美丽庭院创建】 2019年，麦盖提县妇女联合会组建县、乡、村三级巾帼宣讲员队伍，开展“美丽庭院”创建专题宣讲活动，开展“脱贫致富，我能行”宣讲活动，深入宣传关于脱贫攻坚的各项惠民政策，帮助贫困妇女了解政策、明白政策、用好政策，帮助他们转变思想观念。通过面对面宣讲，克服“等、靠、要”思想，不断提升贫困妇女主动脱贫致富的观念，教育引导贫困妇女发扬“四自”精神，坚定脱贫的信心和决心，激发贫困妇女参与脱贫攻坚、求富裕求发展的内生动力，全年共开展各类宣讲活动631场次，16.35万人次受教育。以打造示范户带动示范村为引导，打造自治区级示范村1个，在22个深度贫困村中打造示范户191户。召开“美丽庭院”创建活动现场推进会，组织妇女干部群众代表观摩学习，号召全县妇女群众积极参与“美丽庭院”建设工作，形成互学互帮，互争互促的良好局面。引领农村妇女从自身做起、从小事做起、从家庭做起，净化绿化美化庭院，全面参与村庄人居环境整治。全县5

万多个家庭参与到“美丽庭院”建设活动，按照“四好三美一卫生”的标准，已打造 4.5 万户“美丽庭院”，不断扩大“美丽庭院”创建工作的辐射面和影响力。

县妇联组织乡（镇）、村（社区）妇联组织根据妇女群众需求，开展形式多样的“家庭学校”培训 85 场次，参加培训 2.8 万余人次。通过面对面培训，引领广大妇女践行健康文明生活方式，改善农村家庭生活环境，以小家带大家，改善村容村貌，共建文明生态宜居新农村贡献巾帼力量。为激发群众参与热情和积极性，组织乡村妇女干部定期检查农户家庭环境卫生和“三新”活动推进情况，颁发流动红旗，引导农民群众积极改造家庭居住环境，开展庭院绿化、美化活动，逐步解决庭院“脏乱差”问题。县妇联评选出 50 户县级“美丽庭院”示范户，协调乡镇给予表彰，通过选树典型，带动农村妇女群众从自身做起，从家庭做起，以“小家”助“大家”，让家庭文明、庭院美丽成为自觉行为。

【“最美家庭”评选表彰活动】 2019 年，县妇联根据地区妇联关于常态化开展寻找“最美家庭”活动的要求，在县直单位和乡镇评选出 136 户“最美家庭”进行表彰，以典型事迹感染人、教育人，大力倡导夫妻和睦、尊老爱幼、科学教子、勤俭节约、邻里互助的家庭文明理念，发挥女性在弘扬中华民族家庭美德、树立良好家风方面的独特作用。

3 月，尕孜库勒乡妇联在英巴扎村举办“巾帼心向党礼赞新中国”宣传活动

【“巾帼心向党礼赞新中国”宣传教育活动】 2019 年，县妇联开展“巾帼心向党礼赞新中国”群众性宣传教育活动，活跃基层妇女群众文化娱乐活动。4 月 12—13 日全县 140 个村、17 个社区全面启动“巾帼心向党礼赞新中国”活动，共计开展活动 600 多场次，3 万余人妇女参加活动。通过开展发声亮剑、献礼祖国华诞、文艺节目、美食展示、手工艺品展示、走模特秀等有特色接地气的活动。8 月，集中开展“我和祖国共成长”脱贫攻坚知识竞赛，“脱贫致富巾帼在行动”主题演讲比赛、“巾帼心向党礼赞新中国”美容美发大赛、模特服装展示大赛。

8 月，央塔克乡妇联举办美容美发大赛

【帮扶济困】 2019 年，县妇联积极向上级申请“农村贫困母亲两癌救助金”，为 11 名患病妇女申请救助金 11 万元，改善贫困“两癌”妇女生存环境，提高生活水平。持续做好困难女学生救助工作，利用 3.7 万元

“爱心一元捐”项目资金，对9名品学兼优、家中有困难的应届初三毕业女学生和14名考上二本以上的女大学生进行救助，给她们提供一个继续上学的机会，实现知识改变命运、知识改变生活的机会。投入7万元“爱心一元捐”项目资金，帮助7名建档立卡贫困妇女解决创业过程中购买设备资金短缺问题。开展儿童关心关爱活动，对108名困难儿童进行慰问，到福利院举办“恒爱行动——百万家庭亲情一线牵”毛衣捐赠活动。“六一”儿童节，带着六师五家渠市妇联赠送的价值1万元的书包、水杯、各类文具用品100套，对克孜勒阿瓦提乡中心小学100名困境儿童进行慰问，为他们送上节日的祝福。

工商联

【千企帮千村】 2019年，麦盖提县工商联开展“千企帮千村”工作，审核确定166家企业对口帮扶22个深度贫困村。全年，为农户免费提供养殖技术和种植技术，吸纳贫困户就业，增加农户收入，提高农户生活水平，累计安排就业1217人（贫困户430人），主动帮扶贫困户179户。累计捐资捐物折合人民币50.05万元，其中：通过捐款捐物、助学、助老、助残、助医等形式，改善帮扶村群众的生产生活条件，捐资捐物折合人民币10万元；捐资助学，庭院建设，提供羊、牛，捐物折合人民币8万元，提供大型机械使用费、捐款“爱心美德公益超市”费用折合人民币32.05万元。各类农副产品加工企业28家，购销各类农副产品110吨。

8月，五家渠市工商联一行在县安格斯肉牛养殖基地考察

【合作交流】 2019年，县工商联发挥桥梁、纽带作用，加强与五家渠工商联的交流与合作，争取到当地一家企业捐资助学金30万元；与五家渠工商联开展“我为学生送书桌”活动，为100名贫困学生捐赠100套桌椅。五家渠工商联带领企业家到县考察，其中3家企业和县企业签订农产品销售、教育帮扶、就业帮扶、畜牧养殖等协议，带动和促进麦盖提县经济的发展。

8月，五家渠市企业与麦盖提县企业签订农产品销售协议

残　联

【残疾人政策宣传】 5月19日，麦盖提县残疾人联合会组织开展第“二十九”次全国助

残日宣传活动，在农贸市场设点，发放《中华人民共和国残疾人保障法》《残疾人就业条例》《残疾人义务教育条例》及残疾人预防常识300余份，做好残疾人需求辅具登记，鼓励残疾人自立自强，听党话、感党恩、跟党走。教育家人在工作生活中注意保护人身安全，积极预防残疾。在“8·25”残疾人预防日，发放宣传单500余份，通过麦盖提县零距离微信平台、电视台，对残疾预防核心知识动画短片进行宣传，收看群众达万余人次，提高各族群众预防残疾的意识，降低残疾发生率。

【残疾人就业培训】 2019年，县残联和人社局协调，给7名残疾人自主创业个体工商户免费发放冰柜7台，折合人民币1.96万元，鼓励残疾人自强、自立、积极为社会做贡献。全县有435名残疾人接受农村实用技术培训和扫盲国家通用语言培训，提高种养技能和就业能力。选派4名贫困残疾人参加自治区残疾人中专学校组织的“助残脱贫”技能培训。9月18日，县残联承办由新疆护理学会、喀什地区残联牵头组织的“脑瘫患儿术后功能康复关爱示范项目”暨脑瘫患儿家长（第三期）培训班，来自麦盖提县、岳普湖县、巴楚县脑瘫患儿家长及医院康复医生220余人（麦盖提县98人）参加培训。

【残疾人康复】 2019年，县残联与喀什地区团结医院、喀什地区诺克曼医院对接，推荐麦盖提县脑瘫儿童108人次接受专门康复治疗。与县卫健委对接，890人次残疾人在各乡镇卫生院和维吾尔医院接受基本康复治疗。与民政局康复收养中心和县疾控中心联系，为58名精神残疾人购买15万元的精神病药物和生活用品。开展0～6

8月2日，配合教育局开展残疾适龄儿童评残

岁重度听障儿童免费植入人工耳蜗手术入户调查摸底工作，登记造册32人，推荐12名儿童到上级医院接受术前筛查后，免费进行人工耳蜗手术。

【残疾儿童教育】 2019年，县残联针对不同类别残疾儿童接受教育的实际需求进行筛查评定，采取普通学校随班就读、特教学校就读、送教上门等方式，保障残疾儿童少年能够接受义务教育。全县义务教育阶段的残疾人儿童少年460人，其中：随班就读250人，特殊教育学校38人（县特教班22人、外县特殊学校16人），送教上学20人，失能免学儿童152人，确保有意愿上学的残疾儿童就读。

【残疾人政策落实】 2019年，县残联联合民政局，组织乡镇场开展享受残疾人两项补贴调查摸底上报工作，1—12月享受残疾人“两项补贴”2920人，发放资金386.03万元。落实“人人享有康复服务”项目，开展残疾人辅具适配工作，为773名持证残疾人适配辅具，减轻家属负担，提高生活质量，更好地融入社会生活。落实残疾人机动车轮椅燃油补贴政策，为140名肢体残疾人发放燃油补贴资金3.64万元。落实贫困重度残疾人家庭无障碍设施改造项目工作，结合残疾人住房，安装热水器、坐便器、扶手、洗脸池等个性化服务，实施110户，每户补助3500元，共计38.5万元。接待残疾人及残疾人家属1300余人次，及时合理解决他们的诉求和困难。

【贫困残疾人扶贫】 2019年，县残联对10名残疾人贫困户进行入户核查和慰问，适配辅具，有3人享受低保，1人为五保户；促成五家渠残联为10名贫困残疾儿童资助5000元。开展残疾人筛查、评定，做到办证全覆盖。下乡评残3次，邀请评残3次，专项评残1次，参评2455人次，评定1257人次，新办证855人次，补办证46人次，变更333人次，到期换证83人次，全县持有第二代残疾人证5461人。为60名贫困残疾人发放9000元残疾人评定补贴。配合县卫健委做好残疾人享受大病、慢性病情况核查，经核查有215名残疾人享受国家大病、慢性病政策。积极与县民政局、扶贫办、医保局、税务局等部门及时进行残疾人信息数据核对，确保持证残疾人及时享受国家各项政策，减轻经济负担。

【残疾人康复中心项目争取】 2019年，县残联积极申报争取麦盖提县残疾人康复中心项目，项目为中央预算投资1130万元，面积5500平方米，已完成选址规划，计划2020年开工建设。

红十字会

【红十字博爱送万家活动】 2019年，麦盖提县红十字会加强红十字知识宣传普及，继续推进“红十字博爱送万家”、进社区、进乡村、进学校等活动，实施农村贫困大病患者救助等多种形式的人道救助项目，切实帮助群众解决实际生活困难。在麦盖提镇南网社区、刀郎巴扎开展“5·8红十字博爱周”活动，发放宣传资料4500份，向妇女发放专用卫生巾560包、儿童专用牙膏牙刷800套，现场健康咨询300人次。

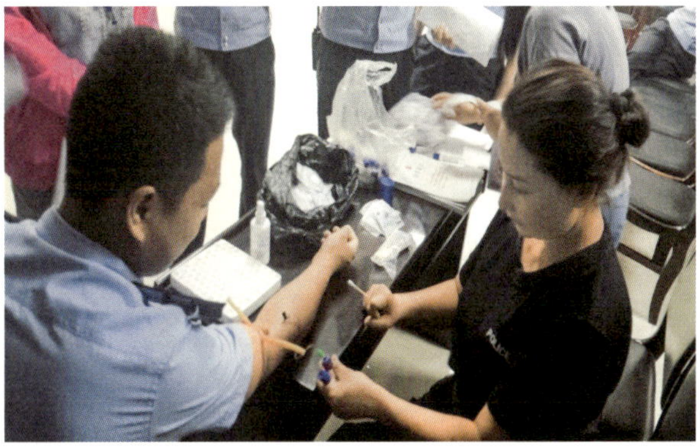

7月12日，红十字会开展招募造血干细胞志愿者血样采集活动

【救护培训】 2019年，县红十字会将救护培训纳入政府防灾减灾工作规划，探索政府出资购买服务与受益人群有偿服务相结合的培训模式，主动协调有关行业和部门，扎实推进重点行业、重点人群的培训工作。

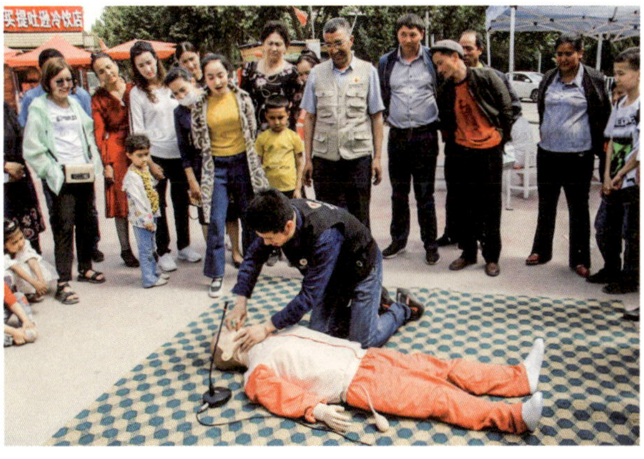

5月12日，红十字会在刀郎巴扎开展“5·8”世界红十字会纪念系列活动

6月2日，在疆南电力公司麦盖提分公司开展救护员培训，参加20人，经测试通过发放救护员证书20人。10月24日，在县供排水公司开展应急救护培训专题讲座，参加30人。加强宣传招募工作，招募38名造血干细胞捐献者，将志愿者的相关资料录入“中华骨髓库”。

【企业捐助】 2019年7月29日，县红十字会接受由喀什海王银河医药有限公司、喀什九州通药业有限公司等28家医疗机构和医药企业捐款18万元，指定用于尕孜库勒乡巴格艾日克村集中扶贫，重点加强对112户贫困户住房改造，加强资金的监督和项目的实施，10月全部完工。

政法工作

【政法队伍建设】 2019年，麦盖提县委政法委开展忠诚教育主题活动，以庆祝建党98周年为契机，通过观看《榜样》系列主题教育片、重温入党誓词等方式，增强政法干部的责任感、荣誉感和使命感，保持对党的绝对忠诚；全年观看主题教育专题片6部，开展谈论6次，撰写心得6篇。强化政法干部能力素质提升，规范练兵、狠抓业务培训，对干部进行政治轮训98场次，参加3475人次；业务培训112场次，参加2888人次。加强政法系统内部监督，严格党规法纪执行，坚持刀刃向内，强化纪律监督和警示教育，对15名公安干警依法依纪进行处理；对工作履职尽责不力的公安干警，追责、问责190人次。

6月26日，麦盖提县政法系统召开“迎七一”忠诚教育主题活动

【社会面防控】 2019年，县委政法委坚持把抓好社会面防控工作作为确保社会大局持续稳定的重要保障，建立社会治安防控体系。压实党政机关单位、学校、医院等重点单位责任，确保防范到位。对全县19家加油加气站、24家物流寄递、55家铁匠铺、23家危险化学品使用单位、704辆大型机械车辆等重点要素管控。

【学习“枫桥经验”】 2019年，县委政法委健全完善多元化矛盾纠纷排查化解机制，学习贯彻“枫桥经验”，161个村（社区）人民调解委员会、司法调解委员会，2个行业调解委员会及家事审判调解委员会共同发力，化解矛盾纠纷1743起；做好信访案件排查登记化解，落实好领导接访、包案化解、属地管理、源头防范等措施。全年，各调解委员会共排查调处各类矛盾纠纷案件759件，调处成功759件，调处成功率100%；依法化解信访案件365件742人次；4月，被国家信访局授予“三无县”称号。

【扫黑除恶】 2019年，县委政法委围绕社会稳定和长治久安总目标在线索核查、案件侦办，宣传教育，深挖彻查，“打财断血”，综合治理、打牢基层基础建设上用劲用力。

2019 年，县委政法委以提升群众的知晓率、参与率为重点，采取大水漫灌全覆盖、细水漫灌精准到位、行业部门重点宣传等方式进行宣传，动员群众检举揭发，累计发放宣传单 4.3 万份，结合典型案例开展各类宣讲 1200 场次，组织刀郎艺术团、乡（镇）文艺演出小分队以扫黑除恶为主题，编排成喜闻乐见、寓教于乐的小品、相声、情景剧、歌舞，深入乡村巡演 50 场；在全县范围内巡回放映宣传教育警示片《检察长》200 场；坚持每天通过广播、电视循环播放宣传短片《扫黑除恶我们在行动》；县域内 110 个 LED 显示屏常态滚动播放宣传标语，16 个重点行业主管部门进行无差别、针对性宣传。

2019 年，麦盖提县先后召开 7 次案件处理协调会议，梳理涉黑涉恶关系网，深入分析涉黑涉恶案件成因，对扫黑除恶专项斗争中失职失责的 18 名党员领导干部进行了问责处理。全年共收集涉黑涉恶线索 16 条，侦破恶势力团伙案件 4 件 25 人，依法打击处理 48 人。

7 月 22 日，县委政法委组织各乡镇政法书记召开矛盾纠纷化解工作会议

2019 年，县委政法委加强与金融部门沟通协作，对 7 起涉及没收财产、并处罚金、追缴非法所得的案件，依法对 8.28 万元存款进行冻结，同时对 4 辆车、4 套可执行房产进行查封、评估、拍卖，已经执行到位金额 19.71 万元。

2019 年，麦盖提县开展重点行业领域乱象整治，查封整顿宾馆、娱乐场所、网吧、台球厅 21 家，停业整顿大型餐饮 1 家，责令整改餐饮、摊点 120 家，取缔小作坊 2 家；查处非法运营车辆 4 辆，行政处罚各类违规车辆 35 辆；行政处罚非法采砂 3 起；依法拘留处罚涉“黄赌毒”人员 58 人。

2019 年，麦盖提县完成 140 个行政村 1137 名村两委干部的联审工作，清理不符合条件的村两委干部 119 人，补齐配强村两委干部 119 人。

公　安

【社会面防控】 2019 年，麦盖提县公安局在人员密集场所、重点要害部位和易受侵害群众区域，实现巡逻力量全覆盖。

【治安管控】 2019 年，县公安局强化重点要素监管。对全县防范重点单位共检查 360 余家次，发现问题隐患 176 处，当场整改 97 处、下发限期整改通知书 60 余份；共检查寄递物流、油气、机车修理等行业 480 余家次，发现隐患 400 余处，当场整改 250 余处，下发整改通知书 150 余份；共检查旅馆业、娱乐场所等行业 268 家次，发现隐患 258 处，当场整改 164 处，下发限期整改通知书 84 份。强化“护校安园”，结合事故通报教训，常态化开展“护校安园”

行动，全年累计投入警力800余人次，共检查各类中小学校、幼儿园260余家次，整治各类隐患200余处。

【打击违法犯罪】2019年，县公安局注重快破大案、多破小案、控好发案的原则，共立刑事案件277起，破案184起，破案率64.53%，与上年同期立案案件143起，破案124起，破案率86.71%，相比立案率上升74.13%，破案率下降23.26%。依法办理经济犯罪案件10起。加强“黄赌毒”整治，共受理黄赌案件140余起，共破获涉毒刑事案件6起，行政案件7起。开展“缉枪治爆”、“食药环”、电信网络诈骗等专项行动。联合相关部门，严厉打击“食药环”违法犯罪，通过联合检查、情报信息收集、拉网式排查等方式主动出击，共受理“食药农环”案件60余起；共开展预防电信网络诈骗集中宣讲200余场次，发放宣传资料1850余份，悬挂横幅1510条次，张贴各类宣传标语近2000条。

【扫黑除恶】2019年，县公安局紧密结合麦盖提实际，强力推进扫黑除恶专项斗争；坚持打早打小和“有黑扫黑、有恶除恶、有乱治乱”原则，全县所有线索均按要求予以办结。

【道路交通安全】2019年，县公安局全面加强道路交通安全隐患排查整治，严管重罚各类交通违法行为。共查处各类违法行为9.5万余起，其中无证驾驶和违规驾驶摩托车、电动车占比较高，全年共发交通事故106起，与上年同期相比交通事故上升231.2%。联合乡（镇）、社区、消防等单位开展火灾安全宣传和隐患整治600余次，坚决预防遏制火灾事故。

【学习“枫桥经验”】2019年，县公安局结合学习“枫桥经验”，重点梳理排摸掌握特殊困难群体矛盾纠纷，统筹解决各类疑难性矛盾纠纷，排查并妥善处理各类矛盾纠纷1449起，未引发个人极端案件和重大群体性事件。

【公安工作“放管服”改革】2019年，县公安局户政窗口利用各型平台宣传推广“互联网＋户政服务”，送证上门1780余次，办理边境管理区通行证345张。开设“绿色通道”，最大限度缩短居民身份证办理时间，推广使用“新疆公安”APP，开通网上办理身份证、居住证等户籍业务，最大

1月10日，麦盖提县公安局开展以“警民牵手110，共创平安迎大庆”为主题的集中宣传活动

程度便利群众，提高工作效率。车管窗口通过增设服务窗口和积极推广宣传“交管12123”双语自助和人工服务语音平台，提升办理车驾管业务工作效率。外事窗口突出优质服务、秩序、环境和构建“效率高、服务好、形象佳”服务体系等措施，实现申请人一次性办理各类证件200余人，全面提升为民服务能力水平。

检　察

【公益诉讼】 2019年，麦盖提县人民检察院向喀什检察分院上报行政公益诉讼线索59件，立案57件，诉前审查程序49件，发出检察建议8份。办理喀什地区首例刑事附带民事公益诉讼案件6件6人。对2家在有害农产品生产销售环节履职不到位的单位举行现场公开宣告，送达公益诉讼诉前检察建议书，该案被自治区检察院作为公益诉讼典型案例在全疆进行通报宣传。10月16日，在喀什地区检察机关中率先成立公益诉讼举报中心并举行揭牌仪式。全年办理侦查监督7件，纠正侦查活动违法8件8人，公安机关收到纠正违法通知书后，及时改正并答复。积极开展民事行政检察工作，加大对法院诉讼活动的监督，受理民事执行监督案件2件，受理行政非诉执行监督案件1件，办理民事审判监督案件1件，对法院在民事审判中的违法行为和执行不到位的情况发出检察建议3件。配合法院对诉讼当事人进行释法说理、调解纠纷，促成执行和解。化解一起执行申请人长达3年的案件，追回合同欠款6.8万元。开展案件信息公开工作，公开案件信息程序519件，公开判决生效法律文书441份，发布重大案件信息140条。全年接待律师38人次，召开依法保障律师合法权益联席会1次，召开座谈会3次。为切实遏制醉酒驾驶，找准监督点，向全县10个乡镇发出检察建议书10份，建议乡镇加强对醉酒驾驶危害的宣传教育，减少道路交通事故的发生，维护社会和谐稳定。

10月17日，麦盖提县人民检察院举办公益诉讼检察建议公开宣告送达仪式

【派驻检察室】 2019年6月，县检察院在县公安局执法办案中心设立喀什地区首个派驻检察室，介入引导公安机关执法办案中心办理案件85起，移送至县人民检察院案管办的案件均被受理，无退补案件。

【释法宣讲】 2019年，县检察院主要领导带头宣讲，认真宣讲与群众密切相关的法律法规，覆盖全院干警、退休干部和联系村群众，开展宣讲40场次，发放宣讲资料3000多份，受教育干部群众1.5万余人次。

【司法救助】 2019年，县检察院干警走访收集司法救助案件线索17件，经初步梳理符合救助条件的7件，按程序上报喀什检察分院审核4件，对符合救助条件的当事人发放国家司法救助金6.5万元，缓解受助家庭的困难。

【法治进校园】 2019年，县检察院开展“携手关爱、共护明天”法治进校园讲座24场次，受教育师生1.5万人次。开展“三进两联一交友”活动9次，给第六小学捐赠1.37万元图书。联合教育、文化、市场监督等单位开展校园周边环境安全整治30余次，跟踪帮教1名犯罪时未成年的特赦罪犯回归社会并协调解决就业。举办保护未成年人宣传片《守护明天》（第3季）光盘捐赠仪式，向县教育局捐赠3套光盘。1名负责未成年人检察工作的干警参与自治区检察院、自治区教育厅联合举办的2019年南疆四地州“法治进校园”巡回宣讲活动，取得良好成效，被评为优秀宣讲员。

法 院

【审判工作】 2019年，麦盖提县人民法院共受理各类案件2398件，审结2341件，审结率97.62%，法定审限内结案率99.96%。2019共受理司法救助案件16件，发放司法救助金27万元。全年共受理刑事案件843件，审结838件。严厉打击盗窃犯罪，审理盗窃案件26件；从严治理交通违法犯罪行为，审理危险驾驶罪358件、交通肇事罪18件；严厉惩处侵犯人身权利的刑事犯罪，审理故意伤害罪10件、强奸罪19件、猥亵儿童罪2件；严厉打击侵犯群众财产的刑事犯罪，审理诈骗罪25件、抢劫罪1件；严厉打击职务类犯罪，审理贪污罪2件、受贿罪5件、挪用公款罪1件；严厉打击毒品类犯罪，审理贩卖毒品罪2件、销售假药罪6件。全年共受理民事案件1167件，审结1095件。坚持及时依法化解矛盾纠纷，共办结各类婚姻家庭案件110件、合同纠纷案件825件、人身权纠纷案件1208件、物权纠纷案件7件、劳动争议案件23件、股东出资纠纷6件。全年共受理各类执行案件299件，执结261件，执结标的金额1600余万元。

【释法宣讲】 2019年，县法院10名干警与检察院、“访惠聚”工作队共22人组成释法宣讲小组，向群众讲清楚相关法律、政策，提高对法律政策的认识，共宣讲2608户，参与群众4766人，在宣讲过程中收集并协调帮助解决实际困难102条。

【司法改革】 2019年，县法院坚持司法为民、公正司法，全面深化司法体制改革，促进审判体系和审判能力现代化。全年退出员额法官1人，转任员额法官1人，新选任员额法官2人；新聘用书记员14人。

司法行政

【机构改革】 根据喀什地委、地区行署批准的《麦盖提县机构改革方案》和县委办公室、政府办公室印发的《关于〈麦盖提县机构改革方案〉的实施意见》，2019年3月，重新组建麦盖提县司法局，将县司法局、县人民政府办公室（县人民政府法制办公室）的法制工作职责整合。

【人民调解】 2019年，麦盖提县司法局积极推广“枫桥经验”，举办人民调解员培训班2期，重点培训有关法律法规和业务知识，共培训人民调解员1057人次，提高县、乡、村三级调解员处理矛盾纠纷和化解矛盾的工作能力。在央塔克乡召开多元化化解矛盾纠纷现场会，分别就规范人民调解业务工作流程、法律文书的内容及注意事项等进行观摩，起到示范作用，为形成“党委领导、政府主导、社会参与、多元并举、法治保障”的工作格局打下基础。开展“大排查、早调解、护稳定、迎国庆”专项活动，共调解各类矛盾纠纷711件，调解率100%，调解成功率100%，确保小事不出村、大事不出乡镇，矛盾就地化解。

【社区矫正】 2019年，县司法局认真落实社区矫正调查评估机制、信息化平台监管

11 月 12 日，司法局组织开展职工政治理论学习考试

机制及集中教育制度等，严格落实社区矫正各项管控措施。通过实地走访、检查档案资料等方式对司法所开展社区矫正工作情况进行检查，对存在的隐患问题督促整改。对不服从管理的社区矫正对象，严格按照《社区矫正管理办法》进行办理，实现社区矫正对象无漏管、无脱管、无重新违法犯罪现象发生。

【法律援助】 2019 年，县司法局为弱势群体提供法律援助 432 人，办理法律援助案件 64 件，其中：民事案件 5 件，刑事案件 59 件。接待来电、来访法律咨询 432 人次，代书 65 份。协同县人民检察院对“危险驾驶罪”犯罪嫌疑人进行释法，累计签署“认罪认罚”具结书 78 份，保障被告人（或犯罪嫌疑人）的合法权益。律师事务所办理各类有偿诉讼案件 78 件，其中：刑事辩护代理案件 14 件，民事案件 59 件，非诉讼案件 5 件。

【公证工作】 2019 年，县司法局顺利完成公证处改制工作，完善公证工作制度，努力提高公证人员的服务意识。县公证处共办理公证 419 件（含法律援助公证 12 件）；办理现场公证 34 件，现场监督 3 件。解决困难群众取款和车辆过户困难诉求，办理银行卡支取公证事项 159 件，帮助支取存款 342.14 万元。办理车辆过户 53 件。

【法治宣传】 2019 年，县司法局充分发挥网络、电视广播、宣传栏、展板等各类载体作用，利用集中学习日、周一升国旗、“双语”夜校、学校班班通、乡村广播、“12·4”法治宣传日活动、“与法同行 万人宣讲”等活动平台，举办法律知识讲座、法律有奖知识竞赛、法治文艺演出、法律咨询，在全县广泛开展《中华人民共和国宪法》《中华人民共和国刑法》，特别是《中华人民共和国反恐怖主义法》《中华人民共和国国家安全法》等与人民群众生产生活密切相关的重点法律法规的学习宣传教育。全年共举办法治宣讲 1 万余场次，开展释法宣讲 3000 余场次，开展法治文艺活动 1500 场次，开展法律知识竞赛 600 余场次，印发普法宣传资料 4 万余份，推动形成“自觉守法、遇事找法、解决问题靠法”的良好社会氛围。

12 月 4 日，司法局开展“全国宪法日”普法宣传活动

【扫黑除恶】2019年，县司法局加强重点行业管理，对律师、公证等法律服务行业代理黑恶势力犯罪案件实行案件登记备案制度。对基层矛盾纠纷进行排查，摸排涉黑涉恶线索，对涉毒、涉黄、涉赌、侵犯公民人身权利、暴力侵犯财产权利等典型犯罪的“两类人员”进行重点摸排，做到底数清、情况明。

【五一林场司法所建设】2019年，县司法局使用中央预算内资金31万元，完成“十三五”规划下达的司法所建设项目。在县五一林场建设司法所，面积120平方米，已竣工验收，投入使用。

【律师信访】2019年，县司法局实行律师信访值班制，每周五安排一名律师到信访局值班，帮助接待信访群众，化解重大、疑难案件10余件。

【律师工作】2019年，新疆刀郎律师事务所依法办理刑事案件18件、民商事案件54余件、劳动仲裁12件。办理法律援助案件20件，提供免费法律咨询1000余件。

军　事

县人武部

【战备工作】 2019年，麦盖提县人民武装部始终把战备工作摆在中心位置，坚持战备演练，及时修订完善各类预案。严格战备值班，针对值班要求变化、值班人员调整，实行考评上岗，值班未出现纰漏。

【军事训练】 2019年，县人武部认真贯彻落实两级军区军事训练动员会精神，确保按纲施训、依法治训，切实提高机关和连队应对多种安全威胁的能力，陆军等级考评参评率达到99.03%，评定等级率达到90.2%。机关训练军事科严密制定月训练计划，采取“个人自学、考核摸底、结对帮带、集中强化”的办法，对一些重点课目进行训练。分队训练按照集中强训、分层施训、弱项补训的总体思路，稳扎稳打逐步推进。连队在分区半年和年终考核中分别取得屯垦分队建制连队第3和第2的好成绩。

10月3日，人武部组织官兵开展拔河比赛

【征兵工作】 2019年，县人武部对征兵工作抓好宣传动员。严格按照征兵程序，做到公平、公正、公开，确保征兵任务高标准完成，登记率100%。

【民兵建设】 2019年，县人武部着眼提高军事技能，狠抓民兵队伍军事训练，组织集中组训4期，主要对警棍盾牌的使用、擒敌拳、木质警棍术、队列等基础内容进行12天集中强化训练。结合民兵队伍人员调整补充，对民兵组织政治工作开展情况进行检查摸底，针对存在的困难和问题有针对性地对民兵党组织进行调整完善，制定年度民兵政治教育计划，下发政治教育教材资料，为民兵政治工作开展创造条件。

【军民共建】 2019年，县人武部着眼促进军地双方全面建设，坚持把军民共建与各项创建活动融为一体，建立军民共建点5

个，“共建美好精神文明家园”联系点2个，帮扶小学2所，通过开展丰富多彩、形式多样的军民共建活动，进一步加强了军民团结。

【管理教育】 2019年，县人武部贯彻落实两级军区和分区党委首长的一系列指示精神，集中开展“传承红色基因，担当强军重任”和“不忘初心、牢记使命”主题教育活动，开展车辆安全管理政治活动、涉枪涉弹专项教育整治和“严纪律、正秩序、训作风、强责任、排隐患”等教育整治活动，组织官兵学习《中国人民解放军安全条例》《中国人民解放军预防犯罪工作条例》，提高了官兵的思想政治意识和安全意识。对民兵武器装备管理工作的基本任务、指导原则、职责分工、配备补充、保管使用、修理报废、奖励惩处等问题作出明确规定，及时研究解决武器装备管理中存在的问题，对涉及武器装备的动用、保养、封存、修理等问题主官亲自过问，严格把关，确保各个环节不出问题。

武警麦盖提县中队

【政治工作】 2019年，武警麦盖提县中队深入学习贯彻习近平新时代中国特色社会主义思想和习近平强军思想。学习习近平“双百金句”，通过组织官兵人人选题材写教案、上台讲微课、每日操课前学一句习主席讲话、中队大屏滚动显示“金句”等方法，营造浓厚学习氛围，提升学习效果。中队共编写微课教案85份，利用政治教育时间组织学习授课。全年，中队坚持每周二、周四组织官兵学习《习近平论强军兴军》《军营理论热点怎么看·2019》《习主席国防和军队建设重要论述读本》《军委主席负责制学习读本》《中国共产党的九十年》《习近平总书记系列重要讲话读本》等理论书籍，组织讨论25次，撰写心得体会1000余篇，理论要点测试12次，知识竞赛3次。通过学习教育，进一步坚定了官兵听党指挥、对党绝对忠诚的政治信念，始终牢记“两个维护”，不断强化“四种意识”，立志扎根边疆、建功立业。扎实开展“传承红色基因，担当强军重任”主题教育活动，按照每个专题支队上大课，中队组织开展小课串讲，班排讨论、撰写心得等方法，将五个专题教育内容讲清讲透。严密组织各专题配合活动，通过组织官兵学习理论、参加支队演讲比赛和歌咏比赛、观看红色电影和政论片、组织“学英模事迹、当红色传人”活动、提炼梳理队魂队歌队训等，不断深化拓展主题教育效果，教育实效性明显增强。

【军事训练】 2019年，武警中队深入贯彻落实习近平主席练兵备战号令指示和中央军委开训动员令，扎实开展实战化练兵比武活动，全年依据《军事训练大纲》施训严训，纠治和平积弊问题，大力掀起练兵备战热潮。在参加支队第一届军体运动会、支队新训骨干比武竞赛活动中，中队获得集体第一，下士李鑫取得个人综合排名第二的好成绩。

【军民联谊】 2019年，武警中队持续开展双拥工作，参加公安局举办的军警兵民文艺汇演庆祝“八一”建军节活动。与麦盖提镇英巴扎社区举办军民联谊晚会，每季度与共建单位国税局举行一次篮球友谊赛，增近军民之间的友谊。

【后勤工作】 2019 年，武警中队在县委政法委、公安局大力支持下，10 月迁入新营区。公安局为中队修建车库，协调法桐树苗用于绿化，购置完整齐备的执勤、工作、生活设施，为官兵正常开展执勤、训练、工作、生活给予支持。截至年底，营区各项建设已基本到位，部队秩序井然，官兵士气高昂，各项工作有序推进。

农 业

综 述

【机构改革】 根据喀什地委、地区行署批准的《麦盖提县机构改革方案》和县委办公室、政府办公室印发的《关于〈麦盖提县机构改革方案〉的实施意见》，2019 年 3 月 11 日，麦盖提县农业农村局正式挂牌成立。按照机构改革的要求，撤销麦盖提县农业局，组建麦盖提县农业农村局，将农牧机械管理局、植物检疫中心、种子质量监督检测中心、农产品质量安全检验检测中心承担的行政职能划归县农业农村局。新组建的农业农村局增加渔业、农业综合开发项目、农田整治项目、农田水利建设、农业投资项目等管理职责。原畜牧兽医局的职责同时整体划转至县农业农村局。农业农村局是县人民政府组成部门，为正科级，加挂麦盖提县畜牧兽医局牌子。县委农村工作领导小组办公室设在县农业农村局。农业农村局行政编制 12 人，其中：科级领导职数 3 个，机关工勤事业编制 3 人。

9 月 6 日，麦盖提县召开全县农村集体产权制度改革工作推进会

【概况】 2019 年，全县耕地面积 102.96 万亩，农村人口 16.84 万人，人均耕地 6.12 亩。全年粮食总产量 10.91 万吨。小麦收获面积 15.37 万亩，总产量 6.02 万吨；玉米收获面积 10.08 万亩，总产量 4.89 万吨。棉花收获面积 68.33 万亩，总产量 7.99 万吨。蔬菜收获面积 2.49 万亩，总产量 7.62 万吨。全县果园面积 70.95 万亩，总产量 29.09 万吨，其中红枣面积 56 万亩，总产量 25 万吨。全县参加收益分配的农村经济总收入为 43.2 亿元，纯收入 19 亿元，实现农民人均纯收入 1.33 万元（种植业 3730 元、林果业 6800 元、畜牧业 1296 元、劳务创收 1200 元，第三产业 231 元），较 2018 年增长 987 元，增长 8.04%。种植业增加值 6.47 亿元，种植业农民人均纯收入 3730 元，较上年增加 111 元。全县年末牲畜存栏 33.40 万头只；出栏牲畜 31.37 万头只；家禽存栏 82.8 万只（羽）；出栏 198.42 万

只（羽）；肉产量 94.25 吨，奶产量 4485 吨，蛋产量 2747 吨。加工青贮饲料 17 万吨。

【农村产权制度改革】 2019 年，根据《麦盖提县开展农村集体产权制度改革试点工作方案》要求，县农村经济经营管理局完成了第一阶段全县 128 个村农村集体资产清产核资工作，全县 128 个村账面集体资产 3.9 亿元，核实集体资产 5.81 亿元，其中流动性资产 1.6 亿元，固定资产 4.21 亿元；流动负债 8774.63 万元，长期负债 1551.71 万元，所有者权益 4.78 亿元。集体土地总面积 118.5 万亩。农用地 90.82 万亩，其中耕地 61.51 万亩（未承包到户面积 21.92 万亩），园地 12.91 万亩（未承包到户面积 3977.6 亩），林地 6.64 万（未承包到户面积 6.62 万亩），农田水利设施用地 7.55 万亩，养殖水面 2.05 亩，其他农用地 1547 亩。建设用地 10.13 万亩，其中工矿仓储用地 1096.9 亩，主要为棉花加工厂和红枣厂。商服用地 22.65 亩，主要为合作社和卫星工厂用地。农村宅基地 5.28 万亩，公共管理和公共服务用地 3423.52 亩，交通运输和水利设施用地 4.25 万亩，其他建设用地 1509.31 亩；未利用地 17.54 万亩。附报“四荒”地 14.21 万亩。

2019 年，麦盖提县产权制度改革第二阶段试点工作在 4 个村进行，主要是巴扎结米镇亚胡木丹村、希依提墩乡月塘村、央塔克乡布隆浪喀村（东风村）、尕孜库勒乡塔拉买里村，已完成集体组织成员身份确定和股权量化工作，总人口 6258 人，确定村集体组织成员 5545 人，参加股份分配人口 5545 人，分股 4179.7 股，其中不参加分股 397 人（国家干部 79 人，去世 140 人，空挂户 50 人，失联 128 人），大学生、军人等 316 人保留股份。

【农业项目实施】 2019 年，麦盖提县实施农业项目四大类 33 个，总投资 2.98 亿元，全部实施完毕。其中：实施扶贫项目 8 个，资金 5975.72 万元；援疆项目 3 个，总投资 2761 万元；中央、自治区专项项目 17 个，补助资金 7073.67 万元；其他项目 3 个，投资 1.41 亿元，完成投资 7311.93 万元。

2019 年，县农技中心按要求做好《2019 年耕地质量保护与提升项目》的实施工作，利用项目资金 120 万元建设化肥减量增效示范田 3 万亩。其中：央塔克乡 1 万亩，吐曼塔勒乡 5000 亩，尕孜库勒乡 8000 亩，克孜勒阿瓦提乡 5000 亩，库木库萨尔乡 2000 亩。购买绿肥种子 6.67 吨、土壤调理剂 5 吨、有机肥 140 吨、中生菌素 200 千克、新型复合肥 30 吨，发放给休耕区农户培肥地力。配置测土配方施肥智能化配肥机 1 台，开展绿肥翻压 + 配方肥技术模式试验示范 4 个，在尕孜库勒乡、克孜勒阿瓦提乡建立 2 个国家级耕地质量监测点。配合自治区农科院科研人员完成休耕示范区和监测点土样采集工作，采集土样 32 个。配合地区完成全县 92 个定点土样采集工作。实施农作物病虫害综合防治项目，项目投资 10 万元，在希依提墩乡建立 2000 亩小拱棚甜瓜绿色防治示范区 1 个，制定绿色防控实施方案，配套绿色防控技术，制定应急防治预案，完成全程绿色防控。实施 2018 年蝗虫防治补助项目，项目投资 20 万元，用于苜蓿及甜瓜绿色防控综合示范基地，采购一批农资，发放给农户，受益农户 5000 户。

2019 年，麦盖提县实施庭院经济建设项目，项目资金 7561.1 万元，其中地区增减挂项目补助资金 5700 万元，援疆项目资金 1861.1 万元，对全县各乡（镇）村一般户庭院经济建设进行补助。利用农户庭院中的“方寸”土地，按照“三区分离”要求改造庭院 4.78 万户，种植蔬菜 1.8 万亩、葡萄 2.1 万架；完成现代家具入户 3.84 万户、改厨 2.7 万户、改厕 4.98 万户，群众的生活质量显著提升。

【惠农补贴】 2019 年，喀什地区下拨麦盖提县耕地地力保护补贴资金 2733.94 万元。小麦补贴标准每亩 180 元，正播玉米补贴标准每亩 18 元，青贮饲料补贴标准每亩 100 元，苜蓿补贴标准每亩 100 元，茴香补贴标准每亩 18 元，万寿菊补贴标准每亩 18 元，马铃薯补贴标准每亩 18 元。按标准及时发放到农户。

2019 年，麦盖提县发放 2018 年地区下拨棉花目标价格补贴资金 2.67 亿元。其中：面积补贴到位资金 5669 万元，交售量补贴到位资金 2.10 亿元。2018 年，全县种植棉花面积 74.66 万亩（其中基本农户种植面积 65.73 万亩，农业生产经营单位种植面积 8.93 万亩），棉花面积补贴标准每亩 86.27 元，棉花交售量补贴标准每千克 0.92 元。

2019 年，根据《麦盖提县 2019 年落实农牧民补助奖励政策实施方案》，地区下达至麦盖提县的农牧民补助奖励政策任务总面积 220.08 万亩，实施草畜平衡管理草原面积 220.08 万亩，奖励资金 550.2 万元，受益农牧民 2620 户。

【土地清理收益再分配】 2019 年，麦盖提县应发包土地 34.92 万亩，实际发包土地 31.26 万亩，应收土地承包费 1.06 亿元。根据《喀什地区国有土地经营收益资金管理办法（试行）》，确保发挥资金效益，解决贫困户的特殊困难，助力全县脱贫攻坚，如期打赢脱贫攻坚战，土地清理收益资金主要用于贫困户“七项资金”补贴。“六项资金”预算 9961 万元，截至年末，上缴地区统筹资金 1400 万元，用于全县脱贫攻坚“六项资金”3898.13 万元。就业补助资金共发放 1421.02 万元。其中：稳定就业补助 6623 人，补助资金 662.3 万元；自主创业补贴 65 人，补助资金 6.5 万元；政府购买公益性岗位 3691 人，补助资金 649.42 万元；无劳动能力救助惠及 932 人，补助资金 102.8 万元。贫困大学生教育资助专项资金惠及 496 人，补助资金 158.1 万元。贫困家庭困境群体关爱专项资金惠及 1397 人，补助资金 89.84 万元。贫困村集体经济补助资金覆盖 122 个村，补助资金 610 万元。产业引导资金（畜牧良种繁育资金）共发放 850 万元。其他资金发放 769.17 万元，其中特殊困难户庭院经济建设资金共发 718.1 万元，重大疾病补助资金共发放 51.07 万元。

【土地流转】 2019 年，县昆仑土地扶贫开发公司经营的清理清退土地与农民 30 年集中连片无果树的承包地进行整合后，对连片 500 亩以上的土地进行打包流转，用于安格斯肉牛产业的饲草基地。农民 30 年承包地按 500 元 / 亩标准，一年分两次兑现承包费，对于流转土地的农户可以优先进入安格斯肉牛养殖公司务工。截至年底，全年共流转土地 10.5 万亩，全县累计流转土地 15.69 万亩，整村流转村 6 个，其中流转农民 30 年承包地 4.13 万亩，清理清退土地 11.56 万亩。

【农村土地承包经营权确权登记颁证】 2019 年，麦盖提县农村经济经营管理局完成 9 个乡镇、127 个村、515 个村民小组的 52.88 万亩 30 年承包土地确权登记工作。共涉及 2.51 万户、14.14 万人。11 月 23 日，在库木库萨尔乡托万哈迪勒克（11）村举行麦盖提县农村土地承包经营权证颁发（首发）

11月23日，麦盖提县召开全县土地承包经营权证首发仪式

仪式，为123户农户现场颁发农村土地承包经营权证书。仪式结束后，在全县展开农村土地承包经营权证书发放工作。截至年末，到位确权证书3000本，已打印发放2055本。

【村容村貌整治】 2019年，麦盖提县利用村容村貌项目资金7480万元，整治9个乡（镇）88个一般村村容村貌，结合庭院经济建设、“三新”活动，全面做好院内院外“六件事”，实施村容村貌整治全覆盖。完成拆除危房2.47万户，拆土炕6536个，拆旧复垦6400亩；建设垃圾投放点233个，垃圾车163辆，三轮洒水车125辆，垃圾船307个，垃圾箱1.36万个，配备保洁员154人，实现垃圾进箱，定期清运填埋，村庄干净整洁。

【农技培训】 2019年，麦盖提县农技中心对央塔克乡、吐曼塔勒乡、尕孜库勒乡、昂格特勒克乡部分村进行棉花、小麦、玉米高产栽培技术、西甜瓜种植栽培管理技术、病虫害防治技术等培训，举办培训27场次，培训村干部81人次、农村专业技术人员1200人次、农牧民群众7370人次；外出培训技术干部3人次。组织技术人员在地区学习土壤化验技术，为期40天；结合喀什地区农技中心小麦测土配方施肥建议表，制作发放测土配方施肥建议卡5000份，测土配方施肥技术广播宣传90次，印刷墙体宣传广告100条，制作宣传广告纸杯10万只，举办培训班9期，培训测土农技人员30人、农民科技带头人5000人。

7月底，根据《2019年基层农技推广体系改革与建设补助项目实施方案》要求，特聘农业技术专家30人（县级农业技术专家3人，乡级农业“土专家”27人）建设科技示范基地2个、庭院蔬菜种植示范基地1个、“刀郎土瓜”种植示范基地1个，农村科技服务站10个，主要推广培训设施大棚、刀郎土瓜、拱棚和庭园蔬菜生产种植管理技术和病虫害防治技术，实地累计培训1.5万人次。9月，根据《关于印发〈2019年喀什地区农民教育培训工作方案〉的通知》要求，聘请新疆农业大学4名长期从事蔬菜种植技术研究和生产的技术专家，对全县209名新型职业农民进行培训，主要培训内容：设施农业高效生产管理技术培训、设施高效育苗技术培训、西红柿、辣子、茄子、豇豆种植技术培训，共计培训400人。12月，根据《关于〈喀什地区职业技能提升行动实施方案（2019—2021年）〉的通知》

10月，昆仑土地扶贫开发有限责任公司在库木库萨尔乡托市收购核桃

要求，利用冬季农闲时节对有就业能力和培训意向的 18 ~ 50 岁的农牧民开展实用技术培训，共培训 1000 人。

【种子管理】 2019 年，麦盖提县推动棉花产业提质增效，围绕“控面积、压品种、降成本、防三丝、攻单产、提质量”的思路，将棉花种植面积稳定在 70 万亩左右，将棉花主栽品种压缩为 5 个（中棉 49、新陆中 37、新陆中 59、新陆中 64、新陆中 66），提升棉花单产和品质，重新打响“瀚海”牌棉花品牌，增强市场竞争力。加强小麦提纯复壮工作。全年选取小麦单穗 6 万株，室内拷种 5.3 万株、穗系 2070 把，经地区农业农村局考核验收纯度达到 99.9%。秋种植穗行圃 25 亩，穗系圃 50 亩，原种圃 1500 亩，按每亩 400 千克，可产原种 630 吨。做到不从外地调种从而降低成本，减轻农民负担。全县繁育加工小麦原种 392 吨。强化良种繁育体系建设。良种繁育形成县级（良种繁育基地）、乡级（良种繁殖区）和村级（良种繁殖田）三级良种繁育体系。良种繁育基地通过“三圃”（株行、株系、原种）进行系统繁育，提纯复壮，繁育出一级良种和二、三代原种，向良种区提供小麦原种进行繁殖，再提供给各村种子田进行繁殖，第二年进入大田全面推广。全年各类种子总销售量 804.8 吨（棉花 148.2 吨，玉米 169.5 吨，小麦 481.7 吨，茴香 3.1 吨，油菜 2.3 吨），种子销售额为 644 万元。

【农产品托市收购经营】 2019 年，县昆仑土地扶贫开发公司对全县红枣、核桃进行托市收购，与农发行对接按照 1：6 的比例，通过缴纳风险保证金的方式，从农发行申请贷款资金开展农产品托市收购经营，托市收购核桃 350 吨，红枣 850 吨。

【庭院蔬菜购销配送】 2019 年，县昆仑土地扶贫开发公司与供销社联合对农民庭院蔬菜进行收购，提供资金保障，健全“村收购、乡中转、县配送”蔬菜销售体系，设置村级蔬菜收购点 89 个，新建 8 个乡镇蔬菜分捡配送中心，推动消费扶贫，促进农副产品进机关、进企业、进学校，有效解决农副产品销售难问题。

【农民专业合作社建设】 2019 年，县农村经济经营管理局按照《中华人民共和国农民专业合作社法》的规定，加强对农民专业合作社的具体管理，积极开展政策咨询、宣传培训、登记备案、建设指导等服务工作，

11 月，昆仑土地扶贫开发有限责任公司托市收购红枣

帮助合作社完善组织机构、制定规范章程、完善管理制度，解决实际困难。全县共清理注销空壳社 16 家，吊销 51 家。7 月 26 日，举办农民专业合作社规范化建设培训班，各合作社法人、农经站业务干部、各乡合作社负责人共 110 人参加培训，培训会采取实地观摩和理论培训相结合方式进行，观摩库木库萨尔乡天顺祥蔬菜水果农民合作社规范运行、财务管理情况。

【农作物测产和农业督查】 2019年，县农业农村局做好常规作物棉花、小麦的测产工作。小麦单产391千克，棉花单产（皮棉）117千克。抽调1名技术人员全程参与农业督查工作。针对督查出的小麦施肥、浇水质量差，二类三类苗管理不到位，玉米播种质量差，农户房前屋后蔬菜病虫害防治不到位，部分村未落实沤肥，林带树叶、枯草未清理等问题。采用现场会、田间学校、科技培训、技术干部深入田间地头指导等形式，解决生产中的各类技术问题，使各项措施落实到位。

【农产品质量安全检验检测】 2019年，县农业农村局紧紧围绕“不发生重大农产品质量安全事件”工作底线，坚持问题导向，从生产主体管理、农业投入品监管、农产品质量监测体系建设、标准化生产能力提升和区域农产品品牌培育等五个方面开展一系列工作，全县共有标准化生产基地16个，总面积5.66万亩。全县接受自治区、地区农产品质量监督抽查、例行监测98批次，合格率为99.83%。帮助新疆枣都现代农业有限公司、麦盖提县红日乐友果业有限公司、麦盖提县供销社申请开通国家农产品质量安全追溯管理信息平台，为全县农产品质量安全可追溯试点打下基础。按照“管行业必须管安全”的要求，加大农资市场监管，对全县133家农资经营户不定期进行执法检查，没收过期农资529瓶（袋）。

6月，县种子公司工作人员开展烤种工作

【农业保险】 2019年，麦盖提县本着“政府引导、市场运作、自主自愿、协同推进”的原则，协调3家保险公司将农业保险政策宣传到位。在农民自愿的基础上，投保棉花26.5万亩，合计金额296.8万元；投保小麦7.72万亩，合计金额46.32万元；投保玉米3.57万亩，合计金额29.99万元，三项总计373.11万元。通过保险项目的实施，降低农户农作物受灾后的损失，减轻农民的负担。全年共赔付资金1399.16万元，受益农户2066户。

种植业

【粮食】 2019年，麦盖提县粮食种植总面积25.45万亩，粮食总产10.91万吨，其中种植小麦15.37万亩，通过狠抓小麦水肥管理，小麦单产391.5千克，较上年增产9.94千克，总产6.02万吨；玉米种植面积10.08万亩，平均单产484.8千克，较上年增产15.8千克，总产4.89万吨。

【棉花】 2019年，全县棉花种植总面积68.33万亩，通过开展高产创建，认真落实“水、肥、调、虫”等关键技术措施，棉花单产117.22千克，较上年增加7.22千克，皮棉总产7.99万吨。落实棉花目标价格补贴政策，完成棉花种植面积核实并将基本农户及农业生产经营单位信息录入“新疆棉花目标价格信息平台”。

【特色作物】 2019年，全县特色作物种植面积9.86万亩，其中西瓜2.44万亩，甜瓜2.65万亩，各类蔬菜3.68万亩，万寿菊1000亩，土豆900亩，金银花600亩，枸杞3000亩，色素辣椒3430亩，豇豆2029亩，丰富了农产品市场，拓宽了农民增收渠道。播种小茴香19.41万亩。新种植苜蓿1万亩，苜蓿保留面积2.8万亩。

【蔬菜产业布局优化】 2019年，麦盖提县发展以巴扎结米镇为中心，辐射带动希依提墩乡、昂格特勒克乡、库木库萨尔乡露地蔬菜功能区建设；以尕孜库勒乡和克孜勒阿瓦提乡为中心，辐射推进其他7个乡（镇）庭院拱棚、露地大棚蔬菜功能区建设。全县种植蔬菜3.68万亩，健全"村收购、乡中转、县配送"农产品促销体系及农产品销售，成立乡级蔬菜合作社12个，村级蔬菜收购点89个，累计收购蔬菜1175.52吨。

【设施农业建设】 2019年，麦盖提县在库木库萨尔乡新建温室大棚46座，总投资750万元，全县温室大棚总数1070座。春季早育苗82.6万株，以西红柿、茄子、辣椒、葫芦瓜、豇豆为主，全部提供给贫困户，用于发展庭院蔬菜种植，增加经济收入。全县陆地正播蔬菜2.49万亩，陆地蔬菜2.2万亩，总产6.6万吨，总收入7920万元，农村人口14.33万人，较上年人均增收87元；全县有标准日光温室种植面积2905亩，产量1.02万吨，总收入2034万元，较上年农民人均增收16元，成为农民增收新的经济增长点。麦盖提县蔬菜种类主要有大白菜、白萝卜、胡萝卜、恰玛古（学名"芜菁"）、洋葱、大葱、菠菜、豇豆、茄子、西红柿、辣椒、黄瓜、西葫芦、南瓜、冬瓜、芹菜、莴笋、韭菜、菠菜、油白菜、快菜、香菜、土豆等。

畜牧业

【动物防疫与检疫】 2019年，麦盖提县加强重大动物疫病防控。口蹄疫共免疫畜66.05万头，其中牛6.89万头，羊58.27万只，猪8900头。禽流感共免疫家禽160.76万只（羽），其中鸡75.54万只、鸽79.74万羽，鸭3.51万只，鹅1.97万只。小反刍兽疫免疫28.94万只。抓好动物免疫工作，牛焦虫免疫2.5万头；布病免疫25万只。羊痘免疫29.34万只。药浴绵山羊57.88万只（春秋两次）。驱虫家畜33.02万头（只）。无毒炭疽芽孢免疫家畜29.82万头。二号炭疽疫苗免疫3.11万只。羊三联四防免疫绵山羊29.32万只。开展抗体效价检测，检测牛口蹄疫600份，合格血清508份，合格率84.67%；检测羊口蹄疫600份，合格血清487份，合格率81.2%；检测猪口蹄疫65份，合格血清51份，合格率78.46%；检测鸡禽流感1196份，合格血清982份，合格率82.1%；检测鸡新城疫1196份，合格血清922份，合格率77.1%。加强防疫物资保障供应，春秋之际两次发放各项防疫物品。

2019年，县农业农村局严格执行农业部"六条禁令"，营造"以监促检、以检促防"的工作格局，全年累计开展动物产地检疫35.76万头（只）。对176头生猪、284头（只）牛羊进行"瘦肉精"抽检工作，盐酸克伦特罗、莱克多巴胺和沙丁胺醇三种试剂的样品检测结果均为阴性。对调入畜进行查证验物登记造册，对垫料进行无害化处理并对调入畜进行带圈消毒。全年，调入屠宰用羊13万只，调入后按要求进行瘦肉精抽检；调入饲养用羊8180只、牛7039

头，调入后按要求进行隔离观察，杜绝传入疫病的发生。对调出县境偶蹄动物按要求进行布病和口蹄疫抗体检测。截至年底，共调出牲畜（疆内）747 头只，家禽 6.04 万只，动物毛皮 2180 张，肉 39.42 吨，脏器 48.23 吨；调出牲畜（疆外）790 头，动物毛皮 3.6 万张，肉 2.88 吨，脏器 628.76 吨。确保上市畜产品的质量安全，保障人民群众吃上“放心肉”，全年开展屠宰检疫畜禽 28.69 万头（只）。其中：生猪 5426 头，牛羊 13.16 万头（只），家禽 14.98 万只。对乡镇农贸市场肉食品销售区、县城农贸市场肉食品销售区、主要街道肉食品销售摊点检查 76 次，累计出动监督执法人员 150 人次。

【动物防疫知识宣传培训】 2019 年，县农业农村局采取张贴标语、设立咨询台、发放宣传单等多种形式组织干部职工在广场、活畜禽交易市场、屠宰场以及动物饲养场开展以《中华人民共和国动物防疫法》为主的畜牧业法律法规和畜产品质量安全宣传活动。在整个宣传月活动中，累计发放宣传资料 1000 份，接受咨询群众 200 人次，增进社会各界对动物防疫检疫工作、畜产品安全的认识与了解，增强了广大养殖户依法治疫、保障畜产品安全意识。

2019 年，县农业农村局加强动物防疫知识培训。4 月 2 日、8 月 15 日对 146 名村级动物防疫员进行技能培训。7 月 4—6 日，自治区畜牧兽医局专家到麦盖提县，对全县 254 名村级防疫员和技术骨干进行畜牧兽医助理脱贫攻坚培训。7 月 18 日，地区畜牧兽医局 2 名专家对全县 36 名农民养殖合作社负责人进行动物防疫基础知识、疾病的防控及自身防护措施、推广普及畜牧业生产“四良一规范”等畜牧养殖技术培训。

【牲畜良繁中心建设】 2019 年，麦盖提县建设良繁中心 2 座，即麦盖提县肉羊良种繁育中心、麦盖提县安格斯肉牛繁育中心（包括 7 个安格斯肉牛繁育场）。严格按照“四良一规范”运营，全年使用扶贫资金 1925 万元，扩建肉羊良繁中心，新建 10 座羊舍 1 万平方米。全年采购种羊 5050 只，存栏种羊 7400 只。麦盖提县安格斯肉牛繁育中心采购安格斯牛 1.3 万头，存栏 7891 头。按照《关于加快推进良种繁育中心建设的实施意见》精神，全年向 1 万名贫困人口进行良繁中心养殖羊分红。安格斯肉牛场已向村委会分红 2000 万元。

2019 年，县农业农村局推进牲畜品种改良工作，全县繁殖成活幼畜 15.25 万头（只），成活率 93%；设立品种改良服务点 20 个，冷配黄牛 8550 头，怀胎率 88%。自 9 月中旬起，农业农村局技术人员对各乡镇养殖户开展鉴定工作，累计鉴定固定多浪种公羊 800 只，规范和提高全县多浪羊良种化水平，促进了畜牧业持续稳定健康发展。

2019 年，麦盖提县加强牲畜托养合作社建设，改扩建托养合作社 2 个，新建托养合作社 6 个。引导农户牲畜“出户入社”“退院进区”，实行统一的良种繁育、饲料供应、疫病防治、饲养管理，促进分散养殖向规模化生产转变，提高牲畜出栏率、商品率。

农牧机械

【农牧机械水平】 2019 年，麦盖提县农业机械总动力 35.6 万千瓦，有拖拉机 1.26 万台、联合收割机 59 台、大型工程机械设备 715 台、各种农机具 2.46 万台（架），机具配套比 1：1.95。全县棉花、小麦、玉米机耕率、机播率达到100%，机收率18.62%，主要农作物综合机械化水平73%，较上年提高0.62%，农业现代化水平进一步提升。

【农机购置补贴】 2019年，中央下达全县农机深松作业补助资金120万元，历年累计结余农机购置补贴资金940万元。全年共补贴各类农业机械528台（架），兑付补贴资金939.21万元，受益农户395户；农机深松作业合格面积3.99万亩，兑付补助资金119.58万元。

10月28日，农机管理站干部在库木库萨尔乡库木库萨尔村宣讲农机购置补贴政策

【农机人员培训】 2019年，县农牧机械局组织培训农机人员1.12万人次，其中培训农机技术人员632人次，培训新拖拉机驾驶员217人、大型工程机械操作手68人。举办农机专业合作社人员经验交流培训、农机大户培训300人次。开展机具技术项目培训工作，在巴扎结米镇、央塔克乡、尕孜库勒乡、克孜勒阿瓦提乡、库木库萨尔乡举办核桃去皮机、核桃清洗机、果树修剪作业平台、红枣分级机、红枣风选树叶去杂机、风送式高射程喷雾机等机械开展设备安装调试、使用技术培训工作，共培训各类人员200余人次。组织农机技术人员下乡为农服务130人次，发放农机实用技术资料2200份。利用"冬季攻势"培训农机操作手1200人次、农机技术人员60人次。

11月6日，农牧机械局技术人员在库木库萨尔乡对拖拉机驾驶员进行地膜机维修培训

【农产品设备购置项目】 2019年，麦盖提县实施农产品设备购置项目，使用项目资金911.65万元，引进各类核桃去皮机、核桃清洗机、红枣分级机、红枣风选树叶去杂、红枣清洗机、核桃修剪升降一体机、风送式高射程喷雾机、金银花烘干房设备，为林果业提质增效提供帮助。实施棉花高产机械化示范区建设项目，完成2000亩棉花高产示范区建设任务，取得良好的社会效益；强化农机服务指导，全年累计检修各类农机具5836台（架）次。

【农机合作社】 2019年，麦盖提县发展农机合作社16家，共有社员1300多人，合作社机具有800多台（套），服务农户1.4万多户，经营收入达到1500万元以上，服务体系有了大幅度提升。

【农机执法检查】 2019年，县农牧机械局结合农业生产春耕春播、"3·15"国际消费者权益日和"三夏"、"三秋"等重点农时季节，联合县市场监督管理局开展农机经销企业、经营户、维修市场联合执法检查3次，共出动执法人员19人次，检查农机配件经销户20家、农机经销企业6家、农机生产企业2家、农机维修网点21家、农机从业人员60人，重点检查农机配件经销商行业服务资格证、经销农机产品的“三包”服务和配件储备情况和履行农机“三包”服务承诺的行为，确保营销点出售农机配件质量，完善农机维修点与农机配件营销点的管理，增强农机维修与营销从业人员的法制意识、安全意识、责任意识。

【农机安全监理】 2019年，县农牧机械局加强农机安全监理，开展安全生产教育17场次，发放宣传资料7000份，受教育人数1.4万人次；加大路监力度，共检查拖拉机、联合收割机、大型工程机械设备3204台，发现安全隐患436台647项，督促全部整改；检查农机维修网点21家，发放专项治理非法拼装、改装、超长、超宽整改通知书12份，切割处理超宽超长拖车10个。

水　利

【农村饮水】 2019年，麦盖提县水利局结合农村饮水安全工程运行实际，先后编制和完善了《麦盖提县农村供水安全运行管理实施细则》和《麦盖提县农村供水冬季防冻应急预案》。实施农村饮水安全项目4个，项目总投资1.46亿元，新建蓄水池6座、加压泵站4座、铺设管网346.3千米，项目实施后解决6个乡、97个村、13.01万人的饮水安全问题。11月，麦盖提县被自治区确定为农村饮水安全工程运行管理示范县。

2019年，县水利局加大水厂设施设备管护力度，给各水厂均配备备用电源，配备1辆电动三轮车和部分管网配件，安排5～8万元自来水管网维护经费，落实抢修队伍。按照事不过夜的要求，设备和管道损坏当日修复，当日恢复供水。通过在重点水源地、支管、蓄水池安装远程自动化监测控制设备，对整个供水网络的供水量和供水压力实施远程自动化监控和信息化管理，提升对农村饮水安全工程的现代化管理水平。同时将农村用水户的老旧机械水表更换为智能水表，落实计量收费制度，进一步提升农村居民的节水意识，提高供水保证率。

2019年，县水利局按照每户安装不少于2个水龙头，龙头出水压力正常的要求，对各乡镇自来水入户进行逐村逐户摸排，建立问题台账、责任台账和任务台账，积极筹措资金对存在的问题进行整改，保证乡村自来水入户达到100%。

2019年，麦盖提县严格按照自治区水利厅、自治区扶贫开发办公室和自治区健康委员会联合下发的《关于印发〈新疆维吾尔自治区脱贫攻坚农村饮水安全验收标准〉的通知》要求，一年不少于两次对全县各乡镇水厂出厂水、末梢水水质进行检测。委托喀什市供水水质监测站相继对全县6座水厂出厂水水质和用水户家中末梢水水质进行了化验，水质化验结果均为合格。

【水管防洪】 2019年，县水利局制定了各乡镇场年度灌溉用水计划，严格落实供水到村、配水到户水管机制，全面推行用水明白卡填写制度，努力控制季度、年度用水总量。县用水总量控制计划为8.7亿方，全年实际用水总量为8.38亿立方米，少用0.32亿立方米，低于地区确定的“三条红线”标准。对各乡水利行政服务大厅20余名收费干部进行收费软件培训，大厅使用收费软件对农业水费、水资源费和农村饮水水费进行征收，减少收费环节。在大河来水量较往年相比较少的情况下，修改完善抗旱机电井维修养护合同，制定机电井维修考核办法，成立3个抗旱机井维修部，购买3辆随车吊，确保了全县机电井的正常运转，机电井完好率始终保持在95%以上，有效缓解了春季旱情。在防汛期，投入300

7月，县水利局组织群众防洪

余万元，对叶尔羌河和提孜那甫河21处险工险段进行汛前除险加固，开展汛期抗洪抢险，完成防洪物资储备编织袋10万条、铅丝5吨、铅丝网5万片、块石3万立方米。

【水利设施建设】 2019年，麦盖提县共实施农田水利基础设施建设项目10项，全面完成上级下达的年度固定资产投资建设任务，累计完成投资1.77亿元。

2019年，实施庭院经济供水配套项目，购买水泵6653台，铺设管道80千米，新建扬水站37座，完成投资950万元；实施大型灌区续建配套与节水改造项目4项，修建防渗渠道51.15千米，完成投资1.02亿元；实施“井电双控”项目1项，安装配套计量设施机电井853套，完成投资780万元。

2019年，实施防洪项目，对已建的8个防洪工程进行加固和备料，完成投资3892.94万元。修建防渗渠道3.53千米，配套人行桥1座，排碱渠清淤1.61千米，开挖471亩容泄区，新建砂砾石路面4.11千米，改建3座建筑物，完成投资1901.79万元。

【河湖长制】 2019年，全县各级河长应开展巡河人数47人，已开展巡河频次4223人次。县河（湖）长办公室、各乡镇河（湖）长办公室对河道岸线管理、非法采砂、行洪安全、乱堆垃圾、“四乱”等问题进行全面清理检查。在叶尔羌河流域吐曼塔勒乡皮力特库木希勒克村清理非法开荒种植、侵占河道行洪区问题1处和河边乱建房屋1处，乱堆垃圾3处，有效治理了水环境。县河长办协同各乡镇河长办公室组织农民用水者协会对各乡范围内的渠道、闸口、河岸进行清扫，全县九个乡（镇）共清扫有垃圾的闸口162处，干渠渠道清淤168千米、支渠367千米、斗渠413千米，安排专人对闸口、引水口等容易产生黑臭水体的位置进行定期巡查、清扫。

【人员招聘】 2019年，县水利局招聘27名水利专业大中专院校应届毕业生充实到基层水利管理站和水厂，具体从事量测水、配水到户、农村供水信息化管理等工作。

【水管站（水厂）建设】 2019年，县水利局以创建自治区文明单位为契机，新建1处基层水管站办公用房和1座加压站，对4座水厂供水设施进行改扩建，对部分基层水管站和水厂职工宿舍进行维修改造，做到各项规章制度上墙，对各乡站进行绿化、美化、净化，将各乡站建设成为花园式单位。筹措190万元，在9个乡（镇）水管站和两座水库边种植树苗8万余株，为实施乡村振兴战略奠定基础。

综　述

【工业发展】 2019年，麦盖提县商务和工业信息化局充分发挥职能部门作用，加强经济运行协调服务，确保经济平稳运行，稳中增长。依托全县资源优势，重点扶持培育枣都、红日乐友、刀郎果农等有潜力的企业成为农副产品加工龙头企业，带动全县农副产品加工产业的发展。全县有规模以上工业企业7家，比上年同期增加3家，完成工业产值1.62亿元，工业增加值3789.52万元，同比减少82.64万元，减少2.13%。农副产品加工企业开工率与上年相比增长明显，1—12月工业产值7432.08万元，工业增加值1489.27万元，同比增长21.8%。

【重点领域改革】 2019年，县商工局继续深化供给侧结构性改革，严格落实《自治区支持南疆四地州部分劳动密集型产业发展有关政策的通知》《关于印发〈新疆维吾尔自治区纺织服装产业专项资金管理办法〉的通知》《喀什地区乡村生产车间运营补贴办法（试行）》等文件精神，对现有劳动密集型企业生产情况进行摸底，掌握企业补贴资金的需求。争取各类项目和政策补贴资金890万元，其中中小企业专项资金100万元；外贸企业发展专项资金17.83万元；工业节能减排50万元；劳动密集型企业运费和电费补贴540.7万元。组织农副产品加工企业6个，完成“喀什地区农副产品目录”编制工作，帮助企业拓展销售渠道，化解过剩产能。

2019年，县商工局继续深化“放管服”改革工作，加快自治区一体化在线政务服务平台建设，对承接的政务工作事项及时进行认领。完成权限内企业技术改造投资项目备案（非零土地）、权限内“零土地”技术改造投资项目承诺备案、权限内企业技术改造投资项目备案、权限内工业和信息化领域固定资产投资项目节能评估审查等模拟建设。严把“选商”关，禁止“三高”企业进入本县。对社会信誉好、规模较大、企业竞争力强的企业进行优先选择，对信誉差、效益低下、竞争力不高的企业优先淘汰。

【乡村生产车间建设】 2019年，全县建设的乡村生产车间完成企业入驻54座，共登记在册就业人员1293人，其中建档立卡贫困人员544人，人均月工资800～3000元不等，壮大全县工业经济，拓宽群众增收门路。针对个别乡（镇）乡村生产车间距离县城远、运输成本高的问题以及普遍存在的农民岗前技术水平低的问题，整合人社、农业、扶贫和援疆等部门专项培训资金，对入驻乡村生产车间的企业进行统筹补贴，兑现产业发展扶持资金 200 万元，发挥乡村生产车间的扶贫效益。

【优化企业发展环境】 2019 年，县商工局加强企业跟踪调研，了解企业意见诉求，及时提出解决办法。积极推进网络提速降费，针对减轻企业税费负担方面，移动流量资费从每 MB0.029 元下降到 0.014 元，下降 52%；中小企业专线下降到 220 元，下降 24%。供电企业办理电力用户用电业务平均时间压减至 50 个工作日以内。大力支持民营经济发展，每月梳理排查拖欠民营企业中、小企业债务情况，全县共拖欠民营企业中、小企业账款 9141.15 万元，已于年底全部偿还。

工业园区

【经济运行】 2019 年，麦盖提县工业园区共有企业 107 家，新入住企业 3 家，规模以上企业实现工业增加值 2500 万元，新建成投产项目 1 家，新增产值 1000 万元；全年工业企业完成总产值 4.29 亿元，同比增长 8%，占全县工业总产值的 68.81%；实现从业人员 4000 人，其中新增就业人员 300 人。

【竣工项目】 2019 年，麦盖提县投资 2000 万元，完成刀郎扶贫产业园二期建设项目，拨付扶贫债券 2000 万元，带动贫困户就业增收，稳定脱贫；投资 120 万元，完成工业园区 4 千米天然气管线配套项目建设，解决园区新疆日照港物流园区有限公司、麦盖提县申林木业有限公司等 7 家园区企业用气需求，增强园区发展动力；投资 150 万元，建设垃圾中转站 1 座，其中购买移动式垃圾站 2 座、配套垃圾压缩机 1 台、垃圾转运车 1 辆、电动三轮垃圾收集车 4 辆及便携垃圾桶 124 个，解决园区内固体垃圾乱投乱放问题；投资 100 万元，铺设供水管网 4 千米，泵房 2 处，解决园区企业绿化供水不足、水质不佳的问题，项目已试运行。

【在建项目】 2019 年，麦盖提县对上争取中央预算资金 1680 万元，建设工业园区纺织产业功能区厂房项目，面积 1.2 万平方米。截至年末，项目在建设中。

1 月，满疆宏果业有限公司正在进行红枣加工

【园区安全生产】 2019 年，工业园区管委会成立安全生产工作领导小组，全面履行园区安全生产工作的组织领导、监督管理、服务保障等相关职责。全年召开 8 次安全生产会议，对安全生产情况进行专题研究。制定春节、“五一”、中秋、“十一”期间安全生产工作方案，与园区 60 家企业签订安全生产责任书，建立 2 个督导检查小组，实施无空白检查督导，全年组织安全生产检查 12 次，发现整改问题 6 条。组织园区 60 家企业参加 2019 年职业危害资格培训。与县

4 月 29 日，中宏恒裕公司举办消防安全培训

安监局开展联合督查，对园区 3 家企业下达处罚决定，督促整改。

电　力

【运营情况】 2019 年，麦盖提县有 220 千伏变电站 1 座，容量 360 兆伏安；110 千伏变电站 3 座，容量 191.5 兆伏安；35 千伏变电站 7 座，总容量 52.1 兆伏安；所辖 10 千伏配电线路 48 条，其中用户专线 6 条，专用线路全长 36.78 千米；公用线路 42 条，全长 1300.87 千米，总线路长度 1337.65 千米。公用配电变压器 1158 台，总容 190 兆伏安。全年完成售电量 4.17 亿千瓦时，较上年增长 20.6%。完成综合线损率 6.11%。完成一般工商业用户电价调整和电采暖用户的电费清退工作，电价执行正确率 100%。

【指标完成情况】 2019 年，麦盖提县供电公司加强安全教育培训，深刻汲取各类事故教训，全面加强现场安全管理，落实各级安全责任，严格执行到岗到位制度，确保安全可控在控。深入开展春秋季安全大检查及安全专项检查，发现各类问题 116 条，整改率 100%。公司未发生各类人身事故、交通事故和火灾事故，年内安全天数 365 天，延续安全记录 6046 天。强化应急演练，提升应急保障能力，开展各类应急演练 31 次，其中政企联动大面积停电应急观摩演练 1 次。更换 FTU 控制箱 130 台，新增及更换断路器 97 台。全面开展不停电作业，累计开展带电作业 592 次，减少停电时间 2863.6 小时，减少电量损失 53 万千瓦时。实现线路跳闸率同比下降 75.43%，城网供电可靠率为 99.81%，农网供电可靠率为 99.47%，获得平安周 26 次。精心准备，提前部署，圆满完成县域内各类重要政治文化活动及节日保电工作 16 次。严格落实喀什供电公司《持续优化营商环境提升供电服务水平两年行动实施方案》，受理新装、增容用户 1.43 万户，容量 13.71 万千伏安，完成教育局寄宿制学校、喀什牌楼监狱等 15 个重点项目的产权分界点设备投资建设工作，做到“快装、快送”，让政府及客户体验到“省时、省钱”，实现供、需双方的互惠互利。结合同期线损治理工作，要求用电检查人员、线路经理、台区经理以用电信息采集系统为技术手段，主动发现问题，查处窃电行为。已查处 18 户违约用电及窃

5 月 15 日，开展停电应急演练

电问题，追补电量3.43万千瓦时，追补电费38.12万元。

【电网建设】 2019年，麦盖提县电网工程建设任务共计2项，项目总投资1.4亿元。农村配电网新建及改造10千伏线路56.4千米；新建及改造0.4千伏线路118.8千米；增换配电变压器137台，安装断路器23台，工程计划投资5470.91万元。麦盖提县10千伏“煤改电”配套电网建设工程建设规模：新建及改造10千伏线路49.4千米；新建及改造0.4千伏线路95.08千米；安装煤改电电表1.47万户。增换配电变压器180台，工程计划投资8553.26万元。全力以赴完成2019年煤改电、配网项目建设投入。解决新建富民安居房用电问题及1.47万户的冬季取暖用电需求，为麦盖提县2019年脱贫摘帽提供电力保障。

农副产品加工业

【新疆棉花产业（集团）麦盖提棉业有限责任公司】 2019年，新棉麦盖提公司收购籽棉4.4万吨，平均衣分40.45，加工皮棉1.78万吨。商品购进总额2.53亿元，销售总额3.84亿元，销售毛利377万元；商品流通费用1687万元，其中商品经营费用699万元；财务费用643万元，管理费用345万元，年底实现利润总额849万元。

2019年，新棉麦盖提公司销售棉籽2.24万吨，不孕籽420吨。业务检验部门配合自治区纤维检验局和县市场监督管理部门做好各类检验仪器、在线回潮测试仪及轧花厂各种衡器的检定工作，对各厂棉花收购设备进行调试；购置棉花国家标准14套，对籽棉、皮棉货场及收购设施进行了维修、清理；各类业务学习培训60人次。收购期间，严格按照国家《棉花质量监督管理条例》，严把籽棉进厂“准入关”，严禁使用编织袋、有色布袋等异性纤维入厂，从源头把关，通过人工挑拣、籽棉异性纤维重杂清理机清理、加大棉花“三丝”挑拣力度。严格按照国家棉花标准控制产品质量，卸车、喂花环节进行人工挑拣，确保三丝不超标；精心调整设备，定人定时清理三丝机，加大清杂和排放，根据籽棉马值长度投料配车，限产降速，采取多种手段提升皮棉品质；公司成立质量巡回检查组，加工期间不间断的对各厂生产的产品进行检查，对质量不达标和三丝超标的轧花厂进行处罚，确保产品质量及“瀚海”品牌棉花声誉。

2019年，新棉麦盖提公司通过合作社平台积极开展为农服务工作，合作社销售新陆中66棉花种子25.48吨，种子款全部回款，付清全部种子款，合作社实现毛利润1.74万元。合作社社员近700户，种植棉花近10万亩，签订订单农业586户，订单面积17.8万亩。

2019年，新棉麦盖提公司坚持把安全生产作为企业健康发展的头等大事来抓，与各厂、各科室和分管领导签订《安全生产目标责任书》《安全生产一岗双责目标责任书》，做好从收购到加工等各环节的安全教育工作。各厂与员工也签订安全责任书，切实做到安全责任层层分解、责任到人。加强对工作人员安全教育，严格按照操作规程进行操作，严格执行职业健康体系工作，做好各种安全消防记录，对存在的安全隐患积极整改，本年度未发生安全事故。

【新疆枣都现代农业股份有限公司】 2019年，新疆枣都现代农业股份有限公司新增

10 月，新疆枣都现代农业股份有限公司红枣分级机正在分拣红枣

年产能 3 万吨红枣加工生产线 1 条。生产车间为贫困人员及大学生提供就业岗位 500 多个，平均每人月工资 2100 ~ 3000 元。公司生产的一系列产品销往全国市场，主要包括疆内、湖北、湖南、广东、上海、浙江、福建、江苏、山东、河北、河南等地。主销渠道是大型商超、专卖店、批发市场等大的流通领域，其他渠道包括“微商”“电商”等线上销售，销售量达万吨以上。

4 月 30 日，麦盖提县红枣期货在郑州商品交易所上市，枣都公司成为第一批红枣期货交割库企业之一，设立 1 万吨红枣交割库。红枣交割库的设立为麦盖提县红枣销售提供了便利，推动全县仓储物流产业发展，促使周边大批闲置人员就业。利用“保险 + 期货”市场转移和分散农业产业链风险的创新模式，优化收购标准，发展订单式农业，既保障了枣农的合理收益又锁定了企业的利润。9 月，与吐曼塔勒乡、克孜勒阿瓦提乡签订红枣“期货 + 保险”业务 5000 亩，免费为农民争取到保险订单 100 多万元。

2019 年，枣都公司与河北农业大学、新疆塔里木大学、北京农业大学等院校合作，将 5000 亩红枣示范基地作为“种植技能”示范实训学校，面向枣农开设以枣树修剪、浇水、病虫害防治、农药化肥施用技术为主要内容的培训班，进一步提高枣农的红枣种植管理技术，从而提高红枣的品质和产量，促进红枣增产、农民丰收。

10 月，新疆枣都现代农业股份有限公司加工车间红枣包装作业

交通·邮政·通信

交通运输

【公路建设】 2019年，麦盖提县交通运输局加大县乡村道路建设项目实施，建设村组巷道项目212千米。其中，村组巷道项目132千米，以工代赈道路80千米，总投资1.05亿元，分别于4月、7月开工，于7月、9月底完工，实现了各行政村村民小组通硬化路。对X563线、X566线、X560线、X567线实施维护维修，总投资1700万元，项目于3月底开工建设，6月底完工。

【国道省道管理养护】 2019年，喀什公路管理局麦盖提分局管养养护里程251.39千米，其中S234线为三级公路，起讫里程为K0+000—K40+000，全长40千米；S310线为三级公路，起讫里程为K0+000—K1+940、K13+904—K62+000，全长50.04千米；S16线麦盖提至喀什为高速公路，起讫里程为K0+000—K50+000，全长50千米；Z700线麦盖提至喀什高速公路连接线，起讫里程为K0+000—K13+820，K0+000—K3+665.88为二级公路，K8+660—K13+820为一级公路，全长8.82千米；G217线K1753+811—K1758+811为一级公路，全长5千米，K158+811—K1766+345为三级公路，全长7.53千米，K1766+345—1788+411为二级公路，全长22.07千米。评定优等路144.25千米，良等路67.17千米，中等路22.04千米，次等路7千米，差等路10.93千米，平均MQI88.79，优良率84.1%。

12月，麦盖提县交通运输行业召开元旦、春节期间安全生产会议及稳定工作部署会议

2019年，分局深入推进三区段养护模式，紧紧围绕公路养护中心任务，以“注重质量、稳定路况”为原则，及时处治公路病害，保持路容路貌良好、交通安全设施完好。加强对公路的预防性养护、日常养护、全面养护，使公路养护质量和服务

水平稳步提高。加强路面保洁工作，对路基、路面进行全面的、严格的标准化养护，使干线公路做到路肩无堆积物、路面整洁。共清扫路面 6927.84 万平方米、处理沥青路面纵向、横向裂缝 9325 米，灌封 289 千米。整修路肩 63.8 万平方米，整修边坡 260.32 万平方米，整修护坡道 130.52 万平方米，机械土方 6272 立方米。修补沥青路面坑槽 8254.5 平方米，处理沥青路面大面积龟裂、松散 1.2 万平方米。安全隐患排除共计铣刨里程 48 千米，总面积 2.44 万平方米。更换防撞（普通型）护栏 17.2 米，清洗普通型护栏 80.91 万米、清洗加强型护栏 400 米，清洗防眩板 270 千米、清洗交通标志 743 块，里程碑、百米标刷新 771.8 平方米。修筑草方格 105 千米，修筑防砂障 10 米。

【县乡村公路管理养护】 2019 年，县交通运输局多渠道筹集 228 万元，维修病害路面约 2.49 万平方米，完善交通标志和安全设施，安装道路交通安全标志牌 50 余个，安装示警桩 300 余根，安装波形护栏约 300 米。积极发挥路政管理职能，加大农村公路巡查力度，加强对超限超载车辆、占用公路、损坏公路等违法行为进行整治，共出动巡逻车 248 辆次，其中：夜间治超 86 次，查处货运车辆超限超载案件 54 起，收缴各类赔（补）偿费 31.27 万元，依法维护路产路权，确保公路完好、畅通。按照“县道县管、乡道乡管、村道村管”的原则，督促各乡人民政府和交通管理站认真履行职责，对辖区内道路加强管护，巩固公路建设成果。

5 月，麦盖提县召开脱贫攻坚道路项目施工现场推进会

【公路巡查】 2019 年，麦盖提县路政管理局坚持对公路沿线设施、建筑控制区及路面进行依法日常管理，及时有效预防、制止、查处各类损坏、破坏、污染、侵（占）害公路的违法行为，保护路产、维护路权，主要担负麦喀高速公路 S16 线（K0–K50）50 千米，管理长度 84.66 千米（包括连接线、匝道 34.66 千米）；S215 线（K96–K186）90 千米，公路等级为二级，管理长度 90 千米；S310 线（K0–K62）62 千米，公路等级为三级，管理长度 58 千米（其中 S215 线和 S310 线有 4 千米重复里程）；S234 线（K0–K40）40 千米，公路等级为三级，管理长度 40 千米；共计总里程 272.66 千米。公路管理投入人员累计 923 人次（含巡查、治超）、294 车次（含巡查、治超），巡查里程累计达 3.76 万千米；依法查处、办理各类路政案件 27 起，同比下降 25%，减少 9 起，共收缴公路赔（补）偿费 26.3 万元，收取行政处罚金额 3400 元，两项费用合计 26.64 万元，同比上升 44.74%。侵占路权的行政处罚案件 12 起，破案 12 起，破案率 100%，结案 12 起，结案率 115%，有效地维护路产路权，保障了公路畅通完好。

2019 年，根据《自治区治理车辆超限超载联合执法常态化工作的实施方案》和

10 月，开展道路交通路检路查工作

《关于进一步加强货车超限超载治理工作确保全区公路运输秩序和交通安全有关事宜的通告》，路警联合对 S234 线、S215 线、S310 线、S16 线、Z700 连接线道路车辆安全行驶情况进行督导检查。1 — 10 月开展路警联合超限超载治理共投入执法人员 973 人次（路政部门 345 人次、交警部门 561 人次、运管局 36 人次、交通局 30 人次、客运站 1 人次），执法车次 367 车次（路政部门 153 车次、交警部门 153 车次、运管局 16 车次、交通局 14 车次、客运站 1 车次），检测车辆 1841 辆，查处违法超限超载运输车辆 25 辆，路政部门卸载、分流、转运货物 501.25 吨，共罚款 2.15 万元，交警部门共计分 84 分。通过路警联合治理，源头治理，道路通行超限超载引起的交通事故，造成的道路堵塞、阻断事件明显下降，对稳定运价，保持运输市场正常秩序起到了积极作用，减少超限超载行为对公路路产的损害。

5 月 15 日，县路政管理局、公安交警大队、运政部门开展违法超限超载治理联合执法工作

【路域环境整治】 2019 年，路政管理局加强对公路用地、公路建筑控制区内预防性管理，制作《行政许可预防性管理告知书》《公路两侧建筑控制区管理告知书》和《办理行政许可所需提供资料清单》；重新普查 2019 年管辖路段路域公路两侧公路用地、建筑控制区内管线穿跨和违法建筑、构筑物的普查登记和照相，积极完善公路档案及路产档案的建档工作；联合公路分局清理沿线各种路障、非公路性标牌、马路市场等；对平交道口和各乡镇签订“爱路护路”协议 25 份。着力环保整治，优化路域环境，开展环境保护大检查大整改，集中整治一批污染公路路域环境及影响公路安全畅通的突出环境问题。响应“厕所革命”号召，对公路沿线 18 座加油（气）站厕所开放情况专项巡查 28 次，加油（气）站免费对外开放厕所，着力提升公路服务品质，切实解决群众公路如厕难的问题，提高群众公路出行的满意度。

【道路运输】 2019 年，麦盖提县营运车辆拥有量为 664 辆，其中营运货车 87 辆，营运客车 460 辆，教练车 117 辆。客运班线 48 条，其中县际班线 19 条，县内班线 29 条。全县乡镇通班车率 100%，行政村通班车率 100%。辖区内有客运企业 2 家，客运站 12 个。机动车维修企业 33 家，其中二类维修企业 4 家，三类维修企业 29 家。普通货物运输企业 12 家。机动车驾驶员培训学校 7 家。拥有道路运输从业人员 3521 人。

全年召开行政许可会议9次，新增货运企业（天宇建材有限责任公司、路安汽车运输有限责任公司、刀郎汽车运输公司、伟光货物运输公司）4家、驾校（精华驾校、龙祥驾校）2所，新增货运车辆29辆，新增教练车71辆，报废更新19辆，办理从业资格证诚信考核2052人，车辆年审632辆，办理加班车53辆，包车517辆；处理12328投诉工单32起，投诉按期结案率100%、回访满意度100%。

2019年，为保障学生平安、快捷返乡，县道路运输管理局共组织开展拉运学生1.82万车次，41.75万人次，联合县交警、客运公司、客运站对每条线路拉运学生车辆带路押车，确保全县学生拉运工作安全稳定，降低了道路运输行业安全风险点。

2019年，县道路运输管理局在春运期间共发放春运标识牌320张，共安全发车3.18万班次，周转量861.55万人/千米，安全输送乘客16.91万人次，售票额269.18万元，比上年同期下降16%。

9月30日，公路管理局麦盖提县分局开展劳动竞赛

【客运业务】 2019年，麦盖提县客运站成立“创文明示范窗口，树行业形象”活动领导小组，不断提高服务质量。安检人员上岗前必须经“三品”识别、安检机和电脑操作培训，考核合格后才可上岗。每天由值班站长不定时对候车室进行巡视检查，有效防止扒窃、购票差错、人为纠纷行为的发生。县客运站全年长途发车3.29万班次，输送旅客23.86万人次，完成周转量3539.4万人/千米，完成售票额1092.17万元。乡镇客运发车19.29万班次，输送旅客96.26万人次，完成周转量1354.4万人/千米，完成售票额489.53万元。

2019年，县客运站落实“城市发展，公交先行”的发展理念，成立新能源公交公司，投入40辆新能源公交车运营，辐射全县各个功能区，方便了全县群众出行。开展“喀客快运”业务工作，发展和提升快运业务的质量，业务扩展到各个乡镇，以乡镇站点为依托，打通快运业务“最后一公里”。开展火车票代售业务，实现公铁联运，为旅客出行提供方便。

【城市客运管理】 2019年，县交通运输局督促公交公司、出租车公司落实好管理责任，定期进行车辆安检和从业人员安全学习教育。客管办督促出租车定期维护，抓好出租汽车营运证年审工作，办理出租车报废更新业务9起，过户20辆，确保车辆安全营运；积极受理，依法协调解决举报投诉案件28起，依法维护驾驶员和乘客的利益，不断提升出租车的服务质量。

【路政宣传】 2019年5月，县路政管理局按照自治区交通运输厅和地区路政管理局有关安排部署，以“加强路政管理、维护路产路权、保障公路畅通”为主题，积极开展“路政宣传月”活动。深入辖区公路沿线的巴扎、人员密集场所，积极开展爱路护路宣传，向他们发放《中华人民共和国公路

6月16日，道路运输管理局工作人员在县文化广场开展安全生产宣传活动

法》《公路安全保护条例》《路政管理规定》《超限运输车辆行驶公路管理规定》等法律法规和规章1500余份，现场讲解路政法律法规知识350余人次，粘贴路政法律法规宣传海报资料20余张，出动宣传人员3人，路政执法车辆1辆。

【运政执法】 2019年，县道路运输管理局共出动执法车辆270次，出动执法人员720人次，检查客货运输车辆7085辆（客运车辆4370辆，货运车辆2715辆），打击各类违法违章行为92起，行政处罚63起，打击非法营运15起；安全生产隐患排查治理

9月13日，道路运输管理局执法人员在布依提墩乡开展路检路查

174次，排查治理一般隐患369处，整改369处，整改率100%；发放扫黑除恶问题线索摸排调查表278份，掌握问题线索101条，检查场所135家次、治理行业乱象19起，停业整顿23家。

【交通安全生产】 2019年，县交通运输局与系统各单位签订安全生产目标责任书，全年召开系统安全生产工作例会14次，传达上级会议精神和学习相关文件，及时对当前安全生产工作进行安排部署，协调运管部门，组织客运站、运输企业做好学生休息日、节假日和高考期间乘车服务工作。在重大活动、节日期间联合应急管理局、交警、消防、运管等部门，每月不定期开展检查，督促客运站、运输企业、驾校落实各项维稳措施和安全生产工作，着力抓好安全教育学习，引导企业和从业人员从思想上重视维稳和安全生产工作，加强营运车辆GPS动态监管力度，落实营运车辆安检制度，落实消防安全措施，发现问题跟踪整改。重大节假日期间，成立联合执法组，重点对S215、S234、S310、麦喀高速公路及X559、X560、X566及其他农村公路开展路检路查，避免重大交通事故的发生。

2019年，路政管理局强化安全生产基层基础工作，全面排查治理沿线居民聚集区、道路为单行道、道路区混合交通严重、私设平交道口众多、私占公路控制区、乱倒生活及建筑垃圾、沿线电线杆不规范及种植树木、摆摊设点、损坏隔离栅网、翻越中央隔离带等重大隐患和问题，全年共计排查安全隐患28处，立查立改。

2019年，公路管理局麦盖提分局始终坚持以“安全第一，预防为主、综合治理”的方针，制订全年安全生产学习计划、方

案，中心组学习安全生产知识12次，组织职工学习安全生产知识14次，参加学习人员540余人次；与各业务办公室、班组、个人层层签订安全生产责任书，共107份；在重大节日期间进行安全检查排查13次；每月开展不少于1次的安全隐患排查，累计排查检查20余次，发现隐患120余处，已全部整改完毕。成立综合应急保障队1支，50人，护院队、护路队、护桥队各1支计32人，修订应急预案32项；开展防震减灾、消防、防爆等应急演练8次。

2019年，县道路运输管理局制定下发推动安全生产工作相关文件29个，召开安全生产会议40次，安全生产约谈道路运输企业25家次，处罚道路运输企业8家，处罚金额6.9万元，停业整顿1家，组织开展宣传活动12次。成立消防安全专项检查组8个，开展消防安全专项检查8次，出动执法人员32人次，检查治理企业57家次、发现消防安全隐患31条，整改31条。

2019年，县客运站把安全生产作为企业发展的头等大事来抓，本着“安全生产，预防为主”的思想，成立安全生产管理领导小组，明确班子成员“一岗双责、党政同责、失职追责”职责。实施“安全管理标准化体系”，建立和完善场内安全管理、消防安全、车辆检查及二级维护、“三品”（易燃、易爆、危禁品）检查等各项规章制度，严格落实“三不进站六不出站”“实名制售、检票”和封闭式管理等制度，定期召开安全生产例会，确保各项安全措施管理到位。在重要节点、季节性气候变化期间，通过悬挂横幅、利用广播等设施大力宣传安全工作。全年安检营运客车3.29万辆，对存在隐患的39辆车责令整改，安检行包19.1万件，收缴三品1.96万个。乡镇客运站安检行包30.1万件，收缴三品1.02万件，发现整改的安全生产隐患39个。

邮　政

【业务工作概况】 2019年，地区分公司下达年预算收入任务1265万元，实际完成预算收入1184.87万元，完成计划进度的93.66%。金融翼业务完成收入532.07万元，超收26.07万元，同比增长16.1%。

中国邮政集团公司新疆维吾尔自治区麦盖提县分公司增值类业务完成开发国税发票9586笔，征税额658.25万元，收入12.34万元。完成报刊征订收入125.47万元，在完成年计划进度基础上，完成报刊补续订工作流转额18.57万元。在各营业网点开展销售功能型贺卡活动，实现收入1万元，玫瑰金销售5万元；在各乡派出所制定邮资封，销售额6万元。集邮业务实现收入43.97万元，完成年计划进度的338.2%，超收30.97万元。精心谋划“端午邮情”专项营销活动，实现收入6.9万元；号召员工积极参与分销产品日常销售，实现收入11万元；开展“中秋思乡月”专项营销活动，实现收入12万元。

4月，邮政分公司举办集邮品鉴会客户答谢会

【寄递翼业务】 2019年，麦盖提县邮政分公司寄递业完成收入402.67万元，增长9.2%。其中，标快业务收入完成76.29万元，增长23.5%；快包业务完成收入300.24万元，增长8%。针对党政机关、企事业单位开发政务行业群体客户，新增协议客户18户，协议客户29户。协议客户寄递邮件3.4万件，实现收入49.5万元。结合地域经济特色，举办“寻找我身边电微商”客户开发活动，实现电商客户开发12户。电商行业客户群体收寄邮件2.3万件，实现收入38.5万元。尝试用拼多多、极速鲜、新邮寄等平台助力麦盖提地标农产品极速鲜扶贫项目，累计寄递特色农产品包裹4.77万件，实现收入165万元。政务行业客户群体收寄邮件1.3万件，实现收入1.7万元，增幅165%。其中：身份证转化率由年初的22.06%提升至38.27%。物流市场聚焦中邮快运、整车物流、航空货运，其中航空货运实现一笔从麦盖提至广州25个小时完成妥投速投记录。工商执照、不动产权证和仲裁专递等项目实现新突破，商企行业实现三大运营商县市层面寄递合作率100%。

6月，邮政分公司举办金融翼业务培训

通　信

【通信概况】 2019年，中国电信股份有限公司喀什麦盖提分公司（以下简称）预算收入4023万元，完成3216万元，完成年度预算的79.76%。移动业务年度净增预算目标9665户，移动用户净增5676户，完成年度预算的58.73%；宽带业务年度净增预算目标3432户，宽带用户净增2073户，完成年度预算的60.40%；天翼高清年度净增预算目标4148户，天翼高清用户净增2036户，完成预算的49.08%。

中国移动通信集团新疆有限公司麦盖提县分公司业务总收入3557.67万元，同比增长-0.89%；移动通信用户数5.31万户，同比净增-2879户；移动宽带用户9478户，同比净增2983户，增幅45.92%；网络电视用户9067户，同比净增3220户，增幅55.08%。

中国联通喀什地区分公司麦盖提县分公司业务总收入2665.2万元，较上年增长12.9%；完成全年预算基本目标的85.86%；出账用户4.77万户，较上年净增5337户；新发展用户3.1万户，较上年增长69.33%。自有营业厅完成收入514.77万元，较上年增长22.04%；出账用户数9893户，较上

3月8日，麦盖提县联通分公司组织开展庆祝“三八”妇女节活动

5月22日，中国环塔（国际）拉力赛麦盖提赛区通信保障

年净增1183户，发展有效率21.01%；累计新发展用户5628户，较上年同期增长33.24%。

【网络网点建设】 2019年，麦盖提县电信分公司在全喀什地区第一个完成城域网FTTB割接到专网专项工作改造任务，开通大客户业务电路115条，其中专线电路86条，互联网电路29条。政企客户业务开通履约率指标完成100%，政企客户业务保障履约率指标完成100%，政企客户不明原因故障率指标≤5%，政企客户重复故障申告率指标≤3%。开通麦盖提县到岳普湖县、莎车县、巴楚县3条48芯干线光缆“大视频云通信业务”，为麦盖提县5G发展提供了有力保障。进一步落实“加快宽带网络建设，推进提速降费”专项工作，启动“光网大会战”专项工作，对县城、各乡镇，新疆生产建设兵团第三师四十五团、四十六团铜缆区域进行FTTH光改平移和用户清理工作，提高光纤宽带的放装能力。完成县城民生花园小区、嘉陵华府小区、百汇名门、和平小区等住宅小区的FTTH建设，提供新建光端口1258个，为各类业务的健康发展提供了有力保障。完成农机局、车辆管理所、公安局交通警察支队、刀郎家园、畜牧场村政企类新建项目28个，提供光宽带端口418个，提升了网络接入能力和用户开通响应速度。完成第三中学、第六小学“班班通”项目的建设和开通任务，优化了教学手段。开发ONU改造项目，完成麦盖提县人民医院、司法局、第三师四十五团机关楼等23个政企单位的铜缆改造项目，对县城、各乡镇、团场共计78个小区进行光网改造，新增光宽带端口1400户，新增及平移光宽带用户775户，ONU改造区域用户平移后，解决用户上网慢、带宽不够、故障频发等问题，提高了用户体验度。强化保证网络运行质量和服务质量，网络维护站安排专人对工单进行管控，及时处理带宽扩容工单CEM端口预警工单、PON裂分、光衰不达标和ITV接入不规范工单，将申告的障碍及时派单客户服务工程师处理并回访用户，做到日清日结，通过所有维护人员的共同努力，光衰指标由原来的96.05%提升到98.15%，客户投诉率明显下降。

麦盖提县移动分公司新建网络点位35个，其中有线宽带新建点位25个，覆盖2880户，合计投资360万元；无线网络新建点位10个，覆盖10个行政村2000户，合计投资120万元。建成集团专线126条，

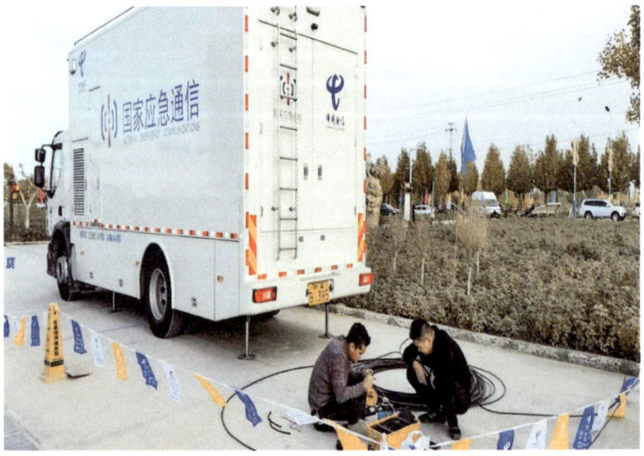

10月20日，中国新疆喀什麦盖提丝路文化胡杨节通信保障

其中视联网专线21条。

麦盖提县联通公司通过引入第三方投资及自有模式投资等方式大力发展固宽资源，新增2G/3G/4G基站15座，新增用户739户。

【网点建设】2019年，麦盖提县移动分公司新增县城、各乡镇、团场渠道网点10家，新增村通话费充值代理店10家，实现乡镇营业网点2家以上、村营业网点1家以上的目标，使营业网点服务延伸至基层，满足基层广大用户的业务需求。

麦盖提县联通分公司新增营业网点13家，清退3家。截至年底，有社会渠道网点47家，社会渠道网点总收入1623.14万元，同比增长15.3%；新发展用户2.4万户，同比增长101.92%；出账用户3.21万户，净增用户4666户。代理佣金月均额度26.04万元，较上年同期增长195.93%。

10月29日，麦盖提县移动分公司业务人员为客户办理业务

商贸（招商）

【机构改革】 根据喀什地委、地区行署批准的《麦盖提县机构改革方案》和县委办公室、政府办公室印发的《关于〈麦盖提县机构改革方案〉的实施意见》，2019年3月，将麦盖提县商务和经济信息化委员会更名为麦盖提县商务和工业信息化局。不再挂县招商局牌子，相关招商引资职责交由县工业园区管委会承担。

【商贸物流】 2019年，县商工局依托电子商务进农村示范县项目建设，制定《麦盖提县国家电子商务进农村综合示范项目实施方案》，推动商贸物流业发展。截至年底，建成县级农村电子商务公共服务中心1个；建成乡镇电商服务（快递物流配送）站8个，覆盖率达80%；建成村级电商服务（快递物流配送）点52个，行政村覆盖率达34%，其中建档立卡贫困村22个，覆盖率23%。

10月20—22日，县商工局联合麦盖提县伍创电商携手江苏电视台直播和淘宝直播两大直播平台对麦盖提红枣进行3场专场直播。县委相关领导为麦盖提红枣代言，带领全国消费者走进大型新疆原生态网络直播现场，体验民俗风情，品尝麦盖提特色美食。该次直播观看量达160万人次，点赞量155万人次，直接带动销售超过4吨红枣。

【外贸进出口】 2019年，全县完成外贸进出口额212万美元，同比增长6%。出口208.67万美元，其中麦盖提县裕昌贸易公司共出口106.86万美元，运费共计76万元；麦盖提县源利贸易有限公司共出口101.81万美元，运费共计72.25万元。

【招商引资】 2019年，县委、县人民政府多次召开专题会议，研究招商工作如何推进，成立以县长为组长的麦盖提县招商引资领导小组，健全招商机构，增配招商工作人员，制定《麦盖提县外出招商引资实施方案》，大力开展招商引资工作。县招商专题会议研究决定，成立6支专业招商小分队，分赴全国各地有针对性的招引项目。截至年底，招商引资意向投资项目12个，洽谈中项目2个，落地项目7个，共招商引资项目21个，到位总资金5.5亿元，其中固定资产到位2.66亿元，解决就业5407人。

落地项目7个：新疆三森电子科技有限公司的二期扩建项目、新疆比通达电子科技有限公司的二期扩建项目、麦盖提县新晟科技有限公司的电子产品制造基地项目、麦盖提源疆鸿农业发展有限责任公司的果品加工项目、浙江客商朱联平的年产600万支羽毛球拍项目、麦盖提宏春网袋有限公司的网袋生产项目、河北客商刘清永的油炸香酥脆枣精深加工项目。

洽谈中项目2个：麦盖提县永佳商贸有限公司的麦盖提县农贸综合物流园建设项目、新疆奥杰服饰有限公司的服装生产加工项目。

意向投资项目12个：新疆金麦科食品科技有限公司的食品科技开发项目，深圳市科亮电子有限公司的设智能终端产业链配套制造项目，麦盖提县兄弟制粉有限责任公司的年产5万吨面粉项目，河南枣都实业有限公司的红枣、核桃生产加工项目，麦盖提县金大地农牧业科技有限公司的土地开发项目，新疆华创宇辉建设工程有限公司的城市综合体开发建设项目，麦盖提县帕米尔房地产开发有限责任公司的城市综合体开发建设项目，新疆众合园房地产有限公司的城市综合体开发建设项目，城西工业园区加气块厂建设项目，深圳市汇威科技有限公司的电子产品制造项目，和平公园处水上乐园建设项目，年加工5000吨肉苁蓉生产基地项目。

2019年，麦盖提县成立产业项目推进专班，全面梳理招商引资项目，建立2020年储备项目库；制定“十四五”项目规划，形成重点项目产业编制，补全产业链中缺项环节。指定专人跟进重点项目的引进、用地、开工、投产的全方位服务，为金昇集团24万锭纺纱项目等企业做好一站式服务。专门制定并发放《关于开通招商引资服务热线的公告》和《麦盖提县关于进一步明确招商引资和项目服务工作流程的通知》，为前来落地的企业创造良好投资软环境。

【保鲜库建设】 2019年，县商工局争取投资326万元，新建果品蔬菜保鲜库3座。其中：央塔克乡2座、五一林场1座。

【安全生产】 2019年，县商工局督促加油站、寄递行业落实“三个100%”（实名登记100%、开包检查100%、X光机过安检100%）和“一采四拍”制度，配合有关单位对二手车交易市场开展执法检查。商工局按照《2019年安全生产隐患大排查大整治工作方案》部署要求，抽调检查人员140人次，对全县14座加油站、10家寄递经营企业、29座保鲜库进行督导检查，共发现安全隐患问题213条，限期整改21条，已完成21条；立查立改192条，已整改192条，下发整改通知书86份。

【河南商会】 2019年，河南商会有会员173名。商会树牢“诚信经营、抱团发展、共享财富人生”的理念，不断发挥协调、纽带桥梁作用，把“商会是我家、办好靠大家”的思想体现在方方面面，定期对会员企业进行走访，了解生产经营、产品销售、资金需求、用人用工、困难诉求等情况。全年组织开展走基层、访会员活动29次，走访会员企业9家，提出意见建议14条，解决会员企业困难诉求6条。

2019年春节期间，商会联合麦盖提县书画家协会，开展向贫困户送“福”送“春联”活动，给400户贫困户送“福”送“春联”400套，价值5000元。帮助央塔克乡包勒喀村村民开展“三新”活动，捐赠物资价值1.2万元。慰问克孜勒阿瓦提乡贫困户23户，送去棉衣、粮油等日常生活用品价值1万元。5月，在“政协组团包村、委员联户结亲”活动中，为巴扎结米镇和尕孜库勒乡贫困户捐赠沙发、涂料、木工板、桌子和厨房用具等价值 5 万元。支持旅游发展，为环塔拉力赛活动赞助 2 万元。7 月，捐资 1 万元，在吐曼塔勒乡建立扶贫超市。为尕孜库勒乡墩买里村委会捐赠桌椅 60 套，价值 1.2 万元。9 月，支持教育事业发展，为贫困学生捐款 2 万元。10 月，为文化路派出所捐赠水泥 20 吨。为尕孜库勒乡各村贫困户捐赠红砖，价值 5 万元；为尕孜库勒乡吐普硝村贫困户捐赠图书，修建村委会国旗杆，价值 1.2 万元。11 月，为央塔克乡 10 个村 135 户贫困户种植的 1297 亩红枣地购买保险 20 万元；给央塔克乡中心小学购买体育活动器材价值 2 万元。

供　销

【农资供应】 2019 年，麦盖提县供销合作社密切关注农资市场需求变化，对春耕夏种农资供应进行精心安排，全力以赴做好供应工作。各经营网点严格实行价格自律，确保农民买到放心的农资产品，充分发挥供销社系统农资经营主渠道作用，统一全县的农资销售价格。截至年底，购进地膜 327 吨、尿素 2367 吨、二胺 2058 吨、复合肥 1405 吨，销售地膜 306.08 吨、尿素 2142 吨、二胺 1710 吨、复合肥 1100 吨，销售金额 281.69 万元。

【供销超市建设】 2019 年，县供销社在希依提敦乡、库木库萨尔乡、昂格特勒克乡、库尔玛乡等深度贫困乡投资建设“供销超市”综合服务中心 4 个。每个“供销超市”综合服务中心投资额度为 50 万元，累计投资 200 万元。通过乡镇“供销超市”建设，建立农村现代流通网络终端，改善农村市场环境与流通方式。

【招商引资】 2019 年，县供销社与招商引资企业兴升枣业公司一起签订东海期货与北京中粮期货，共同助力脱贫攻坚。在央塔克乡由东海期货出资为 135 户贫困户购买红枣保险 20 万元。收购贫困户红枣，计 50 万元。投资助学资金 30 万元，捐助购买体育器材 2 万元。中粮期货公司投入 169 万元，为尕孜库勒乡 4006 亩红枣购买期货保险，使 300 多户贫困户受益。

【电子商务】 2019 年，县供销社依托“麦盖提灰枣”区域单品优势，搭建特色农产品全产业链流通体系，带动就业和农村富余劳动力转移就业，并吸引农村青年回乡创业。与兴升枣业有限责任公司、红日乐友有限公司合作形成具有麦盖提县特色的电子商务进农村发展模式，基本建成“136”特色综合服务体系，即 1 个公共服务平台，3 个公共服务中心（电商公共服务中心、电商物流快递分拨中心、电商品牌孵化中心），6 大服务体系（镇村服务站网络体系、三级物流配送服务体系、电商供应链服务体系、电商营销服务体系、电商培训服务体系、电商精准扶贫服务体系六大服务体系）；由

5 月，供销社庭院经济蔬菜购销点

兴升枣业有限责任公司投资80万元购买冷链车，以电子商务物流仓储配送、冷链物流集散中心为支撑，以各乡镇电商服务站为基础构建三级配送网络体系；支持龙头企业开展无公害农产品、绿色食品、有机食品的认证，通过实施品牌战略，提升市场竞争力。

【蔬菜收购】 2019年，麦盖提县有县级蔬菜收购公司1个（昆仑公司），乡镇蔬菜收购合作社、收购站12个，村级蔬菜收购网点89个，通过大批量下村收购、中批量村干部代购统一送、少批量个人送的三种模式开始运营，带动全县庭院经济发展。

【民生取暖煤销售】 9月，县供销社在各乡镇基层供销社设立民生取暖煤直销点，向群众销售质量有保障的放心煤，确保每吨煤比上年降低100元以上的价格。每个直销站点安排2名工作人员。计划取暖煤需求量6000吨，共计购进取暖煤5650吨，销售5350吨。

12月，县供销社进行民生煤销售

【基层供销社建设】 2019年，县供销社对昂格特勒克乡供销社、库尔玛乡供销社2个薄弱基层供销合作社重点进行改造完善。

烟草专卖

【烟草专卖监管】 2019年，麦盖提县烟草专卖局通过日常走访，向零售户宣传不得销售非渠道卷烟、不得私自调剂卷烟专卖规定，对未亮证经营的零售户督导整改，全年走访561户，查出各类违法案件16起。对所管辖片区新办证户进行培训，加强对新办证户法律法规宣传教育。全年开展新办证培训11次，参加培训106人次，使零售客户掌握卷烟订购流程和违法的后果，自觉做到守法经营、诚信经营。推进APCD工作法（A是分析、P是计划、C是检查、D是处理）与“双随机、一公开”监管方式，采取日常查、错时查、交叉查等方式，加大打击违法违规经营大户、无证经营和涉烟物流寄递的力度，全年共开展错时检查11次，交叉检查4次，净化麦盖提县卷烟市场。

11月18日，县烟草专卖局执法人员在县城好乐佳商店进行检查

【执法监督】 2019年，县烟草专卖局出动执法人员252人次，查处各类违法案件16起，案值14.73万元，其中莫合烟1820千克，案值8.41万元；无证运输案件1起，案值6580元；无证经营案件1起，案值

5948.54 元；未在当地烟草专卖批发企业进货案件 13 起，对当事人进行处罚，罚没款案值合计 5.07 万元。

【行政许可证办理】 2019 年，县烟草专卖局严格履行行政审批职责，执行许可证准入规定，规范许可证管理，缩短行政许可办结时间。全年共受理申请 108 个，经实地考察符合烟草专卖行政许可证管理办法予以办理 106 户，不符合烟草专卖行政许可证管理办法不予办理 2 户。

【队伍能力提升】 2019 年，县烟草专卖局开展“335”专卖队伍素质能力提升活动，借助专卖技能鉴定及技能大赛，激励专卖人员学习主动性和积极性，提高专卖人员的业务素质和工作技能。通过年度技能鉴定考试 2 人，有效提高了专卖人员“三统一系统”的操作和文书制作水平。

食品（盐业）

【碘盐宣传】 2019 年，麦盖提县食品（盐业）公司利用“3·15”消费者权益日、“5·15”碘盐宣传日开展宣传活动，接受群众咨询 900 余人次，悬挂横幅 2 幅、发放碘盐知识宣传单 1.2 万余份、宣传册 4000 本，免费发放合格碘盐 200 千克。

【食盐销售和扶贫碘盐发放】 2019 年，县食品（盐业）公司购进食盐 1040 吨，销售食盐 991 吨，库存 49 吨。购进工业盐 53 吨，销售工业盐 56 吨，库存 29 吨。为确保食盐销量，加大市场服务力度，让消费者满意，公司配足人员、车辆，保证居民购买的食用盐安全、方便快捷。免费给 2.85 万名贫困农民发放食用碘盐 42.75 吨。

【畜禽屠宰】 2019 年，县食品（盐业）公司对厂区按时灭菌消毒、灭蝇，肉品检验人员严格按照畜禽定点屠宰要求，对畜禽进行入场登记，对所屠宰禽、畜肉品认真检验，只要查出不合格肉品，坚决销毁，从源头上杜绝不合格肉品流入市场。全年屠宰生猪 4316 头，提供鲜猪肉 436 吨；屠宰牛 3244 头，提供鲜牛肉 648 吨；屠宰羊 11.76 万只，提供鲜羊肉 2940 吨；屠宰家禽 15.54 万只，提供鲜禽肉 233 吨。确保群众吃上安全、放心肉。

【食品基地生产】 2019 年，食品基地有土地 8300 亩，种植棉花 6970.6 亩（棉枣套种 765.5 亩），籽棉总产 2328 吨，平均单产皮棉 133.59 千克；种植红枣 1465 亩，亩产

4 月，县食品公司员工对屠宰厂厂区消毒

360 千克；种植核桃 55.5 亩，亩产 120 千克。种植小麦 509 亩，复播玉米 509 亩。

石油经营

【石油销售】 2019 年，中石油新疆销售有限公司喀什分公司麦盖提销售片区运营加油站 6 座，其中县城站 3 座，乡村站 3 座。

年成品油销售任务 2 万吨，加油站便利店销售 300 万元。实际销售成品油 2.02 万吨，完成计划率 101%，便利店销售 302 万元。在地区 9 个片区中，麦盖提销售片区市场份额提升率第一名，完成计划率、同比增长率均排名第二，经营效益显著。

【安全管理】 2019 年，麦盖提销售片区坚持“安全第一、预防为主、综合治理”方针，全面落实“安全文化、安全法规、安全责任、安全科技、安全投入”协同发展策略，始终把安全放在首位，明确提出站经理主要任务就是“管安全、找客户”。全年组织员工安全培训 4 次，覆盖 35 人次；每月片区领导带队考核，各站经理互查、视频巡查，月度安全检查 12 次，共发现整改问题 221 条，把安全隐患消灭在萌芽状态。各加油站，按照年度应急预案演练，开展加油机着火、加油车辆着火、电器着火等演练共 47 次。全年无安全事故，奠定了稳定销售的基础。按照环保防渗改造要求，麦盖提销售片区对所属 6 座加油站完成防渗改造。

万盛商贸

【企业运营状况】 2019 年，麦盖提县万盛商贸公司管理商场主楼、综合楼 2 个经营网点。主营业务以房屋、柜台、摊位租赁为主，客商 120 户。主营业务收入是收取租赁费、物业管理费，同时为经营客商提供快捷方便的管理和服务。由于受蔼敏城市综合体开发建设进度缓慢的影响，商场部分租户退租，在此情况下，商厦采取降租金留客商把租金降到每月 3.25 元 / 平方米，导致经营收入减少，每月收入 13.4 万元，每月各项费用支出 16 万元。

【企容企貌整治】 2019 年，万盛公司对辖区内经营场所建筑物上的各类小广告、污物进行全面清理，每周开展 1 次环境卫生大治理专项整治活动，净化环境；在商场出入口安装安全防护隔离墩，抽调专人管理停车点，实行停车收费管理，禁止机动车辆在商场周围随意进出，杜绝乱停乱放和占道摆放，规范停车秩序，使公司周边环境及交通秩序得到有效改善。

2019 年，万盛商厦所设万盛超市商品繁多

住房建设

【机构改革】 根据喀什地委、地区行署批准的《麦盖提县机构改革方案》和县委办公室、政府办公室印发的《关于〈麦盖提县机构改革方案〉的实施意见》,2019年3月，重新组建麦盖提县住房和城乡建设局。在县住房和城乡建设局职责的基础上增加人民防空工作及安居富民办公室相关职责，加挂县人民防空办公室牌子。

【保障性住房建设】 2019年，县住房和城乡建设局有计划推进保障性住房建设。上级下达麦盖提县公共租赁住房建设任务1504套，计划投资1.5亿元。实际开工建设1512套，总建筑面积7.2万平方米，完成投资9118万元，建设地点位于麦盖提县旭日园区和城南刀郎扶贫产业园内，年度已完成主体施工。完成民生花园二期540套和181套教师周转房、驻村干部周转房续建项目建设，全部交付使用。解决中低收入家庭住房困难问题，完成公共租赁住房分配共计3832套，其中和平小区2448套，迎宾小区288套，沙漠花园小区952套，嘉陵华府景园144套。

【棚户区改造】 2019年，县住房和城乡建设局全面实施棚户区改造项目，提升社区居民居住环境。主要采取自拆自建与统拆统建相结合方式进行改造，建设地点为麦盖提镇、巴扎结米镇20个点位，共签订棚户区改造协议3800户。其中：实物安置3120户，货币补偿680户，已到位中央预算内资金1.7亿元，中央补助基础设施配套资金5548万元，累计完成投资7000万元。

【安居富民工程建设】 2019年，县住房和城乡建设局指导乡村全面完成年度5606套安居房建设任务（建档立卡贫困户2套、低保户319套、一般户5285套）；准确掌握农村住房现状，组织开展农村住房安全性鉴定工作，共完成5.2万户农村户籍住房安全性鉴定评价，危房鉴定完成100%，并以村户为基础，建立住房安全鉴定档案。

【“煤改电”项目】 2019年，县住房和城乡建设局稳步实施“煤改电”项目，投资5244.73万元，实施“煤改电”1.47万户，改善农村群众供暖条件，让群众享受“电气化新疆”成果。

【贫困户改厨改厕】 2019年，县住房和城乡建设局推动农村人居环境持续改善，提高人民群众幸福指数，实施建档立卡贫困户改厨项目9088户，全部完工，下拨改厨补助资金908.8万元。实施建档立卡贫困户改厕项目9184户，全部完工，下拨改厕补助资金918.4万元。

住房公积金管理

【住房公积金归集】 2019年，住房公积金麦盖提县管理部积极联系县财政局协调布置预算单位开展基数调整工作，安排归集业务主办岗与系统工程师协助将系统默认的1月和7月年度基数调整时间设置为允许3月调整，完成基数调整的县财政供养单位有140多个约9000人。由于此次年度基数调整是新系统上线运行以来首次由公积金专管员在单位网厅自行操作，管理部归集业务主办岗依据《喀什地区住房公积金归集业务操作规范》化繁为简重新梳理绘制出《住房公积金汇补业务流程图》供单位网厅操作人员更加直观地理解业务操作的流程，降低不必要的业务往复周折。全县汇缴单位183个，汇缴1.08万人，完成住房公积金归集额1.72亿元。

【住房公积金提取】 2019年，麦盖提县住房公积金提取1.78万笔，提取金额1.01亿元，完成当年计划的101.42%。其中：购房支取727人4379.4万元，还贷支取1.66万人次4111.9万元，其他租房、解除劳动合同、退休、死亡销户支取等513人1650.82万元。

【住房公积金贷款发放】 2019年，县公积金管理部共发放住房公积金贷款408人9677.6万元，贷款余额3.08亿元，完成年初计划的161.29%，个贷率51.22%。便民服务措施实施以来，在麦盖提县周边的莎车、巴楚县个别乡镇、牌楼、塔吉克阿巴提镇的职工购房都在麦盖提管理部申请办理业务，加之喀什限价商品房的销售，使贷款量比往年有比较高的提升。

县公积金管理部对两处新建楼盘进行实地勘察，对楼盘建设情况，房屋结构布局，房屋预售情况进行详细了解，后经中心批准，与开发商签订协议。

【逾期贷款催收】 2019年，县公积金管理部一直将催收不良逾期贷款作为重点工作来抓，采取各种措施、办法进行催收，截至年底，逾期不良贷款户超过3期的有3户，与上年逾期3期以上32户相比，逾期不良贷款户显著减少。

【风险管理】 2019年，县公积金管理部重视地区公积金管理中心下发各项数据的核对或修改，及时安排工作人员加班加点进行整改。对存在欠缴住房公积金的单位，每月安排工作人员进行催缴，严格要求按照地区中心下发的业务规范操作，严格审核汇缴、支取、贷款等资料，保证扫描件与纸质材料一致，加强贷款贷前、贷中的审核和贷后的管理。

【住房公积金管理部“放管服”改革】 2019年，县公积金管理部认真落实“放管服”改革工作要求，遵守中心各项规章制度、办事流程，积极开展住房公积金缴存、提取、贷款等业务，针对不同情况，采取多种办法，协调解决住房公积金账户信息维护、个人账户并户清理、缴存挂账清理、贷款扣划催收等工作，转变干部职工工作作风，落实首问负责制、一次性告知制度、限时办结制度。继续加大单位网厅、微信关注、软件APP等业务的宣传力度，安排专人在柜台前进行宣传、说明解释工作，对单位公积金专管员手把手指导网厅汇缴公积金的业务办理。

房地产开发

【房地产开发项目】 2019年，县住房和城乡建设局强化房地产市场监管，引导市场健康稳定发展，房地产开发续建项目2个，新建项目1个，分别由喀什宏祥房地产开发有限公司麦盖提县分公司开发建设的绿原雅居4#商业楼项目，建筑面积1.3万平方米；新疆百汇假日房地产开发有限责任公司开发建设的百汇名门三期建设项目（百汇名门2#、3#、4#住宅楼），建筑面积1.61万平方米，共计126套；新疆百汇假日房地产开发有限责任公司开发建设的百汇丽景花园项目一期（2#、5#、6#住宅楼），建筑面积2.2万平方米，共计133套。

【商品房销售】 2019年，麦盖提县商品住房销售量有所上升，共销售住宅326套，销售额1.02亿元，销量和销售额分别较上年同期增长107%和124%；商业用房共销售1807.3平方米，销售额823.5万元，销量和销售额分别较上年同期增长123.5%和25%。商品住房销售价格趋于平稳，住宅销售均价为2674元/平方米；办理商品房预售许可证2件，预售面积4.41万平方米，其中住宅1.07亿平方米、商业3.34万平方米。

建筑业管理

【建筑业工程领域施工监督】 2019年，县住房和城乡建设局依法监督建筑工程领域施工、监理招投标项目82个，监督覆盖率100%；核发建筑工程施工许可证127份（线下办理56项、线上办理21项、补办2015—2016年棚户区改造项目50项）；出具消防审查申请受理凭证25份，涉及36栋建筑，总建筑面积13.69万平方米；出具通过消防审查意见书9份，不通过审查意见书2份。清退建设工程各类保证金1659.45万元；监督各施工单位进行农民工实名制录入，2019年已录入项目55个，录入农民工实名制信息1210人。

【工程建设项目审批制度改革】 2019年，麦盖提县全面推进工程建设项目审批制度改革，成立建设工程项目审批制度改革工作领导小组，建立定期汇报制度，制定项目审批工作实施方案、项目分解表，合理规划审批流程，形成“一张清单”公示，精简审批环节，完善办理指南、办事流程图和办事要件，强化行政审批信息公开制度，自觉接受社会监督。

【建设工程质量安全管理】 2019年，全县有建设工程质量安全管理监督员7人，持证5人（监督员），实际在岗5人。持有中级职称2人，初级职称1人。依据国家有关法律法规和工程建设强制性标准、设计图纸，采取对照条文核查与现场检查、抽测相结合的方法，共监督建设工程109项，建筑总面积约为32.8万平方米，棚户区改造项目340余处，竣工备案验收项目114项，分别由38家施工企业承建、9家监理公司监理，监督覆盖率100%。全年共开展9次质量安全检查，下发建设工程质量安全整改通知书504份，其中停工通知书36份，排查一般安全隐患1273处。

【建筑材料检测】 2019年，县住房和城乡建设局严格开展建筑材料检测，共检测建筑材料4937组，其中钢筋原材料1251组、钢筋连接件1011组、水泥198组；建设用砂169组、建设用石156组、砖35组、苯板2组、混凝土试块1002组、砂浆试块33组、土工试验1080组。共出具2018年续检和2019年竣工项目的检测报告2335份。其中烧结砖13份、钢筋原材料及连接件893份、水泥25份、建设用砂21份、建设用石18份、砼试块469份、砂浆试块23份、土工试验报告473份。2019年度出具建筑材料不合格检测报告158份，其中混凝土试压块不合格检测报告110份、砂浆试压块不合格检测报告43份，烧结多孔砖不合格检测报告2份、钢筋连接件3组，发放检测报告1700多份。对建筑材料检测结果不合格的，对施工单位未按规范要求送检试块或经试压试块不合格的工程要求进行实体回弹，对检测不合格的建筑原材料均及时进行了清场处理，对不合格的钢筋连接件监督进行加固处理。

【住建领域扫黑除恶专项斗争】 2019年，县住房和城乡建设局深入开展住建领域扫黑除恶专项工作，与各施工企业、监理公司签订《麦盖提县住建领域2019年扫黑除恶专项斗争管理目标责任书》22份，召开全县住建领域扫黑除恶工作专题会议11次。

城市管理

【市容市貌与环境卫生专项整治】 2019年，县住房和城乡建设局常态化加大对城区、城乡接合部市容市貌与环境卫生专项整治工作力度，全年清理整治乱吊挂、乱堆放杂物行为4388起，乱吊挂比上年减少40%；乱摆摊设点、占道经营基本得到有效治理；加强对大型车辆、农用车、畜力车进城的管控力度，进城大型车辆同比下降50%。查处损坏城市道路护栏、绿化带护栏、公共设施行为同比下降8起，损坏公共设施行为下降10%。更换修复被损坏公共设施140处（次）。治理并限期规范县城临街门头牌匾1281起，全县城区规范门头牌匾达到90%。组织人员安装维修检查井盖43个；加大对城市护栏的维护和管理，新安装道路护栏3003米，维修马路护栏3210米、小护栏320米，处理撞护栏行为6起。城管大队联合麦盖提镇、巴扎结米镇、便民警务站及自然资源局对县城违章建筑进行清查，共下发停工通知2份、违规建房拆除通知34份，拆除楼顶鸽子棚11个。强制拆除私搭乱建彩钢板房16处、475平方米。

【城市绿化】 2019年，县住房和城乡建设局全面实施城市绿化提升改造项目和城市空白地绿化项目，共种植乔木7.15万株、灌木383.75万株、花卉8.8万株。对县城各绿化带补植补栽各类乔木69.65万株。在城区主要路口、节点处投放草花17.4万盆，在文化广场、南网大道十字路口、新县委广场制作仿真立体花雕4组和补植立体花雕13组。完成城西新区公共绿地项目7万平方米的规划前期准备工作。组织动员全县机关干部开展“捐助一棵树、呵护一片绿、守望一个家”践行绿色公益活动，县直各部门、各单位干部职工献爱捐绿，共捐种各类风景树 700 余棵。

【再就业市场建设】 2019 年，麦盖提县投资 2500 万元，完成总面积 5600 平方米再就业市场（夜市）项目建设，项目可容纳 1200 人就餐并观看文艺节目，提供就业岗位 150 余个。

6 月 20 日，麦盖提县再就业（夜市）建成，正式营业

【棚户区改造配套基础设施建设】 2019 年，麦盖提县投资 1258 万元，全面完成城市棚户区改造外配套基础设施建设项目，实施规划一路、规划二路、民生路等道路和给排水、路沿石铺装等工作，改善群众出行环境。

【城区供水安全】 2019 年，麦盖提供排水公司坚持“安全第一、预防为主”的方针不动摇，狠抓安全供水、保稳定、促发展，继续坚持“以需定压，以压定量”的供水办法，根据各种用户的用水需求，及时合理调节供水量，满足用户需求；继续坚持测压点定时汇报制度，对供水管网进行动态监测，合理调配高峰时段管网压力，供水稽查人员加大管网巡查力度，在确保居民正常用水的前提下，要求县城绿化用水夜间浇灌、错峰使用，确保城区供水平稳、有序、安全。供水总量 853 万吨，比上年同期增加 19%。售水 452 万吨，月平均水损 14%，比上年同期月平均水损下降 4 个百分点。

2019 年，麦盖提县新建县城自来水厂提升泵房

县供排水公司安装供水管道 3.15 千米。完成邮政局、第三中学、第四中学、巴格万村、第九幼儿园、十七社区、迎宾小区、民政局敬老院、城南绿化等新增用水水表安装工作；解决部分社区及县城周边一些居民饮水难问题，改造安装、维修一户一表 414 户；抢修供水主管网 50 多次，确保县城正常供水。抓好迎峰度夏工作，提前对水厂设备进行维护和检修。抓管理、堵漏洞、加大水费收缴力度，对抄表收费进行整顿，确保抄表到户，每月抄表率达 95%，抄表准确率达 99%。

【污水处理】 2019 年，县供排水公司在县城及工业园区建设提升井 26 座，清理县城排水主管道 6.59 千米，清理检查井 280 座，清理社区排水检查井 15 座，疏通淤塞管道 5 处，修复加盖污水井盖 25 个，确保县城排水畅通。落实国家、自治区环境保护督察反馈意见整改工作，完成城北污水处理厂曝气设备（总投资 37 万元），COD 氨氮在线分析仪（总投资 36 万元），总磷、总氮自动监控设备的安装调试及数据上传工作；根据国家环保要求，对县城城北、城南污水处理厂处理排放不达标问题进行迅速整改。城南污水厂到城北污水厂排水压力管工程和城北污水厂到城南污水厂排水压力管

2019 年，麦盖提县新建的污水处理二沉池在线监测仪

工程正在建设施工中。围绕打好“三大攻坚战”环保治理工程，确保污水达标排放。做好实验室设备采购，人员培训，确保年污水处理厂水质检测 6 项的能力。做到信息系统上报数据准确、及时、完整，努力完成减排工作任务。

【污水排放扩容】 2019 年，麦盖提县完成污水排放提标扩容工程，投资 5430 万元，新建一座日处理能力 1.5 万立方米的污水处理池，提标扩容后排放标准达到一级 A 标准。全年排水总量 336 万吨，完成各种经济收入 1041.63 万元。

【供热供气设施改善】 2019 年，麦盖提县加强供热供气工作，改善供热供气设施，提高供热供气质量。在燃煤锅炉集中供热方面，新增一、二级供热主管网 16 千米，改造、维修约 12 千米，新增换热站 7 座，改造换热站 13 座，共投入资金 800 余万元。燃煤供热面积 245 万平方米。天然气壁挂炉集中供热主要集中在 3 个小区（海韵华府、嘉陵华府、光明小区）及个别分散户，共计 3200 余户，供热面积 28.5 万平方米，比上年增加 400 余户。共完成民用天然气入户安装 1107 户，共计 651.9 万立方米，与上年基本持平。商用天然气 137.2 万立方；完成燃气管道铺设 3.06 千米，较上年有所增加。

【生活垃圾填埋场续建】 2019 年，麦盖提县实施县城生活垃圾填埋场续建工程，总投资 1000 万元，建设县城垃圾处理场填埋 2#、3# 坑区及配套设施，已进行环保验收和等级评定工作。

【垃圾清运】 2019 年，县住房和城乡建设局加大对山东康洁环卫公司的监督考核力度，做好县城 213 万平方米的环境卫生保洁和垃圾清运工作，实行分片包干责任制，坚持垃圾日产日清、日回填、消毒处理全天候卫生保洁，全年共清运生活垃圾 3.58 万吨、建筑垃圾 2500 吨；利用每周四“环卫保洁日”组织全体环卫职工开展“市容环境大扫除”80 余次，常态化做好县城道路的保洁工作。

【物业管理】 2019 年，县住房和城乡建设局不定期对物业企业值班备勤、环境卫生、规范收费、服务情况等开展抽查、检查，建立信用档案，全年下发整改通知书 100 余份。制定下发《关于健全安全责任体系建立问题隐患周报制度的通知》和《关于强化物业管理提升物业服务质量的通知》，重

点对小区环境卫生、绿化美化、安全管理、提升服务意识、落实企业责任等方面进行规范管理，提升物业管理质量。全县共有物业服务企业 9 家，其中 2019 年新增 2 家物业服务企业，分别为喀什润新物业服务有限公司麦盖提县分公司、麦盖提县东灏物业服务有限责任公司。物业管理服务小区共 39 个，物业服务区域面积 150.13 万平方米（住宅 123.48 万平方米，商业 26.65 万平方米）。

【人防工程核查与宣传】 4 月 23 日，麦盖提县人民政府人防办公室职能划转至住房和城乡建设局。根据自治区人防办、地区人防办及县纪委安排部署，积极开展人防系统腐败问题专项治理活动，全面核查 2012 年以来人防工程项目 1 个。9 月 18 日，按照自治区人民防空办公室统一部署，县住房和城乡建设局（人防办）在县城拉响防空警报，开展宣传咨询活动，发放宣传册 3000 份，现场接受群众咨询 36 人。

经济监督管理

发展和改革委员会

【机构改革】 2019年，麦盖提县发展和改革委员会实行机构改革，按照《关于印发〈麦盖提县发展和改革委员会职能配置、内设机构和人员编制规定〉的通知》要求，发改委行政编制由14人调整为11人，核定领导职数由5人调整为3人，工勤数编制由3人调整为2人。

【经济运行分析】 2019年，麦盖提县经济社会实现持续健康发展，全年实现生产总值同比增长6.1%，其中一产增加值同比增长5.8%；二产增加值同比增长3.9%；三产增加值17.28亿元，同比增长7.56%。三次产业结构占比从2018年的54 ∶ 13 ∶ 33调整为49 ∶ 9 ∶ 42；完成规模以上固定资产投资19.20亿元，同比增长14%；完成地方财政收入2.48亿元，较上年增收0.23亿元，增长10.18%，其中一般公共预算收入2.06亿元，较上年增收1056万元，增长5.4%；一般公共预算支出38.61亿元，同比增长10.1%。完成社会消费品零售总额5.93亿元，城乡居民人均可支配收入分别为2.74万元和1.06万元，分别增长9.6%和10%。城镇新增就业9589人，完成目标任务的131.6%。

【重点项目】 2019年，发展与改革委员会通过积极主动与上级部门对接，及时争取中央预算内资金3.39亿元，落实中央预算内投资项目23个。全年确定固定资产投资项目76个，计划投资25亿元，项目涵盖农、林、水、牧、教育、卫生、交通、能源以及城乡建设等各个领域。

【援疆项目】 2019年，麦盖提县援疆项目27个，安排援疆资金3.58亿元，项目全部开工或复工。将80%的援疆资金投向基层和民生领域，重点向贫困村、贫困户、贫

3月16日，麦盖提县举办2019年重点项目集中开工仪式

困人口倾斜，实施农村安居富民工程、水电路基础设施配套、大学生补助、健康普惠等一批群众看得见、摸得着、受益大的扶贫项目。

【易地扶贫搬迁工程】 2019年，麦盖提县建设易地扶贫搬迁安置点5个，搬迁入住838户3302人。通过落实后续配套产业，给予楼房搬迁户对应分配商业门面房，根据搬迁户实际情况及意愿自主开店或转租受益，673户楼房搬迁户年平均净收入1500元以上；168户平房安置搬迁户通过发展庭院经济、小拱棚项目、畜牧、家禽养殖，直接或间接提高收入，户均实现1000元增收。依托工业园区、乡村扶贫车间的人力资源和产业基础，鼓励引导有组织安排外出就业，结合安置点优越条件，坚持以市场为导向，推进易地搬迁贫困人口充分就业，全年搬迁安置贫困人口实现就业730户1158人。对无劳动力和家庭困难的搬迁户通过综合社会保障兜底；1075名适龄学生实现就学；3308人参加农村基本医疗；1735人参加农村养老保险；288名老人享受养老保险补贴；240名困难群众享受农村低保；185名无劳动力群众实现政策兜底；32名一、二级残疾人享受残疾人护理补助。最大限度给予搬迁户金融扶持，全年向384户搬迁户发放生产发展、自主创业扶贫小额信用贷款1265万元，按每户贷款额度进行全额利息补贴，鼓励和引导搬迁贫困户通过扶贫小额信用贷款政策，积极引导自主创业、发展产业，为搬迁户提供金融上的扶持，实现易地搬迁群众“搬得出、稳得住、能致富”的目标。

【基础设施建设】 2019年，麦盖提县投资1.1亿元，新建乡村道路212千米；投资1.4亿元，新建、改建10千伏线路105.76千米，新建、改建0.4千伏线路213.91千米，增换配电变压器317台，“煤改电”户表安装1.47万户；投资1.46亿元，实施农村饮水安全项目4个，覆盖巴扎结米镇、央塔克乡、昂格特勒克乡、尕孜库勒乡、克孜勒阿瓦提乡、库木库萨尔乡，共铺设供水管网339千米，入户3.75万户。全县各贫困村“五通七有”工作达到脱贫标准，群众反映强烈的突出问题得到妥善解决，各族群众生产生活条件持续改善。

全年实施以工代赈项目4个，投入专项资金2930万元，其中乡村道路项目2660万元；农村安全饮水项目270万元。累计向461人发放劳务报酬256.87万元，其中贫困人口442人，贫困人口占比95.9%。

10月26日，发改委与相关部门在吐曼塔勒乡验收煤改电工程

2019年“煤改电”工程划分为5个施工标段，涉及7个乡（镇）、45个行政村1.47万户农村居民，其中贫困户4405户；一般户1.03万户。截至2019年底，煤改电设备已全部安装到位，并通过各相关单位验收。

【棉花目标价格改革】 2019年，发展与改革委员会组织县农业农村局、市场监督管理局、财政局等部门对优质棉交售信息明细表数据进行复核和公示，最终确定符合要求的棉农 13 户，皮棉 400 包，折籽棉净重 233.63 吨。

【夏粮收购】 2019 年，麦盖提县夏粮收购任务 1.5 万吨小麦，实际收购小麦 1.57 万吨，完成任务的 105.53%，其中一等小麦 8134.1 吨，占收购总量的 51.88%；二等小麦 5249.3 吨，占收购总量的 33.49%，三等小麦 1814.9 吨，占收购总量的 11.58%；四等小麦 384.1 吨，占收购总量的 2.45%；五等小麦 93.5 吨，占收购总量的 0.6%。

【粮食大清查】 2019 年，发展与改革委员会根据中央、自治区党委、地委、县委统一安排部署，牵头制定《麦盖提县粮食大清查工作实施方案和工作计划》，组织相关部门开展政策性粮食库存大清查工作。经清查，全县有国家临时存储小麦货位 9 个；自治区级地方储备小麦货位 2 个；商品粮货位 1 个。

统　计

【统计报表】 2019 年，麦盖提县统计局认真贯彻执行《中华人民共和国统计法》，科学、有效地组织统计工作，保障统计资料的真实性、准确性、完整性和及时性。认真完成专项调查和各专业的统计报表、联网直报以及各类数据汇总、审核，进一步提高报表的质量和准确性、及时性，得到上级统计部门认可；2019 年 5 月，发布《2018 年麦盖提县国民经济和社会发展统计公报》，为党委、政府全面了解全县经济和社会发展状况，科学制定经济发展规划提供数据支撑。

4 月 3 日，在巴扎结米镇开展统计法宣传

【统计服务】 2019 年，对全县国民生产总值、农业、工业、固定资产投资、国内贸易、财政、金融、税务、劳动工资等经济主要指标，按季度提供给县委、县人民政府，便于掌握全县经济运行情况。加强对宏观经济运行态势和各项改革进程的跟踪分析，运用统计职能对经济发展走势科学预测，密切关注经济活动中出现的新情况、新问题，及时进行分析研判，撰写统计分析报告呈报给县委、县人民政府，为全县经济发展决策提供统计数据服务。

11 月 5 日，开展人口抽样变动调查培训

【住户调查】 2019年，负责住户调查工作的专业人员坚持每季度深入到抽样调查的6个样本村（社区），为抽样调查户详细讲解收支记账本如何填写，规范填报要求，为全面了解和掌握城乡居民收支情况、生活情况，提供有据可查的资料，为综合评估全县脱贫攻坚工作成效，开展扶贫工作综合施策提供有力的依据。全县农村居民人均可支配收入1.1万元，城镇居民人均可支配收入2.73万元。

【依法治统】 2019年，统计局重视惩治和防范统计造假问题，成立以局长为组长，副局长为副组长，各科室负责人为成员的统计造假专项治理工作领导小组，落实职责、细化分工。组织深入学习中央关于防惩统计造假文件，召开局党组中心理论组学习会，重温习近平总书记关于统计工作的重要批示、指示精神；以人口变动抽样调查和城乡住户调查为契机，大力宣传《中华人民共和国统计法》《中华人民共和国统计法实施细则》和《新疆维吾尔自治区统计管理条例》，提高广大民众的统计法律意识。

国家统计局麦盖提调查队

【农业调查】 2019年，国家统计局麦盖提调查队坚持以提高数据质量为核心，着力推进统计体制改革，夯实农业统计基层基础，精心组织开展调查工作。麦盖提调查队的农业统计调查业务涵盖粮食产量抽样调查、农户种植意向调查、主要农作物遥感测量调查、主要农产品中间消耗调查等多项具体调查工作任务，共有7个大样方、21小样方，分布在麦盖提希依提墩乡、央塔克乡、尕孜库勒乡等乡镇。为提高调查队农业统计调查基层基础工作质量，调查队从业务学习、人员配置、基础台账等多方面入手，不断强化农业统计调查的基层基础工作，完成全年的调查工作任务。

11月13日，在央塔克乡棉田开展遥感调查

【城乡住户一体化调查】 2019年，国家统计局麦盖提调查队严格依照城乡住户一体化调查方案要求和新疆总队各项具体调查部署，制定统计调查流程规范和质量控制相关工作制度，坚持开展上报数据质量评估自查，有效提升调查数据质量；坚持定期深入村组与调查对象面对面调查，了解基础数据情况，确保调查数据真实可靠；完善数据评估方法，加强数据评估管理，不断提高数据的科学性、准确性；定期开展统计数据质量执法检查，特别是对调查规范性、数据质量和联网直报等问题进行重点检查，对发现问题及时处理，切实保证数据真实有效。

麦盖提调查队城乡住户一体化抽样60户，其中城镇户20户、农村户40户。

【劳动力调查】 2019年，麦盖提调查队根据国家统计局统一要求开展劳动力调查的培训和调查工作。每月对48户居民劳动力开展入户调查，对调查对象逐户入户调查，

12月14日，在希依提墩乡开展劳动力入户调查

认真填写调查表格，严格数据质量，每月按时上报调查数据。

【常规调查】 2019年，麦盖提调查队完成各季度畜禽监测、城乡住户一体化调查季报、农产量时割实测、春播夏收农作物播种面积调查、农产品生产价格调查季报、中间消耗调查调查季报、贫困监测调查季报、贫困乡镇农村住户调查季报、农民工监测调查季报、规下工业和小微企业季报、规下服务业季报等常规调查工作。

【信息化建设】 2019年，麦盖提调查队不断推进信息化建设工作，健全信息安全制度，落实各项安全措施，提高使用者安全意识和防范能力，及时处理内网故障，确保调查队工作正常运行；明确保密责任人，进一步加大保密教育力度，对照检查自身问题，针对问题做出相应防范措施，严防泄密事件的出现。

审　计

【机构改革】 2019年，麦盖提县审计局实行机构改革，优化职责。将县发展和改革委员会的重大项目稽查职责，县财政局的预算执行情况和其他财政收支情况的监督检查和职责以及县国有资产监督管理委员会的国有企业领导干部经济责任审计等职责划入县审计局。

【工程项目审计】 2019年，麦盖提县审计局开展审计项目20个，参与、配合喀什地区开展扶贫审计项目11个；2019年上半年委托中介机构开展工程项目竣工结算143个，审减额2752.81万元，核减率8.06%；在进一步完善和规范工程项目结算审核工作后，委托造价咨询公司完成2018年扶贫项目基本建设151个标段竣工结算工作，审减额3681.46万元，核减率8.44%；对2019年扶贫项目16个基本建设项目62个标段开展竣工结算工作，出具61个标段竣工结算报告，审减额1669.53万元，核减率4.21%；

6月3日，审计局开展2019年度落实中央和自治区减税降费政策措施情况跟踪审计

其他项目370个，审减额8919.54万元，核减率12.18%。通过项目审计，节约了财政建设资金，促进全县建设项目管理，提高政府投资综合效益发挥。

【财政预算审计】 2019年，审计局围绕政府预算体系，加强财政、财务收支审计，在财政资金的审计过程中关注财政收入、支出的真实性、合规性，盘活各项财政资金，不断促进资金安全规范高效使用。按照中央“八项规定”及县委“十项规定”，把“三公经费”和会议经费开支情况作为审计的重要内容。开展本级财政预算执行审计项目1个（麦盖提县2018年度本级财政预算执行及其他财政收支情况审计），开展财务收支审计项目1个（2016—2018年麦盖提县驻乌老干部服务中心财务收支情况审计），重点关注其国有资产、资金的安全合规性。

【扶贫项目资金审计】 2019年，审计局将扶贫项目资金跟踪审计作为重点工作，促进惠农脱贫富民政策落实，紧紧围绕自治区党委九项惠民政策，突出民生审计理念，加强民生资金审计，切实保障人民群众的切身利益。重点对2016—2017年易地扶贫搬迁项目和资金、2018年扶贫项目资金、2019年1—5月扶贫项目和资金、地方债券资金、涉农资金安全性和效益性进行审计；开展2019年四轮扶贫资金的审计和审计调查。为规范扶贫资金管理使用，提高资金使用效益，结合国家重大政策措施和宏观调控部署落实情况跟踪审计，开展扶贫项目和资金审计和审计调查4次。加大对移民搬迁、低保、医疗救助等资金的审计力度，重点审计挤占挪用、滞留截留、损失浪费等重大违法违纪行为，根据相关法律法规进行处理，提出审计意见和建议12条。开展2019年度自治区易地扶贫搬迁专项审计调查，重点关注易地扶贫搬迁政策落实情况、资金筹集管理和使用情况、项目建设管理和绩效情况等，并出具审计报告。在开展区易地扶贫搬迁专项审计调查过程中，将计算机审计与传统审计方法相结合，完成比对易地扶贫搬迁户数据信息838户3302人，发现疑点记录5类涉及14户，进行入户走访现场核实后均已整改完毕，确保审计结果的真实性、有效性。对麦盖提县恒大扶贫有限公司捐赠资金管理及使用情况进行审计，并出具审计报告。

【专项审计】 2019年，审计局对“煤改电”入户工程及其他涉及中央、自治区、地区、县财政拨款的各类项目资金使用、支付、决算、管理进行审计监督，对工程招投标程序及建设过程进行审计监督，确保财政资金安全高效使用，并出具专项审计报告。对寄宿制学校建设资金拨付、使用、管理情况及建设项目程序的合法性、合规性进行跟踪审计，有效规范项目资金的管理，促进提高资金使用效益，并出具专项审计报告。开展2018年财政惠农补贴“一卡通”管理使用情况审计（调查），并出具专项审计报告。

【重大政策措施审计】 2019年，审计局根据审计署统一部署，依法履行审计监督职责，加大审计监督力度，深入分析问题产生的原因，提出切实可行的整改意见，推动政策措施落实到位。

2019年，审计局对麦盖提县2019年度落实中央和自治区减税降费政策措施情况进行跟踪审计，调查民政局、人力资源和社会保障局、发展和改革委员会、交通运输局、住房和城乡建设局、市场监督管理局、商务和工业信息化局、政府办公室等8个单位，重点对其任务分工、进度落实情况、票据及收费、罚没款项情况、收费项目等内容进行审计，并出具审计报告。

2019年，审计局对麦盖提县2019年度落实中央和自治区清理拖欠民营企业中小企业账款政策措施情况跟踪审计，对民政局、人力资源和社会保障局、交通运输局、住房和城乡建设局、市场监督管理局、政府办、商务和工业信息化局、政府采购中心等8个单位的中小企业欠款进行调查，重点对“两款一金”（物资采购款、工程款、质保金）、项目工程款支付情况、工程款未支付原因进行审计，并出具审计报告。

审计局对麦盖提县2018年保障性安居工程资金投入和使用绩效审计，促进全面落实棚户区改造等重大政策措施，保障资金安全，促进提高资金使用绩效，揭示风险隐患，推动加快建立多主体供给、多渠道保障、租购并举的住房制度，更好地保障人民群众住有所居为目标。

【援疆项目审计】 2019年，审计局以促进中央支持新疆发展各项政策措施落实到位，保障资金管理和项目建设规范有序为目标，重点审查政策落实和规划执行、资金管理使用、工程建设管理、环境保护情况，从完善制度、加强管理的角度分析原因，提出建议，促进建立健全有效的对口援建资金项目管理体制，确保援疆资金发挥实效。关注对口援建资金补助类项目资金管理和工程管理中存在的问题，促进规范管理和廉政建设。揭露和查处违背国家产业、土地和环保政策，严重铺张浪费和损失、侵占群众利益和破坏生态等问题，严查重大违法违规问题和经济犯罪线索。

8月21日，审计局全体干部参加中央审计署举办的审计业务培训会

【固定资产投资审计】 2019年，审计局为加快城市基础设施和民生项目基本建设，积极跟进全县重点项目审计，强化工程建设投资审计，规范建设领域经济秩序，委托中介机构参与工程结算审核业务，并严格执行地区审计局制定的《喀什地区审计局委托社会中介机构参与政府投资项目审计质量管理办法》，对新一轮的中介机构进行业务规范管理和监督。印发《麦盖提县关于进一步完善和规范工程项目结算审核工作的通知》文件，推进工程结算审核程序和方式转变，提升审计质量和成效。开展扶贫项目竣工造价审核，优先安排扶贫资金项目，2019年所有项目为扶贫资金项目让路，扶贫项目需要审核，将特事特办，集中审计力量，及时安排，在被审单位及时提供完整的审核资料情况下，接手后立即组织安排实施，尽快尽早拿出审核报告，重点加强对是否完善扶贫项目工程竣工验收责任制，项目管理、质量监督、竣工验收是否有效到位的审计监督力度，开展对克孜勒阿瓦提乡2016年度水土保持综合治理项目竣工决算审计。

【问题整改监督】 2019年，审计局严格落实审计整改工作制度，把全面从严治党要求贯穿于问题整改全过程，主动对标，举一反三，将整改责任压实到岗，传导到人，从严从实整改，坚持以“抓整改、促提升、建长效”为重点工作，执行审计整改跟踪、监督检查、审计整改问责、整改结果通告制度，切实提高审计整改的质量和效果，充分发挥审计监督的重要作用，达到以审促改、以审促规范、以审促训的目的，确保各类扶贫资金安全高效使用。积极配合地区扶贫交叉审计组，全年开展扶贫审计4次，并督促各相关单位、乡（镇）农林场对扶贫审计查出问题进行整改。第一、二、三轮扶贫审计发现问题16条，涉及资金1.61亿元，其中整改问题14条，挽回经济损失1614.71万元，敦促拨付资金419.86万元，完善制度2项；第四轮扶贫审计发现问题7条，涉及资金1042.08万元，挽回经济损失1035.38万元，敦促拨付资金6.7万元；先后指导、帮助29个相关单位、乡（镇）农林场对2018年以来自治区审计厅、地区审计局审计查出问题进行整改。2018—2019年，自治区审计厅、地区审计局扶贫审计发现问题51条，涉及资金1.86亿元，已全部整改完毕。积极主动与县纪委监委对接，及时将问题台账和整改情况信息进行反馈，整合监督力量，形成监督合力，切实发挥审计职能作用。全年向县纪委监委移交审计整改不力问题线索11条。

市场监督管理

【市场监督管理局组建】 2019年，麦盖提县市场监督管理局实行机构改革，将县市场监督管理局（县食品安全委员会办公室）的职责，县发展和改革委员会（县价格监督检查局）的价格监督检查与反垄断执法职责，县商务和经济信息化委员会的相关反垄断职责以及相关部门的知识产权管理的职责等整合，重新组建县市场监督管理局，作为县人民政府工作部门，挂县知识产权局牌子。县食品安全委员会的具体工作由县市场监督管理局承担。不再保留县食品安全委员会办公室牌子。县发展和改革委员会不再挂县价格监督检查局牌子。

【食品安全监管】 2019年，麦盖提县成立以县长为组长，分管县领导为副组长的食品安全委员会，加强对食品安全的领导。市场监督管理局全年开展本级食品安全监督抽检409批次。2019年，麦盖提县市场监督管理局先后3次在学校、幼儿园食堂开展食品安全专项检查，共检查学校食堂143所，发现问题137条，现场下达书面限期整改通知单96份，检查校园周边食品经营主体278户，下架“五毛”麻辣小食品、辣条、膨化食品、油炸食品等问题食品30千克。对全县32个各类型食品小作坊进行全面摸排，对8家不符合食品生产加工条件的小作坊违法行为予以立案查处。做好小升初、普通高考、中考和“环塔（国际）拉力赛”营地饮食安全保障任务，累计为4000名考生提供饮食安全保障。在非洲猪瘟疫防控期间，联合县农业农村局对县城85户餐饮经营户使用猪肉情况进行不间断专项检查。推进旅游景区食品安全监管工作，对13户景区食品、餐饮经营户进行检查，发现并整改存在问题4类32条。举办学校食品安全管理培训4期，参与400人。举办“食品安全——我承诺、我诚信”倡议承诺宣传活动暨2019年麦盖提县食品安全宣传周活

8月17日，麦盖提县市场监督管理局、教育局联合举办秋季新学年寄宿制学校书记校长、幼儿园园长食品安全培训班

动启动仪式，增强各族群众食品安全意识。召开食品行业正反两面现场观摩推进会，辖区230名食品生产、流通经营负责人及麦盖提镇各社区20名食品安全监督员参加现场观摩推进会。落实食品安全党政同责，在各乡（镇）场选聘乡（镇）级食品联络员10人。组织做好“食品安全满意度调查问卷”发放、收集、统计上报工作，共发放调查问卷2万份，同步在麦盖提零距离微信公众号开展网络“食品安全满意度调查问卷”活动。以《新疆维吾尔自治区食品小作坊、小餐饮店、小食杂店和食品摊贩管理条例》实施为契机，在各社区、农贸市场开展宣传活动12场次，摸排小餐饮店、小食杂店和食品摊贩600户。

【药品安全监管】 2019年，市场监督管理局检查药品经营企业53家、医疗机构41家，下达责令改正通知书47份，办结案件24起，移送公安机关7起。对全县疫苗质量安全及新生儿接种点进行专项检查，检查医疗机构22家，下达责令改正通知书3份。严厉打击制售假冒伪劣中药饮片违法行为，检查中药饮片经营使用单位44家，立案查处3起。对未凭处方销售处方药及执业药师不在岗等问题进行整治，检查药品经营企业110家，立案查处13起。加大不良反应患者监测力度，做到药（械）安全性信号早发现、早报告，收集药品不良反应报告表152份。加大药品质量安全技术支撑，进行药品质量抽检16批次。

【特种设备安全检查】 2019年，市场监督管理局对38家电梯使用单位的157台电梯进行安全专项监督检查，开展电梯责任保险购买宣传，购买电梯保险81台，占比50.9%。在全县范围内深入开展危险化学品相关特种设备隐患排查治理工作，对5家危化品、压力容器使用单位开展专项检查20次。督促到期钢瓶及时送检，确保液化石油气安全使用，要求4家有燃气管道的企业对管网进行不间断安全隐患排查。做好季节性锅炉使用和集中供暖前期保障工作，检查锅炉9个，督促到期锅炉进行报检，对未经检验和检验不合格的锅炉封停。办理安装告知锅炉1台、压力容器2台、电梯10台，办理特种设备使用登记证2个，补办使用登记证1个。

【产品质量安全检查】 2019年，市场监督管理局对57家涉及销售塑料管材、塑窗、化肥、滴灌带、防水卷材、烧结多孔砖、水泥、3C认证电动车和农用喷雾器等产品进行摸底排查，开展《中华人民共和国产品质量法》、塑门窗型材产品质量标准和建筑塑门窗产品质量标准宣传。积极配合县“煤改电”工程办公室进行招标，参与招标合同产品质量部分的修订，严把“煤改电”产品质量进场关，完成电暖气抽检5组、4平方米电线5组、10平方米电线5组、2×10电力电缆7组、电工套线管3组、线槽3组、配电箱5组、温控器5组。收到检验报告22组，其中不合格产品10组。针对不合格

9月7日，麦盖提县市场监督管理局开展加油站、加气站特种设备计量器具安全检查

产品第一时间告知中标企业并及时汇报县煤改电工程领导小组和上级业务部门，建议下架和更换已使用不合格产品，确保不合格产品不进场。

【窗口服务】 2019年，麦盖提县有私营企业1420家，注册资金118.3亿元，从业人员4234人。个体工商户发展至1万户，注册资金3.52亿元，从业人员1.31万人。农民专业合作社457个，注册资金10.38亿元，从业人员7845人。为方便企业进行网上年报，专程邀请喀什数字证书中心工作人员到麦现场办公，办结数字证书520个，提升了市场主体年报的效率。转变服务思路，优化服务质量，充分利用微信、邮箱、QQ等网络手段，拓宽咨询渠道，以“程序最简、审批最快、时间最短、服务最优”为目标，全力打造“服务受理零推诿、服务方式零距离、服务质量零差错、服务结果零投诉”的服务窗口，不断提升办事服务效率，减少审批环节，市场注册登记便利化程度持续改善，企业注册登记所需时间压缩到3个工作日以内，为企业减轻负担。

【消费维权】 2019年，市场监督管理局开展全县范围内的12315消费投诉调解、举报违法行为的查处，全年共受理投诉152件，为消费者挽回损失10万元，速转案立案4起，办结3起。

【知识产权保护】 2019年，市场监督管理局开展对商标侵权（假冒伪劣商品）违法行为、假冒专利知识产权违法行为的查处，全年查办商标侵权案件3起，落实罚没款2.5万元。

【广告监管】 2019年，市场监督管理局对互联网广告虚假宣传、医疗广告虚假宣传、保健食品广告虚假宣传以及一般商品、服务广告虚假宣传等广告行业违法行为进行查处，全年立案3起，落实罚没款1.4万元。

【价格监管】 2019年，全力确保冬季民生用煤，严查哄抬物价、囤积居奇、以次充好等扰乱经济秩序的违法行为。对水电气暖、旅游、殡葬等民生领域价费和节日市场价格专项治理，杜绝乱收费现象出现。市场监督管理局对12家停车场和6家驾校收费情况进行专项检查，下达责改通知书14份。全年开展市场价格检查6次，重点加强对肉、菜、蛋、奶等产品价格监管，严肃查处哄抬价格、串通涨价、价外收费等行为。

【公平竞争审查】 2019年，市场监督管理局积极向县人民政府汇报公平竞争审查工作，得到县人民政府高度重视，县人民政府办公室转发《关于印发〈关于贯彻落实国务院关于在市场体系建设中建立公平竞争审查制度的意见〉及相关方案、制度的通知》，并召开联席会议，形成会议纪要下发至各成员单位。

【农资市场监管】 2019年，市场监督管理局检查化肥生产企业2家、地膜生产企业4家，抽送样8批次，合格8批次。检查滴灌带生产企业3家，监督抽样1批次，合格1批次。检查农资销售店30家次，定量包装抽样检验15批次，合格14批次，不合格1批次。

【反垄断执法】 2019年，市场监督管理局出动执法人员22人次，检查市场主体32户次，进一步规范了市场经营秩序。深入推进保健品市场乱象百日行动，针对婴幼儿孕婴店、保健食品专卖店、连锁药店等保健食品经营企业进行检查，出动检查人员115人次，检查保健食品经营单位57户次，其中药店40户次；大型超市6户次；婴幼儿孕婴店5户次；保健品专卖店6户次。开展保健食品“五进”科普宣传活动15场次，发放相关宣传资料2万份，宣传受众4000人次。

【打假销假】 2019年，市场监督管理局开展“信用促进消费维权助稳定”年主题消费者投诉、维权等法律法规知识普及宣传活动，以填埋、焚烧、拆解和以回收原材料方式进行综合利用等环保手段，对价值约18万元的假冒伪劣商品进行集中销毁。

【案件查处】 2019年，市场监督管理局查处各类违法案件141起，落实罚没款120.8万元。其中，违反《中华人民共和国商标法》3起；违反《中华人民共和国产品质量法》14起；违反《无证无照经营查处办法》32起；违反《中华人民共和国食品安全法》33起；违反《新疆维吾尔自治区食品小作坊、小餐饮店、小食杂店和食品摊贩管理条例》8起；违反《中华人民共和国计量法》6起；违反《中华人民共和国特种设备安全法》8起；违反《中华人民共和国药品管理法》20起；违反《医疗器械监督管理条例》4起；违反《化妆品卫生监督条例实施细则》1起；违反《中华人民共和国行政处罚法》1起；违反《中华人民共和国广告法》3起；违反《中华人民共和国农产品质量安全法》6起；违法《棉花质量监督管理条例》1起；违反《新疆维吾尔自治区实施〈中华人民共和国消费者权益保护法〉办法》1起。

自然资源管理

综　述

【自然资源局组建】 根据喀什地委、喀什地区行署批准的《麦盖提县机构改革方案》和县委办公室、政府办公室印发的《关于〈麦盖提县机构改革方案〉的实施意见》，2019年3月11日，麦盖提县自然资源局挂牌成立。按照机构改革的要求，不再保留县国土资源局和县林业局，将县国土资源局（县测绘地理信息局、县不动产登记局）职责，县林业局职责，县畜牧兽医局的草原监督管理职责以及县发展和改革委员会的组织编制并实施主体功能区规划职责，县住房和城乡建设局的城乡规划管理职责，县水利局、县畜牧兽医局的资源调查和确权登记管理职责相关机构的自然保护区、风景名胜区、自然遗产、地质公园管理职责等整合，组建县自然资源局，作为县人民政府工作部门，加挂县林业和草原局牌子。年末，自然资源局实有工作人员67人，其中领导干部4人。

【不动产登记】 2019年，县自然资源局开展不动产登记“一窗受理”业务，公开行政权力事项清单，公示告知书，全年办理不动产证书220本，办理不动产登记证明288本，其中个人抵押230本，抵押金额1.84亿元，企业抵押58本，抵押金额3.19亿元。

【技术培训】 2019年，自治区专家服务团在麦盖提县开展林果业技术培训55场次，受众6416人次；地区专家开展林果业技术培训6场次，受众486人次；聘请土专家开展林果业技术培训167场次，受众2.58万人次。

林　草

【经济林建设】 2019年，自然资源管理局做好经济林疏密、补植补造及嫁接改良工作，对品种混杂，果品产量和质量较低的果园，指导各乡（镇）进行摸底调查，登记造册，建立台账，有计划地进行嫁接改优。对缺株断垄、林相不整的果园按技术要求进行填平补齐。全年共补栽各类果树4.29万株。完成核桃嫁接改优5000亩，嫁接果树7.5万株。去秋今春完成红枣密植园疏密改造15.67万亩，完成庭院（房前屋后）果树绿化5533亩13.4万株。其中西梅3410亩8.18万株；桃子325亩9500株；苹果

1568 亩，3.76 万株；葡萄 230 亩 5060 株。在各乡（镇）巩固提高原有的林果标准园的基础上，组织人员深入调查，及时建档立卡，明确责任人，加大春季水肥投入、病虫害防治、整形修剪、疏密透光、补植补造等关键技术措施的落实，完成 9.3 万亩林果丰产园的确定及建档立卡。

【生态林建设】 2019 年，自然资源管理局大力开展生态林建设，完成乡村道路绿化 840 亩，其中杨树 800 亩，法桐 40 亩。完善农田林网建设 820 亩，其中新定植杨树 780 亩，西梅 40 亩；完成百万亩防风固沙生态林基地生态建设 3 万亩，规范种植杨树、沙枣、梭梭等苗木 2100 万株；完成中山大学林区杨树、沙枣植造 1 万亩；完成 2.5 万亩杨树人工追施二铵 600 吨，15 万亩梭梭追施滴灌肥 200 吨；完成补种梭梭林区 2 万亩，补种沙枣 5000 亩；完成梭梭肉苁蓉的采挖 150 吨，实现梭梭肉苁蓉收益 261 万元；规划 2020 年 15 万亩防风固沙生态工程建设工作，进一步增加林业生产人员就业和收入，200 名林果业技术服务队人员月收入达 1161 元。

【森林管护】 2019 年，自然资源管理局加强森林草原资源管理与防火工作，在易发生森林火灾节点，每周对森林防火情况进行督促检查，梳理摸排安全隐患，并督促责任单位限期整改，全年未发生森林、草场火灾事故。落实药剂清园措施，用石硫合剂进行消杀，确保"三新三区"、庭院整治效果。筹集 10 万元购买黏虫板，发放给农民群众，预防春尺蠖等害虫上树产卵，确保有害生物防治措施落实到位。做好核桃腐烂病、基腐病的防治工作，对全县 1 个重点、5 个常规监测点进行有效监控。完善管理考核机制，细化管护责任区域，加大林区、草场区巡护力度，对 11 个国家公益林管护站、5 个草场，安排专人加强管理。

【退耕还林项目实施】 2019 年，上级下达退耕还林任务 3.5 万亩，自然资源管理局落实地块面积 3.56 万亩。投资 1000 万元，完成三北造林建设重点防护林工程 1 万亩，三北退化修复 1 万亩。建设林果业示范园 89 个，总面积 1.97 万亩，其中地区级 1 个，县级 6 个，乡级 81 个；完善生态环境保护制度，不断巩固林地退化恢复成果，增强土地荒漠化治理成效，去冬今春完成百万亩防沙治沙林 3 万亩，通过招投标完成土地平整、架电、机井更新工作，定植各类苗木 1530 万株，其中梭梭 1400 万株，沙枣 130 万株，提升贫困人口参与度和受益水平。

【草场管护】 2019 年，麦盖提县拥有草原 220.08 万亩，有草原管护员 50 人，草原管护员逐户逐人进行核实，开展坐标点和农户信息采集等工作，解决了草畜矛盾、饲草料不足的问题。加强草场鼠害防治工作，制定有效的灭鼠措施，有效地保护了草场生态。认真开展草原法律法规宣传，利用周一"三结合"契机开展以草原法律法规为宣传主题的大宣讲 18 次，受众 8.9 万人次。

国土资源管理

【土地市场】 2019 年，麦盖提县出让国有建设用地使用权 1 宗，土地用途为工业用地，面积 450 亩，收取土地出让金 2700 万元。完成全县 146 个行政村耕地精准核查任务 3.58 万宗，核查面积共计 60.69 万亩；协调解决麦盖提雅安居房地产开发有限公司、喀什佳盛房地产开发有限公司麦盖提分公司拖欠土地出让金问题，收取土地出让金162万元。

【在用地整理】 2019年，自然资源管理局对已竣工验收的2014年度、2015年度、2016年度土地整治档案按照规范要求进行整理移交，并按照要求做好尾款的审核拨付工作。开展2018年竣工验收项目的综合成效评估工作，做好8个项目问卷调查及系统录入、典型案例分析等工作。将全部已实施土地整治的项目录入土地整治监测监管系统。对涉及易地搬迁户宅基地复垦进行实地测量，出具勘测图，对复垦、复耕、复绿情况组织验收，全年共测绘复垦面积1071.81亩。

【建设用地审批】 2019年，自然资源管理局建设用地上报项目15个，涉及土地244宗，总面积3360.4亩，其中城市批次4个，涉及土地10宗，总面积399亩；工业园区批次1个，涉及土地3宗，总面积103.69亩；单独选址项目7个，涉及土地12宗，总面积1725.74亩；农村三项建设用地3个，涉及土地219宗，总面积1132亩。全年出具预审意见42份，办理建设用地批准书24份。

【用地规划管理】 2019年，自然资源管理局按照审批制度改革的要求，梳理规划审批流程，开展“最多跑一次”审批服务，实地踏勘选址41处，出具选址用地红线图41份；出具建设用地规划设计通知书15份，划地面积3786.46亩；出具用地红线图41份，建筑红线图95份；核发选址意见书66份，核发建设用地规划许可证28份，核发建设工程规划许可证13份，核发乡村规划许可证60份；全年进行施工放线、验线60项，办理工程竣工认可书108份；补办建设用地规划许可证54份，补办建设工程规划许可证54份，出具红线图108份；按照机构改革要求完成档案移交、整理立卷、目录录入和提供档案查询工作，全年共整理档案1632卷，档案400盒。

执法检查

【土地矿产执法】 2019年，自然资源管理局开展日常土地矿产巡查检查120次，出动执法人员600人次，检查场所300处，扎实开展2018年度卫片执法监督检查工作，麦盖提县土地卫片违法图斑共13个，立案查处的违法图斑全部在规定时限内结案。立案查处土地矿产违法案件共34件，结案34件，其中土地违法案件22件，矿产违法案件12件。收缴行政罚没款251.16万元，其中土地罚没款222.46万元，矿产罚没款28.7万元。

【林业执法】 2019年，自然资源管理局加强林业执法监管力度，立案查处53件，结案53件，收缴罚没款183万元。

12月，自然资源局开展“冬季大攻势”林果业技术培训

安全生产监管

【应急管理局组建】 2019年，按照县委、县人民政府机构改革要求，组建县应急管理局，将县安全生产监督管理局的职责，以及县人民政府办公室的应急管理职责，县公安局的消防管理职责，县民政局的救灾职责，县国土资源局的地质灾害防治、县水利局的水旱灾害防治、县畜牧兽医局的草原防火、县林业局的森林防火相关职责，以及相关部门的震灾应急救援、防汛抗旱指挥工作职责等整合，组建县应急管理局，作为县人民政府工作部门，按中央和自治区党委有关改革部署实施。不再保留县安全生产监督管理局。不再保留县安全生产委员会办公室牌子。县人民政府办公室不再挂应急管理办公室牌子。县教育和科学技术局不再挂县地震局牌子。

【安全生产教育】 2019年，应急管理局利用周一"三结合"、"四同四送"、广播电视、"麦盖提零距离"微信公众号对广大群众进行广泛宣传，督促有关部门适时发布安全讯息。以"防风险、除隐患、遏事故"为主题，组织各乡镇、部门、企业开展第十八个"安全生产月"系列宣传教育活动，先后开展了"安全生产宣传咨询日"、安全生产应急演练、"安康杯"防灾减灾宣传、安全生产大检查等活动，营造全社会参与的氛围。大力开展安全培训教育，督促企业加强职工安全生产教育培训工作，组织开展工矿、商贸、危化品、烟花爆竹等企业负责人、安全员及特种作业人员取证培训3场。加强防灾减灾宣传工作，结合全国"5·12"防灾减灾日宣传活动周、"10·13"国际减灾日活动，通过采取组织消防灭火展示、参观展板、发放宣传单等多种形式开展防灾减灾宣传活动，使防灾减灾知识和技能得到普及，增强群众灾害风险防范意识，提升灾害防御水平。全年共发放各种宣传资料3万份，宣传板报50张，接受教育咨询群众1500人次。持续推进农村"两站两员"工作，建立健全农村交通安全劝导站管理机制，实现全县乡村道路交通安全秩序有人管、有人控，预防和减少交通事故发生；利用周一"三结合"契机，大力开展道路交通、消防安全、用电用气、应急自救等方面安全生产知识的宣讲，协调开展防范一氧化碳中毒事故摸排工作，有效预防和减少一氧化碳中毒事故。全面推进安全生产宣传教育"七进"活动，充分利用广播、电视、零距离等媒体，加大安全生产宣传教育力度，提高全民安全意识，在全社会凝聚弘扬安全发展理念、支持安全生产的共识。

【安全生产检查】 2019年，麦盖提县应急管理局检查各类生产经营企业1000家次，排查整改安全生产隐患300项。全年对辖区内各非煤矿山开展安全检查13家次，下达整改指令书17份，发现并整改安全隐患23条。对辖区内15家加油站落实每日防火巡查检查、消防演练、安全出口、消防车通道停放私家车等方面进行全面检查，全年排查整改各类安全隐患82条，下发执法通知书14份。对1家烟花爆竹零售企业进行全面排查，排查整改隐患2处。将扫黑除恶专项斗争与正在开展的安全生产风险隐患集中排查治理专项行动紧密结合起来，从非煤矿山、危险化学品及烟花爆竹工贸等重点监管服务行业和领域入手，全面整治行业乱象，维护安全和谐稳定发展环境。在元旦、春节、劳动节等节日期间，组织全县各行业部门对重点部位和关键环节开展安全生产隐患大排查，确保全县安全生产形势稳定向好。

防灾救灾

【防震救灾】 2019年，应急管理局开展房屋建筑和市政工程的抗震设防监管工作，确保工程质量满足抗震设防要求，防止周边县市震情对全县的影响。落实各项应对灾情防范措施，做好防灾及灾情上报工作，全县未发生地震灾情。

【森林防火】 2019年，应急管理局制定下发《麦盖提县森林草原防灭处置预案》《麦盖提县森林草原防灭火联防联动工作方案》等工作方案，按照县委、县人民政府统一部署，分2个组对百万亩防风固沙林、胡杨林场的森林防火责任和各项防火措施落实情况进行督查、指导，确保各项措施落实到位。

【水旱灾害防治】 2019年，麦盖提县健全和完善县、乡防汛抗旱工作指挥机构，全面落实党政责任人负责制，进一步修订和完善了《2019年麦盖提县防洪抢险应急预案》。县人民政府与各乡（镇）长签订责任书，全县各小型水库、叶尔羌河重点点段都安排有值守人员，全力做好应急值守。严格执行汛期24小时领导带班值班制度、零汇报制度，各乡（镇）人民政府与各水库值守人员签订责任书，把责任层层落实到人，确保水库安全度汛。做好重点汛期防汛工作，汛期及时将上级关于防汛工作的要求传达到各乡镇及相关单位，做到提前预防预警，做到问题隐患早发现、早报告、早处理。深入乡村指导群众科学用水，让有限的水源发挥最大效益，尽最大努力把旱灾损失减少到最低限度。

【应急演练】 2019年，应急管理局组织各乡（镇）场、中石油公司、教育系统、危险化学品企业以及行业主管部门开展森林火灾、地震逃生等应急救援演练活动，通过组织实战演练，不断提升政府部门和企业对各种事故应急处置能力，检验应急预案可行性、实效性和规范性，增强群众自救、互救的能力，以便一旦发生险情能及时有效开展应急救助，最大限度地减少交通事故人员伤亡和财产损失。

消防救援

【思想政治建设】 2019 年，麦盖提县消防救援大队党委始终坚持把学习贯彻落实习近平新时代中国特色社会主义思想和践行习近平总书记重要训词精神作为首要政治任务，深入贯彻中共十九大和十九届二中、三中、四中全会精神，紧紧围绕社会稳定和长治久安总目标，深入贯彻落实自治区党委的决策部署，把打赢脱贫攻坚战作为大队重点工作来抓，主动作为开展脱贫攻坚工作。强力推进“学训词、铸忠诚、创新业、立新功”和“不忘初心 牢记使命”主题教育，邀请专家作深度解读及授课 6 次。大力推广“学习强国”、“普通话学习”等 APP 运用，充分利用总队“火焰蓝 e 党建”公众号、部局岗位练兵网上考试平台督促学习，全面提升指战员综合素质。建立并落实立行立改机制，提升基层党组织作用发挥。

【防火演练】 2019 年，县消防救援大队通过扎实开展岗位练兵工作，不断提高队伍综合战斗力，大队防火监督员训练成绩良好率达 100%，中队指战员基础体技能训练成绩达标率达 100%。大队共组织开展消防安全重点熟悉演练 120 家次，开展水源普查和车辆装备测试 2 次，战例战评研讨 10 次，开展 48 小时跨区域地震救援实战演练 2 次，开展水域救援、冰上救援实战训练 2 次，通过练兵促进人与装备的有机结合和社会联动实战化水平的提升，规范作战行动，提升战斗力。完成红枣文化旅游节，环塔（国际）拉力赛等重大活动消防安保任务。完成 3 批次 12 名合同制消防员招录及培训工作，充实大队各工作岗位，有效缓解基层消防员工作压力。

2月8日，麦盖提县消防救援大队开展冰面救援训练

【防火监督】 2019 年，县消防救援大队全力做好春季大风天火灾防控工作。突出重点场所、区域的火灾隐患排查整治工作，督促大风天预案修订，确保社会面火灾形势稳定。深入开展重大火灾隐患清查行动，按照监督员分管片区，对高层和地下建筑、人员密集场所、易燃易爆单位、党政机关等开展“实名制”“地毯式”的排查，对符合重大火灾隐患判定标准的单位由县应急管理局提请县人民政府予以挂牌督办。7 月，将 2 家娱乐场所确定为重大火灾隐患单位，责令限期 1 个月整改完毕。深入开展商场、集贸市场排查整治“回头看”活动，共排查 3 家商场、2 家市场，全部整治到位。全年共检查单位 2050 家，发现火灾隐患 1644 处，督促整改火灾隐患 1641 处，行政处罚 78 家，临时查封 19 家，责令“三停”单位 24 家。通过专职消防宣传员、社会化消防宣传机构人员为主的宣传队伍开展大型消防宣传活动 150 余场次，受教 3 万人次。加强执法规范化建设，提高监督员执法业务素质，大队定期对所有监督员及文员开展业务培训，定期检查案卷的组卷、装订

工作，发现问题和不足及时进行整改，确保执法质量。

【灭火救援】 2019年，县消防救援大队共接警249起，出动249次（含增援），出动消防车418辆次，消防人员1844人次，抢救被困人员9人，疏散人员28人，抢救财产价值35.3万元。同比上年，接警起数上升75.35%，出动次数上升75.35%，出动车辆数上升75.63%，出动消防人员数上升45.2%，抢救被困人员数下降18.18%，疏散人员数与上年持平，抢救财产价值上升14.98%。全年发生火灾22起，死亡0人，受伤0人，直接经济损失3.12万元。同比上年，火灾起数下降40.54%，直接财产损失下降56.92%。未发生较大以上及有影响的火灾事故。

【后勤建设】 2019年，县消防救援大队积极争取中央财政资金400万元用于2020年室内训练馆建设。向地区消防支队争取装备器材车专项经费45万元，用于购置器材装备专用车辆，全面充实大队灭火救援力量。向地区消防支队争取专项资金82万元，向地方财政争取配套资金30万元，用于营区修缮建设。

6月13日，麦盖提县应急管理局开展“安全生产月”宣传活动

财政税收

财　政

【财政收入】 2019年，全县财政收入完成2.49亿元，完成年初预算的112.47%，较上年同期增长2296万元，上升10.18%；一般公共预算收入完成2.06亿元，完成年初预算的100%，较上年同期增长1056万元，上升5.4%；政府性基金预算收入完成4163万元，完成年初预算的277.55%，较上年同期增长1153万元，上升38.31%。

【财政支出】 2019年，全县财政支出39.41亿元，较上年同期增支3.88亿元，增长10.91%；其中：一般公共预算支出38.61亿元，较上年增支3.56亿元，增长10.15%；政府性基金预算支出7988万元，较上年增支3213万元，增长67.29%。

【增收措施】 2019年，麦盖提县财政局全面把握税源变化趋势，科学分析税收收入的增减变动趋势，“对症下药”调整策略方法，增强组织收入的主动性、前瞻性和针对性；加大税源挖潜和欠税清缴力度，堵塞税收漏洞，做到依法征收、应收尽收，将经济发展成果反映到税收上来；深入开展重点收入情况调查，及时掌握重点收入变化情况，强化对重点项目和新增收入来源的动态监控，多渠道挖掘财税增收潜力；切实规范管理，提高非税收入管理水平，提升财政收入质量。

【支出控管】 2019年，县财政局面对支出急剧增长的巨大压力，通过大力对上争取、压缩一般性支出、争取上级发行新增债券、盘活预算单位账户资金等方式，保障刚性支出、维稳支出、扶贫支出、民生支出资金需求；树立“保基本、兜底线”的意识，增强财政支出的精准性和指向性；优化支出结构，清理压减不合理支出，继续下大力气压缩各单位业务经费，“三公经费”继续递减5%以上；增强保障民生项目支出，将保障和改善民生作为社会稳定和长治久安的基础，作为经济发展的重要动力，财政支出继续向民生倾斜。

【财政管理】 2019年，县财政局严格贯彻落实财政资金拨付审核流程，全县“三公”经费支出824.44万元，同比下降5.1%，其中公务用车购置及运行维护费784.56万元，同比下降5.1%；公务接待39.88万元，同比下降5.06%。贯彻落实国家和自治区加强财政管理、保障财政资金安全规范有效使用和维护财经秩序一系列重要指示精神，把握财政工作主线和重点，提升依法理财、依法行政能力水平，以强化各预算单位财务管理规范化为抓手，健全绩效管理制度，夯实财政财务工作基础，聚焦惠民惠农财政补贴政策，通过专项治理达到“堵塞漏洞、规范管理、便利群众、防治腐败”的目的。财政部门在全县范围内开展财务管理监督检查4次，着力规范乡（镇）及县直各行政事业单位财务管理活动，防范化解重大风险，对违规违纪行为做到早识别、早预警、早发现、早处置，构建财政资金安全防线。全面落实党中央、国务院、自治区党委、自治区人民政府实施更大规模减税降费重大决策部署，实质性降低企业负担，有效激发市场活力，促进麦盖提县经济高质量发展，不断提高纳税人知晓度，做到政策明、流程清、手续简、成果显，以便利高效的纳税服务促进

6月19日，麦盖提县召开2019年度财政、审计、发改部门“放管服”工作部署暨业务培训会议

纳税人更好享受深化增值税改革政策红利，减轻小微企业压力，增强纳税人获得感。举办新会计制度衔接培训班、国有资产管理信息培训班、全县财政财务政策培训班和乡镇委派会计培训班8场次，参与培训1100人次。

【债券发行与债务化解】 2019年，县财政局申请发行地方政府新增债券2亿元，其中一般债券1.68亿元；专项债券3200万元。进一步明确“四个一律”政治要求，树牢“零举债”红线底线意识，坚持“有多少钱办多少事”原则，量力而行、尽力而为，做到了2018年以后零举债。对历史形成的隐性债务严格按照《麦盖提县政府隐性债务化解实施方案》进行化解，全年隐性债务化解任务3301万元，截至年底，已全部化解，化解率达到100%。

【援疆资金使用】 2019年，日照市对口援建项目计划实施八大类27个援疆项目，安排援疆资金3.25亿元，涉及促进就业、教育、改善群众生活条件、产业发展、基层阵地及维稳建设、交流培训等项目。截至年底，共计收到援疆资金2.87亿元，按照工程进度共核拨2.52亿元。

【扶贫资金使用】 2019年自治区口径到位扶贫资金7.08亿元，其中专项扶贫资金2.26亿元；涉农整合资金3.49亿元（纳入整合范围2.26亿元，用于农村危房改造1.18亿元，林业生态保护恢复项目342.72万元，贫困村环境整治项目177.11万元）；债券资金1.33亿元。全年地区口径到位扶贫资金5.86亿元，其中专项扶贫资金2.26亿元，涉农整合资金2.26亿元，债券资金1.33亿元。按照自治区口径全年扶贫资金累计完成支出7亿元，支出率为98.78%。其中：财政专项扶贫资金支出2.26亿元，支出率为100%；涉农整合资金支出3.4亿元，支出率为97.53%；地方政府债券用于脱贫攻坚项目资金支出1.33亿元，支出率为100%。按照地区口径全年扶贫资金累计完成支出5.86亿元，支出率为100%。其中：

8月4日，财政局举办采购业务专题培训班

财政专项扶贫资金支出2.26亿元，支出率为100%；涉农整合资金支出2.26亿元，支出率为100%；地方政府债券用于脱贫攻坚项目资金支出1.33亿元，支出率为100%。

【预算管理】 2019年，县财政局按照《关于全面实施预算绩效管理的实施意见》要求，全力推进预算绩效管理工作，逐步推进并建立“预算编制有目标、预算执行有监控、预算完成有评价、评价结果有反馈、反馈结果有应用”的预算绩效管理体系，强化绩效管理意识，突出绩效管理导向，健全绩效管理制度，落实绩效管理责任，硬化绩效管理约束。全年财政部门共组织培训13场次，参训人员941人次。完成61个预算项目事前绩效评估；完成256个项目的绩效目标设置、绩效监控；完成75个部门单位整体支出绩效目标设置、绩效监控。

【预决算公开】 2019年，县财政局建立健全规范公开透明的预算制度，全面推进麦盖提县预算公开工作，促进阳光财政、透明政府建设，财政部门对87个预决算单位的预算进行公开，对20项自治区要求的政府预决算进行公开，确保公开信息的真实性、准确性、完整性、及时性和安全性，并对社保基金、扶贫资金及债券债务另设专栏进行公示公开，确保人民群众知情权、参与权和监督权，提升财政资金管理水平，做到从源头上预防和治理腐败。

税　务

【税收收入】 2019年，麦盖提县税务局完成税收收入2.19亿元，其中中央累计收入1.02亿元，同比增收1221万元，增幅13.6%；地方级收入1.17亿元，同比增收1555万元，增幅15.4%。全年社保费总收入3.27亿元，其中机关事业单位社会保险费收入2.52亿元；城乡居民社会保险费收入7577.24万元，其中城乡居民基本养老保险费收入1727.62万元；城乡居民基本医疗保险费收入5849.62万元。

5月3日，税务局举办7项减税政策及服务措施培训班

【纳税服务】 2019年，县税务局以“问送优”活动为契机，以“便民办税春风行动”为抓手，建立任务清单“作战图”，对照喀什地区下发的整改方案进行自查自纠，做到任务分解“一本清”，形成有牵头、有监督、有落实的闭环工作机制。以纳税人满意

度调查为导向，按照最多跑一次办税指南的要求简化涉税资料，取消前置性审批事项，积极推广一次性告知制度和免填单服务，按照规定的流程完成各类涉税事宜办理，实现一次告知、一次办理、一表集成、一窗出件，确保各项工作高质量推进。全年发放宣传资料5600份，电话问需纳税人1124户，召开座谈会5次，收集纳税人需求5个，制定工作改进措施4条。邀请税友软件对企业纳税人举办网上申报培训5期，企业纳税人培训面达90%以上。组织企业纳税人参加喀什地区税务局举办的7项减税政策及服务措施视频培训、现场培训11场，培训达1400人次，通过现场培训让纳税人进一步了解新的税收政策。

【执法检查】 2019年，县税务局落实执法过错责任追究，规范干部执法行为，严格落实税收法律法规及各项工作规范，对存在执法过错人员严格按照过错责任追究办法进行追究问责，全年进行过错责任追究22人次，提醒谈话22人次。在元旦节、春节、清明节、劳动节、端午节、中秋节、国庆期间开展监督检查，开展节前约谈70人次。先后组成7个监督检查组，检查商场、超市50家；会所、度假村、农家乐5家；旅游景点1个；检查车辆70辆次；调阅相关发票记录30份并查阅真实性。按照地区要求制定督察内审工作计划，结合实际工作及减税降费等开展执法督察1次；专项督查1次；对发现的问题坚决做到立查立改。

8月6日，税务局开展“减税降税送福利，优化服务送春风”税务政策宣传活动

金 融

银 行

【中国人民银行麦盖提县支行】 2019年，中国人民银行麦盖提县支行指导农信社投放“两免”扶贫小额贷款7545户，贷款额2.6亿元；向贫困户投放“两居”贷款575户，贷款额1700万元；以“农户申请＋企业托地担保＋银行贷款”模式累计为“安格斯肉牛”项目企业、种植大户投放贷款9000万元。金融支持扶贫产业取得实效。

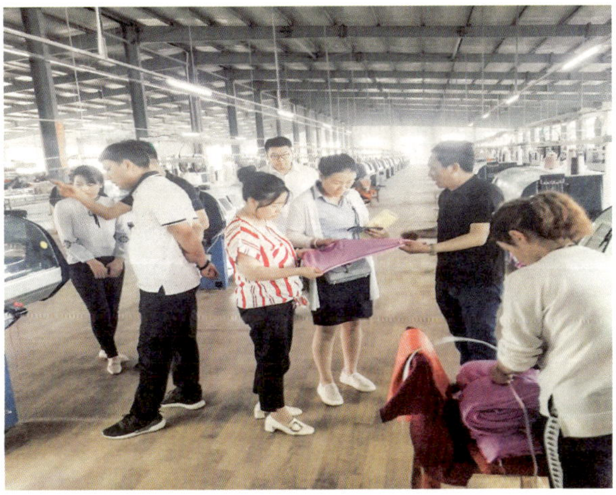

5月，支行领导带领金融机构相关人员走访贷款企业

人民银行结合县域实际布设助农取款服务点206个，覆盖所有行政村，辖区内特色农产品销售、收购及居民缴费、购物等多环节的非现金结算服务能力得到提升。

人民银行通过宣传、走访企业等方式，推进金融机构和企业注册平台用户工作。在支行征信工作人员的指导下，麦盖提县

6月，支行与公安局联合开展反洗钱宣传

通过征应收账款交易平台融资金额3.5亿元，使征应收账款融资服务平台工作取得新突破。

人民银行在刀郎文化广场开展宣传、咨询活动2次，参与群众720人次，柜台收缴假币506张，合计金额3.48万元。

人民银行与公、检、法、司及各金融机构协调合作，对金融机构开展反洗钱全面监管走访4次，没有发现洗钱行为；开展

反洗钱宣传活动3次，发放宣传单3000份，参与群众3500人次；举办反洗钱培训班，全县9家金融机构领导和相关人员参加培训18人次。

3月，人民银行开展农村金融知识巡回宣传，覆盖所有乡（镇）；借助“3·15”打假活动，采取“传统柜台宣传+走街入户宣传+文艺活动”方式宣传如何识别假币知识，参与群众780人次。5月，联合县公安局和6家金融机构开展防范和打击非法集资

9月，支行在实验中学宣传金融知识

宣传月活动，宣传群众2000人次。6月5日—25日，开展“普及金融知识，守住钱袋子”宣传活动，宣传群众1500人次。9月，开展“金融知识进万家”暨“提升金融素养，争做金融好网民”金融知识宣传月活动，宣传群众2400人次。全年各项金融知识宣传活动，金融知识得到普及，客户风险意识得到强化，推进社会公众与金融良性互动，营造了良好的金融生态环境。

人民银行开办残损人民币回收业务，回收残币1.2万张，涉及群众4000人次。

人民银行开展中华人民共和国成立70周年纪念币宣传、发行工作，投放猪年纪念币2000枚、改革开放40周年纪念币2000枚、中华人民共和国成立70周年纪念币3000枚、泰山纪念币2000枚，中华人民共和国成立70周年人民币纪念币发行2000枚。

【中国农业发展银行麦盖提县支行】 2019年，中国农业发展银行麦盖提县支行全年投放扶贫贷款9笔19万元，以交易、用工等方式带动64户贫困户实现脱贫增收。

发展银行向粮食收储企业发放粮食收购贷款4000万元，收购小麦1.6万吨。

发展银行向县域5家棉花收购加工企业投放棉花收购贷款18.3亿元，收购棉花9.5万吨。

发展银行投放托市收购贷款800万元，用以支持县域特色林果核桃、灰枣的收购工作，对稳定县域红枣、核桃市场价格，促进农民增收，调动农民种植积极性，保护农民利益发挥积极作用。

发展银行向县域农业产业化龙头企业发放贷款300万元，支持县域农业规模化、产业化发展，为农村劳动力转移、保障农民利益等在资金上提供支持。

12月5日，支行业务人员深入棉花收购加工企业考察评估放贷风险

发展银行向县域纺纱项目发放中长期固定资产贷款2.5亿元，该项目建成对促进县

域纺织产业发展，提升棉花产业附加价值，调整县域产业结构，助力打赢脱贫攻坚具有重要意义。

12 月 6 日，支行业务人员下到企业洽谈贷款业务

发展银行根据国务院关于支持民营小微企业、提高小微企业贷款比重、解决民营小微企业融资难融资贵问题的要求，向县域 1 家小微企业投放农业小企业贷款 45 万元，用以加工红枣所需原材料的采购。

发展银行在系统升级、更换领域实现创新突破，陆续上线多个系统用以提升服务能力、提高管理水平。2 月，“网银系统”上线投入使用，打破柜面业务在服务时间和空间的限制，实现“足不出户就能办理业务”目标，截至年底有 83 家客户使用网银办理业务。7 月，“集授系统”上线投入使用，从系统层面降低操作失误，减短客户等待时间，提升办理效率。10 月，“新核心系统”上线投入使用，给客户提供更优质的金融服务，提升客户体验。

【中国工商银行股份有限公司麦盖提支行】

2019 年，中国工商银行股份有限公司麦盖提支行各项存款余额 10.79 万元，较上年负增长 2.76 亿元；储蓄存款余额 6.61 亿元，较上年负增长 1203 万元；对公存款余额 4.19 亿元，较上年负增长 2.64 亿元。全年各项贷款余额 1318 万元，较上年下降 431 万元。全年利润 1510 万元。全年发放小微企业贷款 248.6 万元。

工行响应国家号召，扶持地方小微企业，根据中国工商银行股份有限公司总行下发的“经营快贷”白人单，试点开展“经营快贷”业务（具有无抵押、无担保、利率低，手续简便，法人贷款“秒申秒入账”的特点）。截至 12 月 31 日，支行共发放 248.6 万元的“经营快贷”，帮助 6 户小微企业主、1 家小微企业发展生产。

7 月 22 日开始，工行响应人民银行企业开户取消账户核准，在对公开户柜台开通小微企业绿色通道，提高小微企业开户率，实现一日便完成开户及启用手续，为企业开立对公账户提供方便，方便小微企业主的资金使用。

7 月 18 日，支行员工向客户宣传金融产品

工行个人客户较上年同期净增 1.5 万人；新开办农民工工资监管“安心账户”业务，全年开立“安心账户”58 户。全年新增代发工资个人客户 9082 户，净增 9123 人，代发工资额较上年同期净增 3242 万元，累计代发农民工工资 1.03 亿元，为麦盖提

县干部职工和农民工工资发放提供了便利。全年新发个人卡 2.41 万张，新发社保卡及补换卡 4816 张，为全县城乡居民提供存取款及结算便利。

工行响应县委和政府的号召，6 月 10 日至 12 月 31 日，全行员工主动放弃周末休息，走上街头、加油站、小区门口、各社区等，深入到全县各乡村为城乡居民提供上门服务，免费安装 ETC。截至 12 月 31 日，工行共安装客车及货车 ETC4500 户。

9 月 21 日，支行为希依提墩乡东风村贫困户捐赠电视机

截至 2019 年，工行拥有附行式自助设备 11 台，离行式自助银行服务区 4 个，网银自助机 2 台，自助转账终端 5 台，增加回单打印机 1 台。自动存取款机实行 24 小时服务，配备 2 名专职维护人员，发生故障随时排除，做到方便广大居民存取款，为工行各项业务稳定发展奠定良好基础。

【中国农业银行麦盖提县支行】 2019 年，中国农业银行麦盖提县支行各项存款 9.85 亿元，各项贷款余额为 2.19 亿元；中间业务收入 292 万元；净利润 1076 万元。

农行按照“宣传、跟进、升格”三步走原则，在城乡区域设立服务点 229 个，布放电子机具 229 台，电子机具行政村覆盖率 100%。在农家商店、供销社、农资连锁店、通信及电网运营商营业网点、新农保及新农合乡（镇）村服务站等场所设立金融服务点，布放转账电话、POS 机、自助服务终端等电子机具，让持卡农民就近享受到小额取现、查询、转账、消费、缴费等金融服务，实现金融“便农”。

农行按照“便捷性优先、兼顾安全性”的原则，开发各类覆盖线上线下全渠道小额支付结算方式，在电商平台中整合新农合、新农保以及各类涉农补贴等代付业务以及农村水、电、燃气、手机缴费等代收业务，为“三农”客户提供丰富的代理服务。顺应农村客户金融需求日益多样化的趋势，开通理财、基金、保险、贵金属等投资类产品线上销售渠道，为“三农”客户提供丰富、便捷的投资理财等金融服务。加强与全国性、特色化生活类平台合作，围绕农民日常衣食住行娱等应用场景，为“三农”客户提供线上票务购买、医院挂号、农业信息等生活服务，进一步提升客户体验。

农行细化贷款手续，缩短贷款审批时限，推行评级、授信、抵押品评估和贷款审批“四合一流程”，执行限时办结制度，

2019 年，支行营业大厅业务人员为客户提供快捷服务

提高贷款发放效率，实现小企业信贷“两个不低于”（小企业信贷增速不低于全部贷款平均增速，小企业贷款增量不低于上年增量）目标，全年无不良贷款。

5 月 12 日，支行开展普及金融知识宣传

2019 年，农行免费发行 ETC 设备 1415 部。农行按照人行相关要求，开展猪年贺岁纪念币、中华人民共和国成立 70 周年人民币纪念钞、改革开放 40 周年纪念币、泰山纪念币、中华人民共和国成立 70 周年纪念币等纪念币（钞）兑换业务。全年，农行组织开展“守住你的钱袋子”金融知识宣传活动 3 次，参加 25 人；组织开展征信知识宣传活动 2 次，参加 18 人。

【麦盖提县农村信用合作联社】 2019 年，麦盖提县农村信用合作联社存款总额 35.21 亿元，其中对公存款 18.53 亿元，储蓄存款 16.68 亿元，占全县银行存款的 48.39%。各项贷款 23.64 亿元，占全县银行的 54.50%。各项贷款余额 23.64 亿元，其中转贴现余额 11.03 亿元，占各项贷款比例 46.67%；农户贷款余额 7.25 亿元，占各项贷款比例 30.66%，较上年同期增加 3490.54 万元；城市个人贷款余额 1.72 亿元，占各项贷款比例 7.29%，较上年同期增加 1903.35 万元；企业贷款余额 3.64 亿元，占各项贷款比例 15.38%，较上年同期增加 8345.84 万元。不良贷款余额 5225.05 万元，不良贷款率 2.21%。布放助农服务点 196 个，行政村金融服务覆盖率 100%；发生交易 49.85 万笔，交易金额 7.25 万元。发放社保卡 20.15 万张，激活卡 18.6 万张，补换卡 7833 张；在全县布放 7 台社保卡纸卡机，确保农民第一时间拿到社保卡。完成车辆安装 ETC1349 辆。其中：公车 21 辆，私车 1184 辆，大型客运货车 144 辆，超额完成自治区联社下达的 ETC 任务。全年监管指标存贷比 67.15%，贷款损失准备 1.65 亿元，拨备覆盖率 315.83%，贷款总拨备率为 12.54%，资本充足率 15.51%，主要风险监管指标符合监管要求。

农村信用联社按照自治区联社和银保监部门的要求，开展综合业务、风险常规审计检查 1 次，专项检查 7 次，自律监管再监督 1 次，离任离岗审计 22 人，经济处罚 223 人次，罚款 9.49 万元。根据人民银行执法大检查反馈意见开展后续整改检查，对相关责任人经济处罚 19.82 万元。联社纪检监察部门按季度组织各网点（部室）对

1 月 20 日，联社召开赢战“开门红”营销活动总结表彰大会

3月15日，联社宣讲团队在尕孜库勒乡军库勒村开展金融消费者权益日宣讲

全联社在岗员工进行异常行为排查，全年共排查572人次，未发现员工有异常行为发生。

农村信用联社坚持“审慎经营”的基本原则，实行领导“分片包干”制，按日制定不良贷款清收计划，逐笔制定清收措施。截至12月底，联社共处置收回不良贷款1.44亿元，其中收回已核销本金1483.57万元，已核销贷款4275.57万元。

农村信用联社制定绩效考核管理办法，细化考评细则，明确全年存款业务考核重点；推广条码支付业务，督促网点员工开展街头营销；在县委、县人民政府和兵团层面寻求政策支持，争取保留的财政、社保等

6月，联社工作人员深入田间地头了解农户资金需求情况

专户，吸收财政、社保等各类专项资金存款，稳定政府存款。

农村信用联社党委层层签订《安全防范责任书》167份，《安全保卫工作责任书》27份，责任明确到岗到人。对全辖15个网点开展检查12次，强化员工安全生产、安全保卫防范意识。建立远程监看监督机制，配备专职监督人员，对各网点营业期间业务操作、款箱交接、值班备勤、用水用电等环节进行实时监督，全年无安全生产和安全保卫事故发生。

12月，支行员工在街头为客户办理ETC业务

根据自治区联社下发关于转变工作作风的通知要求，通过内网系统建立“曝光”监督平台，全年曝光台发布违规操作行为29个，问责66人，经济处罚1.32万元，促进联社各项业务健康、稳健、有序发展。

【中国邮政储蓄银行麦盖提县支行】 2019年，中国邮政储蓄银行麦盖提县支行安装POS机具24户，POS机结余商户增加至230户，新增发卡323张；在助农服务点引入ITM自助设备，为各族客户办理资金结算账户272户；配合交通部门为2688辆车辆办理ETC业务。

邮储银行按季度开展“应急处置”预案演练，按月开展安全保卫知识学习培训，提高员工处理突发事件的能力。全年开展应

急演练4次，安全保卫培训12次，员工进一步增强“工作再忙，安全不忘”的安全生产意识，保障各项工作正常开展。

邮储银行全年组织考核、营销实战演练12次，组织集中学习4次，不断充实员工业务知识和政治理论知识，提升营销能力和服务质量。

邮储银行为提升员工综合营销能力，支行把业务人员、产品、资源整合在一起，组建客户经理团队，发挥队伍整合营销优势。截至年底，支行各项存款余额比上年增加3500万元，各类贷款比上年增加100万元。

3月，开展行政复议法宣传

邮储银行为做好消费者权益保护工作，增强消费者维权意识，提高公众金融知识水平，支行开展“3·15”消费者权益保护宣传、非法集资宣传、反洗钱及扫黑除恶、行政复议、宪法宣传日等宣传，派出员工10人次，发放宣传折页550份，受众1500人次。

保　险

【中国人民财产保险股份有限公司麦盖提支公司】 2019年，中国人民财产保险股份

2月23日，麦盖提支公司业务员深入农户家里宣传保险知识，办理保险业务

有限公司麦盖提支公司健全完善值班制度、考勤制度、请销假制度、工作日志制度、责任追究制度、工作督查制度、干部考核制度、党员领导干部问责制度等管理制度，严格执行统一法人制度和“六条禁令”，增强合规意识，规范干部员工行为。

财产保险公司按照“政府引导、自主自愿、协同推进”的原则，落实政策性种植业保险保单4031份，承签单保费1182.14万元，其中中央财政补贴472.86万元，自治区财政厅补贴295.54万元，县级财政补贴177.32万元，农户自缴236.43万元；落实政策性养殖业保险保单697份，签单保费81.76万元，其中中央财政补贴40.88万元，

12月8日，麦盖提支公司配合相关单位开展全国交通安全日宣传活动

自治区财政厅补贴 24.53 万元，农户自缴 16.35 万元。

财产保险公司加大市场开拓力度，通过明确服务内容，建立具有人保财险特色的服务体系，以满足客户最迫切的需要为目标，以快速理赔服务为切入点，缩短理赔周期，提升理赔效率。

【中国人寿保险股份有限公司麦盖提县支公司】 2019 年，中国人寿保险股份有限公司麦盖提县支公司个险渠道达成新单首年期交保费 227 万元，达成短险保费 124 万元；

4 月，支公司业务员在尕孜库勒乡各村开展保险知识宣传

团险渠道达成短险保费 524 万元；银保渠道达成首年期交保费 119 万元，达成短险保费 13 万元。

人寿保险公司以各渠道基本法为依托，把全员增员、主管增员、同业增员、人才市场招聘等形式结合起来，完善竞争机制，促进保险队伍爱岗敬业，不断增强服务意识、责任意识。全年个险渠道的职场团队出勤 80 人次，网点正常出勤 20 人次；团险渠道持续抓“片区经理、乡镇主管、村级服务员、法人业务经理”四支队伍建设，县、乡、村三级农网体系运转正常；银保渠道调

11 月，支公司组织员工开展防范打击“反洗钱、非法集资”宣传教育活动

整充实了兵团银行网点。县域银行网点客户经理，建成 5 人组成的客户经理队伍，改变工作作风，主动作为，加强与银行方的紧密联系，融洽双方关系，网点无人维护、服务缺失的尴尬局面得以扭转，网点业务量明显增加。

人寿保险公司坚持“客户至上、销售为先”的服务原则，开展 VIP 客户答谢会、少儿绘画活动、“三八”专场讲座、客养活动、亲子插花等多种形式的客户服务活动，所有案例均按规定受理，赔付率 100%，对外树立良好公司形象。

人寿保险公司针对上级巡视和审计时发现的问题，进行认真梳理，制定整改措施，建立整改台账，明确整改时限及责任人，年内问题全部整改完毕。

人寿保险公司结合人民银行开展的“反洗钱”“非法集资”等重点排查工作，开展“非法集资宣传月教育”活动，开展“防范风险、维护稳定”保险业风险处置和反洗钱审计工作。从公司自身和行业发展的纬度，履行金融行业执业操守。

【中华联合财产保险股份有限公司麦盖提县支公司】 2019 年，中华联合财产保险股份有限公司麦盖提县支公司完成车险承保 4561

笔，完成保费291万元，同比增长5%；车险结案317笔，车险案件结案处理率98.2%，车险当年出险案件结案周期为2.1天，第一现场查勘率100%，1万元以下当日赔款率91%。

中华保险公司按县委、县人民政府的划定乡镇范围，承保央塔克乡、克孜勒阿瓦提乡、库木库萨尔乡3个乡的棉花保险和冬小麦保险。完成承保棉花、冬小麦保险笔数615笔，保费完成316万元，报案结案393笔，案件结案处理率100%，案件当年出险案件结案周期4.6天，第一现场查勘率100%，案件全部处理结案。

中华保险公司和中信期货公司各捐款20万元，为克孜勒阿瓦提乡197户建档立卡扶贫户免费办理红枣期货保险。由于红枣价格持续走低，11月中旬，支公司对197户建档立卡贫困户理赔39.85万元。

12月7日，支公司业务员现场核实相关情况

中华保险公司承保养殖业奶牛保险1746笔，完成保费81万元，理赔笔数119笔，案件结案处理率100%，案件结案周期7天，第一现场查勘率100%。

环境管理

【环保宣传】 2019年，麦盖提县生态环境局坚持预防为主，强化生态环保宣传，开展生态环境宣传工作“五进”活动（进集市、进企业、进学校、进乡村、进社区活动）。利用“4·22”地球日、科技宣传周、“6·5”世界环境日等节点，向社区、学校、联系村共发放新《中华人民共和国环境保护法》、《中华人民共和国大气污染防治法》、《农村生态环境保护手册》、《污染源普查手册》、环保购物袋、宣传单等8000余套。通过县电视台、短信、微信公众号、文化广场电子屏播放环保知识等方式及时发布最新《中华人民共和国环境保护法》相关内容，播放宣传片，营造浓厚环保宣传氛围。

【环评审批】 2019年，县生态环境局将生态保护红线和严禁“两高一资”作为刚性约束，加大对环保审批手续不完善、未批先建等环境违法行为的查处力度，落实建设项目环评登记表网上备案制，简化环评审批程序，缩短环评审批时间。对涉及重大基础设施、重大产业布局项目及扶贫项目，开辟绿色通道，审批时限原则上再压缩至法定的一半，备案登记项目当天网上确认备案，实现全县所有建设项目环评审批率达到100%。全年办理建设项目环评审批手续310个（建设项目环境影响登记表24个，建设项目环境影响报告表286个）。

【环境监察执法】 2019年，县生态环境局加大对重点工业企业、医疗行业、三产服务业、规模化畜禽养殖行业环境监察执法力度，不断规范经营行为，提高管理水平。稳步推进环保监测监察机构垂直改革工作，整合环保执法力量，增强基层环保执法队伍的战斗力和执行力。用好限期治理、查封扣押、限产停产、涉刑移送等刚性手段，强化环保行政执法与刑事司法的密切联动，保持对环境违法行为的高压态势，严打重罚、决不姑息。

环境状况

【国家县域生态功能区域考核】 2019年，县生态环境局对相关行业规定的环境保护指标进行监测，及时对相关资料进行收集、整理、分析、审核、论证、汇总，按时上报自治区。认真开展农村环境质量检测，为国家县域生态功能区域考核工作提供科学、真实、准确的技术资料。发挥已建成空气质量自动监测站作用，确保监测设备24小时正常运转，将真实、准确的监测数据按时上传自治区、国家主管部门。加强与上级主管部门的对接，确保中央拨付生态转移支付资金6800万元足额到位。

【空气监测】 2019年，麦盖提县空气监测站有效监测天数339天，优良天数125天占比36.9%；轻度污染98天，占比28.9%；中度污染47天，占比13.9%；重度污染22天，占比6.5%；严重污染47天，占比13.9%。

污染防治

【全国第二次污染源普查】 2019年，县生态环境局制定《麦盖提县第二次全国污染源普查工作实施方案》，共普查工业源154家、集中式供热企业2家、加油站13家、生活源锅炉（1蒸吨以上）23家、行政村140个，对各类源进行填表录入。全县各类源核算率100%，核算通过率100%，麦盖提县第二次全国污染源普查工作按时完成。

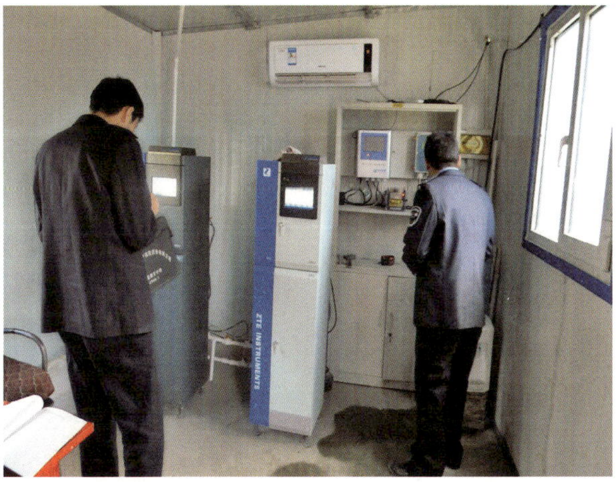

2月，生态环境局执法人员在检查污水处理厂在线监测设备

【废气污染治理】 2019年，县生态环境局加大对工矿、两个集中供热等企业废气污染治理力度。坚决取缔县城城区及生产加工企业使用燃煤锅炉，鼓励乡、村逐步推行煤改气、煤改电工程，改善空气质量。加大黄标车淘汰力度，结合《麦盖提县淘汰黄标车实施方案》，由交警大队对全县的黄标车进行全面梳理，通过梳理出的信息采取顺藤摸瓜，下达报废通知，随机设卡检查等方式完成黄标车整治工作。截至年底，累计出动执法人员550人次，共检查车辆2万余辆，对查出的72辆黄标车进行车辆注销、报废。建立健全兵地执法联动机制，开展大气污染源兵地联合执法专项行动，检查企业11家，通过互相查找问题，限期整改，改善县域内大气环境质量。

6月5日，生态环境局开展世界环境日宣传活动

【水污染治理】 2019年，县生态环境局建立常态化监察执法机制，确保全县集中饮用水水源地水质达标率100%。落实好河（湖）长制工作职责，强化河岸污染源监管，确保地表水水质达到三类或三类以上，加

强城北污水处理厂运营监管，经常进行抽样检查，确保治污设施正常运行。

【土壤污染防治】 2019 年，县生态环境局开展农用地土壤污染状况详查，加快建立污染地块名录及其开发利用负面清单。推进农业面源污染防治和废弃物资源化利用，积极正确引导农民科学施肥，鼓励使用生物农药或高效、低毒、低残留农药。实施好全县土壤污染防治修复规划，有效管控农用地和城市建设用地土壤环境风险。

【推行排污许可证制度】 2019 年，县生态环境局完成 1 家屠宰场、2 家污水处理厂、2 家热力公司、9 家砖厂的排污许可证的申报及核发工作，通过总量控制、合法排放，减少自然承载力，杜绝地下水污染，保障地下水环境安全。

【中央环保督查整改】 2019 年，县委召开 2 次县委常委会议、3 次中央环保督察反馈意见专题推进会议，建立中央环保督察反馈意见整改进度调度机制，确保整改工作有序进行。县生态环境局持续关注中央环保督查反馈的已经完成整改的问题，跟踪督促整改落实效果，确保整改措施持续落实到位，杜绝反弹回潮。加快完成整改问题整改进度，确保如期整改到位；突出问题导向，坚持举一反三，全面自查整改，迎接第二轮中央环保督察。

科 技

【科技项目验收】 2019年，麦盖提县科学技术局配合自治区科技厅、地区科技局对2016—2018年实施的各类科技项目，进行审核、验收，其中喀什地区科技局计划项目3个通过验收，分别是农技保健型中药——金银花新品种“北花一号”引进种植示范项目、希依提墩乡红枣密植园标准化建设项目和新疆五征绿色农业发展有限公司冬小麦高产优质技术研究与集成示范项目。自治区科技特派员创新创业项目4个通过验收，分别是希依提墩乡苗木繁育技术应用推广项目、克孜勒阿瓦提乡畜牧兽医站黑羽绿壳蛋鸡养殖技术示范与推广项目、农经局2016年刀郎枣密植园标准化示范推广项目、农技中心花生红蜘蛛综合防治技术示范推广项目。

【科技项目申报】 2019年，县科技局申报三区人才项目7个，审核通过7个，争取项目资金13.35万元；申报自治区创新环境（人才、基地）建设专项2个，立项1个，争取项目资金10万元。

【“科技之冬”培训】 2019年，县科技局牵头组织农口各单位深入乡村开展形式多样、内容丰富的第30届“科技之冬”活动。活动历时73天，举办培训班138期（138个村全覆盖），开展培训192场次，受训5.62万人次。其中：县级干部受训259人次；乡科级干部受训520人次；村级干部受训450人次；农牧群众受训5.29万人次；农村专业技术人员（农、林、水、牧）2100人次；农村科技人员受训5357人次。在此次活动中，发放《知识与力量》《科技与生活》杂志4000本，给各乡（镇）、村、农口各单位订购《新疆科技报》172份，给各乡（镇）拨付培训费8.5万元，给相关单位配备科普e站65英寸电视机15台，给各乡（镇）制作宣传横幅40条。

【“防灾减灾”宣传】 2019年5月6—12日，县科技局围绕“提高灾害防治能力，构筑生命安全防线”防灾减灾宣传活动主题，发放宣传单720份，接受咨询260人次，各族群众防灾减灾意识增强，达到预期宣传效果。

【“科技活动周”宣传】 2019年5月19—26日为科技活动周，主题是“科技强国、科普惠民”。县科技局、科协与县委宣传部沟通协调筹划科技活动周有关事宜，制定下发《关于印发麦盖提县2019年“科技活动周”暨“科技宣讲在基层”科技服务活动实施方案的通知》，相关部门结合实际制定科技活动周实施方案。农、林、水、牧等部门根据农时、农事印发宣传资料，科技、科协、卫生、地震、教育等部门印发防震减灾、手足口病防治和优生优育优教科普宣传资料。由宣传部、科技局、科协联合牵头，会同教育局、卫健委、农业农村局、自然资源局、水利局、司法局、生态环境局、气象局、市场监督管理局、消防救援大队、农技中心、供销社、种子公司等部门，利用群众赶集日，在农贸市场通过悬挂横幅、设立咨询台、设置科普展板、发放宣传单等形式，开展科技知识、防灾减灾知识宣传，发放科普宣传单4000份，摆放展板10块，发放实用技术资料5000份，咨询260人。科技局邀请自治区、地区专家到麦开展“科技宣讲在基层”活动，专家团深入央塔克乡结然墩村采取集中讲座、发放科普传单手册、实地操作等方式，开展农业科技服务活动，讲解《棉花栽培技术》《瓜菜栽培技术》和《核桃、红枣等栽培管理》。科技局深入校园开展“科学使者进校园”活动，宣讲《消防安全》《艾滋病防治要点》和《信息技术在日常生活中的应用及信息安全》；深入社区开展“科学使者进社区”活动，宣讲《信息技术在日常生活中的应用及信息安全》和《妇科常见疾病概论及预防方法》。各项活动参与群众、师生1310人次，发放各类宣传单页823张，发放《知识与力量》《科技与生活》杂志200本，在麦盖提零距离刊登宣传稿件3篇。

8月，科技局在刀郎社区开展科普宣传活动

气 象

【气象监测服务】 2019年，麦盖提县气象局对外发布《春运气象服务专报》41期，《短期气候预测》12期，《决策气象服务》3期，《农业气象信息》31期，《气候影响评价》11期，《气象专题预报》32期，《重要气象情报》1期，发布预警信号71次，将上述材料通过纸质版对外发布3500份；接受县电视台天气专访8次，通过县电视台制作播出天气预报视频220期；通过新疆气象灾害预警应急信息综合发布平台和精准云发布各类气象预报和预警短信25万条。

1月20日，气象局实施人工增雪作业

【防灾减灾】 2019年，县气象局加强灾害性天气预报预警工作，出动作业8次，发射火箭弹126枚，有效增加降水，化解冰雹，缓解农作物缺水旱情，全年未发生冰雹灾害。

【科普宣传】 2019年，县气象局围绕“3·23”气象日、“5·12”防灾减灾日等重要节点，通过现场宣传、科普讲座、发放书籍等多种形式，开展防灾减灾知识宣传，向公众发放各类气象科普宣传资料1000册，社会公众防灾减灾知晓率得以提高，防灾减灾意识得以增强。

【业务培训】 2019年，县气象局派出干部职工参加各类业务培训学习7人次，开展内部培训累计46天。

3月23日，气象局与第五小学学生一起制作气象仪器模型

综 述

【教育事业概况】 2019年，麦盖提县有高中1所，有在校生4524人，其中汉族312人，少数民族4212人，升学率92.2%。有教职工394人，其中汉族76人，少数民族318人；高级职称39人，中级职称53人，初级职称147人；新招录教师28人；在编工勤人员9人。有党总支1个，党支部4个，有党员99人，其中汉族14人，少数民族85人；男性55人，女性44人。

麦盖提县有职业中专1所，有在校生2723人，全部为少数民族。有教职工147人，其中汉族56人，少数民族91人；高级职称11人，中级职称24人，初级职称44人；新招录教师68人；在编工勤人员1人。有党支部1个，有党员32人，其中汉族5人，少数民族27人；男性18人，女性14人。

麦盖提县有初中4所，在校生1.08万人，其中汉族416人，少数民族1.04万人；升高中1467人，升入职专1099人。有教职工1125人，其中高级职称63人，中级职称133人，初级职称277人；新招录教师251人；在编工勤人员14人。有党总支3个，党支部13个，有党员206人，其中汉族26人，少数民族180人；男性97人，女性109人。

麦盖提县有小学66所，其中县直小学6所，乡村小学60所；小学在校生3.29万人，其中汉族1194人，少数民族3.17万人；考入疆内初中班301人。有教职工2368人，其中高级职称25人，中级职称306人，初级职称677人；新招录教师353人；在编工勤人员28人。有党支部64个，有党员682人，其中汉族118人，少数民族564人；男性267人，女性415人。

麦盖提县有幼儿园71所，其中县直幼儿园9所，乡村幼儿园62所。有在园幼儿1.75万人，其中汉族764人，少数民族1.67万人。有教职工1396人，其中中级职称2人，初级职称40人；新招录教师293人；在编工勤人员7人。有党支部12个，有党员133人，其中汉族56人，少数民族77人；男性23人，女性110人。

【教育工程项目】 2019年，麦盖提县教育工程项目32个，总投资4.47亿元，总建设面积18.8万平方米，高标准完成13所寄宿制学校续建项目。10月，全县13所寄宿制学校全部通过验收并投入使用，在喀什地区率先完成。

【教育投入】 2019 年，县人民政府筹集 7009 万元，配齐学校设施设备，配齐学校功能室。

【国信园丁教育基金】 2019 年，县委、县人民政府举行教师节庆祝大会，在庆祝大会上，县委、县人民政府利用国信园丁教育基金，对 210 人先进教育工作者和优秀教师进行表彰，发放奖励金 105 万元；使用山东援疆奖学金表彰 39 人优秀教师，发放奖励金 7.8 万元，促进教师干事创业的积极性。

【校园安全】 2019 年，麦盖提县各学校、幼儿园实行领导 24 小时带班、教师值班制度。各学校累计配备专职保安 476 人，组建护校队 143 支。采取错峰放学的方式缓解县城交通拥挤，联合警务站、派出所、教师开展护学工作，确保学生上下学安全。各学校、幼儿园每周开展安全演练 1 次，组织防灾减灾救灾宣传活动 140 次、防灾减灾知识讲座 32 场次、地震应急演练 210 场次，发放宣传材料 4500 份，设置校园宣传展板 85 张，参加活动人次 7.2 万人。各学校、幼儿园开展安全隐患排查 8 次，发现问题 324 个，整改问题 324 个，切实排除校园安全隐患。开展危化品专项检查 2 次，所有危化物品实行双锁管理，对过期、失效的化学药品进行集中处理。教育局规范寄宿学校管理，强化人员配备，配齐宿管、校医、食堂从业人员；组织寄宿制学校书记、校长、宿管、食堂从业人员分批开展寄宿制学校管理、专业知识、安全生产等内容培训。

【校园思想政治】 2019 年，教育系统集中培训暑期返乡疆内初中班、其他省市新疆高中班、其他省市新疆中职班及大中专学生 4941 人，其中大学生 2812 人，其他省市新疆高中班 668 人，疆内初中班 983 人，高中及中专学生 478 人。开展集中学习教育、召开座谈会谈感想、演讲、宣讲等活动，引导返乡学生做感党恩听党话跟党走爱党爱国爱家乡的新时代好少年。

教育系统开展普法进校园工作，聘任法制副校长 143 人，定期进校园开展宣讲活动，累计受教育师生 4.69 万人次。开展扫黑除恶专项斗争，悬挂横幅共计 162 条，发放扫黑除恶应知应会手册共计 3359 份，设立举报信箱、举报电话共 278 个，共发现线索 4 条，及时报告相关部门。

各幼儿园开展学前识字、古诗诵读、“石榴籽·紧紧抱”大型情景剧等特色主题活动，培养幼儿爱国、爱家情感意识；要求各学校开展传统文化、爱国主义、集体主义、民族团结、法制、文明礼貌、安全等教育活动，推进学校思想政治工作向纵深发展。全年各学校、各幼儿园累计开展全校性活动 260 场次，学生参与率 100%。

【控辍保学】 2019 年，教育系统各学校、幼儿园开展控辍保学工作，完成全县 7.98 万人 0 ~ 18 岁少年、儿童学户册的建立，摸排全县 0 ~ 18 岁残疾适龄儿童少年 788 人，义务教育阶段适龄残疾儿童少年 460 人，其中随班就读 250 人，送教上门 20 人，接受特殊教育 38 人（该县 22 人，县外 16 人），失能免学 152 人。

各学校、幼儿园完成全县户籍义务教育阶段外县就读学生核查工作，县户籍义务教育阶段外县就读学生 2575 人，已入学无学籍有证明 227 人。

全县小学净入学率为 99.92%，初中净入学率 99.07%，残疾儿童入学率 100%；小学巩固率 100.5%，初中巩固率 100.8%，九年义务教育巩固率 95.6%。

基础教育

【义务教育学校标准化建设】 2019 年，自治区人民政府义务教育均衡发展督导评估验收组对麦盖提县各学校实地核查，得分为 921.94 分，达到“良好”等次，17 项国家指标得分 98.65 分，群众满意度测评达到“满意”等级，高质量通过自治区评估验收，列喀什地区第一名。

【教育资助】 2019 年，教育系统完成 622 人家庭困难大学生资助工作，共发放资助金 294.3 万元。救助困难学生 1376 人，发放救助金 59.96 万元，对 8871 人次发放临时救助金 274 万元，确保困难家庭学生在校期间生活无忧。政府筹集资金 62.4 万元，为 185 人非建档立卡贫困户子女考入大学给予资助，解决因学致贫问题。

【升学情况】 2019 年，全县高考报人 1644 人，大专、本科录取 1336 人，录取率 82.67%，较上年提升 7.46 个百分点。其他省市新疆高中班报人 903 人，录取 263 人，录取率 29.1%。疆内初中班报人 1539 人，录取 301 人，录取率 19.6%。其他省市新疆中职班招生报人 35 人，录取人 4 人。

【教师培训】 2019 年，教育局组织来自各学校的 106 人教师参加课堂教学比赛，提升教师课堂教学能力和教学研究水平；开展以考促学活动，坚持每月举行月考，逐级召开分析会，表扬先进、通报排人靠后的学校；在 2018—2019 学年第二学期地区质量监测测试中，义务教育阶段全科平均分 82.14 分，列全地区第四名。

通过走出去、请进来、网络培训等方式开展培训 386 场次，培训教师 1.17 万人次；对 298 人新招聘教师开展为期 9 天的教学常规培训，教师累计培训 5940 人次；利用网络直播对全县 1 ~ 5 年级语文、数学 798 人小学语文及数学教师进行教材教法培训；组织 3134 人教师参加网络研修。

【实验中学】 麦盖提县实验中学是一所高级中学，成立于 2012 年 9 月，由原第一中学、第二中学合并而成。占地面积 154 亩；拥有教学楼 2 栋，总面积 2.41 万平方米；拥有学生公寓楼 3 栋，总面积 1.64 万平方米；

4 月 12 日，实验中学召开高考誓师大会

拥有学生食堂 2 个，总面积 3976 平方米；拥有 400 米标准跑道体育场 1 个，标准足球场 1 个，篮球场 9 个，排球场 3 个。

2019 年，实验中学有在校生 4524 人，其中少数民族学生 4212 人，汉族学生 312 人；寄宿生 2890 人。设班级 86 个，其中高一班级 29 个，高二班级 26 个，高三班级 31 个。现有教职工 394 人，其中少数民族教师 318 人，汉族教师 76 人，工勤人员 9 人；高级教师 39 人，中级教师 53 人，初级教师 147 人。党总支下辖 4 个党支部，有党员 99 人，其中男性党员 55 人，女性党员 44 人。校团委下辖团支部 87 个。在上级党委的亲切关怀和正确领导下，实验中学紧紧围绕教育教学中心，推进教师专业化发展，以提高课堂教学效率为重点，进一步优化教风和学风，努力提升教育教学水平。学校党建、群团组织工作、安全稳定工作不断助力中心工作迈上新台阶。是年，实验中学被确定为山东省“组团式”教育援疆试点学校；与西南民族大学结对共建，被

5 月 4 日，实验中学举行“成人礼”活动

评为“西南民族大学优秀生源基地”；在团县委纪念五四运动 100 周年暨建团 97 周年表彰大会上，学校团委获得县级“五四红旗团委”称号、“五四红旗团支部”称号；在“我和我的祖国”青少年口语大赛活动中获“优秀组织奖”。

2019 年，实验中学坚持周一举行升国旗仪式，利用升国旗时机，对师生进行爱国主义、集体主义、社会主义核心价值观、行为习惯等思想、品德教育；每周定期检查班级文化和主题班会活动，促进良好班风建设；在学生中开展政治学习活动，让党和政府的大政方针、教育惠民政策、国情区情、辉煌成就等入脑入心。“五四”青年节期间，举行有史以来第一次“成人礼”活动。在体育场主席台前搭建了“成人门”，成人门两侧分别书写着“学入成人门”“走好人生路”字样，全校年满 18 周岁的青年庄严而神圣地迈过“成人门”。

2019 年，实验中学每月组织 1 次全校范围内的教学常规检查；开展老教师观摩课 30 次、骨干教师示范课 18 次、青年教师展示课 37 节，进一步优化课堂教学；面向全体学生，根据学生的实际学情，实行分层教学，“因材施教、对症下药”，狠抓“培优补差”；召开成绩分析会 3 次，总结经验教训，找准改进措施和对策。是年，高考普通类本科类一本上线率 11%，二本上线率 36.4%，专科上线 86.08%，总上线率 98.31%；单列类一本上线率 14.37%，二本上线率 44.3%，专科上线率 66.67%；双语类理科一本上线率 3.09%，二本上线率 22.68%，专科上线率 69.76%；民语类一本上线率 5.38%，二本上线率 23.65%，专科上线率 89.94%。各类上线率较 2018 年均有明显提高。

2019，实验中学争取援疆资金 322 万元，其中投到校园文化长廊建设 120 万元。学校根据自身的特点，在校园内设置宣传栏、橱窗，用于展示学校各项工作成果；在教学楼走廊布置中华优秀传统文化内容；在建筑物外墙壁上有办学理念等；在校园不同的区域设置不同的主题，有“实验天地”“阵地建设”“励志教育”“教研教学”等。做到每一面墙壁都会“说话”，每一个角落都有文化内容。投入 60 万元，打造学校党史国史馆，建成爱国主义的教育基地。开展元旦、妇女节、青年节、建党节、教师节、国庆节、“一二·九”纪念日等文艺活动 7 场次，师生全员参与；坚持每日开

9 月 28 日，实验中学举办秋季田径运动会

展“大课间”“阳光体育”活动，师生共同参与；举办一年一度秋季运动会，促进学校体育工作向前发展。

2019 年，实验中学调整、充实安全领导小组，结合实际完善安全规章制度和各项应急预案及方案。学校与中层干部、班主任、教师、学生及家长层层签订安全责任书，明确各自的责任。通过主题班会、宣传栏、黑板报和校园广播等持续宣传安全知识，进行安全教育。落实 24 小时领导带班、干部值班制度；保卫科每天组织护校队对校园进行不间断巡逻，组织后勤人员开展安全隐患排查，每月进行 1 次全面安全生产检查，做到早发现问题早解决；每月组织 1 次应急演练，提高师生应急、自救实战能力。

2019 年，实验中学工会按章程办事，在节日期间，慰问退休教职工及困难家庭，做好“献爱心、送温暖”工作；每季度组织 1 次退休教职工政治学习活动，党员日邀请退休老党员参加活动，做好退休教职工管理工作；在元旦、春节、妇女节、劳动节、国庆节，开展拔河、乒乓球、羽毛球、篮球、排球、文艺表演、书法创作等文体活动，丰富教职工业余文化生活。

2019 年，实验中学团委严格按照发展团员的十步法和九个严禁，注重质量，在青年节和“一二·九”纪念日发展团员 499 人，壮大团员队伍。开展每月 1 次主题团日活动，举行演讲比赛、朗诵比赛、民族团结结对联谊等活动；在校团委引领下，各班团支部办黑板报、墙报、手抄报 8 期，轮流主持校园广播站工作，每日节目内容主题鲜明、各具特色，丰富校园生活。在中华人民共和国 70 周年之际，校团委组织举办以各班团支部为单位的“红歌比赛”；12 月，校团委、教工团支部、各班团支部召开“团员组织生活会”，反思自我，帮助他人，共同提高。

2019 年，实验中学妇委会根据县妇联的安排，开展“爱心一元捐”活动，所募捐款，用于帮助品学兼优而家庭条件贫困的女生。妇委会关心女教职工身心健康，经常与女教职工谈心、交心，了解女教工疾苦，了解女教职工思想状况，关心她们的婚姻、家庭生活，及时慰问生病女教工；组织女教职工开展有益的体育活动；组织女教职工开展学习活动，宣传维护妇女合法权益和计划生育的法律、法规、政策。

【第一中学】 2019 年，麦盖提县第一中学以“教师队伍梯队层次培养”为契机，选择部分优秀教师去疆内疆外人校学习，以培养学校中坚力量。在教学常规管理中，坚持每周检查教师备课、上课、批改作业、课后辅导情况，坚持校级领导每天推门听课制，坚持对课堂教学、作业布置与批改、培优补差、测试等情况跟踪量化考评。适时召开教师、学生、家长座谈会，收集各方面意见和建议，及时反馈给教师，促进教师改进教育教学工作。

第一中学构建“教师初备、集体共研、课后反思”的备课流程，形成“有效备课、有效上课、有效作业、有效批改、有效考试”的有效教学研究流程。实践同课异构、

9 月，第一中学举办秋季运动会

三维目标落实课、新课标研讨课、有效复习课、青年教师过关课、骨干教师示范课等“七种课例”，提高教师业务能力。组织开展集体备课、教学反思、听课、评课、赛课等活动，总结好的经验，找出存在的问题，制定改进措施，提高教师教学水平，改善课堂教学，促进教和学方式的转变，取得良好的教学效果。

第一中学重视“控辍保学”工作，与级部主任、教务主任、总务主任、班主任分别签订“控辍保学”责任书，把控辍工作纳入考核范围，作为绩效考核和年度考核的重要依据。教务处每日统计上报学生到校率，对到校率长期偏低的班级及时通报，查明原因，限期整改。组织专人深入基层向学生家长宣传《中华人民共和国义务教育法》及优惠政策，提高家长法律意识和思想认识，劝说家长将子女送入学校就读。加强学籍管理，开学第一周进行学籍注册，对转入转出学生严格履行转学手续。全年学生到校率接近国家标准。

第一中学坚持 24 小时领导带班、干部值班制度。政教处每日组织护校队和保安，开展体能、技能训练，对校园及周边分组不间断巡逻，随时对学生宿舍及教室进行抽查，消除安全隐患。每月开展安全大检查 1 次，及时整改存在的问题，微机室、电教室、实验室、水房、食堂、宿舍等安排专人管理。严把食堂从业人员关口，落实食堂定点采购和索证、登记、饭菜留验和记录制度，保障师生饮食安全。落实体育课、课间操、校外活动安全措施，每月对校园用电设备、消防栓、消防井检查维修 1 次，定期更换灭火器。组织开展“安全应急疏散演练”16 次，“道路安全教育”8 次，“珍爱生命教育”3 次，“预防青少年犯罪教育”2 次，“远离网络陷阱教育”1 次，“远离毒品教育”“安全自救教育”6 次。

12 月，第一中学举行普通话测试

第一中学栽种水蜡 1 万棵，三叶草 2 万平方米，给 3 万平方米花坛铺设半自动化浇灌设施，学校绿化面积 4 万平方米，初步实现三季有花，四季有绿，育人环境得到改善。

【第二中学】 2019 年，麦盖提县第二中学领导坚持听推门课，深入课堂，了解教师的教学情况；通过召开教师、学生、家长座谈会，听取各方意见和建议，找差距，出对策，促进教师改进教育教学工作。在秋季教育局举行的赛课活动中，学校 10 名教师分别获一、二、三等奖，其中 1 名教师获“中学物理教学能手”称号，1 名教师获“中学英语教坛新秀”称号，1 名教师获“中学数学教坛新秀”称号，1 名教师获“中学生物教学能手”称号。

第二中学坚持 24 小时领导带班、教师值班制度，每日开展护校队、保安安保训练。落实每日不间断巡逻制度，对校园及周边加强巡逻，消除危安隐患。压实政教、总务部门等安全工作责任，每天对宿舍、食堂、课外活动等监督管理不放松，防止发生意外伤害事故；经常检修校园用电线路及消防设施，对局域网和校园网加载性能可靠的网上安全软件。按月组织“安全应急疏散演练”“道路安全教育”“珍爱生命教育”“预防青少年犯罪教育”“远离网络陷阱教育”“远离毒品教育”“安全自救教育”等教育，提高师生安全意识、自救能力。

第二中学压实“控辍保学”责任，层层签订“控辍保学”责任书，把控辍工作列入教师绩效考核和年度考核的重要依据。安排教师深入乡村学生家中，了解落实长期不到校学生的原因及去向，协助各乡政府做好辍学学生返校工作。全年，学校辍学率控制在国家标准范围之内。

第二中学建成红色教育基地，设有党史馆 1 个，团史馆 1 个。

11 月，第二中学校园红色教育基地建成

第二中学全年移栽树木 150 株，栽种万寿菊、月季花、美人蕉、三叶草、小红花 2 万平方米，平整花坛 29 个，整修渠埂 750 米，累计绿化面积 3.3 万平方米，校园环境进一步改善。

【第三中学】 麦盖提县第三中学，成立于 1982 年。占地面积 4.8 万平方米；拥有教学楼 4 栋，总面积 1.04 平方米；拥有学生公寓楼 3 栋，总面积 1.04 平方米；拥有学生食堂 1 个，总面积 989 平方米；拥有 400 米标准跑道体育场 1 个，标准足球场 1 个，篮球场 1 个，排球场 1 个。

9 月 10 日，第三中学举办教师节颁奖典礼

第三中学有在校生 1923 人，其中寄宿生 1639 人。设班级 38 个，其中初一班级 14 个，初二班级 12 个，初三班级 12 个。现有教职工 197 人，其中少数民族教师 147 人，汉族教师 50 人，工勤人员 2 人；高级教师 18 人，中级教师 115 人，初级教师 63 人。设党支部 1 个，有党员 37 人，其中男性党员 18 人，女性党员 19 人。校团委下辖团支部 25 个。

第三中学累计开展主题班会 1520 次，学生政治思想教育进一步深化。组织家长开放日 8 次，开展教师及中层领导进班级

9 月，第三中学国学教室建成

2100 人次，实现联系家长 1.92 万人次，形成“联系一个学生，带动一个家庭”良好育人局面。教务处、德育处联合成立 32 个社团，一批有特长、乐奉献、责任心强的优秀教师成为社团指导教师，开展国学经典诵读、书法、民族团结演讲、爱党爱国红歌比赛、趣味理科系列、太极拳、健美操、球类等社团活动。其中《执羽舞》登上 2019 年麦盖提县春晚的舞台。设立“漂流书屋”，培养学生读书习惯；在青年教师中开展读书研讨会，互相推荐优秀书目，鼓励践行“活到老，学到老”、“要给学生一杯水，自己要有一桶水”等理念，做一人真正的博学的教师。通过一系列活动，师生特长得到发挥，增强学生对中华传统文化的感知和认同。

第三中学组织新老教师开展过关课和汇报课比拼活动，促进教师相互学习、共同进步。组织教师结对子活动，发挥老教师、骨干教师、学科带头人“传帮带”作用，尽心培养新人，新老师在授课能力上有大幅度提升。学校成立教研室和教师成长工作室，在援疆优秀教师和支教的指导下，校本教研更加规范，更加注重实际。

第三中学毕业生 885 人，考入其他省市新疆高中班 7 人、喀什二中 2 人、喀什六中 28 人、县实验中学 375 人、县职专 348 人、县技工学校 72 人、南疆职业学校 22 人、北疆职业学校 30 人。

【第四中学】 2019 年，麦盖提县第四中学围绕“爱国、孝亲、乐学、有为”的办学理念，坚持“呵护金色童年，培养责任好少年”的德育理念，依据学校《中小学生日常行为准则》《校园十不准》，全面开展德育工作。全年坚持利用星级班级评比，对各班集体在“安全、卫生、学习、纪律、文明”等方面进行综合评价，坚持每周一升旗制度，开展国旗下讲话、国旗下宣誓、国旗下通报表扬等，激发学生爱国情怀，陶冶师生情操，强化师生的责任意识和荣誉感；

3 月，第四中学举办学生手抄报展

坚持推行《班主任工作手册》和《安全教育手册》，规范德育管理工作；坚持把爱国主义教育、法制教育、安全教育、思想品德教育纳入德育课程，加强学生日常行为规范教育，培养学生良好的行为习惯；坚持利用重大节日、纪念日开展德育主题活动；学校开展早恋教育 1 次、生理卫生教育 1 次。

第四中学坚持每日组织学生进行“十分钟古诗背诵教育”，举办 1 次以“诵中华经典，做博学少年”为主题的古诗词大赛，

1000 人师生参加了此次比赛。9 月，“燧石书屋”建成，吸引学生加入读书行列，促进学生养成读书好习惯。

6 月，第四中学举办经典诵读活动

第四中学从保证教学时间、考评教学质量、教师教案备写、学生作业批改等入手，坚持抓常规教学，向管理要效益。每月年级组、学校各召开 1 次成绩分析研讨会，总结成绩，找出差距和对策，确定教研方向。教务处每月 28 日全面检查教师的业务情况并记录在册。教科室坚持集体备课制度，每周组织教师进行 2 次；组织开展老教师示范课、新教师过关课活动，为教师搭建交流、

12 月 31 日，第四中学举办元旦文艺会演

讨论平台，促进教师教学水平不断提升。先后派出教师 20 人次到喀什、宁波、乌鲁木齐等地交流学习；5 人教师参加县级说课赛课，获得一、二、三等奖。

第四中学成立篮球、乒乓球、健美操、美术、武术等活动小组，学生参与率为 70%，每周开展 4 次活动，促进学生特长发展和个性发展。

第四中学调整安全工作领导小组，校领导坚持 24 小时带班制，护校队不间断对校园及周边进行巡逻；学校与教师签订安全责任状，建立健全安全责任追究制度；班主任与学生家长签订交通安全责任书，强化家长的监护职责。学校利用国旗下讲话、主题班会、校园广播站、黑板报、法制教育课、致家长一封信等形式，对学生进行防火、防地震、防溺水、防交通安全、防食物中毒、防雷电、防踩踏等安全宣传教育。坚持校园安全隐患大排查，发现问题及时整改。严格执行门禁制度，保证校园监控有专人看管，保障师生安全。本年度邀请法制副校长开展法制知识讲座 3 次；开展安全隐患大排查 5 次；开展消防演练 16 次；举办法制宣讲 2 次；开展地震演练 8 次；开展生理健康知识讲座 3 次。

【第一小学】 麦盖提县第一小学，成立于 2008 年，由原第一小学、第二小学合并而成。占地面积 1.73 万平方米；拥有教学楼 3 栋，总面积 7695.93 平方米；借用实验中学体育场开展体育教学工作，拥有五人制足球场 2 个，篮球场 1 个。2014 年通过

5 月，县公安局警官到学校上法制课

自治区“德育示范校”“依法治校”评估；2015年被喀什地委、行署评为“民族团结进步先进集体”。是地区级“精神文明单位”、“创先争优”先进单位，自治区级“文明校园”，就，部公布的第二批“中华优秀传统文化传承学校”。

第一小学有在校生1997人，其中少数民族学生1175人，汉族学生882人。设班级41个，其中一年级8个班，二年级10个班，三年级7个班，四年级5个班，五年级5个班，六年级6个班。有教职工127人，其中少数民族教师35人，汉族教师92人，工勤人员1人；其中高级教师4人，中级教师49人，初级教师46人。设党支部1个，有党员33人，其中男性6人，女性27人。设少先大队1个，中队41个，有少先队员1582人。

第一小学围绕“感动教育”办学理念，坚持“以创新为动力，以行为养成为核心，以加强班主任队伍建设为重点，以强化班级管理为突破口”的德育理念，以培育和践行社会主义核心价值观为抓手，依据学校《“感动教育”对师生的要求》《麦盖提县第一小学课堂常规训练要求》和《麦盖提县第一小学学生在校一日常规要求》，全面开展德育工作。坚持每周施行“劳动、卫生、学习、纪律、两操、路队”等综合评价“流动红旗”制度，规范升旗仪式，继续推行《班主任工作手册》，规范德育管理工作；通过班主任培训、班主任会议、主题班队会、国旗下讲话、少先队文明岗、红领巾广播站、课间一分钟点评、文明班级评比、板报宣传、归程队管理等途径落实德育教育，把爱国主义教育、法制教育、安全教育、思想品德教育纳入德育课程，加强学生日常行为规范教育，保持良好的校风；利用重大节日、纪念日深入开展“主题”德育活动，将各种活动与主题教育相结合，促进学生德育工作；开展“少年传承中华传统美德”系列教育活动，通过经典诵读、剪纸、社团、班级图书角、全校师生写春联等活动，弘扬中华文化，陶冶师生美好情操。

第一小学坚持抓教学常规管理。教务处每月8日定期全面检查教师的业务情况并记录在册；每周组织集体备课等教研活动1次；校领导、教研主任深入课堂听课，校级领导听课学年40节以上，教师30节以上。在喀什地区义务教育阶段课堂教学比赛中，获小学道德与法制组一等奖1人，获小学数

6月1日，第一小学举办“六一”国际儿童节文艺会演

学组二等奖1人；在喀什地区组织的微课比赛中，1人入选并上报自治区；在县教育局组织的课堂教学大赛中，获小学语文组、数学组一等奖各2人。

第一小学倡导“有教无类”、“人人皆可成才”的教学理念，突出学生主体，开展“自主、合作、有效”的课堂探索研究，构建符合本校实际、师生自主、生生合作、教有效益的新课堂，创建良性教学秩序，力求教学模式与方法创新，实现各班级各学科均衡发展。以提高课堂教学有效性为突破口，成立语文学科组、数学学科组、综合学科组3个教研组，开展“同课异构”

教学研究活动，研究探索课堂教学新模式，告别灌输式课堂，使学生成为课堂的主人；强化教学计划的制定与落实，保证教学有序进行；推行教学开放日，让家长、社会、同行听课、评课，开展“微课录制展评”教学比武活动，抓好“一课一人师，一师一优课”活动。抓实教师业务学习，督促教师坚持写教学反思，形成良好的反思习惯。开展教学能手选拔赛系列活动，鼓励教师互相听课、评课，提倡跨年级、跨学科听课，相互学习，共同提高。坚持校长、主任兼课、巡课、推门听课制度，及时了解教师教学状况，做好反馈，帮助教师改进提高。开展网上资源与学科整合研究，提高现代化信息技术在教学中的应用水平。建立教师交流 QQ 群、微信群平台，加强对青年教师的校本培养和指导，采取青蓝结对、内培外训、跟踪听课的方式，帮助青年教师尽快成长，成为独当一面的教学能手。全年共外派教师学习培训 120 人次。

第一小学以校本课程为依托，开展以特色大课间、课外体育、广播操比赛、武术操比赛、运动会等活动为主要内容的阳光体育运动，增强师生体质；坚持鼓号队、戏曲社团、布贴画社团、阅读社团、五子棋社团、硬笔书法社团、软笔书法社团等

11 月 18 日，第一小学举办亲子运动会

社团文化活动，所有学生参与到兴趣小组或社团活动中，引领学生全面发展，打造健康、强身的艺体文化。6 月 1 日，举办庆“儿童节”文艺会演，节目种类繁多，丰富多彩。11 月 18 日至 20 日，举办“亲子活动”运动会，比赛项目有滚轮胎、袋鼠跳接力、绑腿接力、往返接力等 4 个项目，参赛运动员 2001 人。

第一小学把校园安全作为学校重要工作来抓，成立领导小组，分工明确，职责清楚，责任到人，落实到岗。学校与教师签订安全责任状，建立健全责任追究制度，学校与学生家长签订交通安全责任书，明确家长的监护职责；充分利用国旗下讲话、班队会、广播站、宣传栏、黑板报、法制教育课、致家长一封信等形式，对学生进行防火、防地震、防溺水、防交通安全、防食物中毒、防雷电、防踩踏、反邪教等安全宣传教育；完善各类安全应急预案，每月开展 1 次消防、地震、防恐防暴、防踩踏等各类安全应急演练活动；坚持每周进行 1 次校园安全隐患大排查；严格执行门禁及安全巡逻制度，定期维护校园监控设备，保证运转正常，保障师生安全；邀请法制副校长开展法制知识讲座 3 次，邀请消防大队警官开展消防知识讲座 2 次，开展消防演练 4 次，组织师生代表走进麦盖提县消防大队学习消防知识 1 次，开展地震演练 2 次。

【第二小学】 2019 年，麦盖提县第二小学实行德育办、班主任两级常规管理制度，形成各部门密切配合，班主任和任课教师共同承担责任的纵向连接的德育工作体系。每学期坚持开好“四会”，每周一次主题班、队会；每月一次班主任会议；每学期召开 1 ~ 2 次班主任经验交流会，1 ~ 2 次家长会；每周定期召开 1 次班主任例会。通过学习有

4 月 15 日，第二小学举行“爱护民族团结、保卫国家安全”签名活动

关经验文章、经验介绍等，提高班主任育人工作能力，对于一些新任班主任，学校采用“帮、扶、带”的方式，使他们尽快胜任班主任工作。年内，被地区教育局评为“文明校园”，1 人教师获得地区级“优秀辅导员”称号，1 名教师获地区级“师德标兵”称号。

第二小学开齐开足课程，由教务处具体负责每日的课程运行情况督查和特殊情况下的课务安排工作，从管理上遏制调课和弃课现象。坚持听课制度，领导每周听课 3 节，教师听课 2 节。每月进行 2 次教学检查，规范教师课前备课、课堂上课、课后辅导及批改作业行为，保证课堂教学质量。坚持每周审批教案制度，规范教案，督促教师撰写教学反思。第二小学年内开展全校性常规检查 8 次。坚持开展各学科校本教研活动，做到“研训一体”；坚持开展教师“三笔一画”比赛，夯实教师基本功。年内，2 名教师获县级优质课一等奖、二等奖，1 名教师获地区“道德与法治”课二等奖。

第二小学规范教室布置，各班教室布置洁净素雅、健康文明、催人奋进。推进“书香校园”进程，创设“时时受教育，处处受感染”的德育环境，定期更换“图书角”书籍，学生时时有书读；定期开放图书阅览室，每周组织 5 次学生集体读书活动。坚持规范开展升旗仪式活动，进行爱国主义、民族团结、文明礼貌、遵纪守法等教育。

第二小学开展绿化工作，种植红叶李树、白蜡树、金叶复叶戚树、红叶海棠等绿化树木 30 颗；教师放弃国庆节休息时间美化校园环境，摆出“70”“二小”“红心”等图案。

第二小学结合校实际和季节等特点，对学生进行预防流行病传染、交通安全、消防安全、食品卫生安全、紧急情况下的疏散安全等方面的教育；利用班会、队会活动、活动课、学科渗透等途径，通过讲解、演示和训练，对学生开展安全预防教育，使学生接受比较系统的防溺水、防交通事故、防触电、防食物中毒、防体育运动受

4 月 15 日，第二小学举办“争做民族团结小卫士”宣誓活动

伤害、防火、防盗、防震、防骗、防煤气中毒等安全知识和技能教育。还利用学校广播、黑板报、悬挂横幅、张贴标语等宣传工具及举行主题班会、讲座、安全征文与知识竞赛等形式，开展丰富多彩的安全教

育，提高全体学生的安全意识和自救自护能力。学校与班主任层层签订责任书，贯彻“谁主管，谁负责”的原则，将校园安全作为考核的重要内容。

【第三小学】 2019 年，麦盖提县第三小学坚持每周一升国旗制度，国旗下讲话围绕时代主题，对师生进行爱国主义、民族团结、感恩、法治、安全等教育；坚持每月开展 1 次“家长开放日”活动，促进家校共建。利用班会和少先队活动的时间开展“养成好习惯，争做文明好学生”主题教育活动，每日对班级纪律、卫生、学生行为习惯等进行检查和总结，通过发红旗和黄旗的方式，增强学生创先争优意识。开展《中小学日常行为规范》和《小学生守则》知识竞赛和“争做小雷锋”活动，培养学生自我约束和自我规范意识。高年级学生参与值周工作，禁止垃圾食品进校园，减少破坏公物现象发生，对不良仪容仪表及个人卫生差的学生提出警告。开展班级“唱红歌”比赛，传播正能量；开展“诵经典”活动，弘扬中华优秀传统文化。开展“国家安全日”活动，邀请交警大队、疾控中心、消防大队等部门有关人员到学校给师生宣传交通道路安全、传染病防控、消防等知识，提高师生安全意识。获得自治区“文明校园”称号。

11 月，山东名师在第三小学开展送教活动

第三小学落实领导每周听 3 节“推门课”制度，以学科组为单位，按听课—评课—改进—复听“四步走”方式开展教研活动，新老师参加听课评课活动 90 次，给予他们在磨课、听课、评课中成长的机会。落实校领导巡课制度，对课前预备、教师拖堂、不按时进课堂、随意调课、早自习等情况进行检查，及时记录、纠正，与绩效考核挂钩。落实每月一考制度，对月考成绩进行详细汇总、分析、反馈、公示，月考成绩作为绩效考核和年底考核的一项重要指标。加大对课外活动的管理力度，开辟“第二课堂”，开设书法班、舞蹈班、经典诵读班等兴趣班，促进学生全面发展。

第三小学组织 20 名教师参加国家教育行政学院和山东网络培训，合格率 100%；组织外出听课 56 人次，使参与教师的教学水平有所提高；利用公开课机会，组织教师一起研讨，不断提高教研水平；组织教师参加全县小学语文、数学、语文素养比赛，3 名获得优秀人次；开展信息化教学培训，提高教师信息化教学能力，确保课堂教学“班班通”使用率不低于 80%。

第三小学调整充实安全工作领导小组，与各科室负责人及班主任签订安全责任状。坚持 24 小时值班，落实领导带班、教师值班制度，加强校园巡逻，增强学校安全系数。给中层干部、年级组长配备对讲机，确

6 月 1 日，第三小学师生共同制作“希望树”

保信息通畅。每日训练保卫人员，提高护校能力。每天安排 1 人值周领导和 15 人护学岗老师负责迎接和护送学生，确保学生上学、放学安全。每周对校内和周边进行安全隐患排查 1 次，发现安全隐患及时整改。通过多种形式，对学生进行交通安全、饮食安全、防火、防电、防溺水等安全教育，开展交通安全、节假日安全、自护自救、冬季安全等专项教育。学校每周开展 1 次紧急疏散演练，学生普遍熟练掌握应急避险方法和技能。

【第四小学】 2019 年，麦盖提县第四小学坚持利用红苹果评比墙，每周对各班在“劳动、卫生、学习、纪律、两操、路队、活动”等方面进行 1 次综合评价，评价结果及时通报，与教师绩效考核、年终考核挂钩。坚持举行升旗仪式，开展国旗下讲话、国旗下经典诵读、国旗下主题晨会表演，发挥升国旗作为师生德育阵地的作用。建立植物园，让每个班的孩子在学习种植知识的同时，形成珍惜、爱护生命，尊重劳动者的良好品质，在管理责任园中增强责任意识。继续推行《班主任工作手册》和《安全教育手册》，规范德育管理。利用重大节日、纪念日深入开展主题德育活动，巩固

3 月 8 日，第四小学举办教师朗诵大赛

德育成果。

第四小学坚持抓教学常规管理，教务处每月 28 日定期全面检查教师的业务情况并记录在册；每周二举行听写口算计算考试。坚持教研制度，每周组织集体备课不少于 3 次。3 月开展“争做四有好教师”教师展示课主题教研活动，举行“三笔一画”教学基本功比赛，以比赛促进教师基本功提高；4 月举行新教师合格展示课教研活动比赛，

12 月 31 日，第四小学举办迎新年文艺汇演

促进新任教师不断成长；9 月，开展青年教师过关课比赛，对青年教师集体问诊，找出问题所在，提出改进策略。全年派出教师参加学习培训 128 人次。在教育局举办的中青年教师优质课比赛中，1 名教师获 1 等奖，2 名教师获二等奖，3 名教师获三等奖。

第四小学继续推进校本课题研究。其中：《小学生计算能力的研究》《小学生习作研究》课题立项。

第四小学开展阳光体育运动，举行运动会 1 次，开展广播操、武术操、文艺会演等比赛活动。开设舞蹈、合唱、田径、足球、篮球、美术、武术、棋类、科技、手工、乐器等兴趣班，学生根据兴趣爱好自由选择，所有的学生参与到兴趣小组或社团活动中，引领学生全面发展，打造健康、

强身的艺体文化。各节日举行文艺演出、歌咏比赛、拔河比赛、校园篮球联赛、演讲比赛、合唱比赛、广播体操比赛等 12 场次。

第四小学调整充实安全工作领导小组，与教师签订安全责任状，建立健全责任追究制度；与学生家长签订交通安全责任书，强化家长的监护职责。每周举行 1 次消防安全演练、地震逃生演练，坚持每月进行 1 次校园安全隐患大排查；组织四年级至六年级学生开展青少年法治知识网络大赛 1 次；开展高年级生理健康知识讲座 1 次。

【第五小学】 2019 年，麦盖提县第五小学组织开展全校性“难忘师恩”征文活动、“五星”班级评比活动，全校 1200 人学生参与其中，取得良好效果。学校结合实际开展“敲门的礼节”等活动让学生懂得语言美、行为美、心灵美。通过主题班（队）会、升国旗仪式等形式，对师生爱国主义、集体主义、民族团结、遵纪守法等教育。

第五小学规范常规教学常管理，每月检查、考核 1 次，组织学生月考 1 次。校领导深入课堂听课，指导学困生转化工作。每周进行集体备课活动 1 次，落实同课异构，组织全校性学科教学比赛 1 次。针对 6 名新聘教师专业不对口情况，学校制订相应计划，分别开展如何备课、讲课、批改作业、辅导学生、组织考试等方面的专题学习提高培训，开展以老带新（老教师示范研讨课，新老教师座谈会）“一帮一”、观看学科优质课光盘等活动，使新聘教师教学能力有所提高。

3 月 5 日，第五小学学生接受新疆旅行社爱心捐赠

10 月 1 日，第五小学举行升国旗仪式

第五小学建立一条文化长廊，以“博学雅正”为主题，分“习惯养成区、榜样学习区、立志成才区、作品展示区、星级评比区和特色活动区”，全面展示校园文化成果。全校师生积极参与校园文化活动，开展爱国歌曲大家唱、校园优秀作品大赛、“我爱祖国”专题读书活动、榜样学习立志成才等专题活动，形成积极向上的良好校园文化氛围。每日开展大课间“阳光体育”活动，“五一”节开展全校性师生才艺大赛，“六一”节举办艺术节活动，秋季举办运动会，全校师生参与，增强体质，促进身心健康。

第五小学落实领导带班制度和保卫岗值班人员 24 小时值班制度，与教师、家长签订《安全责任书》，措施具体，责任到人；校长每周为全校师生上 1 节法制安全教育课，推动法制教育健康发展。坚持晨检、午检专人负责，对传染疾病做到早发现、早报告、早治疗。

【第六小学】 2019年，麦盖提县第六小学为每个班配备副班主任，集中培训班主任3次，班级德育工作有所改善。10月，学校以爱国主义、中华传统美德和革命传统等教育为重点，组织各班开展“庆祝中华人民共和国70周年”黑板报以及手抄报竞赛活动，组织全体师生观看“庆祝中华人民共和国70周年”阅兵仪式。利用重阳节，以班为单位，组织开展敬老爱老中华传统美德教育。全年贯穿学生日常行为规范养成教育，从常规工作入手，抓班级卫生、个人卫生、文明礼貌、爱护公物等教育，利用周一升国旗发放红、黄流动红旗，提升学生集体意识。利用每天的大课间，全校师生一起诵读社会主义核心价值观，入脑入心。利用家长会和家长开放日时机，邀请家长到校了解孩子在校的学习、就餐以及生活状况，及时搜集家长的意见，改进薄弱环节。

4月30日，第六小学召开月考成绩分析会

第六小学坚持校长、主任兼课、巡课、推门听课制度，了解教师的教学状况，及时反馈问题，帮助教师改进提高。领导深入课堂听课、指导每周4次，组织月考、成绩分析1次，对学困生转化做出专门计划加以落实。加强特岗教师和新聘教师培训，通过“师徒结队”，开展如何备课、讲课、批改作业、辅导学生、组织考试等方面的专题学习活动，迅速提高特岗教师和新聘教师的教学水平。开展各学科教学研讨活动和集体备课活动每周1次，组织青年教师上过关课、提高课，组织骨干教师、学科带头人上精品课，促进教师共同成长。开展“自主、合作、有效”课堂的探索研究，推进“师生自主、生生合作、教有效益”的新课堂建设。语文、数学、综合等3个教研组，开展“同课异构”教学研究活动，研究探索课堂教学新模式，提高课堂教学的有效性。设立教学开放日，让家长、社会代表、同行听课、评课，形成监督，促进提高。开展微课录制展评教学比武活动，抓好“一课一人师，一师一优课”活动，督促教师坚持写教学反思。鼓励教师互相听课、评课，提倡跨年级、跨学科听课，相互学习，共同提高。加强网上资源与学科的整合研究，提高现代化信息技术在教学中的应用水平。

第六小学在楼道中和孔子广场布置各种展板，展示校园文化成果，营造浓厚文化氛围。每个月举办中华传统优秀文化、现代文化展示活动1次，全校师生参与。

6月1日，第六小学举办庆祝“六一”国际儿童节文艺会演

第六小学与教师签订安全责任状，与学生家长签订交通安全责任书，教师、家长

的监护责任得到落实。每月开展消防、地震、防踩踏等各类安全应急演练活动 1 次。每周开展校园安全隐患大排查 1 次，校园监控有人值守，护校队每日不间断巡逻。本年度开展消防演练 8 次，开展地震演练 7 次，组织师生代表走进县消防大队学习消防知识 1 次，组织四年级至六年级学生开展青少年法治知识网络大赛 1 次，开展应急救护知识讲座 1 次，开展高年级生理健康知识讲座 1 次。

【第一幼儿园】 2019 年，麦盖提县第一幼儿园秉承“让幼儿园成为儿童幸福成长的乐园”的办园理念，以“一切为了幼儿，为了一切幼儿，为了幼儿一切”的宗旨，重视幼儿的全面发展，注重幼儿的学习兴趣和个性特长的培养，实行民汉幼儿混合编班，使用国家通用语言进行授课；坚持上课、课间操、课间活动日常化管理；坚持公开课听课、评课、教法的轮训和保育员上岗培训制度；坚持开展“校园小广播”、庆祝“六一”文艺会演和幼儿运动会等活动。

第一幼儿园调整安全工作领导小组，修改完善安全应急预案。组建由 25 人教职工组成的护园队，每天安排 4 人进行校园巡逻，每天安排 1 名领导带班，2 名教职工、3 名保安值班，做到 24 小时在岗。每月开展 3 ~ 4 次应急演练，包括防火、防震、防食物中毒等，提高师生安全意识、自救自护能力和处突应变能力。加强食堂食品安全管理，安排专人负责，责任到人，全年开展从业人员培训 4 次，强化职业道德。

10 月，第一幼儿园为获得自理能力大赛优秀选手颁奖

6 月 1 日，第一幼儿园举办庆祝“六一”儿童节文艺会演

【第二幼儿园】 麦盖提县第二幼儿园，成立于 2010 年，占地面积 384.35 万平方米。拥有教学楼 1 栋，总面积 5765 平方米；活动区域面积 2572 平方米；幼儿宿舍 18 间，总面积 4377 平方米；拥有食堂 1 个，其中餐厅 133 平方米；活动区拥有基础设施 4 件，其中秋千 1 件，滑梯 3 件。

第二幼儿园有在校生 826 人，其中少数民族幼儿 823 人，汉族幼儿 3 人，升入小学 272 人。设班级 17 个，其中小班 4 个，中班 7 个，大班 6 个。现有教职工 61 人，其中少数民族教师 41 人，汉族教师 20 人。其中：高级教师 1 人，中级教师 15 人，初级教师 19 人。设党支部 1 个，有党员 16 人，其中男性 2 人，女性 14 人。

第二幼儿园以“给孩子一个美好的童年”为办园目标，对照教育部颁发的《幼儿园办园行为评估》，不断规范办园行为，提

10 月，第二幼儿园举办诵读《三字经》活动

升办园质量；以艺术教育为办园特色，促进幼儿其他各领域协调发展。在县教育局组织“争做时代好少年暨童心向党快乐成长”六一文艺会演中获“最佳风采奖”；在县教育局组织“我和我的祖国”少儿口语大赛获得中获“优秀组织奖”；被评选“自治区级文明校园”。

第二幼儿园坚持开展每日课前 3 分钟安全教育、爱国主义教育和民族团结教育活动，坚持落实“在园一日生活”随机德育教育制度，坚持举办升旗仪式，举办“家长半日开放活动”2 次，幼儿演讲比赛 2 次，让孩子们在丰富多彩的德育活动中健康成长。

第二幼儿园开齐开足全部课程，国家通用语言教学达标率为 64.84%。为提升教师业务素质和专业技能，全年派出 4 名教师前往徐州、乌鲁木齐、喀什、兰州等地参加国培项目培训。全园教师参加网培率 100%。全年有 9 人参加第二学前教育集团赛课活动，全部获奖。5 月，2 名教师参加教育局举办的健康领域公开课，分别获得第二名和第三名。6 月，2 名教师参加教育局举办的教师基本功大赛，分别获三年以内教师比赛第一名和三年以上教师比赛第二名。教研活动以“一课三研”“语言 + 特色”和赛课为主，每周举行 1 次，教师的教学活动组织能力、听评课能力得到提升。着力提升幼儿国家通用语言掌握能力，通过在师生间开展“继承优秀中华传统文化，弘扬民族精神”为主题的校园文化活动，合理利用“幼儿在园一日”活动，不断促进幼儿口语能力的提升，全年 4 组幼儿参加县教育局举办的“我和我的祖国”少儿口语大赛，分别获二等奖 1 人，三等奖 1 人，鼓励奖 1 人。

第二幼儿园全年举办“六一”文艺会演、国庆节唱红歌比赛、元旦联欢会、冬至包饺子、亲子运动会（2 次）、教师节表彰、教师诗歌朗诵比赛、教师书法比赛、教师基本功比赛等活动。上报各类信息 8 篇，“麦盖提零距离”采用 3 篇。

第二幼儿园严格落实“安全第一、预防为主”要求，落实人防、物防、技防措施，坚持领导 24 小时带班、干部值班、护园队巡逻力度，全年未发生校园安全事故。邀请镇卫生院医生到园开展幼儿卫生保健及接种知识讲座宣讲 4 次，在 11—12 月，呼吸道传染病高发，幼儿园坚持开展卫生保健消毒工作，全园幼儿出勤率保持在 90% 以上。食堂全年迎接各类检查 24 次，查出存在问题有 26 条，均在规定时间内整改完毕。

10 月，第二幼儿园组织幼儿开展“户外游戏”

全年开展演练46次，其中安全疏散演练16次，食物中毒演练4次，防空演练10次，消防演练10次，应急演练6次。每天护园队巡逻8次，每日安排护学岗20人，定期对园内设施、场地、设备进行检查和维修，保证师生安全。每周三坚持开展生命安全

12月，第二幼儿园举办“家长开放日”活动

主题教育课活动，节假日向家长发放《致家长一封信》，宣传幼儿在家的安全注意事项，签订安全责任书，全年节假日未发生一起安全事故。

【第三幼儿园】 2019年，麦盖提县第三幼儿园利用“三八”妇女节进行爱妈妈教育，清明节让孩子们怀念先祖、尊重长辈、敬

11月，第三幼儿园举办亲子运动会

11月，第三幼儿园举办家长开放日活动

仰怀念革命烈士，在庆“元旦”和庆“六一”文艺活动中，鼓励幼儿积极参与，使之感受大家庭的温暖和快乐，丰富孩子们的生活，陶冶道德情操。利用主题活动，培养幼儿环保意识，培养良好养成；组织开展“我是小小中国娃”歌颂祖国演讲比赛，在比赛中重温先辈初心，追寻先辈足迹、学习榜样精神。举办亲子运动会，开展“大手牵小手”活动，发展幼儿综合能力，体验成功的快乐，增进亲子关系、师生关系、朋友关系。举行家长开放日活动，推进“家园共育”。参加教育系统庆“元旦”迎新年文艺会演，获“最佳组织奖”。

第三幼儿园围绕“说好普通话”，举办幼儿口语大赛2次，教师讲红色故事比赛1次，教师演讲比赛1次，“传承经典，红色故事演讲比赛”1次。

第三幼儿园坚持每周开展消防演练、地震演练、突发状况演练各1次，提高全园师生在防灾避险中的逃生能力和自我保护能力；全年贯穿火灾、地震、道路安全、食品安全等一系列教育，形象、直观、易懂，强化在园幼儿的安全意识。

第三幼儿园进一步健全食品卫生安全制度，与后勤人员签订安全责任书，由主管后勤工作的副园长严格监督执行。幼儿园食

品实行定点采购，每日采购的食品均作生产日期、数量、质量情况进行登记、签人、留样，加工各环节做到有章可循。要求其他教职员工，加强监督，配合后勤部门完成各项保障工作。

【第四幼儿园】 2019年，麦盖提县第四幼儿园落实“一日生活”制度培养幼儿良好行为习惯。举办家长开放日2次，拉进幼儿园与家庭的距离，教育合力初步形成。加强区角游戏的管理工作，在各区角投放丰富的操作材料，幼儿在亲身体验、动手操作中

9月10日，第四幼儿园在教师节表彰优秀教师

获得和巩固知识。举办教师演讲、讲故事等基本功大赛3次，优质课大赛2次，幼儿自理能力比赛2次，幼儿口语比赛2次。每周组织《3～6岁儿童学习与发展指南》《幼儿园教师专业标准》等业务学习活动1次。

第四幼儿园教研工作实现由大教研向组内小教研转变，达到资源共享，随时解决年级组内教学上的问题。全年，教师进班级听课32次，发现问题18条，教务会研究解决课堂教学中存在的问题11条。

2019年，第四幼儿园与各班主任签订校园治安综合治理目标管理责任书，护园队每天巡逻8次，排查园内的安全隐患32

11月4日，第四幼儿园举办“送爱心·暖童心”活动

次，发现问题28条，全部整改销号。开展应急疏散演练32次，向家长进行安全教育6次。与警务站多次召开协调会，组织联合大检查，做到共同关注、相互配合、齐抓共管。坚持24小时领导带班、干部值班制度。由专人管理食堂，每日检查食堂餐具是否消毒、食堂卫生是否达标，确定无任何问题才向幼儿供餐，执行饭菜留样管理制度，以备事后查验。

【第五幼儿园】 2019年，麦盖提县第五幼儿园“一日流程”主要采取生活化教学，贯穿养成教育。举办幼儿口语大赛4次，巩固国家通用语言教学成果；举办幼儿自理能力比赛2次，培养良好的生活习惯；举办幼儿运动会2次，增强体质，培养团结协作精神。举办教师演讲比赛2次，提高教师表达

5月，第五幼儿园开展幼儿自理能力培养活动

能力和普通话水平；举办教师基本功大赛 2 次，优质课大赛 1 次，促进教师课堂教学水平提高。

第五幼儿园 17 名教职工与 439 名学生家庭建立联系，每周全园教师及领导联系家长 93 次，教师主动与幼儿游戏，给家庭较困难的幼儿买衣服，为幼儿洗澡、过生日，让幼儿感受到教师的爱；全年举办家长开放日 2 次。通过联系家长、走进孩子，增进家园沟通，取得家园共育实效。

第五幼儿园校园安全采取书记（园长）负总责，后勤园长分管，业务园长协管，全体教职工共管模式，园长与后勤主任、班主任、配班教师、保育教师、食堂人员、

9 月，第五幼儿园教师开展教研活动

保安人员签订安全目标工作责任书，责任到人。建立完善安全保卫工作各项规章制度及考核制度，落实登记、巡逻、安全隐患排查、护学岗等各项安全工作措施，对教职工进行网络安全、保密教育。常态化开展各种应急疏散演练 25 次，向家长宣传安全知识 10 次。遵守《中华人民共和国食品卫生法》，严把食品采购关，查验供应商“三证”；坚持执行每日食物 48 小时留样制度和厨房饮食卫生、消毒工作等制度。加强卫生保健工作，把好晨检关，值班教师对每天入园的幼儿进行“一摸二问三看四查”严格检查；在一年四季分季节对师生及家长开展传染病防控知识讲座，增强传染病预防和控制意识。

【第六幼儿园】 2019 年，麦盖提县第六幼儿园主要开设健康、语言、社会、科学、艺术五大领域教学课程，并穿插区域游戏、户外游戏等课程。园区环境布置以中国传统文化、民族文化为主题，培养孩子从小爱祖国、爱家乡的情感。幼儿园每天利用户外活动时间开展体育游戏、民间游戏、玩自制玩具等健康有益的区角活动。6 月，举行“快乐童年，放飞梦想”为主题的“六一”儿童节活动；9 月，开展“老师就像我妈妈”为主题的教师节活动；中秋节举办诗歌朗诵比赛；10 月 1 日，开展庆“十一”主题活动；11 月，举办冬季亲子运动会、幼儿口语大赛；年底，开展冬至、庆“元旦”活动。通过讲故事、看图讲述、与人交往、倾听与表达等情境创设，提高幼儿国家通用语言能力，培养文明礼貌习惯，增强遵守规则意识，动手操作、相互帮助、相互合作的 综合能力有所提高。

5 月 31 日，第六幼儿园举办庆祝“六一”儿童节文艺会演

11 月 15 日，第六幼儿园举办亲子运动会

第六幼儿园根据幼儿年龄特点制定科学合理的作息时间表，保证幼儿户外活动 2 小时，体育活动 1 小时，午睡 2 小时。

第六幼儿园召开家长会 6 次，举行家长半日开放活动 2 次，在开放日活动中，家长观摩孩子进餐、区域游戏和主题教育三个方面的内容，拉近双方距离，取得相互理解，推进家园共育。

第六幼儿园开展消防、地震等多种逃生自救演练 32 次，开展饮食、交通、水电等安全教育 16 次；落实 24 小时领导带班、教师值班制度，保证值班人员在岗在位，保证监控 24 小时有人盯看，保证每日巡逻

12 月 20 日，第六幼儿园举办冬至包饺子活动

8 次，外来人口出入严格登记和查验。

第六幼儿园安排专人对食材的采购、验收，出入库严格把关，做好食材购买的索证登记和留样工作；监督食堂人员执行一周带量食谱（包括早点、午餐、下午辅食和水果）。全年对食堂从业人员培训 7 次，组织从业人员学习国家相关文件以及第六幼儿园食品安全管理各项制度；每日清洁食堂卫生 3 次，对餐饮消毒 3 次。

第六幼儿园坚持晨检、午检，及时登记因病缺勤幼儿，进行电话跟踪。定期对幼儿身高、体重进行测量，对视力进行检测，对牙齿进行检查，做好数据统计；协助社区保健医生对幼儿的疫苗接种情况进行查验和补种登记。

【第七幼儿园】 2019 年，麦盖提县第七幼儿园定期召开家长会 4 次，对家长进行家庭教育培训，交流育儿经验。举行“家长开

8 月，第七幼儿园举办教师基本功培训

放日”活动 2 次，让家长体验幼儿在园一日生活。在“三八”妇女节、“五一”劳动节、“六一”儿童节、教师节、国庆节等节日，邀请家长开展亲子活动，增进家庭和谐，促进家园共育。

第七幼儿园坚持每日区角活动，让幼儿在生动有趣的游戏中学习国家通用语言。每

周四教师业务学习，重点学习《3～6岁儿童学习与发展指南》，提升教师专业能力；每周二至周四为教学展示日，教学骨干带头上示范课，为年轻的新任教师提供学习样板和案例；新任教师开展集体备课，上过关课，改善课堂教学；教师开展课后自我反思活动，做到“一课一得”。3—7月，第七幼儿园推选4名教师参加教育局举办的教师授课能力比赛，获二等奖3人，三等奖1人。1名教师的教学论文获国家级一等奖。

第七幼儿园利用周一升国旗时段对教师、幼儿进行各项安全防护教育，累计宣传36次；每周三下午进行地震、火灾等安全逃生演练，累计进行演练108次。坚持1名副园长每日检查食堂卫生制度，对采购的食物进行严格把关，对从业人员的操作进行监督，督促管理员严格消毒器具，查看生熟食品留样情况。

【第八幼儿园】 2019年，麦盖提县第八幼儿园举办“知年俗、品年味、传文化之巧手品味共迎春”活动1次，举办“家长半日制开放日”活动2次，举办“校园食品安全大宣讲”4次，举办“我运动、我快乐、大手牵小手”亲子运动会2次，举办“中央广播电视总局结队帮扶”1次；开展用国家通用语言“诵古诗”主题活动1次；组织“民族团结爱祖国、爱家乡幼儿口语大赛”1次，举办“幼儿自理能力”比赛1次，举办“幼儿唱红歌、学豫剧”比赛1次，举办“教师讲红色革命故事”比赛1次。在“六一”节、教师节、国庆节举行文艺会演3场。通过各项活动的开展，培育幼儿积极健康向上的品质。

9月19日，第八幼儿园为取得“自理能力”比赛获奖选手颁奖

11月15日，第八幼儿园对教师进行业务知识测试

第八幼儿园组织教师业务知识测试8次，开展园本教研30次，教师技能培训4次，派3名教师外出培训，举办教师经验交流会3次，教师“结对拜师”8对，教师制作课件30节，2名教师获县级公开课比赛优秀奖。

第八幼儿园开展教育惠民政策宣传40次，参与家长、幼儿2000人次。

第八幼儿园每周开展“地震、消防、防火、防踩踏、防处突”演练32次；邀请消防、交通等单位工作人员来幼儿园进行安全知识讲座2次；开展幼儿安全教育游戏活动30次。发现安全隐患15起，解决15起。

【第九幼儿园】 2019年，麦盖提县第九幼儿园坚持“培养幼儿、成就教师、服务家长”办园宗旨，抓教师备案、上课和课间操、课间活动管理，开展公开课、听课、评课活动，组织教学方法轮训和保育教师上岗培训，举行“校园小广播”、庆祝“六一”文艺会演、亲子运动会、幼儿国家通用语

6 月，第九幼儿园多种花卉竞相开放，美化育人环境

言口语大赛、幼儿自理能力比赛、户外体育游戏、家长开放日等活动；组织教师参加疆内各级各类业务培训、国培项目培训。邀请乌鲁木齐市晨安公益消防中心专家和健康养生专家，开展专题知识讲座各 1 次，全园教职工和家长代表 50 人参加。利用周一升国旗、游戏活动、家长开放日开展幼儿安全、消防安全、食品卫生安全等教育；配合卫生机构做好幼儿疾病防控工作；对食堂餐饮卫生实行每餐必检制度，由专人负

12 月，第九幼儿园开展冬季预防传染病知识宣讲

责；落实 24 小时领导带班、教职工、保安值班及巡逻制度，保障师生人身安全。

全园教师自己动手对教学楼墙壁走廊等进行重新布置装饰，给户外大型玩具搭建造型美观的彩钢棚；对园内户外活动场地绿化，栽种万寿菊、美人蕉。

9 月，在县委举行的教师节庆祝大会上，幼儿园教师阿米那·麦麦提被评为县级优秀教师，阿尔祖古丽·吾布力获山东援疆奖学金。

职业教育

【校企共建】 2019 年，麦盖提县职业中专与粤麦服装厂、聚隆电子科技有限公司、喀什鲁湘服装厂 3 家企业合作办学，提升实际操作能力。与人力资源和社会保障局对接，组织学生赴大连大成食品有限公司、蓝思科技股份有限公司开展顶岗实习。全年实习实训 582 人，其中自主就业 40 人，自主创业 6 人。11 月 30 日，与山东日照市机电工程学院签订结对共建帮扶协议。

【建设项目】 2019 年，麦盖提县中等职业教育建设项目有宿舍楼 4 栋，实训楼 2 栋，综合楼 1 栋、图书馆（礼堂）1 栋、食堂 1 栋。职专安排专人监督项目实施，年内项目如期竣工投入使用。

【中职资助】 2019 年，麦盖提县落实自治区中等职业学校国家助学金 314.24 万元，免学费补助金 581.51 万元，住宿费教材费补助 153.45 万元。

【职业中等专业学校】 2019 年，麦盖提县职业中等专业学校有在校生 2723 人，全部为

少数民族，毕业生629人。设班级51个，其中烹饪班12个，社会班9个，服装班16个，农机班6个，汽修班8个。有教职工147人，其中少数民族教师91人，汉族教师56人，工勤人员1人；其中高级教师11人，中级教师24人，初级教师44人。有党支部1个，有党员32人，其中男性18人，女性14人。校团委下辖团支部52个。

职专坚持抓好学生良好的日常行为规范、文明习惯的养成教育；通过校园文化建设，做到"学校处处会说话，学生时时受到感染"；每周开展1次"阳光体育"活动，每月开展1次文艺表演活动，建立学校集体自编操、队列队形、班级特色活动三位一体的活动模式，融合传统文化、刀郎文化等多种文化元素，丰富学生的业余生活，培养学生全面发展。

职专坚持国家通用语言教育是学生第一技能的思想，坚持国家通用语言教学不放松，实现国家通用语言教学全覆盖。结合中职学生国家通用语言基础差的实际情况，学校采用小学语文教材，从拼音开始，强化听力、口语教学，以国家通用语言交流为教学重点；调整课程安排，由原来每周4课时国家通用语言课，调整为26课时，语文、口语、听力、阅读、写字等多形式教学齐头并进。结合教学常规要求，一周开展2次老师讲课、评课活动，每月开展2次集体备课活动，促进汉语言文字教学水平的提高。

6月12日，职专组织缝纫班学生实际操作训练

职专利用教育资源开办计算机、舞蹈、体育、音乐等特长班，满足学生第二课堂的学习需求；发挥实训基地的教育功能，为课程改革和学生成长服务，创设"乐学"环境。

职专招聘新聘教师12人，缓解师资不足的困难；全年组织教职工专业和教学能力提升培训活动2次，选派教师参加五家渠职业技术学校跟班专业培训2人次，赴地区专业培训10人次。按照"立德树人"要求，健全完善师德考核办法，将师德作为教师年度考核、绩效考核、评先评优的重要内容，对师德失范者，实行一票否决制。建立教师常规教学奖惩考核制度，做到考核结果有据可查，公开、公平、公正，形成良性竞争机制。

11月10日，职专教师在现场为学生讲授汽车修理知识

职专根据自身实际，制订切实可行的规章制度，使安全工作得以制度化、经常化。全年开展各类专题安全教育8次，专题宣讲8次，常见疾病宣传3次，心理健康宣讲2

次，覆盖全体师生；举办消防、地震等安全应急演练8次，提高学生逃生急救能力。开展安全大检查4次，不疏不漏，不留死角，及时整改存在的问题；严格监管饮食卫生，加强对食堂进货和储存等环节管理，对每天饮食留样，做到可追踪。坚持护校队每隔2小时对学校周边进行1次巡逻，加强护学岗领导责任制，早晨上学和下午放学由1人校领导和所有宿管及3人保安人员、陪宿陪餐老师护送学生，确保学生安全。

文化·体育·广播电视和旅游

文　化

【文艺下乡】2019年，麦盖提县刀郎艺术团围绕中共十九大精神、党的惠民政策、民族团结、脱贫攻坚、法律法规等主题，按照精神致富要求，编排群众喜闻乐见、通俗易懂的歌舞、小品等节目下乡巡回演出，丰富农民群众文化生活。截至年底，文艺下乡演出207场。

2月2日晚，在县刀郎大剧院举办麦盖提县春节晚会

【农民画展出】2019年，麦盖提县文化体育广播电视和旅游局选送的作品在吉林桦甸“美丽乡村·白桦相约”全国农民画展中展出30幅；在江西万安举办的“壮丽70周年”全国农民画展中展出8幅；在南京六合举办的全国农民画展中展出15幅；在上海举办的“追梦·全国农民画展”中展出6幅；在北京全国农民画精品展中展出6幅；“长城长中国年”主题农民画在喀什地区春晚分会场现场展出30幅；“民族团结”主题农民画在刀郎文化广场“春节七天乐”活动中展出56幅；在县五一林场桃花节展出50幅；在“五一”景区开园仪式展出120幅；以脱贫攻坚为主题的农民画在深度贫困村巡展100幅；在“七一”建党节期间展出65幅；在中国·新疆·喀什丝路文化胡杨节展出100幅；在环塔（国际）拉力赛麦盖提赛段现场展出100幅。11月，麦盖提县被中国农民书画研究会艺术乡村指导委员会、中国艺术乡村共建筹备委员会授予“中国艺术乡村共建发起县市”称号。

【博物馆巡展】2019年，县文旅局在“5·18”国际博物馆日期间，在全县各乡村、学校、社区举办“新疆四史”流动博物馆巡展活动15场次，观展7200人次；紧扣“传统的未来”主题，组织机关干部、社区居民、学校师生2300人次，到刀郎展览馆参观馆藏物品4场次，向群众发放宣传单1600份，普及国际博物馆日知识，让群众感受到历史文化的魅力，起到正本清源的效果。

【非遗保护】 2019年，麦盖提县人民政府对国家级、自治区级、地区级和县级优秀非遗传承人发放1万元鼓励资金，命人县级非物质文化遗产传承人15人。文旅局成功争取非物质文化遗产项目《刀郎木卡姆》专项资金50万元，用于非遗项目传承保护工作，组织专业人员深入国家级传承人玉苏因·亚亚家中30天，开展抢救性保护记录工作；举办非物质文化遗产传承人培训班2期，参加培训人员160人；组织8名非遗传承人在各乡（镇）定点村开展非物质文化遗产展演活动28场次，参与群众1.46万人次；在央塔克乡、尕孜库勒乡、库木库萨尔乡举办第十五个“文化遗产日”非遗项目展示活动，参与群众1.26万人次。

【业务培训】 2019年，县文旅局利用冬闲举办乡（镇）村文化业务骨干培训班，培训班内容主要有文化活动组织、文艺节目编排和审读、体育队伍建设、体育比赛组织等，各乡（镇）文化站站长及工作人员250人参加培训。

【文化市场监管】 2019年，县文旅局文化市场稽查大队对5个网吧、8个KTV、5个台球室、4个书店督查12次，举办文化从业人员专题培训6场次，参培人员250人次。截至12月底，办理网吧行政处罚案件2家次，责令停业整顿10家次，行政处罚KTV3家次；在全县范围内开展出版物审读工作，出动检查人员300人次，与从业人员签订承诺书和责任书76份。通过对文化市场监管，非法经营得到遏制。

【图书销售】 2019年，麦盖提县新华书店发行教材80万册，保证学生课前到书、人手1册；对各乡、村、社区文化站（文化室）图书管理员进行培训指导4次，培训人数149人；营业部一般性图书销售3.2万册，营业额80万元，非免教辅销售13万册，销售额260万元。

【图书馆工作】 2019年，麦盖提县图书馆开展全民阅读推广活动110场，服务群众4.28万人次；在县大巴扎（集市）开展周末图书流动文化惠民服务4场次，展览种植养殖、保健养生、家庭食谱、人人传记、科普知识、历史地理等多个种类的图书，让馆藏图书走出图书馆，方便农村群众阅读，服务群众6000人次；对22个深度贫困村文化室管理人员开展培训16场，培训业务骨干256人，指导文化室167个村（次），指导10个乡镇、129个村和21个社区发放22类图书标识171份。

【刀郎文化产业园】 2019年，麦盖提县刀郎文化产业园管委会接待疆内疆外、港澳台及外国游客13万人次；接待县福利院学生500人次、新疆财经大学驻村工作队师生

2月19日，麦盖提县在刀郎文化广场开展元宵节社火表演活动

8月，在刀郎文化产业园举办日照·麦盖提书法交流笔会

200人次、山东省援疆指挥部观摩团30人次、麦盖提镇各社区返乡大学生1000人次、山东省日照市赴新疆麦盖提县文化旅游考察交流团30人次、四川德阳百合艺术团50人次、五家渠歌舞艺术团50人次；接待旅行团20批次。为“鲁疆号”山东人游刀郎（200人次）、“喀什人游喀什”（2000人次）、中国新疆喀什（麦盖提县）丝路文化胡杨节（8000人次）提供旅游服务。

5月1日，协助县文旅局举办庆举办“五一”景点盛大开园仪式，参与5000人次。5—10月，管委会协助麦盖提镇巴扎结米社区、石油公司、工商银行、吐曼塔勒乡驻村工作队、希依提墩乡举办“青春心向党·建功新时代”主题活动，参与干部职工合计300人次。5月24日，协助县委宣传部和县文旅局联合举办“新疆社会科学普及周”活动，参与50人次。5月25日，协助尕孜库勒乡中心小学举办“优秀少先队员游麦盖提”活动，参与100人次。6月1日，协助团县委举办“民族团结手拉手”活动，参与200人次。8月，协助山东援疆指挥部举办“日照·麦盖提书法交流笔会”活动，参与120人次。9月，协助县文旅局举办“我和我的祖国红色旅游主题”活动，参与150人次；协助县图书馆开展庆祝中华人民共和国成立70周年“爱我中华，盛世华诞”书展，参与500人次。10月，协助县文旅局召开2次旅游推介会，参与200人次；协助县农业农村局召开红枣推介会，参与200人次。

管委会对园区湖边护栏、广场地砖、公共卫生间等基础设施维修2次；对420亩绿化带精细化养护2次，新种植金叶榆220棵、榆叶梅380棵，移栽石榴、木槿等200株；对湖区加强环境保护，每日清除污染物，保证水质无污染；加强园区胡杨林防火日常检查，及时消除火灾隐患。

管委会开展解说员业务培训48次。

体　育

【群众体育】 2019年，麦盖提县各单位每日坚持做广播体操，节庆开展拔河、篮球、乒乓球、广场舞及刀郎舞、健美操、门球、长跑等比赛，覆盖面100%，参与群众85%；16支自发组织的中青年、老年广场舞表演队每日早晚在刀郎文化广场、刀郎公园等公共场所跳广场舞，达到娱乐和健身目的。

5月1日，开展职工拔河比赛

【学校体育】 2019年，麦盖提县中小学校（幼儿园）每日开展大课间、课外体育活动，有广播体操、健美操、跳绳等活动，师生

12月30日，县第一中学举办冬季长跑活动

全员参与；举办秋季运动会，开展田径、球类和趣味运动项目，中学在冬季开展长跑活动，师生全员参与。全年举办运动会143场次，大课间活动2.29万场次，课外体育活动1.83万场次。

【农村体育】 2019年，麦盖提县各乡镇在重大节日及庆典，组织各村开展以民族团结、庆祝党的生日、欢度国庆等为主题的体育活动896场次，参与群众44.8万人次；举办帕普孜、叼羊、摔跤、颈力拔河等民间体育比赛512场次，参与群众25.6万人次。

6月8日，业余足球队开展训练

广播电视

【户户通工程】 2019年，麦盖提县广播电视台整合历年中央补助地方公共文化服务体系建设资金138.43万元（其中“户户通”配备资金130.41万元、小喇叭配备资金8.02万元），发放建档立卡贫困户“户户通”设备2415套、小喇叭4710只；利用援疆

8月2日，县广播电视台技术人员入户安装“户户通”设备

资金134.3万元，发放非建档立卡贫困户单模地面卫星接收设备5165套、小喇叭1.02万只。

【大喇叭升级改造】 2019年，县广播电视台对农村大喇叭进行安全升级改造627套，

10月10日，县广播电视台技术人员维修“大喇叭”

每套终端加装控制器，确保大喇叭安全播出。

【新闻播出】 2019年，县广播电视台结合县委、县人民政府重要工作，编发《麦盖提新闻联播》200期，播出电视新闻1000条，广播电台播出新闻1200条。

旅 游

【旅游景区】 2019年，麦盖提县拥有国家AAAA级旅游景区1家，国家AAA级旅游景区3家，特色旅游景点1个；拥有旅游三星级酒店1家，旅游宾馆28家，床位2000张；拥有民俗风情园、农家乐12家。

5月1日，创业就业基地举办旅游行业厨艺大赛

【旅游规划编写】 2019年，县文旅局与山东省旅游规划设计研究院、新疆城乡规划设计研究院对接，分别完成《喀什地区麦盖提县乌依鲁克村旅游扶贫规划》《喀什地区麦盖提县五一林场旅游扶贫规划》编写；与北京巅峰智业旅游文化创意股份有限公司合作，完成《麦盖提县全域旅游发展总体规划（2018—2035年）》初稿编写，《中国新疆N39°沙漠生态与休闲探险旅游区概念性规划和创意设计》初稿编写，提交上级部门审阅。

5月1日，麦盖提县各大景区开园，刀郎乡里举办刀郎麦西莱甫

【旅游推介】 2019年，麦盖提县举办文化旅游推介会5场，邀请疆内外知人旅行社、旅游企业、媒体记者、越野俱乐部代表600人参加，与40家旅行社签订合作意向协议。正式开通“刀郎文旅”抖音公众号、“刀郎文旅”微信公众号、“刀郎文旅”官方微博，定时发布麦盖提旅游攻略和各类美文、图片，更新丰富旅游折页、画册。3月25—28日，组团参加新疆旅游春季博览会、新疆旅游资源合作交流会。8月27日，麦盖提县在北京召开塔克拉玛干N39°沙漠越野推介会，30家户外越野俱乐部为麦盖提县沙漠旅游发展献言献策。8月31日，麦盖提县参加广东国际旅游产业博览会。

10月，在产业园报告厅举办红枣推介会

【旅游活动】 2019年5月1日，麦盖提县举办旅游景区开园仪式，参加群众1.2万人次。5月20日，县文旅局举办沙漠篝火音乐会，参与观众1万人次。5月26日，麦盖提

县承办中国环塔（国际）汽车摩托车拉力赛麦盖提赛段，参加 4.2 万人次；文旅局举办厨王争霸赛，观众 8000 人次。6 月，麦盖提县举办“中国新疆喀什（麦盖提）丝路文化

5 月 22 日至 26 日，中国环塔（国际）汽车拉力赛第三赛段在麦盖提县举行

胡杨节”，旅游人次首次突破 5 万。9 月 25 日，文旅局、第三中学师生和干部职工 200 人在刀郎文化园举行“我和我的祖国”红色旅游宣传教育活动，全体人员参加“做合格公民”宣誓、签人仪式，齐唱歌曲“我和我的祖国”，参观刀郎展览馆、和平钟、元首题词墙、各国国树、国花区、院士林、院士翰墨长廊、日照援疆林等景点，开展“我和我的祖国”主题徒步比赛活动。

【旅游经济】 2019 年，县文旅局联合“五创电商”公司完善旅游产品线上线下销售

6 月 20 日，刀郎美食广场隆重开业迎客

10 月 23 日，中国·新疆·喀什麦盖提丝路文化胡杨节在麦盖提县世界和平公园和平广场隆重开幕

模式。全年实现旅游接待 52 万人次，同比增长 32%；旅游收入 2.6 亿元，同比增长 50%。

【旅游商品】 2019 年，县文旅局组织开发旅游纪念品 100 种，有刀郎农民画、沙漏、汽车挂件、冰箱贴、钥匙扣、许愿瓶等 20 种，其中刀郎农民画被列入自治区“新疆礼物”人录中。在“中国新疆喀什丝路文化胡杨节”上，刀郎文化绣被评为“喀什十大人优旅游纪念品”，刀郎生态风情园被评为“喀什十佳旅游餐饮店”。

5 月 1 日，举办庆“五一”景区盛大开园仪式

综　述

【医药改革】 2019年，麦盖提县卫生健康委员会在县人民医院、各乡镇卫生院安装远程DR设备，实现乡镇卫生院直接连接县人民医院、县人民医院直接连接地区第一人民医院，通过医共体、医联体导向作用，采用网络会诊等方式连接打通自治区、地、县、乡四级远程会诊服务，提高配合度；由县人民医院牵头与11个乡镇卫生院签约，对乡镇卫生人员进行业务、院感培训，推进县域内医共体建设，推行分级诊疗，缓解看病难、看病贵问题；开通“双向转诊”业务，患者在乡卫生院不能诊治时，无需通过门诊和挂号即可通过绿色通道直接转诊到县级医院的相关科室得到治疗，全年上转1453人，下转765人，实现首诊在基层，大病去医院，康复回基层；县人民医院通过医共体远程会诊专线，与自治区胸科医院、地区第一人民医院、乡镇卫生院会诊患者病症221例，为群众就近提供质优、价廉、便捷的医疗服务。在控制药占比、百元医疗收入消耗的卫生材料、医疗服务收入占业务收入比重方面加大管控，年内县人民医院基本药物使用率57.26%，达到自治区对基本药物评定相关标准。

【医疗保障】 2019年，县卫健委按照科室独立设置、室内布局合理、陈设整齐、乡村医生资质审查、药品保证质量、实施国家基本药的要求开展标准化建设，11个乡镇卫生院、128个村卫生室、21个社区卫生室全部达标。全县所有村级卫生室均具备常见病、多发病药品80种以上，医保结算系统实现全覆盖。按照“保基本、强基层”的要求，推动医疗服务重心下移和诊疗资源下沉，开展乡镇卫生院、村卫生室医务人员培训3次，覆盖率100%，乡村医疗服务水平有所提高。贯彻落实地委“千人医生下乡帮扶乡村”，选派医生去基层村卫生室坐诊251人次，持续开展对村医的“传、帮、带”工作，确实保障乡村卫生阵地“三合格”。

【精准救治】 2019年，县卫健委进一步完善落实医疗救治制度，制定下发《麦盖提县重大疾病、地方病、传染病救治全覆盖方案》，以精准救治为抓手，在全县范围内开展逐户逐人逐项摸底调查，核准患病人1.78万人，做到患病情况精准到人、精准到病、救治到位，将健康扶贫各项政策落到实处。做实家庭医生签约服务，组建154个家庭医生团队，与辖区贫困家庭的老年人、婴幼儿、孕产妇、慢性病患者签订《家庭医生签约服务协议书》，为签约服务对象提供有针对性的基本公共卫生、基本医疗、预约转诊、病伤康复、健康管理、长期照护等连续协同的健康服务。截至12月底，全县累计签约18.85万人，贫困人口、残疾人签约率100%。山东援疆医生开展"光明行"活动，助力健康扶贫工作，救治19名白内障患者。启动精准扶贫"健康关节关爱"行动，对中髋、膝关节疾病患者进行集中救治，共救治77人次。

【拓展诊疗服务】 2019年，县卫健委在做好计生指导和服务工作同时，拓展诊疗服务范围，开展妇科常见病检查诊断和治疗425人次，病患得到及时诊治。

【公共卫生】 2019年，县卫健委实施不间断公共卫生事件监控，完善应对突发公共卫生事件预案体系，本年度无突发公共卫生事件发生。做好严重精神障碍疾病管理、随访工作，确诊并纳入健康档案随访管理1166人，全县累计管理患者1166人。加强死因监测工作，定期开展患者死因监测工作培训，开展死亡卡填写质量、网络直报和漏报的督导检查。

【监督管理】 2019年，县卫健委对全县各级各类医疗卫生机构进行全面监督检查，重点从医德医风、医药购销和医疗服务、行政管理行为、医疗涉黑涉恶5个方面的22项具体内容组织开展监督检查工作。监督检查工作坚持问题导向，发挥社会监督作用，广泛征集问题线索，深挖细查，及时发现、解决群众反映强烈的问题，整治行业侵害群众利益突出问题。按照"坚持、巩固、深化"要求，继续梳理排查群众关注的痛点难点问题，持续加大治理力度，持续综合施策、标本兼治。严格审查民营医疗机构的诊疗科目、诊疗条件及其从业人员资格，严把医师、护士准入关，依法严厉打击非法行医违法犯罪行为，保障就医群众的医疗安全。

【健康教育】 2019年，县卫健委组织开展基本公共卫生服务项目"健康教育"工作，全年围绕"1·27"世界防治麻风病日"3·24"世界结核病宣传日"4·20"世界卫生日"4·24"全国疟疾日"4·30"职业病宣传周"5·15"碘缺乏病宣传日"5·20"中国学生营养日级全民营养周"5·30"世界控烟日"6·22"食品安全宣传日等开展"健康教育与促进"活动，组织大型宣传咨询活动13场次，编印重点传染病防治知识宣传册4.33万本，其他宣传品2.1万件，发送学校、基层医疗单位、农民群众，制作宣传展板70块，各乡镇更换宣传栏信息516次，受益人4.83万人。围绕"健康中国行——科学健身"主题，卫健委牵头组建巡讲团进社区、进单位、进学校、进乡村进行健康巡讲28场次，听讲4986人，发放宣传册5234本，宣传品1256件，进一步普及健康知识和预防保健知识。

【健康体检】 2019年，县卫健委落实自治区全民免费健康体检工作，层层开展业务技能培训，提升健康体检的水平和质量，做到应检尽检，通过"早发现、早诊断、早治疗"以及"未病先防、小病先治"，维护群众健康利益，全年体检20.76万人，体检完成率100%。

【爱国卫生】 2019年，“爱国卫生宣传月”活动主题是“爱国卫生人人参与，健康生活人人享有”。县爱卫会动员各单位，开展治理脏、乱、差专项行动，院落、卫生死角、厕所等得到彻底清理，公共场所牛皮癣、小广告得到彻底清除；广泛开展灭“四害”，防止疾病传播；开展健康教育，普及科学卫生知识，提高群众的卫生意识。

【安全生产】 2019年，县卫健委加强消防安全管理，对医疗机构消防通道、绿色通道、消防器材、安全设施、安全标志等进行全面摸底排查，建立工作台账，列出隐患清单、明确整改责任人和整改时限；全面开展对特种设备、供电设施、易燃易爆危险品及危险化学药品、毒麻精药品使用管理、建筑施工安全等方面的隐患排查治理工作；继续加强以病历质量为重点的医疗质量监督管理，规范执行医疗护理技术常规，落实医疗风险防范措施，确保医疗卫生质量和医疗安全；定期开展安全生产大检查，抓住重要场所、重点部位隐患排查，及时堵塞漏洞、排除隐患。

计划生育

【奖励对象清查】 2019年，麦盖提县计生奖励对象7320人，清查率100%，确认符合奖励条件6043人（户），其中南疆地区特殊奖励对象4161人，国家部分农村计划生育奖励扶助对象1103人，国家特别扶助对象人733人，自治区特别扶助对象人21人，自治区少生快富奖励扶助对象25人。全年发放享受奖励扶助对象5866人，实际发放资金2152.87万元；全县应退出189人，应退回资金209.32万元，已退回资金76.57

4月，计划生育技术服务指导站开展免费孕前优生健康检查

万元，未退回资金132.75万元。

【计生补贴专户管理】 2019年，麦盖提县对计生补贴资金实行专户管理，直接发放到享受对象手中。

【计划生育免费服务】 2019年，麦盖提县实施计划生育免费服务手术。开展备孕夫妻免费检查1973对，国免孕优免费检查2013对，全部档案信息录入计算机。对早孕和妊娠结局随访12次，查出可能导致出生缺陷高危人员263人，全部进行病情告知和跟踪随访，及时采取补救措施。设置免费避孕药具宣传发放点236个（自动发放箱3个）。开展国家免费孕前优生健康检查项目，全年免费检查2013对，查出暂缓怀孕和不宜怀孕的高风险人员263人，及时提出医学建议和干预措施，实现出生缺陷零目标。

【“三查一治”工作】 2019年，麦盖提县计划生育技术服务指导站开展巴扎结米镇、希依提墩乡、麦盖提镇、库木库萨尔乡、昂格特勒克乡、五一林场和胡杨林场已婚育龄妇女“三查一治”工作，治疗患者2596人次。

【计划生育宣传】 2019年，县计划生育技术服务指导站利用各村周一升国旗活动，开展查环查孕等专题宣讲236场次，举办专项专题知识竞赛32场次。入户走访开展不孕节育和生殖保健知识宣传，发放药具宣传单2000份、宣传卡片6000份。

【计划生育培训】 2019年，县计划生育技术服务指导站采取集中培训和现场指导相结合方式，重点对乡、村两级药具管理人员进行专题培训，对174人药管员进行2次全员培训；对新上岗药具管理人员进行各类药具报表统计培训指导，规范了报表，做到人、账、卡、物相符。

疾病预防控制

【传染病监测】 2019年，麦盖提县疾病控制中心坚持24小时重大传染病监测制度，全年开展应急监测演练12次。开展学校常见病和健康影响因素监测与干预工作，监测学生840人。疫苗针对性疾病监测实现全覆盖。各级医疗机构落实专人负责对哨点医院主动监测，未发现漏报AFP病例。

【校园传染病预防培训】 2019年，县疾控中心举办学校传染病预防集中培训8场次，200人学校负责人员参加培训。

【接种证查验】 2019年3月，县疾控中心对全县所有小学和幼儿园开展接种证查验工作，查验覆盖率100%。

【建卡建证】 2019年，县疾控中心五天内新生儿建卡、建证1345人，建卡、建证率均为97.08%。

【疫苗接种】 2019年，县疾控中心为目标儿童接种疫苗完成率分别为卡介苗疫苗99.57%、脊髓灰质炎疫苗97.63%、百白破疫苗98.49%、麻风疫苗96.27%、乙肝疫苗98.95%、麻腮风疫苗96.86%、流脑A群疫苗98.70%、流脑AC群疫苗79.69%（短缺）、甲肝疫苗94.8%。

县疾控中心开展两轮0～4岁儿童脊髓灰质炎疫苗强化免疫接种活动，第一轮应接种1.34万人，实际接种1.32万人，报告接种率为98.15；第二轮应接种1.36万人，实际接种1.35万人，报告接种率为99.57%；开展两轮Ipv查漏补种活动，第一轮在册摸底8028人，实际接种7765人，接种率为96.7%，第二轮应接种482人，实际接种460人，接种率为95.43%。

【艾滋病防治宣传】 2019年，全县各级医疗机构利用“传染病防治宣传日”，在人员密

12月1日，疾控中心组织业务人员开展“世界艾滋病日”宣传活动

集场所开展宣传活动，发放各类艾滋病防治宣传册12.95万份；在学校、社区和村民小组举办预防艾滋病健康知识讲座6场次，参加人员平均每场500人次。

【结核病防治】 2019年，县疾控中心邀请喀什地区第一人民医院、地区肺科医院、

12 月 4 日，开展"百千万志愿者结核病防治核心知识传播行动"进校园活动

山东省日照市对口援疆专家对县、乡、村三级结防人员开展培训 3 期，累计培训 525 人次。利用"3·24"结核病宣传日，发动农民草根宣讲员、教师、学生、医务人员等，开展百千万志愿者结核病防治知识传播行动，印制发放各种宣传品和宣传材料 5 万份。开展 15 岁以上人群结核病筛查工作，全县应筛查 12.29 万人，实际筛查 12.62 万人，筛查率 102.7%。在乡、村两级设置 120 个服药点，满足患者服药需求。全年完成学生 PPD 筛查试验 6238 人次，均为阴性。将 15 例肺结核学生患者纳入治疗。

【公共卫生服务项目】 2019 年，县疾控中心开展基本公共卫生服务项目登记管理工作，完成居民健康档案建档 23.88 万人，建档率 99%；65 岁及以上老年人登记管理 1.29 万人，管理率达 78.2%；登记管理高血压患者 1.38 万人，规范管理率 81.4%，管理人群血压控制率 34.6%；登记管理 2 型糖尿病患者 2916 人，规范管理率 74.7%，管理人群血糖控制率 15.2%。

县疾控中心开展精神障碍患者摸排梳理 4 轮，建立新增患者健康档案，开展义诊，督促患者服药，提高患者服药依从性；对严重精神障碍疾病患者纳入健康档案随访管理，全县管理患者 1171 人，精神障碍患者办理慢病卡 1161 人。截至 12 月底，报告患病率 3.96‰（国家要求达到 4‰）、管理率 99.64%（国家要求达到 80%）、规范管理率 92.03%（国家要求达到 80%）、服药率 99.55%（国家要求达到 70%）、规律服药率 28.65%（国家要求达到 65%）、精神分裂症服药率 99.47%（国家要求达到 80%）、精神分裂症规律服药率 37.23%（国家要求达到 60%）、体检率 96.8%（国家要求达到 100%）、面访率 99.46%（国家要求达到 80%）。

县疾控中心开展基本公共卫生服务项目"学生营养检测"工作，对全县 10 所学校 2280 人学生进行身高、体重、血红蛋白测定、问卷调查等进行营养监测，监测数据上报上级有关部门处理。

县疾控中心开展基本公共卫生服务项目"食源性监测审核"工作，根据上级要求，完成食源性监测审核，上报 201 份审核报告。

县疾控中心开展基本公共卫生服务项目"死因监测"工作，定期举行医疗机构死因监测工作培训，提高死亡卡填写质量，定期督导检查网络直报和漏报情况，ICD-10 死因编码填写正确率为 70%，漏报率控制在 5% 以下，及时报告率和及时审核率为 75%；全年完成死因监测 901 人。

县疾控中心开展基本公共卫生服务项目"职业病回访"工作，全年完成 63 人矽肺、尘肺职业病患者回访工作。

【地方病防治】 2019 年，县疾控中心对 5 个乡 200 人 8 ~ 10 岁儿童进行盐碘、尿碘监测和甲状腺肿大情况 B 超监测，对 100 人孕妇尿碘、盐碘进行监测，采尿样 300 份送检；采集盐样 300 份均为合格碘盐，全县碘盐食用覆盖率为 100%；病案地区反馈尿碘、盐碘数据及时录入系统；4 月对全县四类目标人群开展一轮口服碘化油工作，全县应服药 1.47 万人次，实服药 1.46 万人次，服药率为 99.6%。完成城乡枯水期和丰水期水质卫生检测工作，全县采集检测水样 54 份（出厂水采集 14 份，末梢水及二次供水 40 份），对历年来 18 个高砷村 6288 人进行砷中毒患者现场筛查，未发现疑似患者。

县疾控中心在各乡镇场开展布鲁氏杆菌病防治监测工作，重点监测与畜产品有密切接触的兽医、饲养员、放牧员、接羔员、育羔员和牲畜交易、屠宰、皮毛、乳肉加工人员等职业人群，对 973 人进行流行病学调查，采血检测 973 人，检测阳性病例 102 例，其中新发阳性 46 例，复查病例 56 例。

县疾控中心开展包虫病防治监测，发现 4 例患者，通过免费药物发放及随访管理，4 例已全部治愈。

县疾控中心开展重点食源性寄生虫病和土源性线虫病等其他重点寄生虫病监测，对乡村居民钩虫、蛔虫和鞭虫抽取监测 1200 人，检测出蛲虫卵 4 例，及时得到治疗，其他均为阴性。

县疾控中心对 19 例二度甲状腺肿大患者建立一户一册档案，进行定期随访管理。

妇幼保健

【妇幼健康培训】 2019 年，麦盖提县妇幼保健院举办妇幼健康专题培训班 4 期，受训 950 人次。

【业务指导】 2019 年，县妇幼保健院针对妇幼健康业务管理、孕产妇保健及儿童保健、云平台应用与管理、高危孕产妇管理、基本和重大公共卫生项目执行等情况，每季度对各级医疗机构进行专项技术指导；对全县托幼机构开展卫生保健督导 4 次，问题全部得到整改。

【妇幼死亡评审】 2019 年，县妇幼保健院完善孕产妇和儿童死亡评审实施方案，健全各类评审制度，定期组织召开孕产妇和新生儿死亡评审工作。

【信息管理】 2019 年，县妇幼保健院健全妇幼卫生信息报告制度、信息安全制度、质量控制工作机制，按照收集、上报、审核、分析、反馈等程序，上报妇幼卫生信息。

【宣传教育】 2019 年，县妇幼保健院结合“世界卫生日”“三八”妇女节、“艾滋病防治日”“传染病宣传周”“卫生下乡”、义诊、产后访视、下乡指导等时段，通过广播电视、QQ、微信、LED、例会、培训等方式，播放宣传内容、发放宣传单、宣传册、宣传品，开展以项目实施为重点内容的宣传活动，帮助广大群众特别是孕产妇改变传统观念，树立健康、生育和保健观念。

【标准化建设】 2019 年，县妇幼保健院开展县级妇幼保健院标准化建设，按照大保健服务新模式，楼设置孕产保健部、妇女保健部、门诊手术区、检验科、超声科、药房、收费室、发热门诊等；二楼设置儿童保健部、行政区域；三楼设置产科、新生儿科、妇产科住院部、儿科住院部；地下一层设置放射科、培训中心、体检中心、库房等。楼层科室布局分配清晰合理，功能定位优化，实现临床与保健的相融相通。

【设备引进】 2019年，县妇幼保健院利用日照援疆投资550万元，引进可视人流机、四维彩超、产后康复治疗仪、骨密度治疗仪、视力筛查仪、黄疸测定仪、血凝分析仪等先进医疗设备，改善就诊条件，提高服务能力。

【新技术运用】 2019年，县妇幼保健院在日照市妇幼健康院、日照市中医B超专家和产科专家的带动和引领下，开展产前筛查、心脏诊断、乳腺筛查、产后康复、可视人流、儿童早教、儿童洗浴、视力筛查、黄疸检测及治疗、骨密度检测、氟化泡沫护齿等新技术运用工作，填补技术空白。

【提高社区服务能力】 2019年，县妇幼保健院抽调城镇社区11名妇幼专干集中整合到妇幼保健院开展社区妇幼服务工作，以干代培、促学，提升社区妇幼专干技术水平，规范社区妇幼健康工作，提升城镇整体妇幼健康服务能力。

【孕产妇妊娠风险评估与管理】 2019年，县妇幼保健院制定《麦盖提县孕产妇妊娠风险评估与管理实施方案》，落实高危孕产妇专案管理措施，加强妊娠风险筛查、评估和管理，保证“黄色”以上高危孕产妇接受孕产期保健服务，做到专人专案、全程管理、动态监管、集中救治，做到“严防、紧盯、死守”，确保“发现一例、登记一例、报告一例、管理一例、救治一例”，降低孕产妇死亡风险。县人民政府将孕产妇死亡率纳入妇幼卫生绩效考核指标，建立完善工作通报、责任追究、约谈等工作机制。

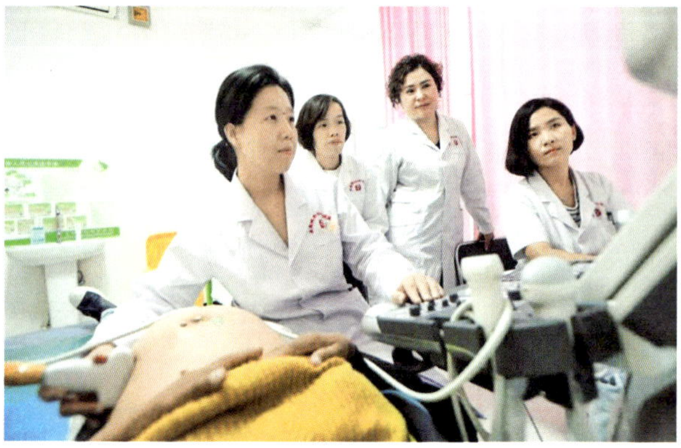

5月，保健人员为孕妇做孕检

【婚前保健】 2019年，县妇幼保健院把近亲结婚、遗传病、精神病、传染病等不利于结婚生育的情况纳入婚前保健，对暂缓结婚或者不建议结婚的对象开展婚后跟踪随访服务。截至年底，婚检2338人，查出HIV阳性5人、梅毒31人、乙肝34人，暂缓结婚4人。

【叶酸增补】 2019年，县妇幼保健院推进农村孕前和孕早期妇女增补叶酸预防神经管缺陷项目实施，指导育龄妇女孕前和孕早期增补叶酸，加强随访与督导。截至年底，完成服用3061人，新增服用3061人，叶酸服用率100%。

【产前筛查】 2019年，县妇幼保健院在日照市中医院产科和日照市妇幼健康院产筛中心超声专家一对一的帮助下，已具备产前超声三级筛查、乳腺癌及乳腺常见疾病的筛查能力。选派产前门诊、检验科、超声科技术人员到自治区妇幼保健院产前诊断中心学习产筛技术，与自治区妇幼保健院签订唐氏筛查合作协议，定期将采集标本及时寄送自治区妇幼保健院。是年，筛查出胎儿畸形19例。

【新生儿疾病筛查】 2019年，县妇幼保健院完成新生儿疾病筛查1107人，听力筛查1104人，复筛未通过9人。以上均按照活产数100%完成。

【孕产妇及儿童保健系统管理】 2019年，县妇幼保健院开展孕产期、儿童保健系统管理工作。截至年底，全县产妇1175人，活产1183人，产检1154人，早检1127人，产妇产后访视1175人，系统管理1127人；在孕产妇死亡统计中死亡率为0。7岁以下儿童保健管理2.64万人，3岁以下系统管理1.02万人；在死亡统计中，5岁以下儿童死亡32人，死亡率27.05‰，其中婴儿死亡17人，死亡率14.37‰，新生儿死亡13人，死亡率10.98‰。

【宫颈癌检查】 2019年，县妇幼保健院规范宫颈癌检查的服务流程，为育龄妇女提供免费筛查服务。截至年底，完成筛查4000人例，确诊宫颈癌6例，癌前病变25例。

【乳腺癌检查】 2019年，县妇幼保健院结合实际制定农村妇女乳腺癌检查实施方案，进一步明确检查目标人群范围、操作流程。截至年底，完成检查2000例，确诊乳腺癌病患3例。

【孕产妇“三病”检测治疗】 2019年，县妇幼保健院加强艾滋病、梅毒、乙肝感染孕妇检查、治疗。截至年底，检测三病孕产妇1211人次，查出梅毒阳性孕妇1人、乙肝阳性孕妇30人、产妇22人，进行及时治疗，终止妊娠HIV孕妇3人。

【出生医学证明管理】 2019年，县妇幼保健院每个季度组织相关人员按出生医学证明管理办法，对各助产医疗机构发放出生医学证明的基础档案资料、培训与宣传教育、网络管理等情况进行督导检查。

【儿童营养改善】 2019年，县妇幼保健院为全面落实自治区关于健康扶贫的工作部署，于12月23日召开儿童营养改善项目启动会，举办喂养培训班3期。截至年底，完成儿童营养包发放、随访工作。

医院选介

【县人民医院】 2019年，麦盖提县人民医院门诊诊疗17.8万人次，住院2.3万人次，出院2.2万人次，病床使用率（按编制床位240张床位统计病床使用率228%，按实际开放床位400张统计病床使用率137%），平均住院日9.27日，药占比26.7%，手术5140人次。慢性病审核通过398人。开展体检2.1万人次，其中全民健康体检1.82万人次，学生高考体检1524人次，疆内初中班和其他省市新疆高中班学生体检720人次。

县人民医院多举措保障实现“保基本”扎实到位、“强基层”持续提升、“建机制”有序推进的工作目标，着力在控制药占比、百元医疗收入消耗的卫生材料、医疗服务收入比重方面加大管控，医疗服务不含药品、卫生材料、检查、化验收入占业务收入比重24.9%；医疗不含中药饮片收入药占比27.6%；百元医疗收入不含药品收入消

8月19日，“中国医师节”期间，人民医院医护人员在博勒卡吾斯塘博依社区宣传防病知识

耗的卫生材料占比19.75%，均较上年同期下降。实施临床路径单病种7448例，入径率65.5%，占出院人数的33.4%。减少了不合理的检查、治疗、用药，降低总体治疗费用。

县人民医院实施住院患者先诊疗后付费和“一站式”结算服务。截至12月底，“先诊疗后付费”惠及1.98万人次，免收住院押金9831万元，减轻患者垫资压力和费用负担；“一站式”结算2.3万人次，结算金额1.1亿元，统筹报销7730万元，基本医保报销7117万元；大病统筹救助844人次257万元；医疗救助2928人次289万元；深度贫困人员救助680人次59.8万元。

9月起，县人民医院派各专业54人骨干医师分3批常驻7个乡41个贫困村卫生室开展帮扶工作，每日保障到位20人，对群众提供基础医疗服务，指导村医进行常见病、多发病、传染病和慢性病的预防、查体、诊治，把优质医疗服务推向最基层，方便服务群众，使村级服务能力和群众满意度“双提高”。

县人民医院与山东省日照市援疆指挥部共同实施“健康关节”关爱行动，在全县建档立卡贫困户、低保户中筛查髋、膝关节疾病，全年完成髋、膝关节置换术42例人，所需费用（医保报销费用除外）由山东日照市援疆资金支付；完成“光明行”白内障手术93例。

县人民医院开展“乡镇大型巡回义诊”和健康宣传17次，义诊4389人次，发放保健和健康扶贫宣传资料3000份；开展免费测血糖、心电图及B超检查793例，发放免费药品价值2.6万元。

新疆医科大、新疆医科大一附院、二附院、肿瘤医院、五附院、新疆心脑血管病医院、解放军969医院领导和专家到县人民医院调研指导，举办专题学术讲座7场次，参加2200人次，扩大了医护人员业务知识范围；山东省日照市人民医院、新疆医科大学第五附属医院、解放军969医院、五家渠第六师医院等27人专家对县人民医院帮扶支援，帮扶资源范围涉及骨科、泌尿外科、神经外科、儿科、重症医学科、消化内分泌科、心血管内科、肾病科、护理等20个科室，专家开展门诊诊疗1237人次；急诊诊疗83人次；会诊及疑难病例讨论120次；组织各类业务讲座80次；教学查房210次；业务培训900人次；手术示教80人次；抢救危重病人42人次；实施复杂神经外科特重型颅脑损伤标准大骨瓣减压术、脊柱外科手术、膝关节髋关节置换等手术113例；开展普外科化疗病人PICC置管111例；伤口造口护理12例；糖尿病足护理152例等。人民医院医护人员全程参与以上专家医疗活动，诊疗能力得到提升。

县人民医院与中国证监会联合清华大学长庚医院开展援疆培训项目；与地区第一人民医院签订医疗联合体（区域战略合作伙伴）协议，与地区第一人民11个科室签订专科联盟合作协议，聘请11名誉主任。

县人民医院充分发挥县级医院医疗“龙头”作用，县人民医院医共体“八乡两镇”分院相继挂牌，发展适宜技术，推进远程医学会诊，实现医疗资源共享。全年与自治区胸科医院、地区第一人民医院、乡镇卫生院开展病患会诊221例，为群众就近提供质优、价廉、便捷的医疗服务。

县人民医院重点建设胸痛中心、卒中中心、创伤中心、危重孕产妇救治中心、危重儿童和新生儿救治中心、心衰中心“六大”救治中心，为患者提供医疗救治绿色通道和一体化综合救治服务，截至12月底，胸痛中心和心衰中心通过国家级认证，走

8月9日，人民医院举行卒中中心启动仪式

在喀什地区12个县市级医院前列。

县人民医院修订完善医疗安全不良事件报告制度与流程，明确医疗不良安全事件管理要求。全年护士长24小时环节查房103次，上报护理不良事件41例（惩罚性16例，非惩罚性25例）。对薄弱环节追踪及督导，抽查留置针650个，不合要求21人，合格率96%。

县人民医院持续开展新生儿鸟巢、呼吸科的呼吸操、骨科的爱心拐杖、产科产后子宫按摩等服务项目。对近两年新进43人护士开展护士礼仪及护理规范服务培训考核。落实层级管理要求，4人由N0晋级N1，20人由N1晋级N2，9人由N2晋级N3。全年电话随访3973人，发放满意度调查表765份，满意率98.77%。评选出优秀护士18人，星级护士25人（其中一星级18人，二星级9人，三星级5人）。

县人民医院监测门诊、住院病例8.75万例，上报各类传染病924例；监测登记发热病人749例；对不明原因发热、疑似伤寒、布病病例采血、采便44人次。所有纳入治疗患者均免费使用FDC药物进行治疗。截至12月底，纳入治疗肺结核患者1195例。

县人民医院每月进行“感染规章制度”“管理措施”执行情况质控检查2次，每次对质控检查结果进行总结、评分，及时反馈问题，明确整改责任人和时限，追踪评估整改情况。落实感染现患率调查结果汇总、录入和上报制度，控制实查率≥96%，现患率≤10%，职业安全防护和职业暴露处置知晓率≥95%。落实医护人员手卫生制度，医护人员手卫生知识知晓率100%，重点科室手卫生操作正确率100%。落实主要致病菌耐药模式监测及医院感染危险因素调查制度，提高医院感染患者病原微生物学标本送检率。落实手术室、ICU、消毒供应中心、产房、内镜室等感染高风险部门管理制度，感控风险早发现、早识别、早干预，有效执行感控标准预防措施。

县人民医院每月对运行病历进行抽查，重点督查病历书写的日期、完整性、规范性、治疗计划合理性、病情告知有效性等，做到及时发现反馈和效果追踪。截至12月底，抽查运行病历5080份，终末病历2.45万份；评出优秀病历136份，乙级病历259份，丙级病历15份，病案甲级率98.9%；上传1.92万份病案首页至“新疆DRGs网络平台”，合格率96%。

县人民医院选派19人次赴日照市人民医院、清华长庚医院、自治区人民医院等

10月11日，人民医院组织医务人员深入克孜勒阿瓦提乡敬老院义诊

三甲医院3个月以上进修学习，其中医疗专业12人，护理专业7人。外出短期参加培训153人次，其中管理岗70人次，医护人员83人次。继续教育培训101人，合格率100%。对新进52人进行为期2周岗前培训。全年组织医师基本技能操作培训8次，参加人员573人次。组织医师基本技能操作考核4次，参加考核人员550人次，考试合格率98%。组织全院医师、医技人员“三基”理论考核11次，参加1433人次，考试合格率88%，补考合格率100%。组织医疗医技人员十八项核心制度考试14次，参加人员2204人，考试合格率89%，补考合格率达100%。组织护理人员操作考核和培训1460人次，操作培训10项，考核1433人，合格率100%。组织高级、初级及助理级护理人员业务学习16次，理论考核7次，考核1520人，合格率100%。

县人民医院配置西门子1.5T核磁1台，利用日照援建资金700万元，购置腹腔镜、脑电图、肌电图、有创呼吸机、新生儿双水平呼吸机、结核分枝杆菌耐药一体化检测系统、分子生物环介导等温扩增分析仪、骨科手术器械、神经外科手术显微镜、超声刀、双极电凝器，高端监护仪、心理门诊测评系统等设备，提升医院现代化医疗水平。

县人民医院全民健康体检服务器、心电网络服务器投入运行，提高全民健康体检工作效率。县域内医共体远程会诊平台投入运行，解决远程会诊、远程查房、远程培训、远程门诊等问题。胸痛网络正常运营，实现缩短流程、快速诊断、及时治疗目标。

【县维吾尔医医院】 2019年，麦盖提县维吾尔医医院患者总住院3.27万天，出院3471人次，病床使用率137%；门诊就诊2.27万人次，全民免费健康体检4259人次，享受先治疗后付费政策3471人次；实现总收入2816.41万元，其中业务收入1424.01万元、药品收入403.6万元、医疗收入988.8万元。其他各项质量、效率指标也较好地完成。

县维吾尔医医院与喀什地区维吾尔医医院签订三级医院帮扶补充协议，与山东莒县中医医院签订合作共建帮扶协议，安排8人医护人员前往莒县中医医院交流学习，提高医护人员业务水平。

社会与民生

人力资源

【事业人员】 2019年，全县事业干部（含工勤人员）总数5139人。其中：管理岗441人，占事业人员总人员的8.5%；专业技术岗位4235人，占事业人员总数的82.4%；工勤294人，占5.7%；试用期人员169人，占3.4%。

【招考工作】 2019年，麦盖提县人力资源和社会保障局面向社会公开招录县聘人员，组织招考考试6场，涉及270人次，合计聘用63人（法院14人，检察院13人，刀郎艺术团10人，消防大队22人，财政局4人）；面向其他省市高校毕业生引进干部人才36人；自治区赴其他省市高校引进人才，1人分配至麦盖提县。

【公职人员处理】 2019年，麦盖提县对10名公职人员进行处分。其中：对8名无故离岗干部给予行政警告，对1名考核不称职干部给予行政记过处分，对1人考核不称职工勤人员给予全县通报批评、3年不得参加考核处理。全年解聘48人。其中：全额事业24人、差额事业4人、自收自支2人、县聘参照公务员2人、县聘全额事业16人。

劳动就业

【就业政策宣传】 2019年，县人社局利用春风行动、进村入企开展专场招聘、全民助残活动、冬季就业岗前培训和入户走访等契机，宣传就业优惠政策140场次，发放就业政策宣传单3000份，受益人员4万人次。

【城镇新增就业】 2019年，县人社局促进城镇新增就业9589人，完成地区目标任务7300人的131.6%，城镇登记失业率控制在4%以内；新增创业人员794人，带动就业956人；城镇零就业家庭24小时动态清零。

【贫困户转移就业】 2019年，麦盖提县有建档立卡贫困户1.38万户4.99万人，有就业意愿和能转移就业的7321户9801人。截至12月底，已转移就业9537户1.43万人。其中：一产就业1687户2288人，二产就业2658户3058人，三产就业2542户3023人，政府购买服务408户422人，自主创业就业2157户2545人，体制内就业510户531人，生态补偿765户788人，公益性岗位1566户1.67万人。

【富余劳动力转移就业】 2019年，县人社局继续推进万企帮千村助力就业工作。截至12月底，农村富余劳动力转移就业6.46万人次（建档立卡贫困户7990人次），完成

2月25日，麦盖提县隆重举行第二批有组织转移就业人员欢送仪式

地区目标任务5万人次的128.9%。全县有劳动能力且能够就业的贫困户9537户，已稳定就业1.43万人，实现“一户多人就业”目标。

【其他省市企业转移就业】 2019年，县人社局坚持就近就地转移就业和向其他省市有组织转移就业相结合，采取“走出去、靠得

3月20日，麦盖提县输出至山东海产品加工企业的员工在车间进行作业

住”转移就业形式，经自愿报人、统一组织、资格审查、全员培训后，有组织、整建制转移到其他省市纺织服装、电子产品组装等劳动力密集型企业就业2008人（其中建档立卡贫困户686人），人均月工资3500元以上。

【疆内跨地州转移就业】 2019年，县人社局依托自治区协调岗位和疆内扶贫对口帮扶等举措，向疆内国有企业、纺织服装企业、建筑工地、公益性岗位、兵团等地实现转移就业2100人（其中建档立卡贫困户562人），人均月工资3000元以上。

【园区企业就业】 2019年，县人社局落实企业就业优惠政策，城南、城西工业园区入驻企业111家，解决就业7599人（建档立卡贫困户1081人），人均月工资1200元。

【乡村车间就业】 2019年，县人社局推行乡村车间发展模式，鼓励企业优先吸纳困难群体就业，为企业招用困难群体就业提供方便和各类政策支持，实现就业1156人（其中建档立卡贫困户598人），人均年增收1万元。

【自主小微创业就业】 2019年，麦盖提县坚持政府主导、部门统筹、乡（镇）协调、村（社区）抓落实的运行机制，深入宣传小微创业优惠政策，发挥就业援助政策支持作用，鼓励有创业意愿的农村富余劳动力开展小微创业，实现1216人（贫困户890人）稳定就业，人均实现创收2.2万元。

【第三产业就业】 2019年，麦盖提县鼓励有劳动力的贫困人员就近就地从事特色旅游服务、物流快递搬运、餐厅服务、家庭作

坊、交通运输等第三产业，实现就业 2.42 万人次（其中建档立卡贫困户 1638 人）。

【固定资产投资项目就业】 2019 年，全县 96 个固定资产投资项目实人制登记用工 3892 人，固定资产投资项目普工吸纳新疆籍劳动力达 90% 以上，人均日工资 120 ～ 180 元。

【旅游产业带动就业】 2019 年，麦盖提县宣传和挖掘刀郎传统民俗文化，通过民族特色餐饮、旅游开发服务、沙漠观光探险等渠道新增就业 634 人（系统录入），完成地区目标任务 544 人的 116.5%；年人均实现创收 2.5 万元。

【易地搬迁和困难群体边缘户就业】 2019 年，麦盖提县坚持把易地搬迁户和困难群体边缘户人员稳定就业作为打赢脱贫攻坚战最有效途径，按照“一户多人”转移就业布局，构建多元化就业格局，实施就业援助活动，促进和带动异地搬迁人员和困难群体边缘户就业 1158 人，年人均实现创收 2 万元。

【公益性岗位管理促进就业】 2019 年，麦盖提县推进就业惠民工程，落实就业惠民各项政策。根据《麦盖提县特殊困难群体帮扶工作方案》要求，县就业扶贫专项行动组对特殊困难家庭进行全面梳理，细化帮扶方案。结合乡村人居环境治理和日间照料中心服务工作实际，统筹开发乡村保洁、保育、日间照料中心、水电安全保障等公益性岗位，实现 1448 人特殊困难人员就业（建档立卡贫困户 967 人），人均月工资 1250 元。

【就近就地管理土地季节性务工就业】 2019 年，麦盖提县发挥县就业专班统筹协调职能，提升精准化服务管理水平，主动与养殖种植大户对接，做到因人按岗输送，带动就近就地到县域内各乡村养殖大户、周边团场、临近县市管理土地、季节性务工等就业 1.92 万人次（其中建档立卡贫困户 1568 人），年人均实现增收 2 万元。

【高校毕业生就业】 2019 年，县人社局宣传推广高校毕业生实人制管理系统和手机移动端应用系统运用，提高高校毕业生实人制办理业务效率。是年，高校毕业生报到 1165 人，已稳定就业 757 人；补贴自主创业 305 人，涉及资金 61 万元。

【就业专项资金使用】 2019 年，县人社局结合乡村人居环境治理和日间照料中心服务工作实际，统筹开发乡村保洁、保育、日间照料中心、水电安全保障等公益性岗位，实现 1113 人特殊困难人员就业（建档立卡贫困户 683 人）。截至 12 月底，开发公益性岗位 1448 个，享受岗位补贴 616.77 万元；为符合规定的企业和个人补助社会保险 829.84 万元；实施就业援助 466 人，涉及资金 233 万元；扶持自主创业 310 人，涉及资金 62 万元；落实培训补贴 7315 人 660.7 万元；认定就业见习基地 30 个，鼓励 16 ～ 24 岁失业青年、大中专毕业生 1217 人到见习基地就业，涉及生活补助 777.6 万元；办理审核稳岗补贴 75 家，718 人，涉及稳岗补贴 109 万元，岗位技能提升 6 人，1.1 万元。

【就业技能培训】 2019 年，县人社局实施素质就业提升计划，做好就业人员储备工作。全县完成职业技能培训 397 期，涉及 17 个工种 1.92 万人，完成全年培训任务的 295.44%。培训建档立卡贫困人口 7502 人，完成全年贫困户培训任务的 214.34%。实施职业技能培训工作，累计完成 5149 人，其中参培建档立卡贫困户 2600 人；举办农产品经纪人、劳务经纪人、电商经纪人等创业培训，受培 518 人，其中建档立卡贫困户 245 人。基础素质培训 6853 人，其中建档立卡贫困户 2640 人。企业自主培训 6684 人（纺织服装企业 1392 人、劳动密集型企业 4051 人、在岗职工培训 1241 人、建档立卡贫困户 2017 人）；完成 3 个批次 11 个工种培训鉴定 4230 人，合格 3633 人，鉴定合格率 86%。

【就业补贴】 2019 年，县人社局抓就业优惠政策兑现，落实企业应享受补贴申报与发放。截至 12 月底，累计拨付岗前培训补贴及劳动密集型企业补贴 836.92 万元，涉及企业 9 家。

【就业创业基地建设】 2019 年，县人社局把刀郎民俗旅游一条街作为就业创业基地进行规划建设，设有刀郎手工艺品销售体验区、刀郎特色餐饮区、刀郎特色小吃区、电子商务服务区、大学生就业创业区、流动性摊位经营区、就业创业服务中心 7 大功能区域。功能区内有 62 家门店、12 个特色小吃亭、15 个流动性摊位，直接带动创业就业人员 365 人，月收入人均 2500 元以上。

【美食城就业】 2019 年，麦盖提县美食城建成，入驻商铺 36 家，带动创业人员 72 人，带动就业人员 80 人。

社会保障

【社会保障服务】 2019 年，麦盖提县职级、职称正常晋升 4760 人，人均月增资 73.9 元；因转正、岗位变动、职务变动、学历提升等开出追加单 85 个，涉及 339 人次，合计补发 3.1 万元；2018 年，年终奖补差 4822 人，人均增资 293.4 元；办理机关事业单位退休 54 人，病退 10 人，申报病退人员 48 人；落实“中人”待遇调整工作，涉及机关事业退休人员 304 人。全县 16 ~ 59 周岁建档立卡贫困人口符合参保 2.45 万人，

5 月 22 日，人社局举办煤改电项目技术人员专项培训

需财政代缴资金 150.27 万元，12 月底完成第一批代缴工作，代缴金额 128.73 万元，向财政部门申请第二批财政代缴资金 21.54 万元。办理灵活就业人员社保补贴 8 批 303 人，合计发放补贴 244.69 万元，12 月底正在办理补贴手续人员 210 人。

【劳动监察案件处理】 2019 年，县人社局劳动监察案坚持依法行政，文明执法，维护广大劳动者合法权益。全年接受劳动者投诉 66 起，涉及 172 人 160.39 万元，其中立案查处 5 起，协调处理 58 起，剩余 3 起正在按程序办理。

【劳动用工执法专项检查】 2019 年，县人社局检查用工企业 39 家，依法下发调查询问通知书 3 份，限期整改 3 家，对拒不改正的 2 家企业处罚金 2.4 万元；现场纠正违反劳

动法律法规单位5家，均已改正。开展“法制宣传进工地，依法维权农民工”主题活动2次，向社会公布劳动举报投诉电话，10个工地农民工受教育，累计300人。

【农民工工资预存】 2019年，县人社局继续推行农民工工资预存制度，实行农民工工资专户管理，用工单位缴纳农民工工资保证金，将农民工工资单独列支，把应付工程款中的30%作为农民工工资存入指定工资专用账户，由项目主管单位及劳动保障部门监督，从源头根治建筑施工企业拖欠农民工工资问题。全年有52家施工企业开设农民工工资专户，111个项目工地预存农民工工资1.68亿元，保障了农民工工资按时发放。

【城镇职工养老保险】 2019年，麦盖提县城镇参保2.05万人（企业在职职工6224人、机关事业单位在职干部职工9229人、企业退休人员3097人、机关事业单位退休人员1931人）。基本养老保险金基金收入1.16亿元（企业养老金基金收入6728.52万元，上级补助收入4909.25万元），支出9691.96万元。

【机关事业单位养老保险】 2019年，麦盖提县事业单位养老基金收入1.87亿元（机关养老金基金收入1.7亿元，财政补贴收入1708万元），机关养老金基金支出1.29亿元。该年度职业年金收入3600.73万元，上缴1.08亿元。

【基金收入】 2019年，麦盖提县基金收入5311.2万元（基金收入1873.16万元、财政补贴3438.04万元），基金支出2863.96万元。

【失业保险基金】 2019年，麦盖提县参保1.23万人，享受待遇140人，基金收入725.35万元，支出225.16万元。

【工伤保险】 2019年，麦盖提县参保1.45万人，享受待遇121人，基金收入1411.87万元（基金收入661.87万元、上级补助750万元），支出1206.38万元。

【生育保险】 2019年，麦盖提县参保1.46万人，生育保险金基金收入314.02万元，支出356.48万元。

【调整退休职工待遇】 2019年，麦盖提县落实《关于2019年调整退休人员基本养老金有关问题的通知》，调整企业退休人员待遇3107人，平均增资148.11元，补发1—8月增资额368.14万元；调整机关事业单位退休人员待遇1889人，平均增资211.77元，补发1—8月增资额320.26万元。

【调整养老金最低标准】 2019年，麦盖提县落实《关于提高自治区城乡居民基本基础养老金最低标准的通知》要求，调整符合条件人员1.58万人，补发总金额79.05万元，于2月底全部发放到位。

【调整工伤保险待遇】 2019年，麦盖提县落实《关于调整2017年工伤（亡）职工工伤保险待遇的通知》，调整符合条件人员46人，补发总金额为11.84万元。

【调整失业保险金标准】 2019年，麦盖提县落实《关于调整自治区失业人员失业保险金标准的通知》，调整76人，补发失业保险金4600元。

医疗保障

【免费健康体检】 2019年，麦盖提县支付全民免费健康体检费用802.51万元。其中：职工67.34万元，城乡居民735.17万元。

【医疗保险】 2019年，麦盖提县城乡居民医疗保险参保21.23万人，参保率100%；建档立卡贫困户参保4.85万人，参保率100%。

6月，医保局业务人员给各乡镇办事人员讲解社保卡办理工作

【基金收支】 2019年，麦盖提县城镇职工医疗保险预算征收医疗保险费8123.23万元，截至12月底，统筹基金收入3800.26万元，个人账户收入3026.6万元，较上年同比增长11.16%，统筹支出2851.31万元，个人账户支出1927.84万元，较上年同比增长1.16%。全年城乡居民统筹基金收入1.59亿元。其中：中央、自治区财政补助1.08亿元，统筹支出1.64亿元。

【定点医药机构费用审核结算】 2019年，麦盖提县城镇职工住院统筹费用1201.16万元，截至12月底，城镇职工统筹发生费用793.54万元，大病申报费用15.87万元，公务员申报费用7.73万元；城乡居民住院统筹费用8246.34万元，年底地区追加住院统筹费用1501.94万元，共计9748.27万元，12月底住院统筹申报费用9154.61万元。

【中心报销费用审核结算】 2019年，麦盖提县城镇职工转外就医中心报销130人次，总费用165万元，统筹支付费用90万元，公务员支付11.97万元；门诊慢性病零星结算24人次，总费用14.61万元，统筹支付8.67万元；城乡居民转外就医中心报销479人次，总费用465万元，统筹支付费用167.96万元；大病支付55万元；发放离休人员周转金5人次，共计5万元；职工个人账户清退及返还228人次，共计21万元；办理异地就医登记530人次，开展门诊慢性病评审5次，办理门诊慢性病待遇登记246人次。

【定点医药机构检查】 2019年，麦盖提县医疗保障局会同卫生主管部门采取日常检查、交叉检查的方法，检查定点医疗机构22家，药店门诊21家，对违规医药机构处以1～3

4月，医保局与卫健委联合开展开展定点医疗机构检查

个月不等停网处罚，停网违规医药机构5家。对违规医药机构及时下达整改通知书20份次，查处、拒付违规费用8万元。

【医疗救助】 2019年，麦盖提县支付394.83万元用于中华联合财产保险公司投保的贫困人口补充医疗保险。各医疗机构申报医疗救助费用34.96万元。

【贫困人口补充医疗保险】 2019年，麦盖提县投入438.7万元，为2.44万人已脱贫建档立卡贫困人口购买贫困人口补充医疗保险。

民政工作

【城乡低保】 2019年，麦盖提县将1.63万户2.75万人城乡困难群众纳入低保救助（城市1985户3369人，农村1.44万户2.41万人）。其中：纳入建档立卡贫困户6346户9216人，占低保总数的38.2%，占建档立卡贫困户的18.4%。全年发放城乡低保资金9545万元。将农村低保标准从每人每年3472元提高到3750元，实现与扶贫线的合一；将城市低保标准从每人每月428元提高到456元，保障困难群众基本生活。

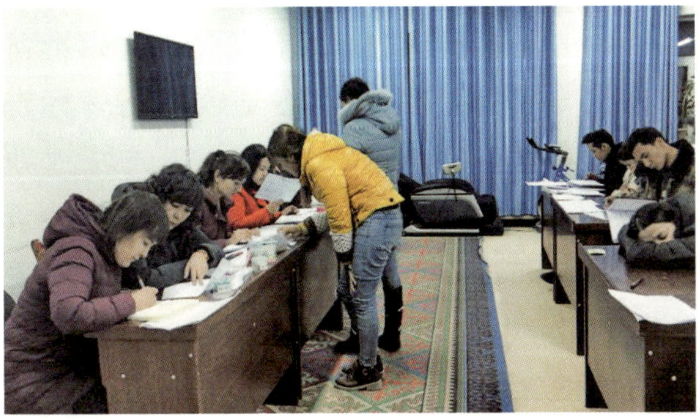

3月，民政局工作人员开展低保兜底对象信息比对工作

【城乡低保专项整治】 2019年，麦盖提县民政局复核农村低保对象2.22万人、城市低保对象3428人，清理违规低保对象424人（死亡198人、重复68人、不符合条件错保56人、其他102人），追回违规资金46.88万元。将43人财政供养人员家庭违规享受低保问题移交县纪委监委处理。

3月，民政局安排工作人员开展低保兜底对象入户核查工作

【医疗救助】 2019年，县民政局建立“一站式”结算和“先诊疗后付费”机制，实现医疗救助报销“一站式”服务。截至6月，投入专项资金242万元，救助城乡困难群众1354人。从7月开始，医疗救助工作移交医保局。

【临时救助】 2019年，县民政局投入临时救助资金30.56万元，救助因病、因学、因灾困难户44户。

【特殊病残儿童关爱救助】 2019年，县民政局开展“光彩明天”“明天计划”“贫困家庭儿童疝气”项目患儿筛查工作，符合救助条件患儿260人，逐批送往自治区人民医院、职业病医院和地区医疗机构进行免费手术康复治疗。

【特困老人供收养】 2019年，麦盖提县有特困老人641人。其中：集中供养324人，供养标准从每人每月520元提高到700元；分散供养266人，供养标准从每人每月343元提高到500元。另将8人无人赡养老人纳入“五保”救助（4人分散供养，4人集中供养）。将无自理能力、半自理或者不愿离开乡（镇）入住敬老院的分散特困人员、独居老人、困境老人纳入集中供养。全年支出供养资金1068.35万元。

【孤儿收养、困境儿童救助】 2019年，麦盖提县有孤儿87人，实现集中收养，福利标准从每人每月900元提高到1100元；把554人困境家庭儿童纳入县社会福利园区实行集中抚养，按照相关标准给予救助。按照人均每人每月300元标准救助四年级寄宿制困境儿童815人。

6月，组织儿童福利院儿童举办演讲比赛

【救灾救济】 2019年，麦盖提县结合困难群体季节需求特点，实施精准救助。1月，按照每人200元标准，为全县3.64人城乡低保群众和317人农村分散供养“五保”对象发放一次性临时生活补贴合计734万元；按照每户400元标准，为全县1.29万户城乡低保困难群众发放冬季取暖补助516.2万元。2月，为全县6850户困难家庭发放救济大米、面粉、清油各6850份，投入资金213.3万元。5月，对全县1.3万户受灾困难群众发放救济米、面、油各1.3万份，投入资金314.6万元。8月“古尔邦节”，对全县2.74万人城乡困难群众进行慰问，每人发放羊肉1千克（1户不超过3千克），投入资金184.3万元。10月，投入资金478.56万元，解决困难群众冬季取暖用煤8600吨。截至12月底，全年累计投入各类救助救济慰问资金2440.96万元。

【残疾人补贴发放】 2019年，麦盖提县为1761人重度残疾人、2988人困难残疾人发放“两项补贴”385.87万元。

【婚姻登记管理】 2019年，县民政局办理婚姻登记5072对，其中结婚登记2016对，离婚登记780对，结婚证补发2276对。补办结婚证8对，答复查阅档案1030对，受理查阅档案998对，补录婚姻登记历史档案3.77万对。查处违法违规婚姻1063对。

【区划地名工作】 2019年，县民政局对1483条地人档案重新建档，建立电子目录。按照民政部审核意见对1048条地人的标准地人、罗马字母拼写、少数民族语书写、地人含义等属性进行修正。对资料缺少的地人进行补充完善。按照地区审读办的审读意见，对不规范“重”“洋”“怪”地人“罕库勒”进行更人。查出人民政府审批备案地人与实际使用地人不一致的门牌标志8条、公章8条，全部修正。完成城镇新建无人道路命人备案工作18条。向自然资源局、扶贫办、气象局等部门提供给麦盖提县标准地人、行政区划图电子信息资料5次。完成居民门牌编码工作，形成9.99万条标准地址；完成县城大门牌地址编码357条。

【社会慈善工作】 2019年，麦盖提县从应届考入大中专院校的贫困学生中遴选确定100人成绩优异的救助对象，实施“麦盖提县慈善助学金”助学项目，每人一次性给予3000元资助，合计发放助学金30万元。

【社会组织管理】 2019年，县民政局完成12个社会团体年检工作，对新成立的灰枣产业协会进行登记。

【收养和流浪乞讨人员救助】 2019年，县民政局办理收养登记8人，对四川和乌鲁木齐市各1人接回流浪人员及时救助。

【老龄补贴发放】 2019年，县民政局为1563人80岁以上老年人发放高龄生活补贴112.12万元。

【优抚安置】 2019年，县民政局春节期间对全县优抚对象家庭烈士遗属家庭、14名无军籍职工及遗属家庭、现役军人家庭和退役军人家庭进行走访慰问，投入慰问资金24.68万元。4月，为优抚对象发放优抚资金73万元，医疗救助2万元。5月，工作移交县退役军人事务局。

【精神障碍患者救助】 2019年，麦盖提县投入资金100万元对康复收养中心进行改造提升，134人精神病人实现集中康复治疗，全部纳入城乡低保或者特困人员救助范围。

【项目建设】 2019年，麦盖提县投资650万元的儿童福利中心建设项目于9月投入使用；投资500万的福利敬老院改扩建项目11月投入使用；投资500万元的特困儿童第一保护中心12月底投入使用。

退役军人事务管理

【机构成立】 2019年3月10日，麦盖提县退伍军人事务管理局正式成立。

【信息采集】 2019年，县退役军人事务管理局开展退役军人和其他优抚对象信息采集工作。截至12月底，完成采集信息并审核，审核率通过99.8%。

【颁发光荣牌】 2019年，县退役军人事务局根据双拥服务管理工作领导小组安排，依照“不漏一人、不漏一户”原则，完成悬挂光荣牌工作。通过悬挂光荣牌工作，在全县营造“一人参军，全家光荣”的社会氛围。

【基层机构建设】 2019年，县退役军人事务局建立县级退役军人服务中心1个、乡级退役军人服务站10个、村级退役军人服务站44个。

【抚恤金发放】 5月，县退役军人事务管理局正式接手对优抚对象、无军籍退休职工、遗属、军休干部生活补助金发放业务，截至12月底，发放补助资金158.2万元，完成发放任务。

【社会保险续接】 2019年，县退役军人事务管理局贯彻落实《关于解决退役军人社会保险接续的实施意见》，按照现收材料与相关部门对接，确定符合接续人员，与人事局和社保局对接完成视同缴费人员，完成社保接续系统录入。

【走访慰问退役军人】 2019年，县退役军人

4 月，退役军人事务管理局干部走访退役军人家庭

事务管理局在建军节来临之际，分别对驻县武部力量、公安、检查站以及部分重点优抚对象进行走访慰问，投入资金 30 万元。

【退役军人安置】 2019 年，县退役军人事务管理局做好新接收退役士兵安置工作，为退伍军人发放自主择业一次性补助金合计 49.4 万元。

【就业推荐】 2019 年，县退役军人事务管理局进一步做好退役军人推荐就业工作，按照退役军人自身素质条件，分别推荐至消防大队、职业中专、人事局技工学校就业。

【退伍军人风采宣传】 2019 年，县退役军人事务管理局在“麦盖提零距离”开设“退役军人风采”专栏，分 9 期刊载他们的先进事迹，网上点击量 8000 人次，向社会传播正能量。

12 月，退役军人事务管理局在巴扎结米镇进行政策宣讲

【褒扬烈士】 2019 年，全县有烈士 2 人，退役军人事务管理局按照政策将烈士子女纳入遗属对象，每月及时发放生活补助 2331.6 元，定期对 2 名烈士家属进行慰问，送去慰问金。

【优待金发放】 12 月 4 日，县退役军人事务管理局举行义务兵家庭优待金发放仪式，为退役军人家庭发放优待金。

【优抚卡发放】 2019 年，县退役军人事务管理局与工商银行携手开展“随军行”拥军优抚卡发放业务，为持有专属卡的优抚对象推出“随军行”退役优抚服务，方便优抚对象。

巴扎结米镇

【基本概况】 巴扎结米镇位于麦盖提县城东部，距县城4千米，北接央塔克乡，南以提孜那甫河为界，与库木库萨尔乡相邻，西以叶尔羌河为界，与希依提墩乡隔河相望，东靠新疆生产建设兵团第三师前进水库干渠，地理坐标为北纬38° 91′，东经77° 69′，行政区域总面积86平方千米，耕地面积5.3万亩。2019年，巴扎结米镇党政机关内设党政党建办、农业发展中心、社会事务保障中心、扶贫工作中心、综治中心等综合服务机构。有站所社17个，包括派出所、农经站、畜牧站、林管站、水管站、农机站、文化站、就业服务站、计生站、客运站、粮站、卫生院、学区、信用社、劳保所、司法所、变电所。辖行政村16个，即古勒巴格村、库台克勒克村、尤勒滚勒克村、波斯喀木村、乌喀村、苏帕墩村、贝勒克其村、尤汉巴什墩村、巴扎结米村、巴格万村、吾尔曼村、博孜村、亚洪且村、恰木古鲁克村、阔什艾肯村、吾斯塘博依村。

6月3日，贝勒克其村新貌

有村民小组54个，总人口7082户2.48万人，拥有汉族、维吾尔族、回族、藏族、塔吉克族、柯尔克孜族等6个民族，其中汉族1876人，维吾尔族2.27万人，其他民族173人，分别占总人口的7.5%，91.7%，0.7%。

有党组织58个，其中党委1个、党总支16个，党支部41个，党员819人，其中农民党员648人。团员450人，“四老人员”（老党员、老干部、老军人、老模范）102人。

2019年，全镇实现经济总收入1.61亿元，较上年增加1800万元，同比增长12.5%，农民人均纯收入1.23万元，较上年增加529元，同比增长4.48%。

【经济发展】 2019 年，种植棉花 9.33 万亩，皮棉总产 1.12 万吨；种植粮食 1.69 万亩，总产 8344.07 吨。种植瓜菜 1948.8 亩，有大棚 1543 座。林果业种植面积 3.18 万亩，其中红枣 2500 亩，总产 1500 吨；核桃 2.98 万亩，总产 1.04 万吨。完成退耕还林 1529 亩，植树造林 1120 亩。牲畜存栏 2.55 万头（只），出栏 1.64 万头（只）；家禽存栏 14.15 万只（羽），出栏 8.49 万只（羽）。有各类农业机械及配套农具 963 台（架），其中拖拉机 618 台，配套农具 345 架。2019 年新增各类农业机械及农具 35 台（架），发放农机补贴 113.2 万元。利用周一“三结合”发放各类惠农资金 4200.32 万元。

【社会发展】 有文化活动场所 17 个，农家书屋 16 个，藏书 1.8 万册，群众借阅各类图书 2.7 万人次。电视覆盖率 100%。全年开展各类文体活动 768 场次，受众 23.1 万人。

有学校 4 所，教职工 228 人，在校生 3126 人，其中小学 4 所，教职工 228 人，在校生 3126 人；幼儿园 4 所，教职工 112 人，在校生 1308 人。适龄儿童入园率 100%，国家通用语言教育普及率 100%。

有医疗卫生机构 1 家，卫生室 16 所，医院定编床位 40 张，配备救护车 3 辆。卫生院编制 30 人，实有医务人员 30 人。当年医院门诊就诊 1.13 万人次，住院 2111 人次，总收入 241.36 万元。为高血压、糖尿病、传染病等人群建立健康档案 2548 人，为辖区常住人口建立统一、规范的居民健康档案 2.29 万份。推广“家庭医生”“一对一”签约服务，签约 2.13 万人。全民免费健康体检 2.35 万人，完成率 96.3%。

完成农村富余劳动力转移就业 8990 人次，劳务总收入 1321.15 万元，其中县内转移就业 4725 人次，县外地区内转移就业 3105 人次，地区外疆内转移就业 925 人次，疆外企业有组织转移就业 235 人次。

11 月 13 日，巴格万村村民稳定增收，新置家电家具

参加基本养老保险 1.35 万人，参保率 100%；参加基本医疗保险 2.46 万人，参保率 100%，享受最低生活保障政策 5366 人，发放最低生活保障金 99.2 万元。

希依提墩乡

【基本概况】 希依提墩乡位于麦盖提县城西北部，距县城 10 千米，北与巴楚县阿瓦提镇相接，南与莎车县墩巴格克乡相邻，西与塔什库尔干县塔吉克阿巴提镇（移民安置点）相连，东与昂格特勒乡、巴扎结米镇相望，地理坐标为北纬 38° 55′，东经 77° 32′，行政区域总面积 153.08 平方千米，耕地面积 8.1 万亩。2019 年，希依提墩乡党政机关内设党政党建办、扶贫开发中心、综治中心、农业农村经济发展中心、社会事务保障中心等综合服务机构。有站所社 17 个，包括派出所、农经站、畜牧站、林管站、水管站、农机站、文化站、就业服务站、计生站、客运站、粮站、卫生院、学区、信用社、劳保所、司法所、变电所。辖行政村15个，即英也尔村、英吾斯塘村、月塘村、琼库尔买里村、英买里村、英阿瓦提村、依格孜艾日克村、喀克夏勒村、尤库日喀帕克阿斯提村、托万喀帕克阿斯提村、苏帕墩村、艾力克坎土曼村、东风村、博斯坦勒克村、英巴扎村。

有村民小组44个，总人口4561户1.64万人，有汉族、维吾尔族2个民族，其中汉族320人，维吾尔族1.61万人，分别占总人口的2%，98%。

有党组织45个，其中党委1个、党总支11个，党支部33个，党员735人，其中农民党员566人，团员447人，“四老人员”76人。

8月13日，琼库尔买里村新建成的易地搬迁安置房

2019年，全乡实现经济总收入3.12亿元，较上年增加1600万元，同比增长5.4%，农民人均收入1.35元，较上年增加679元，同比增长5.3%。

【经济发展】 2019年，种植棉花11.54万亩，皮棉总产1.39万吨；种植粮食2.4万亩，总产1.24万吨。种植瓜菜3150亩，有大棚28座。林果业种植面积2.35万亩，其中红枣1.59万亩，总产9540吨；核桃5579亩，总产1952.6吨。植树造林2442亩。牲畜存栏1.28万头（只），出栏1.53万头（只）；

6月16日，月塘村建设的安格斯肉牛标准化养殖基地

家禽存栏2.88万只（羽），出栏3.62万只（羽）。有各类农业机械及农具1042台（架），其中拖拉机800台，配套农具242架。2019年新增各类农业机械及农具34台（架），发放农机补贴67万元。利用周一“三结合”发放各类惠农资金3830万元。

【社会发展】 有文化活动场所15个，农家书屋9个，藏书7945册，群众借阅各类图书300人次。电视覆盖率100%。全年开展各类文体活动880场次，受众20余万人。

有学校11所，教职工209人，在校生3603人，其中小学5所，教职工145人，在校生2406人；幼儿园6所，教职工64人，在校生1197人。适龄儿童入园率100%，国家通用语言教育普及率100%。

有医疗卫生机构1家，卫生室15所，医院定编床位30张，配备救护车1辆。卫生院编制人数27人，实有医务人员47人。当年医院门诊就诊人次3.51万次，总收入209.4万元，住院923人次，总收入124.9万元。为高血压、糖尿病、传染病等人群建立健康档案1061人，为辖区常住人口建立统一、规范的居民健康档案1.19万份。推广“家庭医生”“一对一”签约服务，签约

1.61 万人。全民免费健康体检 1.61 万人，完成率 99.3%。

完成农村富余劳动力转移就业 4285 人次，劳务总收入 4200 万元，其中县内转移就业 3659 人次，县外地区内转移就业 232 人次，地区外疆内转移就业 116 人次，疆外企业有组织转移就业 278 人次。

参加基本养老保险 7573 人，参保率 100%；参加基本医疗保险 1.52 万人，参保率 100%，享受最低生活保障政策 2983 人，发放最低生活保障金 463.52 万元。

央塔克乡

【基本概况】 央塔克乡位于麦盖提县城北部，距县城 10 千米，北连吐曼塔勒乡，南依巴扎结米镇，西靠叶尔羌河，东邻新疆生产建设兵团第三师四十五团。地理坐标为北纬 38° 99′，东经 77° 66′，行政区域总面积 242 平方千米，耕地面积 10.03 万亩。2019 年，央塔克乡党政机关内设党政党建办、扶贫工作中心、综治中心、社会事务中心、农业发展中心等综合服务机构。有站所社 17 个，包括派出所、农经站、畜牧站、林管站、水管站、农机站、文化站、就业服务站、计生站、客运站、粮站、卫生院、学区、信用社、劳保所、司法所、变电所。辖行政村 23 个，即奥依布格达依村、阿克艾额孜村、央塔克村、乌依鲁克村、结然墩村、明光村、玉奇于孜莫村、阿恰墩村、克亚克勒克乌依村、包勒喀村、齐拉尼村、布隆浪喀村、尤库日阿克提坎村、乌尊买里村、托万阿克提坎村、开蒙村、阿尔浪喀村、哈曼阔依地村、科克提坎村、代尔瓦扎格拉克村、阔克阔勒村、塔立克村、东伟立克村。

10 月 25 日，央塔克乡在刀郎乡里举办“红枣节”

有村民小组 87 个，总人口 1.01 万户 3.32 万人，拥有汉族、维吾尔族、土家族、回族等 6 个民族，其中汉族 1045 人，维吾尔族 3.2 万人，其他民族 155 人，分别占总人口的 3.1%，96.4%，0.5%。

有党组织 81 个，其中党委 1 个、党总支 24 个，党支部 56 个，党员总数 1326 人，其中农民党员 1085 人。团员 476 人，“四老人员” 137 人。

2019 年，全乡实现经济总收入 8.9 亿元，较上年增加 6000 万元，同比增长 7.2%，农民人均收入 1.48 万元，较上年增加 1237 元，同比增长 9.11%。

【经济发展】 2019 年，种植棉花 10.43 万亩，皮棉总产 1.22 万吨；种植粮食 3.28 万亩，总产 1.64 万吨。种植瓜菜 5930 亩，有大棚 331 座。林果业种植面积 13.3 万亩，其中红枣 12.2 万亩，总产 7.32 万吨；核桃 1.1 万亩，总产 3850 吨。植树造林 216 亩，完成退耕还林 3387.4 亩。牲畜存栏 3.35 头（只），出栏 4.53 万头（只）；家禽存栏 5.73 万只（羽），出栏 7.63 万只（羽）。有各类农业机械及配套农具 3300 台（架），其中拖拉机 1850 台，配套农具 1450 架。

6月6日，央塔克乡开始收割小麦

2019年新增各类农业机械及配套农具77台（架），发放农机补贴140.45万元。利用周一“三结合”发放各类惠农资金5511.23万元。

【社会发展】 有文化活动场所23个，农家书屋23个，藏书2.49万册，群众借阅各类图书1.14万人次。电视覆盖率100%。全年开展各类文体活动300场次，受众人数9.12万人次。

有学校26所，教职工502人，在校生6371人，其中小学14所，教职工327人，在校生4285人；幼儿园12所，教职工175人，在校生2086人。适龄儿童入园率100%，国家通用语言教育普及率100%。

有医疗卫生机构1家，卫生室25所，医院定编床位60张，配备救护车3辆。卫生院编制36人，实有医务人员18人。当年医院门诊就诊4.94万人次，住院3433人次，总收入791.78万元。为高血压、糖尿病、传染病等人群建立健康档案2832人，为辖区常住人口建立统一、规范的居民健康档案3.33万份。推广“家庭医生”“一对一”签约服务，签约1.13万人。全民免费健康体检2.43万人，完成率100%。

完成农村富余劳动力转移就业1.1万人次，劳务总收入2.12亿元，其中县内转移就业1.03万人次，县外地区内转移就业178人次，地区外疆内转移就业285人次，疆外企业有组织转移就业241人次。

参加基本养老保险1.83万人，参保率97.08%；参加基本医疗保险3.33万人，参保率99.97%，享受最低生活保障政策3866人，发放最低生活保障金1114.46万元。

吐曼塔勒乡

【基本概况】 吐曼塔勒乡位于麦盖提县城东北部，距县城40千米，北与库尔玛乡相交，南与央塔克乡相邻，西以叶尔羌河为界，与巴楚县英吾斯塘乡隔河相望，东与新疆生产建设兵团第三师四十五团相连，地理坐标为北纬39° 16′，东经77° 79′，行政区域总面积216平方千米，耕地面积15.4万亩。2019年，吐曼塔勒乡党政机关内设党政办、扶贫工作中心、综治中心、社会事业保障中心、农业发展中心等综合服务机构。有站所社17个，包括派出所、农经站、畜牧站、林管站、水管站、农机

2月16日，阿亚克塔木村举办“手牵手，中国结”民族团结联谊活动

站、文化站、就业服务站、计生站、客运站、粮站、卫生院、学区、信用社、劳保所、司法所、变电所。辖行政村15个，即库如克鲁克村、温乌塔克村村、吐曼塔勒村、皮力特库木希勒克村、阿亚克塔木村、敏乃克村、其盖勒克村、巴格热克村、开外孜力克村、奇热木旦勒克村、托盖墩村、英阿瓦提村、亚库勒村、阿其克塔勒克村、巴扎村。

有村民小组68个，总人口7766户2.67万人，拥有汉族、维吾尔族、蒙古族等4个民族，其中汉族1092人，维吾尔族2.56万人，其他民族49人，分别占总人口的4.27%，95.73%，0.18%。

有党组织25个，其中党委1个、党总支15个，党支部31个，党员963人，其中农民党员771人。团员333人，"四老人员"117人。

2019年，全乡实现经济总收入5.68亿元，较上年增加6700万元，同比增长13.3%，农民人均收入1.45元，较上年增加624元，同比增长4.48%。

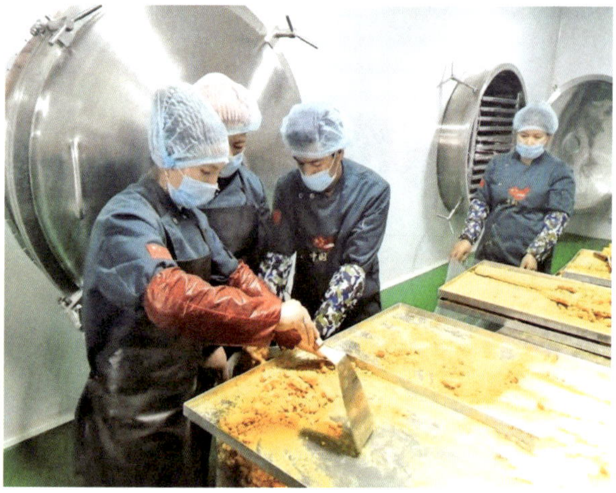

7月23日，吐曼塔勒乡产业孵化园内员工进行南瓜粉加工

【经济发展】 2019年，种植棉花8.01万亩，皮棉总产1.02万吨；种植粮食2.61万亩，总产1.29万吨。种植瓜菜1125.8亩，有大棚68座。林果业种植面积3.83万亩，其中红枣3.11万亩，总产1.87万吨；核桃7220亩，总产2527吨。植树造林7.48万亩，完成退耕还林3195亩。牲畜存栏6.93万头（只），出栏7636头（只），家禽存栏10.58万只（羽），出栏8.02万只（羽）。有各类农业机械及配套农具6342台（架），其中拖拉机1812台，配套农具4530架。2019年新增各类农业机械及配套农具78台（架），发放农机补贴103.51万元。利用周一"三结合"发放各类惠农资金323.93万元。

4月19日，库如克鲁克村农民在进行西红柿打叉作业

【社会发展】 有文化活动场所15个，农家书屋15个，藏书3.4万册，群众借阅各类图书6100人次。电视覆盖率100%。全年开展各类文体活动455场次，受众1.3万人次。

有学校17所，教职工313人，在校生5376人，其中小学9所，教职工221人，在校生3547人；幼儿园8所，教职工85人，在校生1836人。适龄儿童入园率100%，国家通用语言教育普及率100%。

有医疗卫生机构1家，卫生室14所，

医院定编床位50张，配备救护车2辆。卫生院编制31人，实有编制医务人员22人。当年医院门诊就诊2.54万次，住院1535人次，总收入185.77万元。为高血压、糖尿病、传染病等人群建立健康档案1794人，为辖区常住人口建立统一、规范的居民健康档案2.47万份。推广“家庭医生”“一对一”签约服务，签约1.95万人。全民免费健康体检1.7万人，完成率88.6%。

完成农村富余劳动力（一般户）转移就业8936人次，其中县内转移就业7609人次，县外地区内转移就业515人次，地区外疆内转移就业661人次，疆外企业有组织转移就业151人次。

参加基本养老保险1.45万人，参保率96.57%；参加基本医疗保险2.68万人，参保率99.94%，享受最低生活保障政策2722人，发放最低生活保障金730.83万元。

尕孜库勒乡

【基本概况】 尕孜库勒乡位于麦盖提县城南部，距县城12千米，北连巴扎结米乡，南依克孜勒阿瓦提乡，西以提孜那甫河为界，与莎车县阿扎提巴格乡相望，东邻库木库萨尔乡，地理坐标为北纬38°47′，东经77°36′，行政区域总面积187.67平方千米，耕地面积14.68万亩。2019年，尕孜库勒乡党政机关内设党政党建办、综治中心、扶贫工作中心、农业发展中心、社会事业保障中心等综合服务机构。有站所社17个，包括派出所、农经站、畜牧站、林管站、水管站、农机站、文化站、就业服务站、计生站、客运站、粮站、卫生院、学区、信用社、劳保所、司法所、变电所。辖行政村21个，即喀什博依村、也克先拜巴扎村、英巴扎村、尕孜库勒村、喀码库勒村、吐普硝村、墩买里村、麦迪尼帕合特勒克村、青格勒克帕合特勒克村、拉依勒克帕合特勒克村、麦盖提帕合特勒克村、古再勒库勒村、亚恰克迪村、博孜库木村、塔拉买里村、库木希买里村、先拜巴扎村、巴格艾日克村、喀赞库勒村、巴格阿瓦提村、英阿瓦提村。

有村民小组85个，总人口7803户2.68万人，拥有汉族、维吾尔族、土家族、回族、满族等5个民族，其中汉族868人，维吾尔族2.6万人，其他民族17人，分别占总人口的3.23%，96.7%，0.1%。

有党组织56个，其中党委1个、党总支15个，党支部40个，党员1041人，其中农民党员935人，团员597人，“四老人员”141人。

5月2日，改造后的农家庭院

2019年，全乡实现经济总收入3.81亿元，较上年增加1200万元，同比增长3.25%，农民人均收入1.42万元，较上年增加307元，同比增长2.21%。

【经济发展】 2019年，种植棉花4.51万亩，皮棉总产5256.99吨；种植粮食3.34万亩，总产1.68万吨。种植瓜菜2710亩，有大棚61座。林果业种植面积7.97万亩，其中红

7月23日，恒大集团建设的标准化养殖基地——安格斯肉牛第五育种场

枣5.31万亩，总产3.19万吨。核桃2.66万亩，总产9310吨，植树造林1755亩，完成退耕还林3885.7亩。牲畜存栏9.24万头（只），出栏6.47万头（只）；家禽存栏6.72万只（羽），出栏5.38万只（羽）。有各类农业机械及配套农具975台（架），其中拖拉机419台，配套农具556架。2019年新增各类农业机械及配套农具64台（架），发放农机补贴120.15万元。利用周一“三结合”发放各类惠农资金423.65万元。

【社会发展】 有文化活动场所22个，农家书屋21个，藏书2.37万册，群众借阅各类图书1500人次。电视覆盖率100%。全年开展各类文体活动350场次，受众20万人。

有学校19所，教职工377人，在校生5246人，其中小学8所，教职工273人（含借调人员），在校生3496人；幼儿园11所，教职工104人，在校生1750人。适龄儿童入园率100%，国家通用语言教育普及率100%。

有医疗卫生机构1家，卫生室21所，医院定编床位50张，配备救护车3辆。卫生院编制32人，实有医务人员18人。当年医院门诊就诊4.27万次，住院1338人次，总收入186.77万元。为高血压、糖尿病、传染病等人群建立健康档案2273人，为辖区常住人口建立统一、规范的居民健康档案2.54万份。推广“家庭医生”“一对一”签约服务，签约1.02万人。全民免费健康体检2.41万人，完成率98.3%。

完成农村富余劳动力转移就业1.18万人次，劳务总收入2603.3万元，其中县内转移就业1.02万人次，县外地区内转移就业618人次，地区外疆内转移就业721人次，疆外企业有组织转移就业285人次。

参加基本养老保险1.5万人，参保率97.6%；参加基本医疗保险2.67万人，参保率98.9%。

克孜勒阿瓦提乡

【基本概况】 克孜勒阿瓦提乡位于麦盖提县城南部，距县城30千米，北邻尕孜库勒乡，南与莎车县，巴格阿瓦提乡相邻，西以提孜那甫河为界，与莎车县阿拉买提乡、阿扎提巴格乡隔河相望，东与新疆生产建设兵团第三师四十六团1连、7连及塔克拉玛干大沙漠相连，地理坐标为北纬38°65′，东经77°64′，行政区域总面积256平方千米，耕地面积14.03万亩。2019年，央塔克乡党政机关内设党政党建办、扶贫工作中心、综治中心、社会事务中心、农业发展中心等综合服务机构。有站所社17个，包括派出所、农经站、畜牧站、林管站、水管站、农机站、文化站、就业服务站、计生站、客运站、粮站、卫生院、学区、信用社、劳保所、司法所、变电所。辖行政村23个，即阔纳巴扎村、巴格沃依拉村、英巴扎村、奥依巴格村、代尔瓦孜库木村、其克勒克阔坦村、阿都克阿拉迪村、喀赞库勒村、拉依当村、色日克库勒村、喀拉

7月28日，美观舒适的连片民居

墩村、亚塔库木村、乌库什墩村、塔勒克村、英阿瓦提村、阔什吾斯塘村、塔塔尔吾斯塘村、阿特库都克村、团结村、古麻托卡依村、古再勒阿瓦提村、苏盖提库勒村、古再勒巴格村。

有村民小组84个，总人口7688户2.83万人，拥有汉族、维吾尔族、蒙古族等5个民族，其中汉族409人，维吾尔族2.79万人，其他民族22人，分别占总人口的1.43%，98.48%，0.07%。

有党组织57个，其中党委1个、党总支15个，党支部41个，党员1091人，其中农民党员937人。团员598人，“四老人员”84人。

2019年，全乡实现经济总收入9.24亿元，较上年增加3100万元，同比增长3.4%，农民人均收入1.39万元，较上年增加391元，同比增长2.9%。

【经济发展】 2019年，种植棉花3.87万亩，皮棉总产4706.91吨；种植粮食3.33万亩，总产1.77万吨。种植瓜菜5142.5亩，有大棚736座。林果业种植面积7.27万亩，其中红枣4.82万亩，总产2.89万吨；核桃2.45万亩，总产6134.1吨。植树造林525亩，完成退耕还林4924.1亩。牲畜存栏2.47万头（只），出栏1.3万头（只）；家禽存栏6.15万只（羽），出栏7.99万只（羽）。有各类农业机械及配套农具2050台（架），其中拖拉机1635台，配套农具415架。2019年新增各类农业机械及配套农具76台（架），发放农机补贴112.32万元。利用周一“三结合”发放各类惠农资金3403.58万元。

【社会发展】 有文化活动场所23个，农家书屋14个，藏书1651册，群众借阅各类图书50人次。电视覆盖率100%。全年开展各类文体活动193场次，受众1.65万人。

有学校21所，教职工354人，在校生5859人，其中小学11所，教职工253人，在校生3937人；幼儿园10所，教职工101人，在校生1922人。适龄儿童入园率100%，国家通用语言教育普及率100%。

有医疗卫生机构1家，卫生室23所，医院定编床位60张，配备救护车2辆。卫生院编制31人，实有医务人员30人。当年医院门诊就诊5.7万人次，住院3305人次，总收入654.02万元。为高血压、糖尿病、传染病等人群建立健康档案2024人，

12月22日，拉依当村举办女子排球比赛

为辖区常住人口建立统一、规范的居民健康档案1.93万份。推广“家庭医生”“一对一”签约服务，签约2.5万人。全民免费健康体检2.5人，完成率100%。

完成农村富余劳动力转移就业8500人次，劳务总收入2125万元，其中县内转移就业5435人次，县外地区内转移就业1161人次，地区外疆内转移就业1367人次，疆外企业有组织转移就业537人次。

参加基本养老保险1.24万人，参保率100%；参加基本医疗保险2.8万人，参保率98.47%，享受最低生活保障政策3885人，发放最低生活保障金959.97万元。

库木库萨尔乡

【基本概况】 库木库萨尔乡位于麦盖提县城南部，距县城7千米，北与巴扎结米镇相连，东西面、南面均与尕孜库勒乡交界，东接塔克拉玛干沙漠，地理坐标为北纬38°51′，东经77°39′，行政区域总面积8.3平方千米，耕地面积5.6万亩。2019年，库木库萨尔乡党政机关内设党政党建办、综治中心、纪检监察办、扶贫工作中心、社会事务办、农村经济办等综合服务机构。有站所社14个，包括派出所、财经所、劳保所、司法所、供电所、邮政所、广播站、计生站、文化站、农机站、畜牧站、水管站、林管站、信用社。辖行政村12个，即夏普鲁克村、库木库都克村、铁米热克村、托万塔瓦尔克斯克村、尤库日塔瓦尔克斯克村、库木库萨尔村、尤库日哈迪勒克村、托万库木库萨尔村、胡木丹买里村村、库木博斯坦村、托万哈迪勒克村、吐孜鲁克喀什村。

有村民小组44个，总人口4192户1.39万人，拥有汉族、维吾尔族、蒙古族等3个民族，其中汉族829人，维吾尔族1.16万人，其他民族450人，分别占总人口的6.4%，90.2%，3.4%。

有党组织37个，其中党委1个、党总支13个，党支部23个，党员723人，其中农民党员532人。团员235人，“四老人员”93人。

10月4日，游客在刀郎画乡景区体验土陶艺术

2019年，全乡实现经济总收入1.93亿元，较上年增加1800万元，同比增长10.2%，农民人均收入1.32元，较上年增长702元，同比增长5.5%。

【经济发展】 2019年，种植棉花8.9万亩，皮棉总产1.12万吨；种植粮食2.51万亩，总产1.3万吨。种植瓜菜1630亩。林果业种植面积3.58万亩，其中红枣676亩，总产256.88吨；核桃3.2万亩，总产5120吨。植树造林1556亩，完成退耕还林1600亩。牲畜存栏1.49万头（只），出栏8942头（只）；家禽存栏4.83万只（羽），出栏7241只（羽）。有各类农业机械及配套农具315台（架），其中拖拉机245台，配套农具70架。2019年新增各类农业机械及配套农具18台（架），发放农机补贴64.7万元。利用周一“三结合”发放各类惠农资金

3659.38 万元。

【社会发展】 有文化活动场所 14 个，农家书屋 12 个，藏书 1 万册，群众借阅各类图书 1200 人次。电视覆盖率 100%。全年开展各类文体活动 864 场次，受众 13 万人。

有学校 6 所，教职工 179 人，在校生 2055 人，其中小学 3 所，教职工 117 人，在校生 1340 人；幼儿园 3 所，教职工 62 人，在校生 715 人。适龄儿童入园率 100%，国家通用语言教育普及率 100%。

有医疗卫生机构 1 家，卫生室 12 所，医院定编床位 25 张，配备救护车 1 辆。卫生院编制 27 人，实有医务人员 17 人。当年医院门诊就诊 2.15 万人次，住院 1225 人次，总收入 332.86 万元。为高血压、糖尿病、传染病等人群建立健康档案 878 人，为辖区常住人口建立统一、规范的居民健康档案 1.26 万份。推广“家庭医生”“一对一”签约服务，签约 1.26 万人。全民免费健康体检 1.01 万人，完成率 100%。

完成农村富余劳动力转移就业 6669 人次，劳务总收入 8002.8 万元，其中县内转移就业 5909 人次，县外地区内转移就业 440 人次，地区外疆内转移就业 110 人次，疆外企业有组织转移就业 210 人次。

8 月 3 日，库木库萨尔乡组织迎新年·携手融情画乡暨民族团结一家亲联谊活动

参加基本养老保险 5815 人，参保率 100%；参加基本医疗保险 1.29 万人，参保率 100%，享受最低生活保障政策 2081 人，发放最低生活保障金 676.57 万元。

昂格特勒克乡

【基本概况】 昂格特勒克乡场位于麦盖提县城西北部，距县城 5 千米，东北与央塔克乡相邻，西与希依提墩乡隔河相望，南依巴扎结米镇，地理坐标为北纬 38° 94′，东经 77° 61′，行政区域总面积 31 平方千米，耕地面积 2.75 万亩。2019 年，昂格特勒克乡党政机关内设党政办、综治中心、社会事务中心、扶贫中心、农业发展中心。有站所社 15 个，包括林管站、劳动保障所、文化站、农业经济管理服务站、畜牧站、农技站、农经站、计生站、司法所、派出所、邮政所、信用社、粮站、农机站、水管站辖行政村 4 个，即阿克布鲁买村、昂格特勒克村、喀什博依村、托万昂格特勒克村。

6 月 3 日，喀什博依村进行无人机喷洒农药作业

有村民小组 16 个，总人口 1841 户 6143 人，拥有汉族、维吾尔族 2 个民族，

其中汉族144人，维吾尔族5999人，分别占总人口的2.35%，97.65%。

有党组织12个，其中党委1个、党总支2个，党支部9个，党员284人，其中农民党员207人，团员144人，“四老人员”36人。

2019年，全乡实现经济总收入1.79亿元，较上年增加1400万元，同比增长9%，农民人均收入1.26万元，较上年增加769元，同比增长8.9%。

【经济发展】 2019年，种植棉花3.28万亩，皮棉总产4268.14吨；种植粮食6600亩，总产3302.4吨。种植瓜菜1841.3亩，有大棚146座。林果业种植面积9710亩，其中红枣6797亩，总产4078.2吨；核桃2453亩，总产858.55吨。植树造林460亩，完成退耕还林460亩。牲畜存栏5926头（只），出栏7325头（只）；家禽存栏1.4万只（羽），出栏2.7万只（羽）。有各类农业机械及农具68台（架），其中拖拉机32台，配套农具36架。2019年新增各类农业机械及配套农具15台（架），发放农机补贴28.48万元。利用周一“三结合”发放各类惠农资金445.712万元。

7月9日，昂格特勒克乡霞飞针织卫星工厂投产

【社会发展】 有文化活动场所5个，农家书屋4个，藏书1.3万册，群众借阅各类图书2.7万人次。电视覆盖率100%。全年开展各类文体活动192场次，受众7.6万人。

10月22日，昂格特勒克乡灰枣成熟待收

有学校2所，教职工67人，在校生932人，其中小学1所，教职工43人，在校生737人；幼儿园1所，教职工24人，在校生195人。适龄儿童入园率100%，国家通用语言教育普及率100%。

有医疗卫生机构1家，卫生室4所，医院定编床位15张，配备救护车1辆。卫生院编制19人，实有医务人员29人。当年医院门诊就诊1.37万次，住院569人次，总收入75.22万元。为高血压、糖尿病、传染病等人群建立健康档案992人，为辖区常住人口建立统一、规范的居民健康档案5805份。推广“家庭医生”“一对一”签约服务，签约3861人。全民免费健康体检5852人，完成率97%。

完成农村富余劳动力转移就业1294人次，劳务总收入135.59万元，其中县内转移就业619人次，县外地区内转移就业53人次，地区外疆内转移就业269人次，疆外企业有组织转移就业51人次。

参加基本养老保险3617人，参保率97.57%；参加基本医疗保险6088人，参保率99.09%，享受最低生活保障政策8133人次，发放最低生活保障金284.65万元。

库尔玛乡

【基本概况】 库尔玛乡位于麦盖提县城北部，距县城54千米，北连胡杨林场，南依吐曼塔勒乡，西接巴楚县色力布亚镇，东邻新疆生产建设兵团农三师四十五团，地理坐标为北纬39° 14′，东经12° 77′，行政区域总面积220平方千米，耕地面积12.09万亩。2019年，库尔玛乡党政机关内设党政办、综治中心、社会事务办、农村经济办等综合服务机构。有站所社15个，包括林管站、劳动保障所、文化站、农业经济管理服务站、畜牧站、农技站、农经站、计生站、司法所、派出所、邮政所、信用社、粮站、农机站、水管站、变电所。辖行政村9个，即红光村、恰斯村、铁热木买里斯村、塔木墩村、布喀帕塔村、萨其喀克村、博斯坦村、比尔艾格孜村、巴扎村。

有村民小组55个，总人口4361户1.52万人，拥有汉族、维吾尔族、蒙古族、回族、藏族等7个民族，其中汉族2838人，维吾尔族1.22万人，其他民族159人，分别占总人口的18.72%，80.22%，1.06%。

有党组织31个，其中党委1个、党总支7个，党支部23个，党员526人，其中农民党员446人。团员331人，“四老人员”40人。

2019年，全乡实现经济总收入4.53亿元，较上年增加1600万元，同比增长3.6%，农民人均收入1.49万元，较上年增加257元，同比增长1.7%。

【经济发展】 2019年，种植棉花1.74万亩，皮棉总产2250.86吨；种植粮食2.75万亩，总产1.37万吨。种植瓜菜8000亩。林果

3月21日，库尔玛乡红光村开始春播

业种植面积2.56万亩，其中红枣1.6万亩，总产7000吨；核桃4600亩，总产3200吨。植树造林2413亩，完成退耕还林3000亩。牲畜存栏2.32万头（只），出栏3.63万头（只）；家禽存栏3.5万只（羽），出栏7.2万只（羽）。有各类农业机械及配套农具564台（架），其中拖拉机1615台，配套农具402架。2019年新增各类农业机械72台（架），发放农机补贴140.19万元。利用周一“三结合”发放各类惠农资金281.63万元。

【社会发展】 有文化活动场所9个，农家书屋8个，藏书8672册，群众借阅各类图书5017人次。电视覆盖率100%。全年开展各类文体活动230场次，受众5.8万人次。

8月13日，红光村人居环境整治后面貌

有学校 13 所，教职工 199 人，在校生 2682 人，其中小学 6 所，教职工 152 人，在校生 1819 人；幼儿园 7 所，教职工 47 人，在校生 863 人。适龄儿童入园率 100%，国家通用语言教育普及率 100%。

有医疗卫生机构 2 家，卫生室 8 所，医院定编床位 35 张，配备救护车 2 辆。卫生院编制 42 人，实有医务人员 30 人。当年医院门诊就诊 1.61 万人次，住院 1165 人次，总收入 217.7 万元。为高血压、糖尿病、传染病等人群建立健康档案 1402 人，为辖区常住人口建立统一、规范的居民健康档案 1.18 万份。推广“家庭医生”“一对一”签约服务，签约 7197 人。全民免费健康体检 1.06 万人，完成率 98%。

完成农村富余劳动力转移就业 6253 人次，劳务总收入 125.06 万元，其中县内转移就业 5202 人次，县外地区内转移就业 551 人次，地区外疆内转移就业 232 人次，疆外企业有组织转移就业 268 人次。

参加基本养老保险 1.45 万人，参保率 97.25%；参加基本医疗保险 1.44 万人，参保率 98.4%，享受最低生活保障政策 1578 人，发放最低生活保障金 529.58 万元。

麦盖提镇

【基本概况】 麦盖提镇位于麦盖提县城西南部，为麦盖提县中心城镇，北连央塔克乡，南依库木库萨尔乡，西接巴扎结米镇，东邻巴扎结米镇，地理坐标为北纬 38° 89′，东经 77° 63′，行政区域总面积 15.6 平方千米。2019 年，麦盖提镇党政机关内设党政办、党建办、综治办、民政办、宣传办、房管办、综治中心等综合服务机构。有站所社 4 个，包括司法所、劳保所、文化站、计生站。辖社区 21 个，即吾依库勒社区、古再尔社区、帕合塔巴扎社区、巴扎结米社区、博勒喀吾斯塘博依社区、英巴扎社区、英买里社区、新城社区、工业园社区、刀郎社区、南网社区、城南社区、团结社区、民生社区、和平社区、文化路社区、友好社区、人民路社区、幸福社区、阳光社区、新时代社区。

2019 年，麦盖提镇总人口 2.57 万户 5.89 万人，拥有汉族、维吾尔族、蒙古族、藏族、回族、苗族、塔吉克族、乌孜别克族、彝族、壮族等 16 个民族，其中汉族 1.27 万人，维吾尔族 4.6 万人，其他民族 165 人，分别占总人口的 21.6%，78.1%，0.28%。

12 月 13 日，刀郎社区开展中共十九届四中全会精神宣讲报告会

有党组织 25 个，其中党委 1 个，党支部 24 个，党员 567 人，其中居民党员 251 人。团员 573 人，“四老人员”26 人。

2019 年，全镇实现经济总收入 7.3 亿元，较上年增加 2130 万元，同比增长 6.2%，居民人均可支配性收入达 2.56 万元，与上年相比增加 723 元，增长 2.9%。

【经济发展】 2019 年，全镇有私营企业 111 家，从业人员 2976 人，个体工商户 3768 家，从业人员 7566 人。完成社会消费品零

12月23日，在冬季攻势职业技能大培训开班仪式上进行美容美发培训

售总额9.28亿元，同比增长2.69%。2019年，利用周一“三结合”发放各类惠农资金592.07万元。

【社会发展】 有文化活动场所3个，电视覆盖率100%。全年开展各类文体活动1600场次，受众5.8万人。

有学校16所，教职工2279人，在校生2.85万人，其中小学5所，教职工535人，在校生8163人；幼儿园6所，教职工317人，在校生4481人；中学5所，教职工1427人，在校生1.59万人。适龄儿童入园率100%，国家通用语言教育普及率100%。

有医疗卫生机构1家，卫生室14所，医院定编床位30张，配备救护车1辆。卫生院编制36人，实有医务人员31人。当年医院门诊就诊2.74万人次，住院344人次，总收入1739.15万元。为高血压、糖尿病、传染病等人群建立健康档案3280人，为辖区常住人口建立统一、规范的居民健康档案4400份。推广“家庭医生”“一对一”签约服务，签约1.31万人。全民免费健康体检1.25万人，完成率76.75%。

11月3日，提升改造后的麦盖提镇幸福养老院活动室

完成富余劳动力转移就业2622人次，劳务总收入230.55万元，其中县内转移就业2546人次，县外转移就业76人次，疆内转移就业46人次，疆外有组织转移就业30人次。

参加基本养老保险1.14万人，参保率95.14%；参加基本医疗保险4.32万人，参保率100%，享受最低生活保障政策6148人，发放最低生活保障金1374.21万元。

胡杨林场

【基本概况】 胡杨林场位于麦盖提县城东北部，与巴楚县交界，距叶尔羌河南岸1千米，距县城98千米，东邻塔克拉玛干沙漠，南与新疆生产建设兵团第三师四十五团相接，西与巴楚县色力布亚镇隔河相望，北与新疆生产建设兵团第三师四十八团相邻。地理位置坐标为北纬43° 64′，东经77° 49′。胡杨林场是国家级原生态自然环境保护区，属全民所有制国有林场，全额拨款事业单位，主要承担森林管护、老林更新、生态保护等任务，经营总面积27.8万亩。现有林地20.34万亩，沙漠7.46万亩．林地中乔木林地14.45万亩，疏林地及灌木林地5.89万亩，已区划国家级公益林面积11.88万亩，耕地面积1.3万亩。森立

3月3日，在场部周围开展植树造林活动

蓄积量33.74万立方米，森林覆盖率40%。2019年，胡杨林场党支部内设党建办、财务、森林防火、社会事务等综合服务机构。下设护林点8个，包括夏勒库都克护林点、检查站、卓尔汗库库勒护林点、喀尔墩护林点、渡口护林点、库热力勒克护林点、玉奇阿恰勒护林点、艾吉克护林点。

2019年，胡杨林场总人口64户165人，其中外来种植户45户89人，当地户籍19户76人，拥有汉族、维吾尔族等2个民族，其中汉族68人、维吾尔族97人，分别占总人口的41%，59%。

胡杨林场有在职职工21人，其中在职干部11人，护林员10人。有党支部1个，党员5人，其中农民党员1人。

2019年，全场实现经济总收入560万元，较上年增加240万元，同比增长42%。农民人均可支配性收入1.31万元，较上年增加236元，同比增长2.79%。

4月28日，胡杨林场开展森林防火演练

【经济发展】 2019年，种植棉花1.05万亩，皮棉总产1370.88吨；种植粮食220亩，总产117.58吨。种植瓜菜20亩。林果业种植面积2752亩，其中红枣1524亩，总产914.4吨；核桃378亩，总产132.3吨。植树造林2000亩，完成退耕还林1571亩。牲畜存栏482头（只），出栏324头（只）；家禽存栏55只（羽），出栏20只（羽）。有各类农业机械及农具17台（架），其中拖拉机6台，配套农具11架。利用周一“三结合”发放各类惠农资金136.45万元。

5月10日，胡杨林野生大芸

【社会发展】 有文化活动场所1个，农家书屋1个，藏书1430册，群众借阅各类图书200人次。电视覆盖率100%。全年开展各类文体活动15场次，受众650人。

有卫生室1所，有医务人员1人。为辖区常住人口建立统一、规范的居民健康档案18份。全民免费健康体检46人，完成率100%。

参加基本养老保险35人，参保率100%；参加基本医疗保险77人，参保率

10 月 6 日，金秋胡杨林

100%，享受最低生活保障政策 2 人，发放最低生活保障金 9312 元。

五一林场

【基本概况】五一林场位于麦盖提县城东北部，距县城 4.5 千米，北靠新疆生产建设兵团第三师前进水库干渠，南接巴扎结米镇尤勒滚鲁克村，西接巴扎吉米镇库台克勒克村，东与第三师前进水库管理处接壤，地理坐标为北纬 38° 55′，东经 77° 41′。行政区域总面积 24.7 平方千米，耕地面积 1.73 万亩。2019 年，五一林场党政机关内设党政办、社会事务办、稳定办等综合服务机构。

有成产小队 4 个，总人口 425 户 1553 人，拥有汉族、维吾尔族、回族、藏族 4 个民族，其中汉族 672 人，维吾尔族 850 人，其他民族 31 人，分别占总人口的 43.27%，54.73%，2%。

有党组织 3 个，其中党委 1 个、党支部 2 个，党员 55 人，其中农民党员 33 人。团员 20 人，“四老人员”6 人。

2019 年，全乡实现经济总收入 3090.75 万元，较上年增加 384.25 万元，同比增长 14.1%，农民人均收入 1.95 万元，较上年增加 2324 元，同比增长 13.53%。

【经济发展】2019 年，种植棉花 9600 亩，皮棉总产 1253.66 吨；种植粮食 970.4 亩，总产 504.38 吨。种植瓜菜 105 亩。林果业种植面积 9380 亩，其中红枣 4000 亩，总产 2850 吨；梨子 1980 亩，总产 5643 吨，西梅 300 亩，总产 150 吨，桃子 1170 亩，总产 2300 吨，核桃 280 亩，总产 150 吨。年生产加工、销售农副产品鲜果蔬 1600 吨、冻干产品 450 吨，销售额 9000 万元。牲畜存栏 397 头（只），出栏 380 头（只）；家禽存栏 1.14 万只（羽），出栏 1.13 万只（羽）。有各类农业机械及农具 925 台

8 月 3 日，FD 真空水果冷冻干燥生产车间投产

（架），其中拖拉机 355 台，配套农具 570 架。2019 年新增各类农业机械及农具 15 台（架），发放农机补贴 19.5 万元。利用周一“三结合”发放各类惠农资金 530 万元。

【社会发展】有文化活动场所 4 个，图书阅览室 2 个，藏书 1360 册，群众借阅各类图书 2000 人次。电视覆盖率 99%。全年开展各类文体活动 20 场次，受众 8000 人次。

有学校 2 所，教职工 70 人，在校生

4 月 7 日，第三届“桃花韵、刀郎情”桃花节开幕

1228 人，其中小学 1 所，教职工 54 人，在校生 911 人；幼儿园 1 所，教职工 16 人，在校生 317 人。适龄儿童入园率 100%，国家通用语言教育普及率 100%。

有卫生室 1 所，实有医务人员 3 人。为高血压、糖尿病、传染病等人群建立健康档案 192 人，为辖区常住人口建立统一、规范的居民健康档案 381 户 1578 份。推广“家庭医生”“一对一”签约服务，签约 207 人。全民免费健康体检 654 人，完成率 100%。

完成农村富余劳动力转移就业 141 人次，劳务总收入 507.6 万元，其中县内转移就业 130 人次，县外地区内转移就业 1 人次，地区外疆内转移就业 1 人次，疆外企业有组织转移就业 9 人次。

参加基本养老保险 654 人，参保率 100%；参加基本医疗保险 1544 人，参保率 100%，享受最低生活保障政策 51 户 92 人，发放最低生活保障金 61.2 万元。

索引

说明：

1. 本索引为主题性索引。
2. 索引标目按汉语拼音字母（同音字按声调）顺序排列。
3. 标目后数字为内容所在页码。
4. 同一主题内容在文中多次出现的，在其标目后用不同页码表明。
5. 特载、大事记等栏目不作主题索引。

A

B

C

D

E

F

G

H

J

K

L

M

N

P

Q

R

S

T

W

X

Y

Z